FORMANT

500 BEAUX VOLUMES IN-OCTAVO

CHOISIS PARMI

LES MEILLEURS OUVRAGES ANCIENS ET MODERNES

PUBLIÉE

PAR NAPOLÉON CHAIX.

COLLECTION NAPOLÉON CHAIX.

ŒUVRES

COMPLÈTES

DE J. RACINE

TOME QUATRIÈME.

PARIS

CHEZ NAPOLÉON CHAIX ET Cie,

IMPRIMEURS-ÉDITEURS.

1864.

FRAGMENTS DE TRADUCTIONS

EXTRAIT

DU TRAITÉ DE LUCIEN :

COMMENT IL FAUT ÉCRIRE L'HISTOIRE [1].

L'éloge et l'histoire sont éloignés infiniment ; et comme disent les musiciens, δὶς διὰ πασῶν, c'est-à-dire que ce sont les deux extrémités.

Il n'y a guère moins de différence entre l'histoire et la poésie. Le poëte a besoin de tous les dieux. Quand il veut peindre Agamemnon, il lui faut la tête et les yeux de Jupiter, la poitrine de Neptune, le bouclier de Mars ; mais l'historien peint Philippe borgne, comme il était.

L'utilité est le principal objet de l'histoire. Le plaisir suit l'utilité, comme la beauté suit d'ordinaire la santé.

L'historien a pour juges des lecteurs malins, qui ne demandent pas mieux que de le reprendre, et qui l'examinent avec la même rigueur qu'un changeur examine la monnaie.

Alexandre jeta dans l'Hydaspe l'histoire d'Aristobule, qui

---

[1] Ces traductions sont les premières études du jeune Racine. Les manuscrits originaux de ces traductions furent déposés à la Bibliothèque du roi, le 15 mars 1756, par Racine le fils. Sur le papier qui leur sert d'enveloppe, on lit ces mots écrits de la main de Jean Racine : *Brouillons et extraits faits presque à la sortie du collége*. L'auteur avait alors quinze ou seize ans au plus. — Nous avons suivi le texte des manuscrits de l'auteur.

lui faisait faire des actions merveilleuses qu'il n'avait point faites, dans la bataille qu'il avait gagnée contre Porus, et lui dit qu'il lui faisait grâce de ne l'y pas faire jeter lui-même.

Il y a des historiens qui croient faire grand plaisir à un prince, en ravalant le mérite de ses ennemis. Achille serait moins grand, s'il n'avait défait que Thersite au lieu d'Hector.

D'autres invectivent contre le chef des ennemis, comme s'ils voulaient le défaire, la plume à la main.

Il se moque d'un historien impertinent qui voulait imiter, ou pour mieux dire copier Thucydide en toutes choses, jusqu'à faire arriver une peste dans le camp des ennemis, parce qu'il y a une peste dans Thucydide. Il commençait en déclinant son nom, et mettait : *Creperius a écrit,* etc. Il faisait une oraison funèbre, à l'imitation de Périclès, et la faisait réciter par un centurion.

Un autre remplira son histoire de petits détails et de mots de l'art, comme ferait un soldat ou un ouvrier qui aurait travaillé dans le camp.

Un autre emploiera tout son temps à faire d'ennuyeuses descriptions ou de l'habillement et des armes du général, ou d'un bois, ou d'une caverne; et, quand ils viennent aux grandes affaires, ils y sont neufs, comme un valet que son maître aurait fait son héritier, qui ne sait comment mettre les habits de son maître ni sur quelles viandes il doit se ruer, préférant quelque haricot aux perdrix et aux faisans.

Ils pensent attraper le merveilleux en écrivant des choses contre le vraisemblable, des blessures prodigieuses, des morts incroyables.

Un autre faisait des noms grecs de tous les noms latins, appelait Chronos Saturnin, Frontin Fronton, etc.

Ils se servent quelquefois de phrases magnifiques, comme pourrait faire un poëte, et tombent tout à coup dans de basses expressions. C'est un homme qui a le pied chaussé d'un brodequin, et une sandale à l'autre pied.

Il y en a qui mettent de magnifiques prologues au-devant

d'une histoire fort peu importante. Le casque est d'or et la cuirasse est de haillons; et tout le monde s'écrie : *La montagne accouche.*

Un autre entrera d'abord en matière, et croira imiter Xénophon, qui commence d'abord : « Darius et Parysatis eurent deux fils.» Mais ils ne voient pas qu'il y a des prologues qui sont imperceptibles et qui sont pourtant de véritables prologues.

Ils confondent toute la géographie. Ils décrivent curieusement et fort au long de petites choses, et passent légèrement sur les grandes. Ils ont grand soin de bien examiner le piédestal, et ne disent presque rien de la statue.

Un qui n'avait jamais sorti de Corinthe commençait ainsi son histoire : « Les yeux sont de plus sûrs témoins que les oreilles » ; et après cela décrivait la Perse et tout ce qui s'y rencontrait d'extraordinaire.

Un autre avait fait un prologue prophétique, promettant d'écrire le triomphe dans un temps où la guerre n'était pas encore terminée.

Voilà les principales fautes où peut tomber un historien; voici les principales qualités qu'il doit avoir :

Les deux les plus nécessaires, ce sont un bon sens pour les choses du monde et une agréable expression, σύνεσίν τε πολιτικὴν καὶ δύναμιν ἑρμηνευτικήν. La première est un don du ciel; l'autre se peut acquérir par un grand travail et une grande lecture des anciens.

Un historien doit être capable d'agir lui-même et de commander en un besoin. Il faut qu'il ait vu l'armée; des soldats rangés en bataille et faisant l'exercice; ce que c'est qu'une aile, qu'un front, des bataillons, des escadrons; qu'il ait vu de près des machines de guerre, et qu'il ne s'en rapporte pas aux yeux d'autrui.

Surtout il doit être libre, n'espérant ni ne craignant rien, inaccessible aux présents et aux récompenses; appelant figue une figue, etc.; ne faisant grâce à personne, et ne respectant rien par mauvaise honte ; juge équitable et indifférent, sans pays, sans maître, et sans dépendance, ἄπολις, αὐτόνομος, ἀβασίλευτος ; qu'il dise les choses comme elles sont, sans les farder ni les déguiser ; car il n'est pas poëte, il est narrateur, et par conséquent n'est point responsable de ce qu'il raconte. En un mot, il faut qu'il sacrifie à la seule vérité, et qu'il n'ait pas devant les yeux des espérances aussi courtes que celles de cette vie, mais l'estime de toute la postérité. Qu'il imite cet architecte du phare d'Égypte, qui mit sur du plâtre le nom du roi qui l'employait, mais sous ce plâtre son propre nom, sachant bien que le plâtre tomberait après sa mort, mais qu'en récompense son nom se verrait éternellement sur la pierre.

Alexandre a dit plus d'une fois : « Oh ! que ne puis-je revenir dans trois ou quatre cents ans pour entendre de quelle manière les hommes parleront de nous ! »

Il ne faut point se mettre en tête d'avoir un style si magnifique et si guindé ; il faut s'y prendre plus familièrement. Que le sens, à la vérité, soit pressé, c'est-à-dire que ce ne soient point des paroles vagues, et qu'il y ait du sens et des choses partout ; mais que l'expression soit claire, et comme parlent les honnêtes gens. Car, comme l'historien ne doit avoir dans l'esprit que la liberté et la vérité, il faut aussi qu'on n'ait pour but dans le style que la netteté, et de représenter les choses telles qu'elles sont ; en un mot, que tout le monde l'entende, et que les savants le louent ; ce qui arrivera, si on se sert d'expressions qui ne soient point trop recherchées, ni aussi trop communes.

Il faut pourtant que l'historien ait quelque chose du poëte dans les pensées, surtout quand il viendra à écrire une bataille, des armées qui se vont choquer, des vaisseaux qui combattent les uns contre les autres. C'est alors qu'on a besoin, pour ainsi dire, d'un vent poétique qui enfle les voiles, qui fasse grossir la mer. Mais il faut pourtant que l'expression ne s'élève guère de terre, et qu'elle ne se ressente en rien de la fureur des corybantes; enfin, il faut aller bride en main.

N'avoir point trop de soin de l'harmonie et du son, mais aussi ne pas écorcher les oreilles.

Il faut bien prendre garde de qui on prend des mémoires, et ne consulter que des gens non suspects ou de haine, ou de complaisance, soit pour eux-mêmes, soit pour les autres.

Quand on a fait provision de bons mémoires, alors il faut les coudre, et faire comme une suite ou un corps d'histoire, sec et décharné d'abord, pour y mettre ensuite la chair et les couleurs.

Il faut, comme le Jupiter d'Homère, que l'historien porte les yeux de tous côtés, tantôt sur les Thraces, tantôt sur les Mysiens ; qu'il voie aussi bien ce qui se passe dans le parti des ennemis comme dans l'autre parti; qu'il mette tout dans une égale balance, qu'il se mêle, qu'il combatte, qu'il fuie avec les fuyards, qu'il donne la chasse avec les victorieux.

Son esprit doit être comme un miroir pur et sans tache, qui reçoit les objets tels qu'ils sont, ne mettant rien du sien qu'une expression naïve, sans se mettre en peine de quelle nature est ce qu'il dit, mais bien de quelle manière il le doit dire. C'est aux Athéniens à lui fournir l'or et l'ivoire, et à lui de tailler l'un ou l'autre, et de le mettre en œuvre.

Il faut que la narration ne soit point décousue. Non-seulement les choses doivent se suivre, mais elles doivent se tenir les unes aux autres.

Il faut savoir négliger les petites choses, et ne point trop s'étendre dans les descriptions. Témoin Homère, qui en a pu faire de si belles, et qui a si souvent passé par-dessus courageusement.

Ne croyez point que Thucydide soit long dans la description de la peste; songez de quelle importance est tout ce qu'il dit: il fuit les choses, mais les choses l'arrêtent malgré lui.

On peut s'élever et être orateur dans les harangues, pourvu qu'elles conviennent à celui qui parle.

La première chose que doit faire celui qui veut écrire l'histoire, c'est de choisir un sujet qui soit beau et agréable aux lecteurs. C'est un avantage qu'Hérodote a par-dessus Thucydide ; car Hérodote raconte la guerre que les Grecs ont eue contre les Barbares, et les actions des uns et des autres dignes de n'être jamais oubliées ; au lieu que Thucydide n'écrit qu'une seule guerre, et encore infortunée, qu'il serait à souhaiter qui n'eût jamais été, ou qui fût ensevelie dans le silence, car lui-même éloigne son lecteur, en lui disant qu'il va lui raconter des malheurs horribles, des villes désertes ou renversées, des morts sans nombre, des pestes, des tremblements de terre, des éclipses plus fréquentes qu'elles n'ont jamais été.

La seconde chose que doit faire un historien, c'est de bien considérer là où il commence et là où il finit. Hérodote a encore cet avantage sur Thucydide, car le premier commence à la première injure que les Barbares firent aux Grecs, et finit à la vengeance ; Thucydide commence, au contraire, par dépeindre la Grèce heureuse et florissante, et finit à la bataille que les Athéniens perdirent contre ceux du Péloponnèse.

Il faut être court et circonspect dans les jugements que l'on porte des uns et des autres, toujours être appuyé de preuves, éviter d'être calomniateur, et ne les point faire mal à propos. Songez surtout que vous n'êtes point devant les juges, et qu'il ne s'agit pas de faire le procès à ceux dont vous parlez. Théopompe a passé en cela les bornes, et semble plus un accusateur qu'un historien.

S'il se présente des fables ou des choses peu vraisemblables, contez-les, mais non pas comme les croyant et voulant forcer les autres à les croire ; mais donnez-les pour telles qu'elles sont sans les appuyer.

FIN DU TRAITÉ DE LUCIEN.

TRADUCTION

DE

LA VIE DE DIOGÈNE LE CYNIQUE,

ÉCRITE PAR DIOGÈNE LAERCE.

Diogène, natif de Sinope, était fils d'un changeur nommé Icésius. Dioclès rapporte qu'il fut obligé de s'enfuir de son pays à cause que son père, qui tenait la banque publique, avait fait de la fausse monnaie. Mais Euclide, dans le livre qu'il a écrit de ce philosophe, assure que ce fut Diogène lui-même qui fut atteint de ce crime, et qu'il fut banni pour cela de Sinope avec son père; et en effet, il confesse ingénument lui-même, dans son *Podale*, d'avoir fait de la fausse monnaie. Quelques-uns disent, qu'ayant été créé maître de la monnaie, les ouvriers qui travaillaient sous lui lui mirent en tête de la falsifier, et que pour ce sujet il vint à Delphes et à Délos, pays d'Apollon, pour savoir de ce dieu s'il ferait ce qu'on lui conseillait, et que l'oracle l'ayant encore confirmé dans cette résolution, il fit en effet de la fausse monnaie, ne prévoyant pas ce qui en pourrait arriver; si bien que, depuis, la chose ayant été découverte, il fut banni, ou, comme d'autres veulent, il se retira de lui-même, par la crainte qu'il avait. Il y en a d'autres qui racontent qu'ayant reçu de son père l'intendance de la monnaie, il la falsifia, et que, pour ce sujet, le premier fut mis en prison, où il mourut; mais que Diogène, heureusement pour lui, se sauva. Ces mêmes auteurs assurent qu'il vint, à la vérité, à Delphes, toutefois qu'il ne demanda pas à l'oracle s'il ferait de la fausse monnaie, mais ce qu'il ferait pour se rendre illustre dans le monde, et que l'oracle là-dessus lui dit d'en faire.

Étant arrivé à Athènes, il alla trouver aussitôt Antisthène, pour être reçu au nombre de ses disciples; et bien que ce philosophe eût résolu de ne plus recevoir personne, et le rabrouât d'abord fort rudement, il le vainquit néanmoins par son obstination; car comme Antisthène leva un bâton pour le frapper s'il ne se retirait : « Frappe, lui dit Diogène, en lui présentant la tête, mais sache que tant que tu parleras, il n'y a pas de bâton si dur qu'il me puisse chasser d'auprès de toi. » Antisthène le reçut dès lors au nombre de ses disciples; et depuis ce temps-là, il commença à vivre avec une simplicité tout à fait grande, et telle qu'il convenait à un misérable banni, comme il était. Théophraste, dans son *Mégarique*, dit de lui, que voyant un jour courir un rat, il prit de là un sujet de se consoler, considérant que ce petit animal vivait à son aise dans des trous obscurs, sans se soucier ni de coucher dans un lit, ni de manger des morceaux délicats. Il fut le premier, au rapport de quelques-uns, qui s'avisa de faire doubler son manteau (à cause du besoin qu'il en avait), parce qu'il avait accoutumé de s'entortiller dedans quand il voulait dormir. Il portait aussi ordinairement une besace où il mettait ses provisions; car il n'avait point de lieu particulier où se retirer quand il voulait ou manger, ou dormir, ou étudier; mais le premier endroit où il se trouvait lui était bon, et, à propos de cela, il disait que les Athéniens lui avaient bâti un palais magnifique pour prendre ses repas, montrant le portique du temple de Jupiter. Il prit au commencement un bâton par nécessité, à cause qu'il relevait de maladie; depuis, à la vérité, il ne le porta plus dans la ville; mais toutes les fois qu'il allait aux champs, il n'allait point sans sa besace ni son bâton, comme rapportent Olympiodore, Polyeucte, et Lysamias. Ayant écrit à un de ses amis de lui chercher quelque maisonnette pour se loger, et voyant que cet homme ne se pressait pas trop de lui en trouver, il s'alla loger dans un tonneau qui était dans la place de Métroos, ainsi qu'il le déclare lui-même dans ses lettres. Pour s'endurcir au chaud et au froid, il avait accoutumé, l'été, de se rouler sur le sable brûlant, et l'hiver, il embrassait des statues couvertes de neige. C'était un homme, au reste, d'un naturel extrêmement piquant et railleur.

Il disait des combats qui se font en l'honneur de Bacchus, que c'étaient de grandes merveilles pour étonner les sots; et des orateurs de son temps, qu'ils étaient les valets de la populace. Il disait aussi que quand il considérait dans cette vie les magistrats, les médecins, et les philosophes, l'homme lui paraissait l'animal du monde le plus sage et le plus raisonnable; mais que lorsqu'il venait ensuite à contempler les devins, les ambitieux, les avares, et toute autre semblable manière de gens, il ne trouvait rien de si fou que l'homme. Il répétait souvent cette parole, qu'un homme devait toujours faire provision ou de raison pour se consoler dans les adversités de la vie, ou de cordes pour se pendre. Voyant un jour Platon à un festin magnifique, qui ne mangeait que des olives : « D'où vient, lui dit-il, grand philosophe, que vous, qui avez été autrefois tout exprès en Sicile pour manger de bons morceaux, maintenant que vous êtes à même, vous n'en mangez point? — J'atteste les dieux, répliqua Platon, que là, non plus qu'ici, je ne vivais que d'olives et d'autres semblables fruits. — Qu'était-il donc nécessaire que vous y allassiez? reprit brusquement Diogène; est-ce qu'il n'y avait point d'olives en Attique dans ce temps-là? » Phavorin, dans son histoire de toutes sortes, attribue ce mot à Aristippe. Une autre fois, comme il mangeait des figues, il rencontra Platon en son chemin, et d'abord il lui demanda s'il en voulait goûter, Platon en prit volontiers quelques-unes qu'il mangea : « Je vous avais dit, reprit tout d'un coup Diogène, d'en goûter, et non pas de les avaler. » Un jour que Platon traitait quelques amis de Denys le tyran, Diogène se trouva chez lui, et voyant des tapis que ce philosophe avait fait étendre pour s'asseoir, il se mit à les fouler, disant : « Je foule aux pieds la vanité de Platon. — Mais, lui répliqua Platon, combien es-tu plus vain et plus orgueilleux que moi, de croire que tu peux faire cela sans orgueil ! » Quelques-uns rapportent la chose d'une autre manière, et racontent que Diogène dit : « Je foule aux pieds l'orgueil de Platon ; » et que Platon lui répondit : « mais avec un autre orgueil. » Sotion, dans son quatrième livre, rapporte encore un autre bon mot que dit ce cynique à Platon. Il avait prié ce philosophe de lui donner un peu de vin et des figues ; Platon lui en envoya une grande cruche toute pleine. Diogène l'ayant rencontré à quelque temps de là : « Je pense, lui dit-il, que si l'on s'enquérait de vous combien font deux et deux, vous répondriez vingt, si vous ne répondez pas plus à propos de ce qu'on vous interroge que vous donnez à proportion de ce qu'on vous demande ; » voulant marquer par là le vice de Platon, qui était grand parleur de son naturel. On lui demandait une fois en quel lieu de la Grèce il avait vu des hommes qui fussent des honnêtes gens. « Pour d'hommes, répondit-il, je n'en vis jamais ; mais j'ai vu des enfants à Lacédémone qui l'étaient. » Un jour qu'il discourait fort sérieusement, voyant que personne ne le venait entendre, il se mit à fredonner de la voix comme une cigale, et ayant de cette sorte amassé beaucoup de monde autour de soi, il commença à leur reprocher leur peu d'esprit, de courir, comme ils faisaient, après des niaiseries, et de se presser si peu pour ouïr de bonnes choses. Il se plaignait que les hommes disputaient tous les jours sur cent badineries, comme à qui escrimerait et à qui lutterait le mieux, et que personne ne disputait à qui serait le plus honnête homme. Il disait qu'il s'étonnait de la folie des grammairiens de son temps, qui se tourmentaient le corps et l'âme pour déchiffrer les peines et les fatigues d'Ulysse, et qui ne prenaient pas garde à celles qu'ils se donnaient inutilement. Il se moquait plaisamment des musiciens qui trouvent bien le moyen, ajoutait-il, de mettre leurs lyres d'accord, et qui mènent une vie si déréglée. Il n'était pas moins divertissant sur les astrologues qui s'amusent, poursuivait-il, toute leur vie à contempler le soleil et la lune, et qui ne voient pas le plus souvent ce qui se passe à leurs pieds. Il disait des orateurs qu'ils s'étudiaient plutôt à dire de bonnes choses qu'à en faire. Il était ennemi mortel des avares, qui ne haïssent rien tant, à les entendre parler, que l'argent, et qui l'adorent dans l'âme. Il ne pouvait non plus souffrir ces sortes de gens qui louent fort ceux qui méprisent les richesses, et qui cependant n'estiment d'heureux que ceux qui sont riches. Il blâmait fort ces hypocrites qui faisaient des sacrifices aux dieux pour leur santé, et qui se soûlaient au sacrifice jusqu'à se faire malades. Il disait qu'il ne pouvait assez s'étonner de la sobriété des valets qui ne dérobaient rien de ce qu'on servait sur table, voyant leurs maîtres avaler à leurs yeux de si bons morceaux. Il louait fort ceux qui pouvant se marier ne se mariaient point, et qui pouvant aller sur mer n'y allaient point, et qui pouvant se mêler d'affaires publiques ne s'en mêlaient point, ou qui pouvant mener une vie voluptueuse ne la menaient point, et enfin ceux qui pouvant s'approcher des grands seigneurs ne se souciaient point d'en approcher. Il disait qu'il fallait toujours avoir les mains ouvertes pour ses amis. Ménippe, dans le livre qu'il a écrit de la vente de Diogène, raconte de lui qu'ayant été fait captif, comme on l'eut mis en vente, celui qui le voulait acheter lui demanda ce qu'il savait faire : « Commander aux hommes », reprit Diogène; puis, s'adressant au sergent qui le criait : « Crie, lui dit-il, qui veut acheter son maître? » Durant qu'il était ainsi exposé en vente, on ne lui voulait pas permettre de s'asseoir : « Hé quoi! dit-il, quand on achète des poissons, regarde-t-on s'ils sont debout ou assis? » Il se plaignait que c'était une chose étrange, que quand on achetait un plat ou une marmite, on les maniait et on les examinait auparavant, et qu'on achetait les hommes sur la simple vue. Il disait à Xéniade, qu'encore qu'il fût son esclave, il fallait qu'il se résolût à lui obéir, par la raison qu'on obéit à un médecin ou à un précepteur, tout esclaves qu'ils sont. Eubule, dans le livre qui est intitulé *la Vente de Diogène*, raconte qu'il éleva les enfants de Xéniade de cette sorte : après qu'il les eut instruits dans tous les arts libéraux, il voulut qu'ils apprissent à monter à cheval, à tirer de l'arc, à manier la fronde, et à lancer le javelot. Au reste, il ne souffrit point qu'ils allassent aux lieux publics pour s'exercer à la manière des athlètes, chez les maîtres de ces exercices; mais il se donna la peine lui-même de les exercer, afin de les rendre plus robustes et plus dispos. Il eut soin de leur faire apprendre par cœur plusieurs passages, tant des poëtes que des orateurs, et même de ses écrits; et afin qu'ils retinssent plus aisément ce qu'il leur enseignait, il leur fit un abrégé de tout ce qui était nécessaire pour avoir les principes des sciences. Au reste, il voulait, quand ils étaient chez eux, qu'ils s'employassent aux offices de la maison, en se contentant pour leur nourriture de quelques viandes légères, et d'un peu d'eau pure. Pour ce qui est du corps, il ne se souciait point qu'ils fussent malpropres ni mal peignés ; au contraire, il les laissait aller dans les rues, le plus souvent sans pourpoint et sans souliers, car il voulait qu'ils marchassent ainsi sans dire mot, et sans regarder personne qu'eux-mêmes, et les menait quelquefois dans cet équipage à la chasse. Mais ces jeunes gens, d'autre côté, avaient un soin particulier de lui, et faisaient tout ce qu'ils pouvaient pour le mettre bien auprès de leur père et de leur mère. Eubule rapporte encore qu'il acheva ses jours chez Xéniade, et que les enfants de son maître l'enterrèrent.

Lorsqu'il fut à l'article de la mort, Xéniade lui demanda

de quelle manière il voulait être enterré : « Le visage dessous, reprit-il ; car ceux qui sont dessous auront bientôt le dessus. » Il disait cela à cause des progrès des Macédoniens, qui, de petits commencements, s'étaient élevés à une grande puissance. Quelqu'un l'ayant mené chez lui le pria de ne point cracher, de peur de rien gâter dans sa maison, qui était merveilleusement propre et bien parée ; mais Diogène, sans dire mot, tira un gros crachat du fond de son estomac, et le lui jetant au nez : « Excusez, lui dit-il, c'est que je n'ai trouvé que ce lieu là ici d'assez sale pour cracher. » Il y en a qui prétendent que ce mot est d'Aristippe. Une autre fois, étant au milieu de la rue, il se mit à crier : « Que tout ce qu'il y a d'hommes ici vienne à moi ! » En même temps, plusieurs s'amassèrent autour de lui ; mais Diogène les écartant avec son bâton : « Je demandais des hommes, dit-il, et non pas des bêtes. » C'est Hécaton qui rapporte cela dans son premier livre des *Sentences*. On raconte d'Alexandre qu'il disait de lui que s'il n'eût été Alexandre il eût voulu être Diogène.

Métroclès, dans ses *Dits notables*, rapporte qu'un jour, comme on lui faisait le poil, il s'en alla, la barbe à demi faite, à un festin que faisaient ensemble des jeunes gens, où il fut fort bien battu ; mais que, pour sa revanche, il fit un grand placard où il mit en écrit le nom de ceux qui lui avaient fait cet outrage, et qu'il les suivait partout avec cette affiche dans les mains. Ainsi il se vengea de l'affront qu'ils lui avaient fait en les faisant connaître, et attirant sur eux la haine et l'indignation de tout le monde. Il disait qu'il était un bon chien de chasse à l'égard des personnes louables, parce qu'il ne les suivait pas avec moins d'ardeur qu'un chien fait un lièvre, et que cependant personne de ceux qui font métier de louer les gens ne l'osait mener à la chasse. Quelqu'un disait une fois devant lui, en se vantant : « J'ai bien vaincu des hommes en ma vie aux jeux pythiens. — Des hommes ? reprit Diogène ; c'est moi qui sais vaincre les hommes : mais toi, ce ne sont que des faquins. » On lui représentait un jour qu'il était vieux et qu'il devait songer à se reposer : « Hé quoi ! repartit-il, si j'étais entré en lice pour courir, songerais-je à m'arrêter quand je serais près du but ; au contraire, ne tâcherais-je pas à mieux courir que jamais ? » Quelqu'un l'ayant prié de souper, il n'y voulut point aller, à cause que quelques jours auparavant il y avait été, et qu'on ne l'en avait pas remercié. L'hiver, il allait les pieds nus dans la neige, et faisait toutes les autres choses que nous avons rapportées ci-devant. Il tâcha au commencement de manger de la viande crue ; mais n'en pouvant venir à bout, il y renonça. Il rencontra une fois l'orateur Démosthène dans un cabaret, qui dînait : dès que Démosthène le vit, il se voulut retirer ; mais Diogène l'ayant aperçu : « Tu n'as que faire de t'enfuir, lui dit-il ; tu n'en auras pas moins été au cabaret pour cela. » Quelques étrangers souhaitant de voir cet orateur : « Le voilà, dit-il en élevant sa main, et leur montrant le doigt du milieu, le flatteur des Athéniens. » Un jour, voyant un pauvre homme qui, ayant laissé choir un morceau de pain, avait honte de le ramasser, il voulut le guérir de cette mauvaise honte-là ; et attachant une corde à l'embouchure de son tonneau, il se mit à le traîner de cette sorte tout le long de la rue Céramique ; et il disait qu'il imitait en cela les maîtres de musique qui détonnent quelquefois dans un concert, afin de faire prendre le ton aux autres. Il assurait qu'on pouvait être fou jusqu'au bout des doigts, et qu'en effet, si l'on voyait quelqu'un aller dans les rues le doigt du milieu tendu, il n'y a personne qui ne le prît pour un fou, au lieu qu'on ne trouvait rien à dire quand il tendait celui qui est proche du pouce. Il disait qu'on avait à bon marché les choses qui valent beaucoup, et qu'au contraire on vendait bien cher celles qui ne valent rien, vu qu'on ne pouvait faire faire une statue à moins de trois mille oboles, et qu'on avait un boisseau de farine pour deux liards. Il disait une fois à Xéniade, celui qui l'avait acheté : « Prenez garde à m'obéir de point en point, et à faire ce que je vous ordonnerai. — Hé quoi! lui répliqua Xéniade,

Les fleuves révoltés remontent à leurs sources?

— Mais lui répondit Diogène, si vous étiez malade, et que vous eussiez acheté un médecin, au lieu de faire ce qu'il vous ordonnerait, vous amuseriez-vous à lui dire :

Les fleuves révoltés remontent à leurs sources? »

Il y eut une fois un homme qui le vint trouver à dessein de se faire philosophe : Diogène, pour l'éprouver, lui donna d'abord un merlan qu'il tenait à porter, et lui commanda de le suivre; mais l'autre jeta là le merlan, tout honteux, et s'en retourna comme il était venu. Diogène le rencontra à quelques jours de là, et ne pouvant s'empêcher de rire en le voyant : « Faut-il qu'un merlan, lui dit-il, ait rompu une amitié comme la nôtre! » Dioclès rapporte cela autrement, et raconte qu'un homme ayant dit à Diogène : « Commandez et nous vous obéirons », Diogène le prit à part, et lui donna un morceau de fromage à porter; mais que l'autre ayant refusé de le faire : « Hé quoi! lui répliqua-t-il, voulez vous rompre avec moi pour un morceau de fromage? » Voyant un jour un petit garçon qui buvait dans le creux de sa main, il tira son écuelle de sa besace, et la jetant par terre : « Il a, dit-il, plus d'esprit que moi. » Il jeta aussi sa cuiller pour un même sujet, voyant un autre jeune garçon qui mangeait une soupe de lentilles avec une croûte de pain qu'il avait creusée en guise de cuiller.

Voici à peu près sa manière de raisonner : Toutes choses appartiennent aux dieux; les sages sont amis des dieux; or, est-il que tous biens sont communs entre amis, et par conséquent toutes choses appartiennent aux sages. Un jour, comme rapporte Zoïle, voyant une femme qui se prosternait devant un autel, jusqu'à se mettre dans une posture indécente, Diogène la voulut guérir de cette superstition-là ; et s'approchant d'elle : « N'avez-vous point peur, lui dit-il, que Dieu, qui est partout, ne voie derrière vous quelque chose qui ne soit pas fort honnête ? » Il consacra un homme à Esculape, seulement pour avoir soin d'aller battre ceux qui viendraient baiser la terre dans le temple de ce dieu. Il disait que toutes les malédictions tragiques étaient tombées sur lui ; qu'il était sans ville, sans maison, sans pays, gueux, vagabond, et vivant à la journée ; mais qu'il opposait à la fortune la constance, aux lois la nature, aux passions la raison. Une fois Alexandre le vint voir, qu'il se reposait au soleil dans la place de Cranion ; et s'arrêtant devant lui : « Diogène, lui dit-il, demande-moi ce que tu voudras. — Ce que je veux, reprit Diogène, c'est que vous vous ôtiez un peu de mon soleil. » Quelqu'un ayant lu une fois devant lui un ouvrage d'assez longue haleine, comme il fut à la fin du livre, voyant qu'il n'y avait plus de feuillets écrits, il se mit à crier, comme font les matelots sur mer : « Terre ! terre ! prenons courage. » Un homme lui voulait prouver une fois, par un argument sophistique, qu'il avait des cornes ; mais Diogène, pour toute réponse, passant sa main sur son front : « Je ne les sens point », dit-il. Il fit environ la même chose à un autre qui soutenait qu'il n'y avait point de mouvement ; car il se leva tout d'un coup et il se mit à se promener. Un astrologue discourait un jour devant lui des choses célestes : « Depuis quand, mon ami, lui dit-il, êtes-vous revenu du ciel ? » Un certain eunuque, perdu de débauche, avait fait mettre cette inscription sur la porte de son logis : *Que rien de méchant n'entre ici dedans.* « Où est-ce, reprit Diogène, que logera le maître de la maison ? » Ayant une fois des huiles de senteur, au lieu de s'en parfumer la tête, comme font les autres, il s'en oignit les pieds ; et la raison qu'il en rendit, c'est que l'odeur des parfums de la tête s'exhale en l'air, au lieu que celle des pieds monte droit au nez. Les Athéniens lui conseillaient de se faire initier aux mystères de quelques dieux, et lui disaient, pour l'y porter davantage, que ceux qui l'étaient dans cette vie avaient les places honorables dans les enfers. « Vraiment, répliqua-t-il, ce serait une assez plaisante chose que tandis qu'Agésilas et Épaminondas seraient dans la fange, une troupe de marauds initiés eût le haut bout dans les îles des bienheureux. » Voyant des rats qui venaient manger les miettes de sa table : « Comment, dit-il, Diogène a des parasites ! » Un jour Platon l'appelant chien : « Vous avez raison, lui répliqua-t-il, car j'ai été retrouver ceux qui m'ont vendu. » Une fois, comme il sortait des bains, quelqu'un lui demanda s'il y avait bien des hommes au bain : « Il n'y en a pas un, » repartit-il ; mais ensuite un autre l'ayant prié de lui dire s'il y avait beaucoup de monde au bain : Tout en est plein, » ajouta-t-il. Un jour Platon ayant défini l'homme, Un animal sans plumes et qui n'a que deux pieds, cette définition plut extrêmement à tous ceux qui étaient présents ; mais Diogène, sans dire mot, prit un coq qu'il se donna la peine de plumer tout entier, et l'ayant porté chez Platon : « Tenez, leur dit-il, voilà l'homme de Platon ; » de sorte que ce philosophe fut obligé d'ajouter à sa définition : Et qui a les ongles larges. On lui demandait à quelle heure il fallait dîner : « Si l'on est riche, reprit-il, quand on veut ; si l'on est pauvre quand on peut. » Ayant remarqué à Mégare que les moutons y étaient gras et couverts de bonne laine, au lieu que les enfants y étaient presque tout nus : « J'aimerais mieux, dit-il, être mouton que fils d'un Mégarien. » Un homme, dans les rues, l'ayant heurté d'un ais qu'il portait, se mit ensuite à crier : « Gare ! gare ! — Est-ce, lui dit-il, que tu as envie de me heurter encore une fois ? » Il appelait les orateurs les valets de la populace, et les couronnes qu'on leur donnait, des ampoules de gloire. Il allait quelquefois en plein jour, une lanterne allumée à la main ; et comme on lui demanda par quelle raison il faisait cela : « Je cherche, répondit-il, un homme. » Un jour qu'il se reposait en pleine rue, tout dégouttant de l'eau de la pluie qui était tombée sur lui, cela amassa autour de lui plusieurs personnes que ce spectacle avait touchées de pitié; mais Platon s'étant rencontré là par hasard : « Hé! de grâce, leur dit-il, si vous avez pitié de cet homme, laissez-le là; » voulant témoigner par ces paroles la vanité de ce philosophe, comme ne faisant cela que par ostentation. Il y eut une fois un homme qui lui donna un soufflet : « Vraiment, reprit-il, j'ai bien oublié de mettre un casque. » Un certain Midias qui lui en voulait, le rencontra un jour, et l'ayant bien battu : « Ton argent est prêt », ajouta-t-il. Diogène ne répondit rien sur l'heure; mais le lendemain il l'attendit avec des gantelets aux deux mains, et lui assénant un coup de toute sa force : « Ton argent est prêt », lui dit-il. Lysias, un certain apothicaire, lui demandait une fois s'il croyait qu'il y eût des dieux : « Il faut bien que je le croie, répliqua-t-il, puisque je sais même qu'ils n'ont point de plus grand ennemi que toi. » Quelques-uns assurent que ce mot est de Théodose. Voyant un jour un homme qui se lavait dans l'eau pour se purifier : « Hé! pauvre misérable, lui dit-il, sache que cette eau n'est pas plus capable d'effacer les crimes que tu as commis pendant ta vie, que des fautes de grammaire. » Il assurait que les hommes se plaignaient à tort de la fortune, parce qu'ils demandaient aux dieux, non pas ce qui était bon véritablement, mais ce qui leur paraissait bon. Il disait à ceux qui sont effrayés des songes qu'ils font : « Vous vous embarrassez des choses que vous faites en dormant, et vous n'avez pas la moindre inquiétude de celles que vous faites étant éveillés. » S'étant trouvé aux jeux olympiques, comme le héraut, selon sa coutume, se fut mis à crier : Dioxippe a vaincu tous les hommes qui ont paru dans la lice : « C'est moi, lui dit-il, qui sais vaincre les hommes; car pour lui ce ne sont que des esclaves. » Il était fort aimé des Athéniens, jusque-là qu'ils condamnèrent au fouet un jeune garçon pour avoir rompu son tonneau, et lui en firent donner un autre. Denys le stoïque rapporte qu'après la bataille de Chéronée, il fut pris prisonnier des Macédoniens, et qu'étant mené à Philippe, ce roi lui demanda qui il était : « Un espion, reprit-il, de ton insatiable avidité. » Ce même auteur assure que cette hardiesse inspira de l'admiration à Philippe, qui donna ordre qu'on le délivrât sur l'heure. Alexandre avait envoyé des lettres à Athènes, adressées à Antipater par un certain Athlië, qui veut dire en grec: autant que malheureux. Diogène s'y trouva présent quand il les reçut, et, faisant allusion à ce nom : « Athlië, dit-il, a envoyé les lettres d'Athlië à Athlië par Athlië. » Perviceus l'ayant menacé par lettres de le faire mourir s'il ne le venait trouver : « Il ne fera pas grand'chose, répliqua-t-il, puisqu'une mouche et une araignée peuvent bien en faire autant ; que ne me menace-t-il plutôt, ajouta-t-il, que si je ne le vais trouver, il trouvera bien moyen de vivre heureux sans moi ? » Il criait souvent que les dieux ne donnaient que trop de moyens aux hommes pour vivre à leur aise, mais que les moyens étaient cachés à ceux qui aimaient si fort les ragoûts, les parfums, et toutes ces vaines superfluités. Voyant un jour un homme qui se faisait chausser par son valet : « Tu ne seras point encore parfaitement heureux, lui dit-il, qu'on ne t'ait coupé les deux mains afin que tu te puisses honnêtement faire moucher par lui. » Une autre fois, ayant aperçu des sergents qui menaient en prison un coupeur de bourse qui avait volé une aiguière : « Voilà, dit-il, de grands voleurs qui en mènent un petit en prison. » Voyant un jeune garçon qui ruait des pierres à une potence: « Courage, lui dit-il, tu parviendras au but. » Il se trouva une fois entouré d'une foule de petits garçons qui criaient : «Gare! gare qu'il ne nous morde!» — Ne craignez rien, leur dit-il, un chien ne mange point de carottes. » Voyant un homme qui prenait plaisir à se couvrir de la peau d'un lion : « Cesse, mon ami, lui dit-il, de déshonorer l'habit de la vertu. »

On exaltait un jour devant lui le bonheur de Callisthènes, d'être participant, comme il était, de toute la magnificence d'Alexandre : « Et moi, répliqua-t-il, je le trouve bien malheureux de ne pouvoir dîner ni souper que quand il plaît à Alexandre. » Il disait que quand il avait affaire d'argent et qu'il en prenait de ses amis, c'était une dette dont ils s'acquittaient, plutôt qu'un présent qu'ils lui faisaient. On le trouva un jour en pleine rue qui faisait quelque chose de la main qui n'était pas fort honnête; mais lui, sans s'étonner : « Plût aux dieux, dit-il, que je puisse aussi bien apaiser la faim de mon ventre en le grattant! » Il se donna bien une fois la peine de ramener lui-même à la maison un jeune garçon qui allait faire la débauche avec des seigneurs de Perse, et avertit ses parents d'avoir l'œil sur lui. Il y eut un jour un jeune homme fort bien paré qui le vint consulter sur certaine matière : « Je ne vous répondrai point, lui dit Diogène, que vous ne m'ayez fait savoir auparavant si vous êtes homme ou femme. » Une autre fois, comme il était au bain, il en vit un qui versait du vin d'un pot dans un autre, afin de juger, par le bruit que faisait le vin en tombant, s'il réussirait dans ses amours; et comme, à son avis, le pot eut rendu un bon son : « Il est d'autant plus mauvais pour toi, lui dit Diogène, qu'il est fort bon. » Quelques-uns, dans un festin, lui jetaient de loin, par dérision, des os comme à un chien; mais Diogène, se levant de table, se mit à pisser contre eux comme un chien. Il disait des orateurs et de ceux qui mettent leur gloire à bien parler, qu'ils étaient trois fois hommes, c'est-à-dire trois fois misérables. Il appelait un riche ignorant, un mouton qui avait une toison d'or. Ayant vu sur la porte d'un fameux débauché, *Maison à vendre:* « Je me doutais bien, dit-il, que cette maison boirait tant et mangerait tant, qu'elle vomirait enfin son maître. » Un jeune garçon se plaignit une fois à lui de la multitude de ceux qui le voulaient corrompre : « Cesse, lui répondit Diogène, de leur faire voir qu'on te peut corrompre. » Étant un jour entré dans un bain fort sale : « Où est-ce, dit-il, que l'on se fera laver à la sortie de ce bain-ci? » Il entendait une fois un joueur de luth qui en jouait d'une manière fort grossière, et comme tous les autres le traitaient d'ignorant et de ridicule, lui seul le louait et le prisait extrêmement; quelques-uns lui en demandèrent la raison : « Je l'admire, reprit-il, de ce que, jouant si mal, il s'amuse plutôt à cela qu'à tuer ou à voler. » Il y en avait encore un autre qui faisait fuir tout le monde dès qu'il commençait à jouer; un jour Diogène l'ayant rencontré : « Bonjour, lui dit-il, monsieur le Coq. — D'où vient que vous m'appelez ainsi? lui dit l'autre. — C'est, répliqua-t-il, que tu fais lever tout le monde dès que tu commences à chanter. » Voyant plusieurs personnes qui avaient les yeux fichés sur un jeune garçon, il se mit à ramasser du lupin qui était à terre, à la vue de tout le monde, et en remplissait à mesure sa besace. Cette action fit tourner la tête à tous ceux qui étaient là : « Hé quoi! leur dit-il, aimez-vous mieux me voir que ce beau fils? » Un homme extrêmement superstitieux lui disait une fois : « Ne me fâche pas, car, d'un coup de poing, je te romprais la tête. — Et moi, reprit-il, je te ferais trembler si je t'avais seulement regardé du côté gauche. » Un certain Hégésias le priait un jour de lui prêter quelques-uns de ses ouvrages pour apprendre la philosophie : « Dites-moi un peu, reprit Diogène, si vous vouliez manger des figues, voudriez-vous qu'on vous donnât des figues en peinture et n'en achèteriez-vous pas de véritables? Avouez donc que vous êtes fou, puisque, pouvant embrasser l'exercice véritable de la philosophie, vous vous contentez de la voir par écrit. » Quelqu'un lui reprochait qu'il s'était enfui de son pays : « Hé, misérable, lui répliqua-t-il, n'y ai-je pas trop gagné, puisque c'est ce qui m'a fait devenir philosophe? » Et un autre qui lui disait : « Ceux de Sinope t'ont banni de leur pays : — Et moi, reprit-il, je les condamne à n'en bouger. » Voyant un homme qui avait gagné le prix aux jeux olympiques, qui menait paître les brebis : « Pauvre homme, lui dit-il, tu n'as quitté les jeux olympiques que pour venir aux néméens. » On lui demandait une fois d'où venait que les athlètes ne sentaient point les coups qu'on leur donnait : « C'est, reprit-il, qu'ils ne sont faits que de chair de pourceau et de bœuf. » Il demandait un jour l'aumône à une statue, et la raison qu'il en donna : « Je m'apprends, dit-il, à être refusé. » Il fut obligé au commencement de demander l'aumône pour subsister. Un jour donc, comme il pria quelqu'un de la lui donner : « Si tu l'as jamais donnée à quelque autre en ta vie, donne-la-moi ; si tu ne l'as point donnée, commence par moi. » Un tyran lui demandait un jour quel était le meilleur airain : « Celui, répliqua-t-il, dont on fond les statues d'Harmodius et d'Aristogiton. » A propos de Denys le tyran, il disait qu'il traitait ses amis comme des sacs ; « car, ajoutait-il, il les prend quand ils sont pleins, et les jette quand ils sont vides. » Un nouveau marié avait fait mettre cette inscription sur le seuil de sa porte : *Hercule Callinique, fils de Jupiter, loge céans ; que rien de méchant n'entre ici dedans.* Mais Diogène, sans dire mot, écrivit ceci ensuite : *Après la mort le médecin.* Il vit une fois un homme qui s'était ruiné en folles dépenses, qui faisait son souper de quelques olives dans une gargoterie : « Misérable, lui dit-il, si tu eusses dîné de la sorte, tu ne souperais pas aujourd'hui comme tu fais. » Il disait que les hommes vertueux étaient les images des dieux. Il appelait l'amour l'occupation des oisifs. Quelqu'un lui ayant demandé ce qu'il croyait qu'il y eût au monde de plus misérable, il répondit : « Un vieillard pauvre ; » et à un autre qui s'enquérait de lui quelle était la bête la plus dangereuse : « Un médisant, répliqua-t-il, entre les farouches, et un flatteur entre les privées. » Voyant un tableau où il y avait deux centaures fort mal peints : « Quel est le Chiron des deux ? » dit-il. Il appelait les paroles de flatterie des filets de miel ; et le ventre, la Charybde de la vie. Ayant ouï dire qu'un certain Didyme avait été surpris en adultère : « Il est digne deux fois, dit-il, d'être pendu par son nom[1]. » On lui demandait un jour d'où venait que l'or était pâle : « C'est, répliqua-t-il, que tout le monde est aux

---

[1] Diogène jouait ici sur le mot grec διδυμος, qui signifie jumeau.

aguets pour l'attraper. » Voyant une femme dans une litière : « Ce n'est pas là, dit-il, une cage pour une bête si farouche. » Il vit un jour un esclave fugitif qui était assis sur la margelle d'un puits : « Mon ami, lui dit-il, prends garde d'y tomber. » Une fois étant au bain, il aperçut un certain Cillius, qui était un de ces voleurs qui viennent pour voler les habits de ceux qui se baignent, et s'approchant de lui : « Est-ce pour voler ou pour vous baigner, lui dit-il, que vous êtes ici ? » Voyant un jour des femmes qu'on avait pendues à des oliviers : « Plût aux dieux, s'écria-t-il, que tous les arbres portassent de semblables fruits ! » Ayant rencontré un certain homme qui était accusé de fouiller dans les sépulcres, il lui dit sur-le-champ ces deux vers :

> Qui t'amène en ces lieux, honte de la nature ?
> Viens-tu fouiller les morts jusqu'en leur sépulture ?

On lui demandait un jour s'il avait un valet ou une servante ; il répondit que non. « Et qui est-ce donc, reprit celui qui l'interrogeait, qui prendra le soin de tes funérailles après ta mort ? — Celui, répliqua-t-il, qui voudra loger dans ma maison. » Il aperçut un jour un beau garçon qui dormait à son aise, couché tout de son long : « Réveille-toi, lui dit Diogène, n'as-tu point de peur

> Qu'une flèche, en dormant, te perce par derrière ? »

Et à un autre qui aimait extrêmement la bonne chère : « Si tu n'y donnes ordre, lui dit-il,

> Tes jours seront, mon fils, de fort courte durée. »

Un jour Platon discourait de ses idées, assurant qu'une table avait sa tabléité, et un pot sa potéité : « Pour moi, reprit Diogène, je vois bien un pot et une table ; mais je ne vois ni potéité, ni tabléité. — C'est, lui répliqua Platon, que tu as des yeux pour voir la table et les pots, mais tu n'as pas assez d'esprit pour concevoir la tabléité et la potéité. » On lui demandait une fois quel homme lui paraissait Socrate : « Un fou, » répliqua-t-il. Un autre s'enquérait de lui en quel âge il se fallait marier : « Quand on est jeune, il n'est pas temps ; quand on est vieux, il n'est plus temps. » Quelqu'un lui disait un jour : « Que voudriez-vous qu'un homme vous donnât pour recevoir un soufflet de lui ? — Un casque, » reprit Diogène. Voyant un homme qui se parait : « Si c'est aux hommes, lui dit-il, que tu veux disputer le prix de la beauté, tu es bien misérable ; si c'est aux femmes, tu es bien injuste. » Comme un jeune homme eut rougi devant lui : « Courage, lui dit Diogène, je vois la couleur de la vertu. » Entendant un jour plaider deux avocats sur un larcin dont l'un était accusé par l'autre, il les condamna tous deux : « Car l'un, ajouta-t-il, a volé, et l'autre ne l'a point été. » On lui demandait un jour quel vin était le plus agréable à boire : « Le vin d'autrui, » répondit-il. On lui disait une fois : « Tout le monde se rit de toi. — Je ne suis pas ridicule pour cela, » reprit-il. Un autre soutenait devant lui que c'était une chose malheureuse que de vivre : « Dis de mal vivre, interrompit Diogène, et non pas de vivre. » Quelques-uns lui conseillaient de faire chercher un valet qu'il avait, et qui s'était enfui. « Non, non, reprit-il, ce serait une chose ridicule que Manès se pût passer de Diogène, et que Diogène ne se pût passer de Manès. » Un jour, comme il mangeait des olives, un homme lui vint offrir des gâteaux ; mais il le renvoya avec ce vers :

Fuyons, amis, fuyons ces infâmes tyrans.

On lui demandait une fois de quelle espèce de chien il était : « Quand j'ai faim, répliqua-t-il, je suis doux comme un chien de Mélite ; mais quand je suis soûl, je suis ardent comme un chien de Molosse. Enfin, ajouta-t-il, je suis de cette espèce de chiens qu'on prise extrêmement, mais que peu de personnes veulent mener à la chasse, à cause de la fatigue qu'il se faut donner. En effet, vous louez assez mon genre de vie, mais il n'y en a pas un qui le veuille suivre à cause des peines et des sueurs qu'il faut endurer. » On s'enquérait une fois de lui si les sages mangeaient des tartes et des gâteaux : « Que cela est étrange, répliqua-t-il, qu'ils en mangent tout de même que d'autres hommes! » Quelqu'un se plaignait à lui de ce qu'on donnait souvent l'aumône à de gros gueux aveugles et estropiés, et qu'on ne donnait rien aux philosophes : « C'est, répliqua-t-il, que la plupart des hommes prévoient bien qu'ils pourront devenir aveugles ou estropiés, mais pas un n'aspire à devenir philosophe. » Il demandait un jour l'aumône à un homme fort avare, et comme celui-ci ne se pressait pas trop de la lui donner : « Je ne demande pas votre mort, lui dit-il, je demande ma vie. » Quelqu'un lui ayant reproché qu'il avait autrefois fait de la fausse monnaie : « Il est vrai, lui répondit-il, que j'ai été autrefois ce que vous êtes; mais le mal est que vous ne serez jamais ce que je suis. » Et à un autre qui lui faisait le même reproche : « Je pissais aussi, répliqua-t-il, plus roide en ce temps-là que je ne fais à cette heure. » Un jour étant allé à Mynde, il prit garde en entrant que les portes de la ville étaient fort grandes, bien que la ville fût fort petite, et s'adressant à quelques Myndiens qui étaient là : « Messieurs, leur dit-il, si vous m'en croyez, vous fermerez les portes de votre ville de peur qu'elle ne sorte. » Voyant un homme qu'on avait surpris volant de la pourpre, et qu'on menait en prison, il lui dit sur-le-champs ce vers :

La mort sera bientôt de ton sang empourprée.

Cratère l'ayant fait prier de le venir trouver : « J'aime mieux, répliqua-t-il, lécher du sel à Athènes que de manger les meilleurs morceaux du monde à la table de Cratère. » Il alla voir une fois un certain orateur nommé Anaximène, qui était fort gras : « Si vous faisiez bien, lui dit Diogène, vous nous donneriez la moitié de votre ventre, car vous n'en seriez pas plus mal, et nous nous en trouverions mieux. » Un jour, comme ce même orateur haranguait publiquement, Diogène se mit à montrer de loin un morceau de salé et attira par cette action tous les assistants auprès de soi ; et comme Anaximène s'en voulut fâcher : « Vous voyez, leur dit Diogène, que tous les beaux discours de votre orateur ne valent pas un liard, car mon salé ne m'a pas coûté davantage. » On lui reprochait une fois qu'il mangeait en plein marché : « C'est, répliqua-t-il, que j'ai faim en plein marché. » Il y en a quelques-uns qui lui attribuent encore cet autre mot-ci : Platon le trouva un jour qui lavait des choux, et s'approchant de lui : « Si tu eusses pu te résoudre, lui dit-il tout bas à l'oreille, à faire la cour à Denys le tyran, tu ne serais pas réduit à laver toi-même tes choux. » Mais Diogène s'approchant de lui tout de même : « Si tu eusses pu te résoudre, lui repartit-il, à laver toi-même tes choux, tu ne serais pas réduit à faire la cour à Denys le tyran. » Quelqu'un lui disait un jour : « Tu ne saurais croire combien il y a de gens qui se moquent de toi : — Peut-être, répliqua-t-il, que les ânes se moquent d'eux aussi ; mais ils ne se soucient point pour cela des ânes, ni moi d'eux. » Voyant un jeune homme qui raisonnait de philosophie : « Courage, lui dit-il ; voilà les moyens de rendre les amants de ton corps amoureux de ton esprit. » Étant un jour entré dans le temple de Samothrace, comme quelqu'un s'étonna de la multitude des offrandes qui y avaient été faites par ceux qui avaient fait des vœux au milieu de la tempête, et qui étaient échappés du naufrage : « Vous en verriez bien d'autres, reprit Diogène, si tous ceux qui n'en sont pas réchappés avaient accompli les leurs. » Il y en a qui donnent ce mot à Diagoras. Il vit une fois un jeune homme qui allait à un festin : « Mon ami, lui dit-il, tu en reviendras pire que tu n'es. » Ce jeune homme le rencontra quelques jours après, et l'ayant abordé : « Vous voyez, lui dit-il, j'ai été au festin, et je n'en suis pas empiré pour cela. — Non, sans doute, reprit Diogène, car tu en es plus gros et plus gras. » Il demandait un jour à quelqu'un quelque chose d'assez grande conséquence : « Si tu me peux persuader, lui dit l'autre, que je te la dois donner, je te la donne. — Moi, répliqua Diogène, si j'avais quelque chose à te persuader, je te persuaderais de t'aller pendre. » Un jour, comme il retournait de Lacédémone à Athènes, on lui demanda d'où il venait et où il allait : « Je viens de quitter des hommes, dit-il, pour voir des femmes. » Une autre fois qu'il retournait des jeux olympiques, on lui demanda s'il y avait bien du monde : « Pour du monde, répondit-il, il y en a assez, mais d'hommes, fort peu. » Il comparait les prodigues à ces figuiers qui naissent dans des précipices, dont les fruits ne sont point mangés par des hommes, mais par des corbeaux et par des vautours. Phryné, cette fameuse courtisane, ayant offert à Delphes une Vénus d'or, il alla mettre cette inscription au dessous : *Cette Vénus a été érigée des dépouilles de la lubricité des Grecs.* Un jour, comme Alexandre passait devant lui : « Ne me connais-tu pas? lui dit ce roi; je suis le grand Alexandre. — Et moi, répliqua Diogène, je suis Diogène le cynique. » On lui demandait une fois d'où venait qu'on l'appelait chien : « C'est, répliqua-il, que je caresse ceux qui me donnent, j'aboie après ceux qui ne me donnent rien, et je mords les coquins. » Comme il cueillait des figues à un figuier, quelqu'un l'en voulut empêcher, en lui disant que cet arbre était impur, et qu'il y avait peu de temps qu'un homme s'y était pendu : « Eh bien, répondit-il, je le purifierai. » Voyant un athlète qui venait de remporter le prix aux jeux olympiques, et qui ne pouvait détourner ses yeux de dessus une courtisane : « Voyez, dit-il, ce brave champion qu'une jeune fille emmène par le collet. » Il comparait les belles courtisanes à du miel empoisonné. Un jour, comme il mangeait en plein marché, il y eut plusieurs personnes qui s'amassèrent autour de lui, et se mirent à crier : Au chien! au chien! mais Diogène, sans s'émouvoir: « C'est vous, leur répliqua-t-il, qui êtes des chiens, de rôder comme vous faites à l'entour de moi durant que je dîne. » Voyant deux jeunes débauchés qui se cachaient pour éviter sa rencontre : « Ne craignez rien, leur dit-il, un chien ne mange point de carottes. » On lui demandait un jour d'un jeune efféminé de quel pays il était : «Voilà une belle demande, répondit-il, il est de Tégée[1]. » Ayant rencontré un certain homme qui avait la réputation d'avoir été autrefois un méchant athlète, et qui depuis s'était fait médecin : « Vraiment, lui dit-il, vous avez trouvé un beau secret pour mettre en terre ceux qui vous jetaient à terre auparavant. » Un jeune homme lui montrait un jour une épée qu'un de ses amoureux lui avait donnée : « Voilà une belle épée, répondit-il, mais la garde en est fort vilaine. » Comme quelques-uns louaient fort un homme d'un présent qu'il lui avait fait : « Et moi, répliqua Diogène, vous ne me louez point de l'avoir mérité. » Quelqu'un lui redemandait un manteau : « Si vous me l'avez donné, reprit-il, il est à moi; si vous me l'avez prêté, je m'en sers. » Un autre lui disait une fois : « Il a de l'or caché sous son manteau. — Oui, sans doute, répliqua-t-il, et c'est pour cela que je couche dessus. » On lui demandait une fois quel fruit il avait tiré de la philosophie : « N'y aurais-je pas trop gagné, répliqua-t-il, quand je n'y aurais gagné que d'être prêt comme je suis à tous les accidents qui pourraient m'arriver? » Quelqu'un le priait de lui dire de quel pays il était : « Du monde », répondit-il. Comme quelqu'un sacrifiait aux dieux pour avoir un fils : « Et vous ne sacrifiez point, lui dit-il, pour avoir un fils honnête homme. » Celui qui avait la charge de lever la taille la lui voulait faire payer; mais il le renvoya avec ce vers :

Dépouillez les Troyens, mais épargnez Hector.

---

[1] C'est encore un jeu de mots. Le mot grec τεγος veut dire boudoir de courtisane.

Il disait que les concubines étaient les reines des rois, parce qu'elles leur faisaient faire tout ce qu'elles voulaient. Les Athéniens ayant résolu qu'on décernerait à Alexandre les mêmes honneurs qu'à Bacchus : « Faites-moi, leur dit-il, tout d'un trait votre Sérapis. » Quelqu'un lui reprochait qu'il hantait des lieux infâmes : « Le soleil, répliqua-t-il, entre bien dans des cloaques, et n'en est pas gâté pour cela. » Un jour qu'il soupait dans un temple, voyant des pains qu'on y avait apportés, qui étaient sales et gâtés, il les alla prendre et les jeta dehors, disant que rien de sale ni d'impur ne devait entrer dans le temple. Un homme lui disait une fois qu'il était un ignorant qui ne savait rien et qui faisait le philosophe : « Quand je le contreferais, répondit-il, il faudrait toujours que je le fusse beaucoup pour le contrefaire comme je fais. » On lui amena un jour pour être son disciple un jeune garçon qu'on lui disait qui avait un beau naturel, et qui était bien morigéné : « Qu'a-t-il donc affaire de moi ? » repartit-il. Il comparait ceux qui parlent bien et qui font mal à des luths qui rendent un beau son, mais qui n'ont aucun sentiment. Lorsqu'il allait au théâtre, il y entrait toujours quand les autres en sortent ; et, comme on lui demandait pourquoi il faisait cela : « C'est, répondit-il, que je me suis étudié toute ma vie à faire le contraire de ce que font les autres. » Il disait une fois à un jeune efféminé : « N'as-tu point honte de te faire pire que la nature ne t'a fait, car elle t'a fait homme, et tu t'efforces de devenir femme ! » Voyant un homme sans jugement qui accordait un luth : « Ne devrais-tu pas être honteux, lui dit-il, de savoir mettre un luth d'accord et de ne pouvoir être d'accord avec toi-même ? » Quelqu'un disait devant lui : « Pour moi, je n'ai point d'inclination à la philosophie. —Pourquoi vis-tu donc, lui répliqua-t-il, puisque tu ne te soucies point de bien vivre ? » Voyant un jeune homme qui parlait de son père avec mépris : « N'as-tu point de honte, lui dit-il, de mépriser avec orgueil celui qui t'a donné de quoi être orgueilleux ? » Entendant un beau garçon qui tenait des discours sales : « Ne devrais-tu pas rougir, lui dit-il, de tirer d'une gaîne d'ivoire une lame de plomb? » On lui reprochait qu'il allait boire au cabaret : « Vous devriez ajouter, répliqua-t-il, que je me fais faire la barbe chez un barbier. » Comme quelqu'un l'accusait d'avoir reçu un manteau d'Antipater, il lui dit ce vers :

> Il ne faut point des dieux rejeter les largesses.

Un homme, sans y prendre garde, le heurta d'un grand ais qu'il portait, et se mit ensuite à crier, Gare! gare! Mais Diogène, pour toute réponse, s'approchant de lui, lui donna un bon coup de bâton, et se mit à crier de même, Gare! gare! Voyant un débauché qui sollicitait une femme de mauvaise vie : « Misérable, lui dit-il, que cherches-tu en un lieu où le meilleur pour toi c'est de ne rien obtenir? » Et à un autre extrêmement poudré et parfumé : « Prends garde, lui dit-il, que les parfums de ta tête ne te mettent en mauvaise odeur dans le monde. » Il disait que les esclaves obéissent à leurs maîtres, et les méchants à leurs passions. Quelqu'un lui demandait d'où venait qu'en grec on appelle les esclaves *andrapodas*. « C'est, répliqua-t-il, qu'ils ont des pieds d'homme et une âme comme la tienne. »

FIN DE LA VIE DE DIOGÈNE.

DES ESSÉNIENS.

FRAGMENTS TRADUITS DE PHILON.

Il y a parmi les Juifs trois différentes sectes qui font profession de l'amour de la sagesse. La première est des Pharisiens, la deuxième des Saducéens, et la troisième, qui paraît aussi la plus sainte et la plus austère, est de personnes que l'on nomme Esséniens, qui sont bien Juifs de nation, mais qui sont beaucoup plus étroitement liés ensemble par une affection mutuelle que ne sont les autres.

Ils abhorrent toutes les voluptés et tous les plaisirs, comme mauvais et illégitimes, et ils tiennent comme une souveraine vertu parmi eux de ne se point laisser vaincre à leurs passions. C'est pourquoi ils ont de l'aversion pour le mariage, et prennent seulement auprès d'eux quelques enfants étrangers, lorsqu'ils sont en un âge tendre et susceptible des impressions qu'on leur veut donner; et les regardant comme leur propre sang, ils les forment et les élèvent selon leurs mœurs et leur discipline sainte. Leur éloignement du mariage ne vient pas de ce qu'ils voudraient abolir la succession des enfants aux pères, qu'il entretient dans le monde; mais c'est qu'ils croient devoir se garantir de l'incontinence des femmes, qui, selon leur opinion, ne gardent presque jamais à leurs maris la fidélité qu'elles leur doivent.

Ils méprisent les richesses, et rien ne leur paraît plus

excellent et plus admirable qu'une communauté de tous biens. Aussi l'on n'en voit point entre eux qui soient plus riches que les autres, parce qu'ils ont établi comme une loi inviolable, à tous ceux qui embrassent leur genre de vie, de distribuer en commun ce qu'ils possèdent. De là vient que l'on ne voit parmi eux ni le rabaissement de la pauvreté, ni l'élévation des richesses, et que, toutes leurs possessions étant mêlées ensemble, ils n'ont tous qu'un seul patrimoine comme des frères.

Ils tiennent comme une chose impure les eaux de senteur et les huiles de parfum; et si, par hasard et malgré eux, on en a répandu quelques gouttes sur leurs corps, ils se lavent et se nettoient aussitôt. Ils croient qu'il n'y a rien pour eux qui soit plus dans la bienséance que de fuir toutes les délicatesses, et de ne porter que des habits blancs, qui sont les plus simples; ils choisissent quelques-uns d'entre eux, à qui ils donnent le soin de pourvoir aux besoins communs de tous.

Ils ne sont pas tous retirés dans une seule ville de la Judée, mais plusieurs d'entre eux habitent en diverses villes; ceux de leur compagnie qui viennent du dehors sont reçus par eux comme en leur propre maison, et ils vivent avec ceux qu'ils n'ont jamais vus comme avec leurs plus intimes amis : c'est pourquoi ils font leurs voyages sans porter sur eux quoi que ce soit, sinon quelques armes pour se défendre contre les voleurs. Il y a dans chaque ville une personne qui a la charge de recevoir les hôtes, et de les pourvoir d'habits et de toutes les autres choses dont ils ont besoin.

On voit dans leurs vêtements, dans leur visage et dans tous leurs gestes, la même simplicité et la même modestie que dans des enfants que l'on élève sous une étroite discipline. Ils ne quittent jamais ni leurs habits, ni leurs souliers, qu'ils ne soient ou entièrement déchirés, ou tout à fait usés par le temps.

Ils ne vendent jamais rien et n'achètent rien entre eux;

mais se donnent chacun l'un à l'autre ce dont ils ont besoin ; aussi l'un reçoit de l'autre ce qui lui est nécessaire, quoiqu'ils ne soient pas obligés de donner toujours quelque chose en échange à ceux dont ils reçoivent ce qu'ils leur ont demandé.

Ils ont une piété toute particulière envers Dieu ; jamais ils ne tiennent aucun discours profane avant le lever du soleil, mais ils passent tout ce temps en des vœux et en des prières qu'ils ont reçues de leurs ancêtres, comme s'ils demandaient à Dieu qu'il fasse lever cet astre. Ensuite de quoi, les directeurs les envoient tous travailler aux métiers auxquels ils sont propres; et après qu'ils ont travaillé avec une grande assiduité jusqu'à la cinquième heure, c'est-à-dire jusqu'à 11 heures, ils s'assemblent encore tous en un même lieu, où, se ceignant d'une espèce de caleçon de toile, ils se lavent dans de l'eau froide. Et, s'étant ainsi purifiés, ils s'assemblent en un autre lieu particulier, dont l'entrée est défendue à tous ceux qui ne sont pas de leur profession. Étant donc purs, ils entrent dans leur réfectoire avec le même respect que l'on entrerait dans quelque temple sacré, et, s'y étant assis en silence et avec modestie, celui qui a la charge de faire le pain leur en distribue à tous selon leur rang, et le cuisinier leur sert aussi à chacun un petit plat où il n'y a que d'une sorte de viande. Le prêtre fait une prière avant laquelle il n'est permis à aucun de rien manger; aussitôt qu'ils ont achevé de dîner, le même prêtre fait encore une prière; et ainsi, soit avant, soit après leur repas, ils rendent toujours grâces à Dieu, comme à celui qui leur fournit leur nourriture. Après cela, ils quittent ces vêtements qu'ils estiment comme sacrés, et retournent à leur ouvrage jusqu'au soir, qui est le temps où ils reviennent souper. S'il leur est venu quelques étrangers, ils les font seoir à la même table qu'eux.

Jamais aucun cri ni aucun tumulte ne trouble la paix de leur solitude, et chacun aime mieux laisser parler les autres que de parler lui-même lorsque son rang vient de le faire ; de sorte que le grand silence qui règne au dedans de leurs maisons est comme une espèce de mystère qui donne de l'étonnement et de la vénération à ceux qui sont de dehors. La principale cause de leur silence est leur continuelle sobriété, qui leur fait réduire leur boire et leur manger à une très-petite mesure. Ils ne font jamais rien sans l'ordre de leurs directeurs, excepté deux choses qu'on laisse en leur liberté, qui sont d'avoir compassion des misérables et de les secourir; car il leur est permis de soulager les besoins de ceux qui sont dignes de leur assistance, et de leur donner de quoi vivre alors qu'ils en manquent. Mais, quant à leurs propres parents, ils ne peuvent jamais leur faire aucun don sans la permission des supérieurs.

Ils sont de très-justes modérateurs de leur colère, et savent tempérer leurs ressentiments. Ils sont fidèles dans leurs promesses et amateurs de l'union et de la paix.

La moindre parole qu'ils aient donnée leur est plus inviolable que ne sont aux autres tous les serments; c'est pourquoi ils ne jurent point afin qu'on les croie, estimant que les jurements sont encore pires que les parjures : car ils disent qu'un homme est déjà condamné de mensonge et de perfidie dans l'esprit de ceux qui le connaissent, lorsqu'on ne veut point ajouter foi à ses paroles s'il ne prend Dieu à témoin pour persuader qu'elles sont sincères.

Ils s'appliquent avec un soin particulier à la lecture des livres des anciens, et recherchent principalement ceux qui sont utiles et pour l'âme et pour le corps, et ceux dont ils peuvent tirer la connaissance de quelques herbes salutaires ou de la vertu particulière de quelques pierres minérales qui peuvent servir pour la guérison de toutes sortes de maux.

Lorsque quelqu'un se présente pour entrer dans leur société, ils ne l'y admettent pas aussitôt; mais ils le font demeurer au dehors l'espace d'un an, et, lui proposant le même genre de vie que le leur, ils lui donnent une besoche[1]

---

[1] Bêche.

pour travailler et cette sorte de caleçon dont nous avons parlé, et lui font porter un habit blanc.

Après qu'il a donné durant tout ce temps des preuves de sa tempérance, on lui accorde la même nourriture qu'aux autres, et on lui permet de se servir des eaux les plus pures pour se laver; ils ne l'admettent pas néanmoins encore à leur société; car, après que l'on a éprouvé sa tempérance durant un an, on veut éprouver outre cela son esprit et son naturel, l'espace de deux autres années, et si l'on reconnaît qu'il soit digne d'être reçu, on le reçoit alors. Toutefois il ne participe point à la table commune qu'il n'ait promis, par des serments solennels et terribles, premièrement, d'honorer la Divinité d'un culte religieux; ensuite de rendre aux hommes ce qui leur est dû selon la justice; de ne faire jamais tort à personne, ni de son propre mouvement, ni quand on le lui aurait commandé; d'abhorrer toujours les méchants, et de secourir et défendre les gens de bien; de garder la foi à tout le monde, et principalement aux puissances supérieures, étant persuadés qu'il n'y a point d'autorité et de domination dans le monde qui ne soit établie de Dieu; et que si lui-même vient à être élevé en puissance, il n'en abusera point, en maltraitant ceux qui lui seront soumis, et n'affectera point de se distinguer d'eux par la magnificence des habits et par tous les autres ornements du luxe. Ils font vœu encore d'aimer toujours la vérité, et de reprendre les menteurs; de ne souiller leurs mains d'aucun larcin, et de garder leur âme pure de tout gain injuste; de ne rien cacher à ceux de leur profession, et de ne rien découvrir aux autres de leurs mystères, quand on les voudrait contraindre jusqu'à leur faire souffrir la mort même. Outre cela, ils font encore serment de n'enseigner jamais d'autre doctrine que celle qu'ils ont reçue; de garder avec un très-grand soin les livres de leur secte et les noms des anges. Voilà les serments par lesquels ils engagent les personnes qui embrassent leur profession.

Quant à ceux qui sont convaincus de quelques fautes considérables, ils les chassent de leur société; et, pour l'ordinaire, celui qui a été ainsi excommunié finit ses jours misérablement : car étant comme lié à eux et par ses serments et par la vie qu'il a menée, on ne lui laisse recevoir aucune nourriture de la main des autres. Ainsi, ne se repaissant que de quelques herbes, son corps se détruit peu à peu par la faim, jusqu'à ce qu'il vienne à mourir. C'est pourquoi il y en a plusieurs dont ils ont eu compassion, et qu'ils ont comme rappelés à la vie, lorsqu'ils rendaient leurs derniers soupirs, jugeant que des tourments qui les avaient réduits à une telle extrémité étaient suffisants pour l'expiation de leurs fautes.

Ils sont fort exacts et fort équitables dans leurs jugements. Ils s'assemblent pour le moins au nombre de cent, lorsqu'ils veulent juger de quelque chose; et ce qu'ils ont une fois arrêté demeure ferme et immuable.

Après Dieu, il n'y a point de nom qui leur soit en plus grande vénération que celui du législateur Moïse; jusque-là que quiconque d'entre eux a osé le blasphémer est aussitôt condamné à mort.

Ils font gloire d'avoir une grande déférence pour les anciens, et de céder à ce que plusieurs ont déterminé.

Ils sont infiniment plus soigneux que tout le reste des Juifs à s'abstenir, les jours de sabbat, de tout travail des mains; car non-seulement ils préparent leur nourriture dès le jour précédent, pour ne point même allumer de feu en ce saint jour, mais ils font encore scrupule d'y remuer le moindre instrument et le moindre meuble.

Ils vivent pour l'ordinaire fort longtemps, et il y en a plusieurs d'entre eux qui passent même au-delà de cent ans; ce qui provient, je crois, de la vie sobre et réglée qu'on leur voit mener.

Ils méprisent toutes les adversités, et il n'y a point de

douleur si grande qu'elle ne cède à la grandeur de leur courage. Ils font plus d'état d'une mort belle et glorieuse que de l'immortalité même. La guerre des Romains a fourni des preuves suffisantes de cette disposition de leur âme ; car, au milieu des supplices et des tortures, au milieu des feux et des déboîtements de membres qu'on leur faisait endurer, et de tous les divers tourments par lesquels on voulait les contraindre ou de blasphémer le nom du législateur, ou de manger des viandes qu'ils n'ont pas coutume de manger, non-seulement ils ne condescendirent à faire aucune de ces choses, mais ils ne daignaient pas même flatter leurs bourreaux le moins du monde, et répandre une seule larme.

Au contraire, riant parmi les douleurs, et se moquant de ceux qui les appliquaient aux tortures les plus cruelles, ils rendaient l'âme avec allégresse, et comme la devant bientôt recouvrer. Car c'est une opinion qui s'est affermie parmi eux, que les corps sont mortels et d'une matière qui n'a aucune solidité, au lieu que les âmes sont immortelles et durent toujours, et que, sortant d'un air pur et subtil, elles entrent dans le corps comme dans une étroite prison, par la force de certains charmes naturels qui les y entraînent ; mais qu'aussitôt qu'elles sont détachées des liens de cette chair, se trouvant comme délivrées d'une longue servitude, elles se réjouissent alors au milieu des airs. Ils soutiennent même (et suivent en cela l'opinion commune des Grecs) qu'il y a au-delà de l'Océan une demeure destinée pour les âmes innocentes, c'est-à-dire un lieu qui n'est incommodé ni de la pluie, ni de la neige, ni de la chaleur excessive, mais qui est continuellement tempéré par le souffle agréable d'un doux zéphyr qui s'y élève de l'Océan ; et qu'au contraire, pour les âmes criminelles, il y a des cachots qui sont également ténébreux, et où l'on ne trouve que des supplices qui durent toujours.

Voilà quelle est la théologie des Esséniens touchant la nature de l'âme ; et leur sagesse a je ne sais quels appâts inévitables qui gagnent le cœur de tous ceux qui l'ont une fois goûtée.

Il y en a quelques-uns parmi eux qui se mêlent de prévoir les choses futures, et qui en cherchent la connaissance par la lecture des livres sacrés, par des purifications particulières, et par les oracles des prophètes; et il arrive rarement qu'ils se trompent dans leurs prédictions.

Il y a encore une autre sorte d'Esséniens qui sont entièrement conformes aux premiers, quant à leur vivre, leurs coutumes, et leurs constitutions, mais qui n'ont pas du mariage le même sentiment qu'eux; car ils disent que ceux qui ne se marient point retranchent une grande partie de la vie, qui est la succession des enfants, ou plutôt que si tout le monde suivait leur exemple, toute la race des hommes s'éteindrait bientôt.

Au reste, ils éprouvent leurs femmes durant trois ans, et après qu'ils ont reconnu, par des effets naturels, qu'elles pourront être fécondes, ils se marient enfin. Tout le temps qu'elles sont grosses, ils ne les voient point; montrant bien par là qu'ils se marient, non pas pour le plaisir, mais pour la seule génération des enfants.

[1] Les Esséniens font profession de remettre entre les mains de Dieu le gouvernement de toutes choses. Ils soutiennent que les âmes sont immortelles, et croient que la justice doit être le principal objet de nos désirs. Ils envoient des offrandes au temple, mais ils n'y sacrifient point, à cause de la différence des purifications dont ils se servent. Ce qui fait que n'étant point admis comme les autres au temple public, ils font leurs sacrifices en particulier.

Au reste, ce sont des hommes tout à fait honnêtes et vertueux, et qui s'emploient tout entiers dans l'exercice de l'agriculture. Mais ce qui les élève au-dessus de tous ceux qui suivent le chemin de la vertu, c'est leur admirable justice;

---

[1] *Antiq. jud.*, lib. XVIII, cap. II.

et on n'en trouve aucuns, ni chez les Grecs, ni chez les Barbares, qui en aient approché le moins du monde. C'est de toute antiquité qu'ils l'ont embrassée, et jamais rien ne les a détournés de la pratiquer.

Tous leurs biens sont en commun, et celui d'entre eux qui était le plus riche ne jouit pas davantage des biens qu'il a apportés en entrant chez eux, que celui qui ne possédait rien du tout; et, pour comble d'étonnement, ils vivent ainsi étant au nombre de plus de quatre mille.

Ils ne veulent prendre ni femmes ni esclaves, jugeant qu'en prenant ceux-ci l'on viole le droit de nature, et qu'en prenant celles-là l'on s'expose à de continuelles dissensions. C'est pourquoi, vivant seuls et en particulier, ils se servent charitablement les uns des autres.

Ils établissent des receveurs, c'est-à-dire quelques prêtres reconnus pour gens de bien, qui doivent, en recevant leurs revenus et tout ce que leurs terres leur rapportent, leur fournir leur pain et leur nourriture[1].

Après avoir parlé des Esséniens qui ont choisi et embrassé la vie active et laborieuse, et qui excellent avec tant de perfection en toutes ses parties, ou au moins en la plupart, pour me servir d'un terme moins fort et plus modeste, j'ai maintenant, pour suivre l'ordre de mon dessein, à parler de ceux qui se sont consacrés à la vie spirituelle et contemplative ; j'en dirai donc ce que j'en dois dire, sans ajouter aucune chose du mien, pour embellir mon discours de ces ornements empruntés qui sont si ordinaires aux poëtes et à tous les autres écrivains, à cause de l'indigence où ils sont de telles matières ; et sans faire autre chose que de m'attacher simplement à la vérité, qui peut seule épuiser l'esprit le plus riche et le plus fécond ; ce qui ne m'empêchera pas néanmoins d'entrer dans la carrière, et de faire tous mes efforts pour n'y point demeurer vaincu ; car il ne faut pas

---

[1] PHIL. JUD. *de Vita contemplat.*

que l'extraordinaire vertu de ces grands hommes nous réduise au silence, puisque nous nous croirions criminels de laisser aucune belle action ensevelie.

Le nom de ces amateurs de la sagesse déclare quelle est leur profession ; car ils en ont un qui signifie tout ensemble et médecins et adorateurs ; ce qui leur convient très-bien, soit à cause qu'ils font profession d'une médecine d'autant plus élevée au-dessus de celle qui est en usage dans les villes, que celle-ci ne s'étend que sur les corps, et que celle-là s'exerce sur les âmes mêmes, et en chasse des maladies très-fâcheuses et très-opiniâtres qui ont leur source dans les plaisirs et dans la cupidité, dans les afflictions et dans les craintes, dans l'avarice et dans la folie, dans l'injustice et dans une infinité d'autres passions et d'autres vices ; soit parce qu'ils apprennent, par la connaissance de la nature et des autres vices, à adorer cette essence qui est infiniment meilleure que le bon, et qui est plus simple et plus ancienne que l'unité même.

Au reste, ceux qui embrassent ce genre de vie n'y sont attirés ni par coutume, ni par conseil ; mais, étant comme ravis hors d'eux-mêmes par un amour tout céleste, ils ressentent des transports aussi violents que les bacchantes et les corybantes des païens, jusqu'à ce qu'ils jouissent de la vue de l'objet qu'ils aiment. Et ensuite l'ardent désir qu'ils ont de la vie éternelle et bienheureuse leur faisant croire qu'ils sont déjà morts à cette vie misérable et mortelle, ils abandonnent leurs biens entre les mains de leurs enfants ou de leurs autres parents, en les instituant héritiers par une résolution toute volontaire, ou, s'ils n'ont point de parents, à leurs plus intimes amis : car il est bien raisonnable que ceux qui ont déjà acquis des richesses que l'on peut dire être clairvoyantes, laissent des richesses aveugles à ceux qui sont aveugles eux-mêmes.

Ainsi se dépouillant de toutes leurs possessions, et ne se laissant plus toucher d'aucun objet qui les trompe, ils fuient pour ne regarder jamais derrière eux, et se séparent de leurs frères, de leurs enfants, de leurs femmes, de leurs pères, de leurs mères, de leurs nombreuses alliances, et de leurs plus étroites amitiés, et enfin des lieux où ils sont nés et où ils ont été élevés, sachant que l'accoutumance que l'on prend a un poids, a un charme auquel il est très-difficile de résister. Mais leur retraite du monde ne consiste pas à passer seulement d'une ville en une autre ville, comme ces malheureux et pauvres esclaves qui, étant vendus par ceux à qui ils appartenaient auparavant, ne font que changer de maîtres, et ne sont point délivrés de la servitude.

Car il est certain que toutes les villes, et même les mieux policées, sont toujours pleines d'une infinité de tumultes et de troubles qui ne peuvent être qu'insupportables à un esprit uniquement adonné à l'étude de la sagesse. C'est pourquoi ils ont leur demeure hors de l'enceinte des villes, c'est-à-dire dans de grands jardins ou dans des campagnes désertes dont ils recherchent la solitude, non point par un esprit sauvage et une aversion des hommes, mais parce qu'ils savent combien la conversation de ceux dont la vie est si dissemblable à la leur est importune et dangereuse.

Cette secte est répandue en plusieurs endroits de la terre; aussi est-il bien juste et que les Grecs, et que les Barbares, ne soient point privés de la vue d'une si extraordinaire vertu. Mais il n'y a point de pays où ils soient en si grand nombre que dans les provinces d'Égypte, et principalement aux environs d'Alexandrie.

Ceux d'entre eux qui sont les plus éminents en sainteté sont envoyés de toutes parts, ainsi qu'une espèce de colonie, en un lieu qu'ils regardent comme leur véritable patrie, et qui est tout à fait propre pour la vie qu'ils mènent. Il est situé au-dessus de l'étang Mœris, sur une colline assez plate et assez étendue, et il ne peut être placé plus commodément si l'on regarde la sûreté du lieu et la bonté de l'air que l'on y respire. Je dis que l'on y est en sûreté, à cause du grand nombre des maisons et des bourgades dont il est environné; et quant à la pureté de l'air, elle provient des vapeurs continuelles qui s'élèvent de cet étang, et de la mer qui en est proche, et dans laquelle il se décharge. Car les vapeurs de la mer étant aussi subtiles que celles de cet étang qui s'y décharge sont épaisses, il s'en fait un mélange qui rend la température de cet air extrêmement saine.

Leurs logements sont fort simples, et ils ne leur servent que pour deux choses dont ils ne peuvent se passer, c'est-à-dire pour les défendre tant de la chaleur du soleil que de la froideur de l'air. Ils ne sont pas fort proches les uns des autres, comme dans les villes : car les voisinages sont toujours importuns et désagréables à ceux qui aiment et recherchent la solitude avec tant d'ardeur. Ils ne sont pas non plus fort éloignés, parce qu'ils se plaisent à vivre en communauté, et qu'ils veulent se pouvoir secourir les uns les autres s'ils étaient attaqués par des voleurs.

Ils ont chacun un lieu particulier et sacré, qu'ils appellent un oratoire ou cabinet, dans lequel ils se retirent pour s'instruire en secret dans les mystères de leur vie toute d'oraison. Ils n'y portent ni boire ni manger, ni rien de tout ce qui est nécessaire pour le besoin du corps, mais seulement les lois et les oracles qui sont sortis de la bouche des prophètes, les hymnes et toutes les autres choses qui peuvent servir à l'accroissement et à la perfection de leurs connaissances et de leur piété.

Le souvenir de Dieu est continuellement gravé dans leur pensée, jusque-là qu'étant endormis ils ne s'entretiennent dans leurs songes que de ses beautés et de sa grandeur, et qu'il y en a même beaucoup qui, en expliquant les choses qui se passent alors en leur imagination, font entendre des paroles d'une philosophie très-sainte et très-excellente.

Ils ont coutume de prier deux fois le jour, au matin et au soir, c'est-à-dire que quand le soleil se lève, ils demandent à Dieu qu'il leur rende la journée véritablement heureuse, et qu'il remplisse leur esprit de la divine lumière; de même que lorsqu'ils se couchent, ils demandent encore à Dieu que, leur âme étant déchargée du fardeau des sens et des choses sensuelles, elle puisse être renfermée en elle-même, afin que, jouissant d'un parfait repos, elle s'applique tout entière à la recherche de la vérité.

Tout le reste du temps qui est entre le matin et le soir est consacré à la lecture et à la méditation. Car ils lisent les saintes Écritures, et ils s'exercent dans l'étude des préceptes de sagesse qu'ils ont reçus de leurs pères, croyant que les secrets de la nature y sont cachés sous des paroles mystérieuses dont leurs pères se sont servis pour en enseigner la connaissance.

Ils ont des livres de leurs anciens, qui ayant été comme les patriarches de leur secte, leur ont laissé plusieurs mémoires de la doctrine de ces allégories, qu'ils regardent comme des originaux et des modèles, par l'imitation desquels ils se conforment au véritable esprit de leur secte; car ils ne se contentent pas de méditer seulement sur les ouvrages des autres, mais ils composent eux-mêmes plusieurs hymnes et plusieurs cantiques à la louange de Dieu, y faisant entrer toutes sortes de cadences et de mesures, et les embellissant de rimes qui les font paraître beaucoup plus pompeux et plus vénérables.

Les autres six jours de la semaine, ils demeurent chacun en leur particulier, en étudiant dans ces petits cabinets dont nous avons parlé, sans sortir le moins du monde hors de la porte, et sans regarder au dehors par quelque lieu que ce puisse être. Mais, le jour du sabbat, ils viennent tous ensemble comme en commune assemblée, et s'asseyent selon leur âge, avec une honnête contenance, tenant leurs mains sous leur manteau. Lors, celui d'entre eux qui est le plus ancien, et qui a le plus de connaissances de leur doctrine, s'avance au milieu de tous, et leur parle avec un visage et une voix grave, ne disant rien qu'avec prudence et avec jugement, et ne s'arrêtant point à faire ostentation de son éloquence, comme ces orateurs et ces sophistes que nous voyons aujourd'hui, mais songeant seulement à bien expliquer et à faire bien comprendre le vrai sens de ses pensées ; et ainsi ses paroles ne frappent pas seulement les oreilles de ses auditeurs ; mais elles y trouvent un chemin par où elles passent jusqu'au fond de leur âme, pour y demeurer éternellement gravées. Cependant tous les autres l'écoutent en un profond silence, ne lui témoignant leur approbation que par quelque clin d'œil ou par quelque mouvement de tête.

Cette salle publique, dans laquelle ils s'assemblent tous les jours de sabbat, est divisée en deux différents appartements, l'un des hommes et l'autre des femmes ; car elles assistent aussi de tout temps à leurs assemblées, et n'embrassent pas ce genre de vie avec moins d'ardeur et de zèle que les hommes. La muraille donc qui les sépare s'élève de terre environ trois ou quatre coudées de haut, en forme d'une petite cloison, le reste demeurant ouvert jusqu'aux voûtes, et cela pour deux raisons : la première pour conserver la pudeur naturelle que les hommes doivent avoir à l'égard des femmes ; la seconde, afin que les femmes elles-mêmes étant en un lieu où la voix se puisse ouïr distinctement, elles écoutent sans peine celui qui parle, et ne trouvent aucun obstacle qui les empêche de l'entendre.

Ils embrassent la tempérance comme un fondement qu'ils doivent jeter en leur âme pour y établir ensuite toutes les autres vertus. Jamais aucun d'eux ne boit et ne mange le moins du monde avant le soleil couché, parce qu'ils croient que les exercices de la philosophie sont des ouvrages dignes de la lumière, au lieu que les nécessités du corps doivent être ensevelies dans les ténèbres ; c'est pourquoi ils donnent à ceux-là toute la journée, et n'accordent à celles-ci qu'une très-petite partie de la nuit. Il y en a même quelques-uns qui, en l'espace de trois jours, ne songent pas une seule fois à manger, tant ils sont possédés de l'ardent désir d'accroître leurs connaissances. Il y en a d'autres qui trouvent de telles délices et un contentement si grand à se nourrir l'âme des viandes spirituelles de la sagesse, qui leur déploie tous ses trésors et tous ses secrets avec une libéralité sans bornes, qu'ils demeurent à jeun une fois autant que les autres, et passent près de six jours entiers sans rien manger, s'accoutumant à vivre comme les cigales qui, à ce qu'on dit, ne se nourrissent que de l'air, parce qu'elles trouvent dans leur chant, comme je crois, un divertissement qui leur facilite cette abstinence.

Le sabbat est pour eux une fête toute sainte et tout auguste, et ils le célèbrent avec une extraordinaire vénération. C'est en ce jour qu'après avoir pourvu aux nécessités de leur âme, ils ont soin aussi de fortifier la faiblesse de leur corps, étant certes bien juste qu'ils prennent quelque relâche après de si longs travaux, puisque les bêtes mêmes n'en sont pas privées. Mais il n'y a aucune magnificence dans leurs festins, et ils se réduisent à manger un peu de pain qui est fort simple, en y joignant aussi quelques grains de sel pour tout assaisonnement, et un peu d'hysope, comme font ceux d'entre eux qui sont les plus délicats. Leur breuvage est de l'eau courante; car ils regardent la faim et la soif comme deux fâcheuses maîtresses auxquelles la nature a soumis tout le genre humain, et qui se doivent adoucir, non point par des choses qui les flattent, mais par celles qui sont absolument nécessaires, et sans lesquelles on ne saurait vivre. C'est pourquoi ils mangent pour n'avoir plus faim, et boivent pour n'avoir plus soif; et ils abhorrent l'assouvissement, comme l'ennemi et le destructeur du corps et de l'âme.

Comme les maisons de ces sages, ainsi que nous avons dit ci-dessus, sont dépourvues de magnificence et d'ornement, n'y ayant rien que ce qui y est entièrement nécessaire, il en est de même de leurs habits, qui ne sont pas moins simples et moins modestes, et qu'ils ne prennent que pour se garantir des incommodités du froid et de la chaleur. En hiver, ils portent une robe épaisse et pesante, au lieu de fourrure ; et en été, ils se contentent de quelque robe de toile, ou de quelque autre linge dont ils se couvrent. Car, en un mot, la simplicité, la modestie, leur est particulièrement vénérable, sachant que le faste et l'orgueil est le père du mensonge, au lieu que la modestie est la mère de la vérité ; et que le mensonge et la vérité sont comme deux sources, dont la première répand dans le monde toute cette multitude de maux dont il est rempli, au lieu que l'autre y fait couler avec abondance toutes sortes de biens humains et divins.

Je veux dire aussi quelque chose de la manière dont ils se comportent dans leurs festins publics et solennels. Ils y viennent tous vêtus de blanc et avec un visage gai, mais néanmoins extrêmement grave : et aussitôt que le signal leur a été donné par quelqu'un des semainiers (car c'est ainsi qu'ils appellent ceux qui ont la charge du réfectoire), ils se tiennent chacun debout, selon leur rang et avec une grande modestie ; et ainsi avant que de se mettre à table, ils élèvent les mains et les yeux au ciel : les yeux parce qu'ils ont appris à attacher leur vue sur des objets qui méritent d'être regardés ; et les mains parce qu'elles sont pures de toute avarice, et que jamais elles ne se sont laissé souiller par aucun gain illicite et profane, pour quelque prétexte que ce fût. Ils demandent donc à Dieu qu'il daigne leur être favorable, et qu'il n'y ait rien en ce festin qui ne soit conforme à ses désirs.

Après que leurs prières sont achevées, les plus anciens commencent à se mettre à table les uns après les autres, selon le temps qu'ils sont entrés dans la compagnie ; car ils ne mesurent pas l'antiquité par l'âge ou par le nombre des années, vu que ceux qui en ont le plus ne passent parmi eux que comme des enfants et des jeunes gens, s'il n'y a que peu de temps qu'ils ont embrassé leur genre de vie ; mais ils regardent comme véritablement anciens ceux qui ont passé leur enfance, leur jeunesse et toutes leurs années, dans l'étude sainte de cette philosophie contemplatrice, qui est aussi la plus belle et la plus divine.

Ils admettent à leur table des femmes dont la plupart sont fort âgées et ont gardé leur virginité, l'ayant embrassée non point par contrainte et malgré elles, comme quelques-unes de celles qui exercent la prêtrise parmi les Grecs, dont la virginité est involontaire; mais elles n'y ont été poussées que par le seul amour de la sagesse, dans l'exercice de laquelle ayant voulu passer toute leur vie, elles ont foulé aux pieds toutes les voluptés du corps et des sens.

Toutefois leurs places sont séparées de celles des hommes, ceux-ci étant assis au côté droit, et les femmes au côté gauche.

Si quelqu'un pense que ces nobles et ces généreux amateurs de la sagesse soient couchés à table sur des lits qui, quoiqu'ils ne soient pas richement parés, peuvent au moins tenir quelque chose de la mollesse et de la délicatesse, qu'il sache qu'ils ne se servent que de simples matelas, composés de quelques herbes viles et communes, en ce pays où l'on en fait d'ordinaire de la natte et du papier, se couchant dessus, et les levant tant soit peu vers les coudes afin qu'ils s'y puissent appuyer.

Au reste ce ne sont point des esclaves qui les servent, et ils croient que c'est entièrement agir contre l'ordre de la nature que de se faire servir par des valets; car les hommes, disent-ils, naissent tous également libres, n'était que l'injustice et l'ambition de ceux qui ont voulu semer dans le monde cette malheureuse inégalité qui est la source de tous les maux, ont mis entre les mains des puissants la domination qu'ils ont usurpée sur les faibles.

Ils ne possèdent donc point d'esclaves ni de valets, et ils ne sont servis que par des personnes entièrement libres, qui leur rendent ces devoirs officieux sans qu'on les y oblige et sans attendre qu'on le leur commande; mais au contraire ils se viennent présenter eux-mêmes avec joie et avec empressement avant qu'on les y ait exhortés.

Et qu'on ne pense pas que l'on les admette tous indifféremment en cet emploi, car on les examine auparavant avec grand soin entre les plus jeunes et les meilleurs de la compagnie; et ainsi l'on ne choisit que des personnes sages et bien élevées, et en qui l'on voit un véritable et parfait amour pour la vertu la plus sublime, afin qu'ils puissent servir les frères avec la même affection et la même ardeur que des enfants bien nés serviraient leurs pères et leur mères, comme en effet ils ne les regardent point autrement que leurs pères communs, et ont pour eux plus de tendresse que pour ceux mêmes que le sang leur a donnés; tant il est vrai qu'il n'y a point de nœud si puissant sur les âmes que la vertu!

Ils ne ceignent point leur robe, et ils ne la retroussent point à leur ceinture pour servir à table; mais ils la laissent tout étendue, afin que l'on ne voie en ces festins aucune marque de servitude, cette manière de servir étant particulière aux esclaves. Je sais que quelques-uns, entendant ces choses, s'en riront; mais je sais aussi que ceux-là seuls s'en riront dont les actions ne sont dignes que de gémissements et de pleurs.

Le vin n'y entre point du tout, mais ils boivent d'une eau qui est fort claire et fort pure, avec cette seule distinction que le commun d'entre eux la prend toute froide; au lieu que ceux des anciens qui sont d'une complexion plus faible la font chauffer auparavant.

Leur table est pure de toutes viandes qui aient eu vie; et l'on y voit seulement du pain pour toute nourriture, du sel pour tout mets, et quelquefois un peu d'hysope que l'on donne pour tout assaisonnement à ceux qui paraissent les plus délicats. Car la même raison qui porte les prêtres à offrir des sacrifices que l'on appelle sobres, parce que l'on n'y boit point de vin, a porté aussi ces amateurs de la sagesse à n'en point boire, parce, disent-ils, que le vin est un poison qui rend l'âme folle et insensée, et que les viandes si bien apprêtées et si délicieuses ne servent qu'à irriter la concupiscence, qui est la plus insatiable de toutes les bêtes.

Après qu'ils se sont assis à table, le silence est encore plus profond qu'auparavant, et l'on n'en verrait pas un qui osât dire le moindre mot ou respirer un peu fortement; si ce n'est que quelqu'un d'eux propose quelque difficulté de l'Écriture sainte, ou qu'il explique celle qui aura été proposée par un autre. Ce n'est pas qu'il se mette beaucoup en peine d'en trouver l'explication; car son but n'est pas de tirer de la gloire de la subtilité et de la science, mais seulement d'examiner la vérité, et, lorsqu'il l'a trouvée, de ne la point envier à ceux qui, bien qu'ils n'aient pas une si grande vivacité que lui pour la chercher, ne désirent pas avec moins d'ardeur d'en acquérir la connaissance.

Il leur parle donc, et les instruit avec loisir, pesant et insistant sur ses paroles, et les répétant plusieurs fois, afin de graver profondément dans leur esprit les vérités qu'il leur enseigne. Car autrement, lorsque l'on parle avec trop d'étendue ou avec trop de vitesse, et, comme l'on dit, sans reprendre haleine, l'esprit des auditeurs ne pouvant suivre la volubilité de la langue de celui qui parle, ils sont contraints de demeurer beaucoup en arrière, et ne peuvent atteindre à l'intelligence de ce qu'on leur dit.

Cependant les autres, ayant la vue continuellement attachée sur lui, l'écoutent avec une même attention et une même contenance; et s'ils comprennent et entendent parfaitement ce qu'il leur dit, ils le lui font voir par quelque inclination de tête ou par quelque mouvement des yeux; s'ils le trouvent digne de louanges, ils le lui témoignent par la joie et par la sérénité qui se répand sur tout leur visage; et si au contraire il leur vient en l'esprit quelque incertitude et quelque doute, ils le lui font connaître ou en branlant doucement la tête, ou en remuant le bout d'un doigt de la main droite.

Il en est de même de ceux qui ont servi à table ; car ils se tiennent debout durant tout le temps qu'il parle et ne l'écoutent pas avec moins d'attention que les autres.

Lorsque ce docteur juge qu'il leur a suffisamment parlé, et qu'ils croient tous avoir satisfait à l'obligation qu'ils avaient, l'un d'enseigner à ses auditeurs une doctrine entièrement conforme au véritable esprit de la secte, et les autres de l'écouter, ils frappent tous ensemble des mains pour témoigner leur satisfaction et leur contentement.

Ensuite de quoi, le docteur se lève et chante un hymne à la louange de Dieu, soit qu'il l'ait lui-même nouvellement composé, ou qu'il vienne de quelqu'un de leurs anciens poëtes. Et cependant tous les autres demeurent chacun à leurs places avec modestie, et l'écoutent en un silence très-profond, jusqu'à ce qu'il vienne à prononcer les dernières paroles de son cantique ; car alors tous les hommes et toutes les femmes élèvent unanimement leurs voix pour lui répondre.

Le souper étant fini, ils célèbrent la veille qu'ils nomment sacrée, c'est-à-dire que, se levant tous, ils se rangent au milieu de la salle où ils ont soupé, et se divisent en deux chœurs, l'un des hommes, l'autre des femmes. Chaque chœur choisit pour chef et pour conducteur celui d'entre tous qui est le plus vénérable et le plus habile en l'art de chanter ; et ensuite ils chantent plusieurs cantiques composés en la louange de Dieu. Et après que chaque chœur s'est comme rassasié du plaisir de chanter l'un après l'autre, ils se joignent lors les uns aux autres, et ne forment tous qu'un même chœur, afin de goûter ainsi sans aucun mélange les délices de l'amour divin.

En quoi ils imitent ce que firent autrefois nos pères sur la mer Rouge, en considération des merveilles que Dieu y avait opérées pour eux. Car les hommes et les femmes, se trouvant également transportés d'étonnement et de reconnaissance envers celui qui leur avait fait voir et éprouver des choses qui étaient élevées au-dessus de toute parole, de toute pensée, et de toute espérance, s'unirent ensemble en un même chœur, et chantèrent des cantiques d'actions de grâces à Dieu ; Moïse servant de chef et de conducteur aux hommes, ainsi que la prophétesse Marie aux femmes.

C'est ainsi que ces deux bandes de ces sages adorateurs et adoratrices du vrai Dieu s'unissent ensemble ; et, par le mélange de leurs voix toutes différentes et toutes contraires, celle des hommes étant aussi basse que celle des femmes est élevée, ils forment un concert véritablement agréable et harmonieux. Leurs cantiques sont composés de pensées tout à fait nobles, de paroles tout à fait belles, ainsi que les chœurs de ceux qui les chantent sont composés de personnes tout à fait saintes et religieuses.

Après qu'ils se sont donc enivrés jusqu'au matin de cette ivresse toute sainte et toute divine, ils sont très-éloignés de se sentir ou la tête chargée de vin, ou les yeux chargés de sommeil : mais étant même plus rassis et plus éveillés que lorsqu'ils ont commencé à se mettre à table, ils tournent leur vue et tout le reste du corps vers l'orient ; et, dès que le soleil se montre, ils élèvent les mains au ciel et demandent à Dieu qu'il leur rende cette journée heureuse, qu'il leur fasse connaître la vérité et qu'il rende leur esprit vif et pénétrant dans la contemplation de ses mystères. Ensuite de quoi, ils se retirent chacun en leurs petits oratoires, pour s'appliquer, selon leur coutume, à l'étude et à l'exercice de la philosophie.

Les mages sont en vogue parmi les Perses ; et ce sont des personnes qui, par la contemplation des ouvrages de la nature, recherchent la connaissance de la vérité, et qui, s'instruisant à loisir dans la science mystérieuse des vertus divines, en instruisent aussi les autres par des explications très-claires et très-évidentes. Les Indes ont les gymnosophistes parmi eux, qui, ajoutant l'étude de la morale à celle de la philo sophie naturelle, rendent toute leur vie comme un modèle parfait de toutes sortes de vertus[1].

La Palestine et la Syrie ne sont pas moins fertiles en ces grands exemples de sainteté, étant l'une et l'autre peuplées par la nombreuse nation des Juifs, et que les Grecs appellent Esséniens, c'est-à-dire saints, qui est un nom très-conforme à leur sainteté; car c'est en la parfaite adoration du vrai Dieu qu'ils excellent principalement, non point par l'immolation des bêtes et des victimes, mais par le grand soin qu'ils ont de rendre leurs âmes toutes pures et toutes saintes[2].

En premier lieu, ils ont leur demeure dans les campagnes, et s'éloignent des villes le plus qu'ils peuvent, à cause des vices et des crimes qui y sont si ordinaires, sachant que la vie impure de tous ceux qui y demeurent est comme un air corrompu et pestiféré qui frappe l'âme des plaies mortelles et incurables.

Ils s'exercent, les uns dans l'agriculture, et les autres dans quelques métiers qui s'accordent avec le repos et leur solitude, travaillant ainsi pour leur propre utilité et pour celle de leur prochain, sans amasser des trésors d'or et d'argent, et sans posséder de grands fonds de terre pour en tirer des revenus; mais se fournissant seulement des choses qui sont nécessaires à la vie. Car ils sont peut-être les seuls, entre tous les hommes, qui, demeurant pauvres et dénués de tout bien, plutôt par un dépouillement volontaire que par une indigence forcée, s'estiment très-riches et très-abondants en toute sorte de félicité, croyant, et certes avec grande raison, que celui-là possède beaucoup, qui se contente de peu de choses.

L'on n'en verra aucun d'entre eux qui se mêle de travailler ni en dards, ni en javelots, en épées ou en casques, en cuirasses ou en boucliers, en armes ou en machines, ni en quelques instruments de guerre que ce puisse être, ni même

---

[1] PHIL. *Quod omnis probus lib.*
[2] PHIL. *Quisquis virtuti studet.*

en aucunes choses qui, en temps de paix, pourraient servir d'occasion de péché.

Pour ce qui est de faire trafic ou en marchandises, ou en vin, ou sur la mer, ils n'y pensent pas seulement en songe ; rejetant loin d'eux tout ce qui est capable de les faire tomber insensiblement dans l'avarice.

L'on ne voit pas un seul esclave parmi eux ; mais, étant tous également libres, ils se servent les uns des autres, et condamnent ceux qui possèdent des esclaves, non-seulement comme injustes et ennemis de l'équité, mais même comme des impies et des destructeurs de la loi de la nature, laquelle ayant engendré et nourri tous les hommes, ainsi que leur mère commune, les a rendus frères et propres frères les uns des autres, non point seulement de nom, mais en effet et en vérité. Il n'y a donc, disent-ils, que la violente passion de dominer qui, n'ayant trouvé aucun obstacle à ses malheureux desseins, a rompu les nœuds de cette alliance sacrée, et a fait succéder le désordre à l'union, et l'inimitié à l'amour.

Quant à la philosophie, ils en laissent la logique, comme entièrement inutile pour l'acquisition de la vertu, à ceux qui se plaisent à perdre le temps en paroles ; et la physique, comme une science tout à fait élevée au-dessus de la nature, à ceux qui aiment à promener leur esprit au-delà des nues, pour parler ainsi, sinon en tant qu'elle traite de l'essence de Dieu et de la création de l'univers ; mais ils se réservent la morale, et s'y exercent avec un soin tout particulier, prenant pour guides et pour maîtresses les lois qu'ils ont reçues de leurs pères, dont ils croient qu'il est impossible à l'esprit humain de comprendre la sublimité, s'il n'est rempli d'une lumière toute divine. Ils en enseignent donc l'explication généralement en tout temps, mais particulièrement les jours du sabbat ; car ils tiennent le sabbat pour un jour sacré, et ils s'y abstiennent de tout autre ouvrage. Mais s'assemblant tous en des lieux qu'ils estiment saints, et qu'ils appellent synagogues, ils s'asseyent selon leur rang et selon leur âge, c'est-à-dire les jeunes au-dessous des anciens, se tenant tous en une contenance honnête, et avec toute l'attention qu'ils doivent avoir lorsqu'il y a un d'entre eux qui prend les saintes Écritures et leur en lit quelque chose; et en même temps un autre des plus doctes et des plus habiles, remarquant les passages les plus obscurs qui s'y rencontrent, donne aussitôt l'éclaircissement : car toute leur philosophie est cachée sous des figures et des allégories, à l'imitation de celle des anciens philosophes.

Ils sont instruits dans la sainteté, dans la justice, dans la science de bien gouverner les familles et les républiques, dans la connaissance de ce qui est véritablement bon, de ce qui est véritablement mauvais, et de ce qui est indifférent dans la pratique des choses honnêtes, et dans la suite de celles qui leur sont contraires, apprenant à se conduire sur trois principes ou sur trois règles fondamentales : l'amour de Dieu, l'amour de la vertu et l'amour du prochain.

L'amour qu'ils ont pour Dieu paraît en une infinité de choses : premièrement, par la chasteté continuelle et inviolable qu'il gardent toute leur vie; ensuite par l'horreur qu'ils ont de tout jurement et de tout mensonge, et par la créance où ils sont que Dieu est l'auteur de tous les biens, et qu'il ne le peut être d'aucun mal.

L'amour qu'ils ont pour la vertu paraît en ce qu'ils n'aiment ni les richesses, ni la gloire, ni les plaisirs; il paraît encore par leur tempérance et leur patience, par leur frugalité, par la simplicité de leur vie, par la facilité de leur humeur, par leur modestie, par le respect qu'ils portent aux lois, par l'uniformité de leurs actions, et par toutes les autres choses semblables.

Enfin, ils font paraître l'amour qu'ils ont pour le prochain, par l'union et l'égalité parfaite et inexplicable dans laquelle ils vivent les uns avec les autres, et par la communauté de biens dont ils font profession, et dont je crois qu'il ne sera pas mal à propos de dire ici quelque chose.

Premièrement, nul d'eux n'a aucun logement qui ne lui soit commun avec tous les autres; car, outre qu'ils vivent plusieurs en une même communauté, ils y reçoivent aussi à bras ouverts ceux de leur profession qui les viennent visiter.

Ils n'ont qu'un même lieu où ils renferment tous les meubles et toutes les autres choses qui leur sont nécessaires pour leur ménage; leurs dépenses sont communes aussi bien que leurs vêtements et leur nourriture, mangeant tous en un même réfectoire.

Je sais qu'on ne trouvera point, en quelque autre lieu que ce soit, des personnes qui n'aient aussi qu'une même maison, qu'un même genre de vie, et qu'une même table. Mais pour eux, n'ont-ils pas raison de le faire? puisque, de tout ce qu'ils reçoivent d'ordinaire à la fin de la journée pour récompense de leurs travaux, ils ne s'en réservent aucune chose; mais ils apportent tout en commun pour en accommoder ceux qui peuvent en avoir besoin.

Ils n'abandonnent point leurs malades comme des personnes inutiles, et qui ne peuvent gagner de quoi vivre; mais il ont toujours en réserve tout ce qui est nécessaire pour les maladies, et n'épargnent rien qui puisse servir au soulagement de leurs malades.

Ils honorent extrêmement les vieillards, et ils ont pour eux le même respect, le même soin, que de bons et charitables enfants auraient pour leurs pères, leur donnant toute sorte d'assistance corporelle et spirituelle.

Voilà quelle est l'excellence et la sainteté que ces généreux athlètes de la vertu reçoivent de la véritable philosophie, qui, sans leur donner tous ces titres vains et ambitieux que les Grecs s'attribuent, leur propose pour exercices ces actions si saintes et si louables qui établissent l'âme en une parfaite liberté.

FIN DES ESSÉNIENS.

LETTRE

DE L'ÉGLISE DE SMYRNE

TOUCHANT

LE MARTYRE DE SAINT POLYCARPE.

FRAGMENTS TRADUITS D'EUSÈBE.

L'Église de Dieu qui est dans Smyrne, à l'Église de Dieu qui est dans la Philomélie[1], et à toutes les autres Églises de la terre qui composent l'Église sainte et catholique,

Que Dieu le Père, et son Fils, Notre-Seigneur Jésus-Christ, répande sur vous avec plénitude sa miséricorde, sa paix et son amour.

Nos très-chers frères, nous vous envoyons le récit des combats de quelques-uns de nos martyrs, et particulièrement du bienheureux Polycarpe, qui a comme scellé de son sang la persécution que son martyre a terminée. Car il semble que Dieu nous ait voulu proposer, dans le martyre de ce saint homme, la manière dont nous devons combattre pour son Évangile. Il a permis qu'il ait été livré aux méchants comme le Seigneur l'a bien voulu être lui-même, afin que nous fussions ses imitateurs, et que nous n'ayons pas soin

[1] Eusèbe.

seulement de ce qui nous regarde, mais encore de ce qui regarde notre prochain, vu que c'est un devoir du véritable et parfait amour de ne désirer pas moins le salut de tous ses frères que le sien propre.

Heureux donc, et glorieux sont tous les martyrs qui ont souffert pour Dieu, et selon la volonté particulière de Dieu (car la piété chrétienne nous oblige de reconnaître la souveraine puissance de Dieu sur toutes les créatures). Mais qui n'admirera le grand courage, l'invincible patience, et l'ardente charité de ces illustres martyrs qui, bien qu'ils fussent tellement déchirés à coups de fouet, que leurs veines mêmes et leurs artères se montraient à découvert, et que l'on pouvait discerner sans peine toute la disposition intérieure de leur corps, et enfin qu'ils fussent réduits en un état qui donnait de la compassion, et causait des larmes aux plus insensibles de leurs spectateurs, étaient néanmoins si constants et si généreux, qu'on n'entendit jamais aucun d'eux ni gémir ni soupirer?

En quoi ces martyrs de Jésus-Christ nous faisaient bien voir, durant toutes ces tortures, qu'ils étaient absents de leur corps, ou plutôt que le Seigneur lui-même était présent en eux et conversait avec eux; et qu'étant tout remplis de sa grâce, ils méprisaient ces peines passagères qui, par un moment de douleur, leur faisaient éviter une éternité de peines.

Les flammes dont les bourreaux inhumains les environnaient leur paraissaient froides, parce qu'ils ne pensaient qu'à se garantir de celles qui ne s'éteignent jamais, et qu'étant déjà moins des hommes que des anges du ciel, Dieu même tenait sans cesse leur âme élevée vers ces biens qui sont réservés à ceux qui auront persévéré jusqu'à la fin; ces biens que l'oreille n'a point entendus, que l'œil n'a point vus, et que l'esprit de l'homme n'a jamais compris.

Ils ne souffraient pas avec moins de générosité la fureur des bêtes auxquelles on les exposait, les pointes des pierres aiguës, des écailles de poisson sur lesquelles on les couchait, et les rigueurs d'une infinité d'autres tortures auxquelles le tyran les appliquait afin de leur faire abjurer la foi par ces tourments si cruels.

Il n'y a point aussi d'artifice dont le diable ne se soit avisé pour les surprendre; mais, grâces à Dieu, ils n'ont pas tous succombé à ses efforts, la constance de l'illustre Germanique ayant servi beaucoup à fortifier la faiblesse de ses compagnons. Car lorsqu'il eut été exposé aux bêtes farouches, il fut si éloigné de s'arrêter aux vains discours du proconsul qui l'exhortait d'avoir compassion de son jeune âge, qu'il força même la bête de se jeter sur lui, et de le dévorer, tant il souhaitait de se voir délivré d'une vie qui n'est que corruption et que péché! Ce fut lors que le peuple, tout étonné du courage inébranlable de ces saints disciples de Jésus-Christ, commença à crier : « Perdez les impies, que l'on cherche Polycarpe[1]! »

Mais un Phrygien nommé Quintus, nouvellement venu de Phrygie, ayant vu les bêtes auxquelles on le menaçait de l'exposer, se laissa aller à la crainte qu'elles lui donnèrent. Cet homme s'était venu présenter de lui-même, et avait persuadé à quelques autres de le suivre; mais enfin le proconsul le gagna si bien par ses conseils, qu'il le fit résoudre à jurer par la fortune de César, et à sacrifier aux idoles. C'est pourquoi, nos très-chers frères, nous ne pouvons approuver que l'on aille ainsi se présenter de soi-même, comme en effet ce n'est point là ce que l'Évangile nous enseigne[2].

Quant à l'admirable Polycarpe, ayant su tout ce qui se passait, il en fut si peu troublé qu'il ne voulait pas même sortir de la ville; mais, voyant que tout le monde lui conseillait de s'en éloigner, il se retira dans une petite maison de campagne qui n'en était pas fort éloignée, et il demeura là

---

[1] Eusèbe.
[2] *Idem.*

quelque temps sans sortir ni jour ni nuit, et sans y avoir aucune autre occupation que de prier pour tout le monde, et pour la paix de toutes les Églises de la terre, selon sa coutume. Il eut même, en priant, une vision trois jours avant d'être pris, dans laquelle il lui sembla voir le chevet de son lit tout en feu ; et s'étant tourné à l'heure même vers ceux qui étaient près de lui, il leur dit, par un esprit de prophétie, qu'il devait être brûlé tout vif[1].

Cependant, ceux qui le cherchaient n'épargnant aucune peine pour le trouver, et étant déjà proche de ce lieu, il se retira encore dans une autre petite maison de campagne ; et aussitôt ses persécuteurs arrivèrent à celle dont il venait de sortir. Mais, voyant bien qu'il n'y était pas, ils se saisirent de deux jeunes garçons qui s'y trouvèrent, dont l'un, ne pouvant résister aux tourments, fut contraint de découvrir le lieu où le saint vieillard s'en était allé. Aussi bien il ne lui était pas possible de demeurer plus longtemps caché, vu que quelques-uns même de ses domestiques le trahissaient. D'ailleurs, un des intendants de la police, nommé Hérode, n'avait rien tant à cœur que le produire dans l'amphithéâtre, ce qui devait faire entrer Polycarpe dans l'héritage du ciel, et le rendre participant de la gloire de Jésus-Christ ; au lieu que ceux qui le trahissaient se rendraient compagnons du supplice de Judas.

Ainsi ses persécuteurs ayant pris ce jeune garçon en leur compagnie partirent le même jour, qui était le vendredi, vers l'heure du souper, et s'en allèrent armés et à cheval après ce saint vieillard, comme des archers après quelque insigne voleur. Et étant arrivés la nuit à la maison où il était, ils le trouvèrent couché dans une des chambres d'en haut ; et, quoiqu'il lui fût assez facile de se retirer encore de ce lieu en un autre, il ne le voulut point entreprendre, disant : « Que la volonté de Dieu soit faite ! » Ayant donc su que

[1] Eusèbe.

ces gens l'attendaient, il descendit en bas, où il leur tint quelques discours, pendant qu'ils s'étonnaient tous de voir, dans un âge si avancé, une constance si admirable, et que quelques-uns même d'entre eux disaient : Était-ce donc pour prendre ce vieillard vénérable que nous nous sommes donné tant de peine?

Polycarpe commanda que l'on leur apprêtât à manger à l'heure même, autant qu'ils désireraient, et les supplia de lui accorder seulement une heure, pour prier en liberté; ce qu'ayant obtenu, il commença à prier debout et à haute voix ; mais la grâce de Dieu dont il était rempli lui fit faire cette prière avec tant de ferveur, qu'il fut même plus de deux heures sans la pouvoir finir, et que tous ceux qui étaient présents, admirant une si grande ferveur, ne pouvaient voir sans quelque regret qu'un vieillard si sage et si vénérable dût être livré à la mort.

Après qu'il eut achevé cette prière, dans laquelle il s'était souvenu de tous ceux qui n'étaient jamais venus à sa connaissance, soit grands ou petits, illustres ou inconnus, et généralement de toute l'Église catholique et universelle, l'heure de partir étant venue, on le mit sur un âne, et on l'amena ainsi vers la ville, le jour du grand samedi, c'est-à-dire le samedi saint. Il eut à sa rencontre Hérode, ce magistrat dont nous avons parlé, qui était avec son père Nicètes, dans un chariot, où ayant fait monter le saint vieillard, ils employaient toutes sortes de belles paroles pour le fléchir : « Car enfin, lui disaient-ils, quel mal trouvez-vous qu'il y ait à donner à César le nom de seigneur, à sacrifier, et à faire quelques autres choses semblables pour vous garantir de la mort? » D'abord Polycarpe ne leur voulut point répondre; mais se voyant pressé : « Je ne ferai rien, leur dit-il, de ce que vous me conseillez. » Si bien que, désespérant de le pouvoir vaincre, ils le chargèrent de mille injures, et le poussèrent d'une telle violence hors du chariot, qu'il tomba à terre et s'écorcha, en tombant, tout l'os de la jambe. Mais sans s'étonner le moins du monde, et comme s'il ne lui fût rien arrivé du tout, il poursuivit gaiement et avec vitesse tout le chemin qui restait encore jusqu'à l'amphithéâtre où on le menait, et où le bruit et la confusion étaient lors si grands que personne ne s'y pouvait faire écouter.

A peine Polycarpe y eut mis le pied, que l'on entendit une voix du ciel qui lui disait : « Ayez bon courage, Polycarpe, et armez-vous de constance. » Personne ne vit celui qui avait parlé ; mais, quant à la voix, elle fut entendue de tous ceux des nôtres qui étaient présents. Enfin Polycarpe étant entré, il s'éleva aussitôt un grand bruit parmi le peuple, dès qu'il entendit seulement que Polycarpe était pris. Le proconsul le fit approcher, et lui demanda s'il était celui que l'on nommait Polycarpe ; ce que le martyr ayant avoué, le proconsul essaya par beaucoup de raisons à lui faire abjurer la foi, en lui disant : « Ayez vous-même quelque respect pour votre âge, et toutes les autres choses qu'ils ont coutume de dire en ces rencontres. Jurez, ajouta-t-il, par la fortune de César, repentez-vous de votre erreur, et dites : Que les impies soient exterminés ! »

Ce fut lors que Polycarpe ayant regardé d'un visage grave et assuré toute la multitude de ses spectateurs, et leur ayant imposé silence de la main, éleva ensuite les yeux au ciel, et dit en gémissant : « Oui, mon Dieu, perdez les impies. » Le proconsul, non content de cela, lui dit : « Jurez, blasphémez Jésus-Christ, et je vous rends la liberté. — Il y a quatre-vingt-six ans que je le sers, répondit Polycarpe, et jamais il ne m'a fait aucun mal. Comment pourrais-je blasphémer mon roi et mon Sauveur ? »

Le proconsul persistant toujours à lui dire qu'il jurât par la fortune de César : « Si vous prétendez encore, lui dit Polycarpe, de me faire jurer par la fortune de César, comme vous dites, parce que vous ne savez pas qui je suis, je ne le vous cèle point, je suis chrétien. Et si vous voulez savoir ce que c'est que d'être chétien, donnez-moi du temps, et je vous en informerai. » Le proconsul lui dit : « Justifiez-vous devant le peuple. — Pour ce qui est de vous, répondit Polycarpe, je ne dédaignerai pas de vous parler sur ce sujet ; car les chrétiens apprennent à rendre aux puissances et aux grandeurs établies de Dieu l'honneur qu'on leur doit, lorsque cet honneur ne blesse point leur religion : mais quant à cette populace, nous ne croyons pas qu'elle mérite que nous défendions notre innocence devant elle. »

Le proconsul lui dit : « J'ai des bêtes sauvages auxquelles je vous ferai exposer si vous ne vous repentez de votre erreur. — Faites-les venir, dit Polycarpe ; car nous ne savons ce que c'est que de nous repentir du bien pour suivre le mal, et il n'y a que l'iniquité dont on se doive repentir, afin d'embrasser la justice. » Le proconsul lui dit : « Si vous ne vous repentez, je vous ferai dévorer par les flammes, puisque les bêtes ne vous font point de peur. » Mais Polycarpe lui répondit : « Vous me menacez d'un feu qui ne brûle que pour un temps, et qui s'éteint un moment après ; c'est sans doute que vous ne connaissez pas qu'il y a dans l'autre vie un feu qui brûle toujours, et où les impies doivent être éternellement punis. Mais que tardez-vous? Faites de moi ce que vous voudrez. »

Pendant qu'il disait ces choses et beaucoup d'autres semblables, l'on voyait naître en lui une force et une joie toute nouvelle, jusque-là que l'on remarqua même une grâce extraordinaire sur son visage, s'étonnant si peu de tout ce qu'on lui disait, que le proconsul en était lui-même tout épouvanté. Mais enfin il envoya un héraut pour crier trois fois au milieu de l'amphithéâtre : « Polycarpe a confessé qu'il est chrétien. » Aussitôt après ce cri, toute la multitude des païens et des juifs qui étaient dans Smyrne ne pouvant plus retenir sa fureur, commença à crier de toute sa force : « C'est le docteur de l'impiété dans toute l'Asie, c'est le père des chrétiens, c'est le destructeur de nos dieux, c'est celui qui enseigne à tout le monde de ne leur point sacrifier et de ne les point adorer. » Et, en même temps, ils crièrent à un surintendant des jeux, nommé Philippe, qu'il lâchât un lion sur Polycarpe. Mais cet homme leur ayant dit qu'il ne le pouvait pas, parce que le temps de sa charge était expiré, ils crièrent tous unanimement que Polycarpe fût brûlé vif; car il fallait que la vision qu'il avait eue lorsqu'il vit le chevet de son lit tout en feu fût accomplie, aussi bien que les paroles qu'il avait dites alors par esprit de prophétie, en se retournant vers les fidèles qui étaient avec lui : « Il faut, leur dit-il, que je sois brûlé tout vif. »

Cette voix du peuple fut aussitôt suivie de l'effet; cette furieuse multitude ramassa promptement dans les boutiques et dans les bains tout le bois qui était nécessaire pour le feu; en quoi les Juifs signalaient leur ardeur par-dessus tous les autres, selon leur coutume.

Ainsi, le bûcher étant dressé, le saint martyr se dépouilla de ses vêtements, quitta sa robe, et commença à se déchausser, ce que peut-être il n'avait encore jamais fait, chaque fidèle s'étant toujours empressé de lui rendre ce pieux office, afin de trouver par là le moyen de baiser ses pieds sacrés; tant son extraordinaire sainteté le rendait vénérable à tout le monde, même auparavant son martyre. L'on apprêta donc aussitôt tous les instruments dont il était besoin; mais comme il vit qu'on le voulait clouer à un poteau : « Laissez-moi, dit-il, en cette posture; celui qui me donne le courage d'attendre le feu sans le craindre me donnera aussi la force pour y demeurer ferme, sans que je sois attaché avec des clous. »

Ainsi, on ne le cloua pas, et on se contenta de le lier avec des cordes, après qu'il eut lui-même présenté ses mains derrière le poteau afin d'y être attaché. Ce fut en cet état que, comme un illustre agneau choisi du milieu du grand troupeau de l'Église, et préparé pour être immolé en holocauste agréable à Dieu, il éleva les yeux au ciel, et parla de cette manière : « Seigneur, Dieu tout-puissant, père de Jésus-Christ, votre cher Fils, qui doit être béni de tous les hommes, et par qui nous avons reçu la connaissance de votre nom ; Dieu des anges et des puissances, aussi bien que de toutes les créatures, et particulièrement de tous les justes qui marchent en votre présence, je vous bénis de ce que vous me faites la grâce, en ce jour et à cette heure, de me mettre au nombre de vos martyrs, en me faisant boire le calice de Jésus-Christ, votre Fils, pour entrer, par l'incorporation de votre Esprit Saint, dans la résurrection de la vie éternelle, après que j'aurai été offert aujourd'hui devant vos yeux comme un sacrifice agréable et parfait, selon que vous l'aviez déjà ordonné, que vous me l'aviez montré par avance, et que vous l'accomplissez maintenant. O Dieu, qui êtes toujours véritable et toujours fidèle, c'est pour cette grâce et pour toutes les autres que je vous loue, que je vous bénis, et que je vous glorifie avec Jésus-Christ, votre cher Fils, qui est dans le ciel, à qui, comme à vous et au Saint-Esprit, gloire soit maintenant et dans tous les siècles à venir. Amen. »

Il n'eut pas plutôt achevé sa prière que les bourreaux mirent le feu au bûcher, qui, ayant jeté à l'heure même une flamme éclatante, nous vîmes un miracle véritablement grand ; et Dieu a voulu que nous le vissions, afin que nous publiassions ses merveilles à toute la terre ; car cette flamme se courbant en forme d'arc, ou comme la voile d'un vaisseau enflée par les vents, enveloppait et environnait de toutes parts le saint martyr, dont le corps était au milieu des feux, non point comme une chair qui grillait, mais comme un pain qui cuirait, ou comme de l'or et de l'argent qui se purifieraient dans le fourneau ; car nous sentîmes même une odeur excellente qui en sortait, comme si c'eût été de l'encens qu'on eût brûlé, ou de quelque autre parfum précieux qu'on eût répandu.

Les idolâtres, s'étant donc aperçus que le corps de Polycarpe ne pouvait être consumé par les flammes, commandèrent à un bourreau de s'approcher de lui, et de lui plonger un poignard dans le sein ; il exécuta leur commandement, et aussitôt il sortit de la plaie une colombe qui fut suivie d'une si grande abondance de sang que le feu en fut tout éteint; ce qui fit admirer à tous les spectateurs l'extrême différence qu'il y a entre les infidèles et les élus, du nombre desquels était Polycarpe, cet admirable martyr, ce docteur vraiment apostolique et prophétique de notre siècle, et enfin ce grand évêque de l'Église catholique de Smyrne, qui n'a jamais prononcé aucune parole qui n'ait été accomplie, ou qui ne doive s'accomplir un jour.

Mais cet adversaire malicieux et jaloux du bonheur des justes, considérant la gloire du martyre de ce saint et la conduite irréprochable de tout le reste de sa vie, et voyant bien qu'il ne pouvait ravir la couronne d'immortalité qu'il avait reçue, et le prix qu'il avait si justement remporté par sa course, fit tous ses efforts pour nous ravir au moins la possession de ses reliques, lorsque plusieurs des nôtres se préparaient à les recueillir, pour satisfaire au désir que nous avions de voir un corps si saint au milieu de nous.

Il suggéra donc à Nicètes, père d'Hérode et frère d'une femme nommée Nicès, d'aller trouver le proconsul pour le prier de n'accorder point aux chrétiens le corps du martyr, de peur, disait-il, qu'ils ne commençassent à l'adorer, et n'abandonnassent même leur Jésus crucifié; en quoi il était secondé par les Juifs, qui sollicitaient la même chose très-ardemment, nous ayant déjà empêchés de retirer ce saint corps du milieu du feu. Ils ignoraient sans doute que les chrétiens ne peuvent abandonner Jésus-Christ, qui est mort pour le salut de tous ceux qui sont sauvés, et qu'ils n'en adoreront jamais d'autre. Car pour ce qui est de Jésus-Christ, nous l'adorons comme Fils de Dieu; mais quant aux martyrs, nous les honorons comme les vrais disciples et les imitateurs du Seigneur, et nous les aimons autant que mérite l'amour qu'ils ont eu pour leur roi et pour leur maître, priant Dieu qu'il nous fasse la grâce de les suivre dans la vertu, et de les accompagner dans la gloire.

Lors un centenier, voyant le bruit que faisaient les Juifs sur ce sujet, prit le corps du martyr, et le fit jeter au milieu du feu pour être brûlé. Mais cela ne nous empêcha pas de recueillir ensuite ses os et ses cendres, qui étaient un trésor pour nous plus estimable que l'or, et plus riche que les pierres les plus précieuses, afin de les mettre dans quelque lieu vénérable et digne de leur sainteté. C'est là que nous espérons de Dieu la grâce de célébrer tous, avec allégresse et avec joie, l'heureux jour de sa divine naissance, afin d'honorer la mémoire de ces généreux athlètes de Jésus-Christ, et de laisser à la postérité chrétienne l'exemple de leur zèle et de leur ardeur, afin qu'elle s'efforce de l'imiter.

Voilà, nos très-chers frères, tout ce qui s'est passé à Smyrne touchant le martyre que le bienheureux Polycarpe y a souffert avec douze autres disciples de Jésus-Christ, venus de Philadelphie; mais sa gloire a tellement éclaté au-dessus de tous les autres, que l'on n'entend que son nom dans la bouche de tout le monde, jusque-là même que les païens ne sauraient s'empêcher de publier ses louanges de toutes parts. Il n'y a personne qui n'en parle, non-seulement comme d'un des plus excellents maîtres de l'Église, mais comme d'un de ses plus illustres martyrs, et qui ne désire ardemment de pouvoir imiter un martyr si saint et si conforme à l'Évangile de Jésus-Christ, car, ayant surmonté par sa constance la cruauté d'un juge inhumain, et ayant reçu par ce moyen la couronne de l'immortalité, il se réjouit maintenant en la compagnie des apôtres et de tous les justes; il glorifie Dieu le père et bénit son fils, Notre-Seigneur, le sauveur de nos âmes, le gardien de nos corps, et le souverain pasteur de l'Église catholique répandue par toute la terre. Voilà les choses dont vous nous aviez demandé un ample récit, mais dont nous ne vous envoyons, pour le présent, par notre frère Marc, qu'une courte relation. Au reste, nous vous prions que, quand vous l'aurez lue, vous en fassiez part à tout le reste de nos frères, afin qu'ils rendent aussi gloire à Dieu, qui sait si bien choisir ses fidèles serviteurs, et qui, en nous communiquant sa grâce et ses dons, nous peut faire tous entrer dans son royaume éternel, par Jésus-Christ son Fils unique, à qui soit gloire, honneur, force et grandeur dans tous les siècles. Amen.

Saluez de notre part tous les saints. Nous vous saluons tous aussi ; et Évariste, qui a écrit la présente lettre, vous salue, lui et toute sa maison.

Saint Polycarpe souffrit le martyre le 26 mars, le jour du grand samedi, à la huitième heure (c'est-à-dire à 2 heures après midi). Il fut pris par Hérode, intendant de la police, Philippe de Trollie étant pontife (c'est-à-dire exerçant parmi les païens le sacerdoce, auquel était attachée la surintendance des jeux publics, que les païens estimaient sacrés parce qu'ils les faisaient à l'honneur des dieux), Stadius Quadratus étant proconsul, et Jésus-Christ régnant dans tous les siècles, à qui soit gloire, honneur, majesté et empire éternel, dans la suite de tous les âges. Amen.

FIN DE LA LETTRE DE L'ÉGLISE DE SMYRNE.

LA VIE DE SAINT POLYCARPE.

FRAGMENTS TRADUITS D'EUSÈBE.

Voici comme Irénée parle de saint Polycarpe dans son troisième livre des *Hérésies*[1].

Polycarpe non-seulement a été instruit par les apôtres et a eu une étroite liaison avec un grand nombre de ceux qui ont vu Jésus-Christ; mais même les apôtres l'ont ordonné évêque de Smyrne en Asie. Nous l'avons vu nous-mêmes dans nos premières années, car il a vécu fort longtemps, et après être parvenu jusqu'à une extrême vieillesse, il a enfin couronné sa vie par un très-illustre et très-glorieux martyre.

Il n'a jamais enseigné d'autre doctrine que celle qu'il avait reçue des apôtres, et que nous recevons de l'Église, comme en effet il n'y a que celle-là seule qui soit véritable. Aussi toutes les Églises de l'Asie, et ceux qui jusqu'aujourd'hui ont été assis dans la chaire de Polycarpe, témoignent assez, par leurs sentiments et par leur conduite, combien ce grand

---

[1] Polycarp. servire Christo cœpit anno Chr. 83, Episc. creat., au plus tard en 98 de J.-C., s'il est vrai, comme dit Tertullien, *De præscrip.*, c. xxxii, et Eusèbe, lib. III, c. xxxv, et saint Jérôme, *De scr. eccles.*, qu'il ait été sacré évêque de Smyrne par l'apôtre saint Jean. Voy. *Usser. in Polyc. act.*, p. 61 et 62. Selon ce calcul, qui paraît indubitable, il a été plus de soixante-dix ans évêque.

homme a été un témoin plus vénérable et plus fidèle de la vérité que Valentin, Marcion, et autres semblables prédicateurs du mensonge.

Ce fut lui qui, étant venu à Rome sous le pontificat d'Anicet, ramena à l'Église de Dieu plusieurs de ceux que ces malheureux hérétiques avaient arrachés de son sein, publiant partout qu'il n'avait reçu des apôtres que la seule et unique vérité qui était enseignée par l'Église.

Il y a encore aujourd'hui des personnes qui lui ont autrefois entendu dire que Jean, le disciple du Seigneur, étant à Éphèse, allait un jour pour se laver, et qu'ayant trouvé Cerinthe dans le bain, il en sortit aussitôt avant que de s'être lavé, en disant : « Retirons-nous promptement, de peur que le bain où est Cerinthe, cet ennemi de la vérité, venant à tomber, nous ne nous trouvions enveloppés dans ses ruines. »

Aussi Polycarpe ayant rencontré un jour Marcion, qui se présenta devant lui en lui disant : « Voilà Marcion devant vous; il faut qu'aujourd'hui vous le connaissiez. — Je vous connais déjà bien, répondit-il, je sais que vous êtes le fils aîné du démon. » Tant les apôtres et leurs disciples ont fait scrupule d'avoir le moindre commerce, non pas même d'un simple entretien, avec les hérésiarques qui falsifiaient et corrompaient la vérité ecclésiastique.

Nous avons aussi une excellente lettre que Polycarpe écrivit aux Philippiens, et c'est là que tous ceux qui ont quelque soin de leur salut peuvent apprendre, s'ils veulent, quelle a été la foi que ce grand saint a tenue, et la vérité qu'il a enseignée.

Le bienheureux Polycarpe étant venu à Rome sous le pontificat d'Anicet, ils traitèrent ensemble sur quelques petits différends qui étaient entre eux, et ils les accordèrent aussitôt, ne voulant pas même entrer dans une dispute contentieuse touchant le jour de la célébration de la Pâque qui était leur principal différend; car Anicet ne pouvait pas persuader à Polycarpe de ne point garder une coutume qu'il avait toujours pratiquée avec Jean, le disciple de Notre-Seigneur, et avec les autres apôtres, en la compagnie desquels il avait vécu, non plus que Polycarpe ne pouvait pas persuader à Anicet de ne point garder une coutume qu'il disait avoir été pratiquée par tous les prêtres, c'est-à-dire par tous les prélats de son Église, qui avaient été ses prédécesseurs.

Ils communiquèrent donc ensemble comme amis et comme frères, et Anicet laissa célébrer dans l'église, à Polycarpe, le mystère de l'Eucharistie, pour le respect qu'il lui portait. Enfin ils se séparèrent en paix l'un de l'autre; et ceux qui observaient la coutume de Rome, ou qui ne l'observaient pas, demeurèrent dans l'union de l'Église universelle[1].

---

[1] An 167, ex Baron. et Petau, 5; M. Aur. I. Anic. — Id., Iren. in epist. ad vict. apud Eus., lib. V, c. xxiv.

ÉPITRE DE SAINT POLYCARPE,

ÉVÊQUE DE SMYRNE ET SACRÉ MARTYR DE JÉSUS-CHRIST,

AUX PHILIPPIENS.

Polycarpe et les prêtres qui sont avec lui, à l'Église de Dieu qui est dans Philippes. Que le Dieu tout-puissant et le Seigneur Jésus-Christ, notre Sauveur, répande sur vous avec plénitude sa miséricorde et sa paix.

Je me suis beaucoup réjoui en Jésus-Christ Notre-Seigneur, de ce que vous avez dignement reçu chez vous des personnes qui sont des modèles vivants de la parfaite charité, et que vous aviez accompagné, comme vous deviez, ceux qui étaient chargés de ces chaînes honorables qui sont les précieuses couronnes de ceux que Dieu et Notre-Seigneur ont particulièrement choisis pour rendre témoignage à la vérité[1].

Au reste, mes frères, ce n'est pas de mon propre mouvement que je vous écris ici de ce qui regarde les devoirs de la piété et de la justice, mais parce que c'est vous-mêmes qui m'y avez engagé par vos prières ; car moi, ni tout autre qui me ressemble, ne sommes point capables de suivre que de bien loin la sagesse de l'illustre et bienheureux Paul, qui,

---

[1] Il entend saint Ignace, arch. d'Ant., Zozime, et Rufe.

vous ayant autrefois honorés de sa présence, vous a si parfaitement instruits, et si puissamment affermis dans les paroles de la vérité, et qui même, lorsqu'il était éloigné de Philippes, a écrit des lettres si excellentes. Si vous les lisez et les considérez avec soin, vous pourrez vous établir de plus en plus dans la foi qui vous a été donnée de Dieu; cette foi est la mère qui vous a tous enfantés, qui est suivie de l'espérance, précédée et conduite par l'amour envers Dieu, Jésus-Christ, et le prochain; car quiconque est animé de ces trois vertus a accompli les préceptes de la justice évangélique, puisque celui qui est possédé de l'amour divin est éloigné de tout péché.

Au contraire, l'avarice est la source de tous les maux. Souvenons-nous donc que nous n'avons rien apporté dans le monde, et que nous n'en emporterons rien aussi. Armons-nous des armes de la justice. Apprenons premièrement à marcher dans les commandements du Seigneur; et après cela, instruisez vos femmes à marcher aussi dans la foi qui leur a été donnée de Dieu, dans la charité, et dans la pureté; qu'elles aient toujours un amour sincère et véritable pour leurs maris, et une charité qui se répande également sur tous les autres, et qui soit accompagnée d'une parfaite continence; qu'elles instruisent leurs enfants dans la connaissance et dans la crainte de Dieu.

Que les veuves se conservent chastes et modestes, et marchent dans la foi du Seigneur; qu'elles prient continuellement et pour tout le monde; qu'elles soient éloignées de toutes sortes de calomnies, de médisances, de faux témoignages, d'avarice, et de péché; et qu'elles se représentent sans cesse qu'elles sont les autels vivants de Dieu.

Considérons que l'on ne se moque point de Dieu, et menons une vie qui soit conforme à ses commandements et qui puisse servir à sa gloire.

Que les diacres se rendent toujours irrépréhensibles en la présence de sa justice, et qu'ils vivent comme des ministres de Dieu en Jésus-Christ, et non pas comme des ministres des hommes.

Pour vous autres, mes frères, soyez soumis aux prêtres et aux diacres comme à Dieu et à Jésus-Christ.

Et vous, vierges, que votre conduite soit irréprochable, et que votre conscience soit toute chaste et toute pure.

Que les prêtres soient pleins de charité, de tendresse pure, et de compassion envers tout le monde; qu'ils ramènent dans le chemin du salut ceux qui en sont égarés; qu'ils visitent tous les malades; qu'ils ne négligent ni la veuve, ni l'orphelin, ni le pauvre; mais qu'ils aient soin de faire toutes sortes de bonnes œuvres devant Dieu et devant les hommes. Qu'ils s'abstiennent de toute colère, de tout égard aux différentes conditions des personnes, et de tout jugement injuste; qu'ils soient éloignés de toute avarice; qu'ils ne croient pas facilement le mal que l'on dit contre quelqu'un; qu'ils ne soient point précipités dans leur jugement; qu'ils ne donnent jamais aucun sujet de scandale; qu'ils évitent les faux frères et ceux qui se servent du nom du Seigneur pour couvrir leur hypocrisie et tromper les simples.

Car quiconque ne confesse point que Jésus-Christ est venu en une véritable chair est un antechrist; quiconque ne confesse point le martyre de la croix est enfant du diable; et quiconque altère les paroles du Seigneur pour les accommoder à ses propres passions, en niant le jugement à venir, est le fils aîné de Satan.

Fuyons donc les vaines et fausses doctrines de ces corrupteurs, et embrassons la vérité que nous avons reçue par tradition dès le commencement de l'Évangile; soyons vigilants dans les prières, infatigables dans les jeûnes, demandant continuellement à Dieu, à qui n'est rien caché, qu'il ne nous laisse point tomber dans la tentation, le Seigneur ayant lui-même dit que l'esprit est vif, mais que la chair est infirme.

Je vous exhorte tous d'écouter avec une entière docilité la

parole de la justice, et de faire tous vos efforts pour imiter cette admirable patience que vous avez vu pratiquer de vos propres yeux, non-seulement aux bienheureux Ignace, Zozime et Rufe, mais à plusieurs autres de vos frères, au grand Paul lui-même, et à tout le reste des apôtres; considérant que tous les saints n'ont pas couru en vain et sans récompense, mais qu'étant parvenus jusqu'au bout de la carrière de la foi et de la justice, ils y ont reçu le rang et la place qui leur était due près du Seigneur qu'ils avaient suivi dans ses souffrances, n'ayant point aimé le siècle présent, mais seulement celui qui est mort pour nous, et que Dieu a ressuscité pour nous.

Je me suis beaucoup affligé pour Valens, qui a été autrefois ordonné prêtre parmi vous, lorsque j'ai su combien il connaît peu la dignité à laquelle il a été élevé. Et c'est pourquoi je vous conjure d'être exempts de toute avarice, d'être toujours chastes et sincères, et de vous éloigner de tout péché : car comment celui qui ne sait pas se gouverner lui-même pourra-t-il instruire les autres?

Quiconque se laisse corrompre par l'avarice sera bientôt souillé de l'idolâtrie, et réputé entre les païens. Y a-t-il personne d'entre vous qui ne sache pas le jugement du Seigneur? Ignorons-nous que les saints jugeront le monde, selon que Paul nous l'apprend? Pour moi, je n'ai jamais cru ni entendu de vous aucune chose semblable. Aussi avez-vous été instruits par ce grand apôtre, et vous avez été les premiers honorés de ses lettres. C'est de vous qu'il se glorifie à toutes les Églises qui connaissaient Dieu en un temps où nous autres qui sommes à Smyrne ne le connaissions pas encore.

Je ne puis donc, mes frères, ne point ressentir une extrême douleur pour ce Valens et pour sa femme, et je souhaite de tout mon cœur que Dieu leur donne la grâce d'une véritable pénitence. Au reste, soyez doux et modérés envers eux, et ne les regardez pas comme vos ennemis, mais comme des membres malades et blessés que vous devez tâcher de guérir, afin que tout le corps de votre Église jouisse d'une parfaite santé. Et c'est en agissant de la sorte que vous opérerez vous-mêmes votre salut.

Je prie Dieu, le père de Notre-Seigneur Jésus-Christ, et Jésus-Christ lui-même, qui est le Fils de Dieu et le grand prêtre éternel, de vous établir sur le fondement inébranlable de la vérité, de vous donner un esprit de douceur et exempt de toute colère, de vous faire marcher devant lui avec toute sorte de patience, de modération, de persévérance et de sûreté, et de vous faire part de la gloire de ses saints aussi bien qu'à nous et à tous ceux qui vivent maintenant sur la terre, et qui doivent croire un jour en Jésus-Christ Notre-Seigneur, et en son Père, qui l'a ressuscité d'entre les morts.

Priez pour tous les saints; priez pour les rois, les puissances et les princes, pour ceux qui vous persécutent et vous haïssent, et pour les ennemis de la croix; afin que, travaillant pour le salut de tout le monde, vous parveniez vous-mêmes, par ce moyen, au comble de la perfection.

Vous m'avez écrit, vous et Ignace, que si quelqu'un va d'ici en Syrie, nous y fassions tenir vos lettres. Je ne manquerai pas de le faire dès qu'il s'en présentera quelque occasion favorable.

Nous vous envoyons, comme vous l'avez désiré, les lettres d'Ignace, tant celles qu'il nous avait adressées que toutes les autres que nous avions entre nos mains. Nous les avons mises à la suite de cette lettre, et vous en pourrez tirer sans doute un très-grand profit; car elles contiennent la véritable doctrine de la foi, de la patience, et de tout ce qui sert à l'édification de notre âme en Jésus-Christ Notre-Seigneur.

Je vous envoie cette lettre par Crescens, dont vous savez que je vous ai toujours recommandé le mérite, et que je vous recommande encore particulièrement; car il a mené une vie tout à fait irréprochable tant qu'il a été parmi nous, et je crois qu'il ne vivra pas avec vous d'une autre sorte. Je vous recommande aussi beaucoup sa sœur, lorsqu'elle sera arrivée en vos quartiers. Je souhaite que vous restiez toujours fidèles à Jésus-Christ, et que sa grâce vous remplisse tous. Amen.

FIN DE L'ÉPITRE DE SAINT POLYCARPE.

EXTRAIT D'UNE LETTRE DE SAINT IRÉNÉE

A FLORIN,

QUI ÉTAIT TOMBÉ DANS L'HÉRÉSIE DES VALENTINIENS[1].

Ce n'est pas là, ô Florin, la doctrine qui vous a été enseignée par les prêtres (c'est-à-dire par les évêques) qui ont été avant nous, et qui eux-mêmes avaient été instruits dans l'école des apôtres. Car je me souviens qu'étant encore enfant, je vous ai vu lorsque vous viviez avec tant d'éclat à la cour de l'empereur dans l'Asie Mineure, et que vous faisiez tous vos efforts pour vous insinuer dans les bonnes grâces de ce saint homme. Je me souviens même beaucoup plus des choses qui se sont passées alors, que de celles qui sont arrivées plus nouvellement (le souvenir croît en nous à mesure que nous avançons en âge, et s'unit tellement avec notre âme qu'il ne s'en peut plus séparer); de sorte que je pourrais dire encore quel était le lieu où était assis le bienheureux Polycarpe, lorsqu'il nous instruisait; quels étaient ses démarches et ses gestes, son genre de vie et la forme de son corps; quels discours il tenait au peuple, et la manière dont il racontait les entretiens qu'il avait eus avec saint Jean et avec les autres disciples qui avaient vu Jésus-Christ, les

[1] Eusèbe, liv. V, chap. XIX.

paroles qu'il avait entendues d'eux, et les choses qu'ils lui avaient dites touchant le Seigneur, ses miracles et sa doctrine; ce que Polycarpe ayant appris de ceux mêmes qui avaient été les témoins oculaires de la vie du Verbe incarné, nous le racontait aussi, conformément à ce que nous voyons dans les saintes Écritures. Dieu donc ayant eu tant de miséricorde pour moi, qu'il a voulu que je fusse présent à tous les discours de ce grand saint, je les écoutais attentivement, et je les gravais, non pas sur du papier, mais dans le fond de mon cœur, où, par la grâce de Dieu, je les conserve encore, et les repasse continuellement dans mon esprit.

Aussi puis-je assurer devant Dieu que si ce bienheureux et apostolique prêtre (c'est-à-dire-prélat) eût entendu une si étrange doctrine, il se fût écrié aussitôt en se bouchant les oreilles, et en disant, selon sa coutume : « O bon Dieu, m'avez-vous laissé dans le monde jusqu'à cette heure afin que j'eusse la douleur d'entendre des dogmes si abominables ! » Je ne doute pas même qu'à l'instant il ne s'en fût enfui du lieu où on lui eût tenu de tels discours en quelque état qu'il se fût trouvé, et soit qu'il y ait été debout ou assis. C'est ce que l'on peut reconnaître clairement par les lettres qu'il a écrites, soit aux Églises voisines de la sienne, pour les confirmer dans la vérité, soit à quelques-uns des frères, pour les avertir de leur devoir et les exhorter à l'accomplir.

VIE DE SAINT DENIS,

ARCHEVÊQUE D'ALEXANDRIE [1].

[2] L'empereur Philippe était sur la troisième année de son empire, lorsque Héracle étant passé de cette vie en l'autre, après seize ans d'épiscopat, Denis lui succéda dans le gouvernement de l'Église d'Alexandrie.

Quant aux choses qui lui arrivèrent [3], je rapporterai ici ce qu'il en dit dans la lettre qu'il a écrite à Germain, où il parle de lui-même en cette manière : « Pour ce qui est de moi, dit-il, je parle en la présence de Dieu, et il sait que je ne mens point et que je n'ai jamais pensé à me retirer de mon propre mouvement, et sans m'y être vu engagé par l'ordre de sa providence. Cela est si vrai que, lors même que l'édit de la persécution de Dèce [4] fut publié, Sabin ayant envoyé aussitôt Frumentaire pour me chercher, je demeurai quatre jours entiers dans ma maison, attendant que cet homme m'y vînt trouver, lequel cependant parcourait tout le pays pour ce sujet, visitait les chemins, les fleuves et les campagnes, et généralement tous les lieux qu'il croyait devoir me servir ou de retraite ou de passage. Il fallait sans doute qu'il fût frappé de quelque aveuglement pour ne point trouver ma maison,

---

[1] Anno Christ. 248.
[2] Eusèbe, liv. I, chap. xxxv.
[3] *Idem.* chap. xl.
[4] An 253.

ou plutôt il ne pouvait s'imaginer que je demeurasse chez moi dans le temps où l'on me recherchait de toutes parts. Mais enfin, Dieu m'ayant commandé quatre jours après de me retirer, et m'en ayant ouvert le chemin d'une manière toute miraculeuse, je sortis, quoique avec peine, de ma maison, accompagné de mes domestiques et de plusieurs de nos frères. Et les choses qui sont arrivées depuis font bien voir que tout ce qui s'est passé en cette occasion a été véritablement un ouvrage de la providence de Dieu, puisque nous n'avons pas peut-être été inutiles à quelques personnes..... »

Et un peu après, il rapporte ce qui suivit sa retraite, et continue ainsi son discours :

« Étant tombés sur le soir entre les mains des soldats, moi et tous ceux qui m'accompagnaient, nous fûmes amenés à Taposiris[1]. Cependant Timothée, qui, par la providence de Dieu, ne s'était pas trouvé avec nous, et n'avait point été pris, étant revenu ensuite à la maison, il la trouva toute déserte et environnée de soldats qui la gardaient, et sut que nous étions tous prisonniers. Écoutez maintenant, poursuivit-il, quelle a été l'admirable conduite de la sagesse de Dieu; car je vous dirai au vrai ce qui s'est passé. Timothée s'étant mis en fuite, et étant tout rempli de trouble et de frayeur, eut à sa rencontre un paysan qui lui demanda la cause pour laquelle il courait avec tant de hâte. Timothée lui avoua sincèrement ce qui se passait. Ce que cet homme ayant entendu, il entra aussitôt dans une maison où il allait pour se trouver à quelques noces qu'on y célébrait (car ces sortes de gens ont coutume de passer les nuits entières en ces festins), et il raconta la chose à ceux qui y étaient assemblés et qui s'étaient déjà mis à table, lesquels s'étant levés à l'heure même, et avec autant de promptitude que s'ils eussent reçu le signal, se mirent à courir de toutes leurs forces, et

---

[1] Petite ville d'Égypte, entre Canope et Alexandrie.

se vinrent jeter avec de grands cris dans le lieu où nous étions, lequel ayant été aussitôt abandonné des soldats qui nous gardaient, ces gens s'approchèrent de nous, et nous trouvèrent sur quelques couchettes qui n'étaient couvertes de rien. Quant à moi, Dieu m'est témoin que je les prenais d'abord pour des voleurs qui n'étaient venus que pour piller et que pour faire quelque butin ; et ainsi, sans bouger de dessus le lit où j'étais couché, je commençai à me dépouiller, et, n'ayant laissé sur moi qu'une simple robe de lin, je leur présentais déjà le reste de mes vêtements. Mais ils me commandèrent de me lever, et de me retirer au plus tôt. Ce fut alors que, m'apercevant du sujet pour lequel ils étaient venus, je m'écriai en les suppliant avec instance de se retirer eux-mêmes et de nous laisser en ce lieu ; ou plutôt, s'ils nous voulaient faire quelque faveur, d'exécuter par avance le dessein de ceux qui nous avaient amenés, et de me couper la tête. Pendant que je m'écriai de la sorte, comme tous ceux qui m'ont suivi et accompagné dans tous mes travaux le savent assez, ces gens me firent lever par force ; mais m'étant ensuite jeté par terre, ils me prirent par les mains et par les pieds, et m'enlevèrent hors de ce lieu. Je fus aussitôt suivi de ceux de mes frères qui ont été les témoins de tout ce que je viens de rapporter, savoir Gaie, Fauste, Pierre et Paul, lesquels m'ayant pris eux-mêmes entre leurs bras, m'emportèrent hors de cette petite ville, et m'ayant fait monter sur un âne qui n'était point sellé, me ramenèrent en cet état. » Ce sont là les choses que Denis a écrites de lui-même.

FIN DE LA VIE DE SAINT DENIS.

DES SAINTS MARTYRS D'ALEXANDRIE.

Voici comme il raconte, dans sa lettre à Fabius, évêque d'Antioche, les combats de ceux qui souffrirent le martyre dans Alexandrie, sous l'empereur Dèce. « Ce ne fut l'édit de l'empereur qui alluma la persécution qui s'est élevée contre nous, car elle a prévenu d'une année entière la publication de cet édit[2]. Ce fut donc un je ne sais quel faux prophète et magicien, qui, par la prédiction des maux dont il menaçait la ville d'Alexandrie, émut et excita contre nous toute la multitude des païens, échauffant en eux cet esprit de superstition qui leur a toujours été si naturel; de sorte que ce peuple, étant irrité contre nous par ses artifices, et se voyant en main une puissance absolue pour commettre toutes sortes

---

[1] Eusèbe, chap. XLI.
[2] Ann. Christ. 242. — Philon, de Legatione ad Cajum, p. 1009, décrit une sédition qui s'était élevée dans Alexandrie contre les Juifs, et tous les supplices qu'on leur faisait endurer, le pillage de leurs biens, et plusieurs autres traitements tout semblables à ceux qu'ils faisaient souffrir aux chrétiens; et l'on y peut voir combien ce peuple était sujet aux séditions, et combien était sérieuse la haine qu'il portait de tout temps contre les Juifs, avec lesquels il confondait aisément les chrétiens. Il en parle encore fort amplement dans le traité *contra Flaccum*. Il y décrit le naturel des Alexandrins, et ce qu'il en dit est fort beau. Il en dit entre autres : Τὸ αἰγυπτιακὸν διὰ βραχυτάτον, σπινθῆρος εἰωθὸς ἐκ φυσᾶν στάσεις. Dion en parle en mêmes termes.

de cruautés, commença à croire que toute sa piété et sa dévotion envers les dieux consistait à répandre le sang des chrétiens.

» Premièrement donc, ils se saisirent d'un vieillard nommé Mètre[1], et lui commandèrent de prononcer quelques paroles impies et sacriléges; mais, voyant qu'il ne leur voulait pas obéir, ils le chargèrent de coups de bâton, et, après lui avoir piqué les yeux et tout le visage avec des roseaux durs et pointus, ils le menèrent[2] hors la ville et le lapidèrent.

» Après cela, ils amenèrent dans le temple de leurs idoles une femme chrétienne, nommée Quinte[3], et la voulurent contraindre de les adorer; ce qu'ayant refusé de faire avec horreur et exécration, ils la lièrent par les pieds et la traînèrent par toute la ville, sur un pavé de pierres inégales et escarpées, la déchirant d'un côté à coups de fouet, pendant qu'elle était tout écorchée de l'autre par les pointes de ces carreaux, jusqu'à ce qu'ils l'allèrent enfin lapider au même lieu que le précédent. Ils se jetèrent tous ensuite d'une commune fureur dans les maisons de tous les fidèles; et chacun d'eux allant attaquer ceux de leurs voisins qu'ils reconnaissaient pour tels, pillant et ravageant tout ce qui était dans leurs maisons, se saisissant des plus précieux d'entre leurs meubles, et jetant çà et là ou mettant au feu ceux qui étaient plus vils ou qui n'étaient que de simple bois, ils faisaient voir dans Alexandrie l'image d'une ville prise d'assaut. Cependant nos frères se sauvaient le mieux qu'ils pouvaient, et tâchaient de se retirer, voyant avec joie leurs biens perdus et dissipés, à l'imitation de ceux à qui saint Paul a rendu cet honorable témoignage; et jusqu'à présent je ne sache qu'un seul entre eux, qui, étant tombé entre les mains des infidèles, a renié le Seigneur.

[1] Saint Mètre.
[2] Εἰς τὸ προαστεῖον.
[3] Sainte Quinte.

» La très-admirable Apollonie[1], qui était une vierge déjà fort âgée, ayant aussi été saisie par ces barbares, ils lui meurtrirent le visage de tant de coups, qu'ils lui firent sortir toutes les dents de la bouche; ensuite de quoi, ayant dressé un bûcher proche de la ville, ils la menaçaient de la brûler toute vive, si elle ne prononçait avec eux les blasphèmes que leur impiété lui proposait. Mais cette courageuse vierge les ayant un peu adoucis par quelques prières, et s'étant ainsi dégagée d'entre leurs mains, elle se jeta tout d'un coup au milieu du feu, où elle fut aussitôt réduite en cendres.

» Ils surprirent de même Sérapion[2] lorsqu'il était encore chez lui, et, après l'avoir appliqué aux plus cruelles tortures, et l'avoir rendu perclus de tous ses membres, ils le précipitèrent du haut de sa maison.

» Au reste il n'y avait point de rue, point de grand chemin, point de détours par où il nous fût libre de passer; et l'on ne voyait partout que des gens qui criaient sans cesse que l'on entraînât, et que l'on brûlât à l'heure même tous ceux qui refuseraient de blasphémer.

» Les choses demeurèrent longtemps en cet état, jusqu'à ce qu'une sédition et une guerre civile s'étant allumées entre ces malheureux païens, leur fit tourner contre eux-mêmes la cruauté qu'ils avaient exercée contre nous. Ainsi la fureur dont ils étaient animés contre les chrétiens ne pouvant plus avoir son cours ordinaire, nous eûmes quelques intervalles de tranquillité et de relâche.

» Mais voilà que l'on nous annonce tout d'un coup le changement d'un règne qui nous était si favorable[3]. Les menaces terribles que l'on nous fait renouvellent nos troubles et nos frayeurs. Enfin l'édit de la persécution est publié, et il s'en élève une si effroyable, qu'il semblait que ce fût de celle-là

---

[1] Sainte Apollonie.
[2] Saint Sérapion.
[3] An 253.

que le Seigneur eût voulu parler, lorsqu'il a dit que les élus mêmes, si cela était possible, seraient en danger de tomber.

» Tout le monde aussitôt est saisi de crainte. Entre ceux qui étaient les plus éminents, ou par leur extraction, ou par leurs richesses, les uns vont se présenter eux-mêmes avec crainte pour sacrifier; les autres, et particulièrement ceux qui étaient élevés aux sublimes charges, s'accommodent à la nécessité de leurs affaires; d'autres se laissent entraîner par leurs amis, et sitôt qu'on les appelle par leur nom à ces sacrifices impurs et profanes, ils s'en approchent à l'heure même; les uns pâlissant et tremblant de crainte, comme s'ils allaient moins pour sacrifier que pour être eux-mêmes immolés en sacrifice, jusque-là qu'ils attiraient sur eux la risée de tous ceux qui étaient présents, et qu'ils faisaient juger à tout le monde que leur lâche timidité les rendait également incapables et de sacrifier, et de mourir. Il y en avait d'autres, au contraire, qui, s'approchant des autels avec plus d'audace, protestaient hardiment et effrontément qu'ils n'avaient jamais été chrétiens en toute leur vie. C'est de ces sortes de personnes que le Seigneur a prédit qu'elles seraient sauvées difficilement; et cette prédiction est très-véritable.

» Quant au commun des chrétiens, les uns suivent l'exemple de ces premiers; les autres se mettent en fuite, ou sont pris par les infidèles; et de ceux-là il y en a eu qui, étant demeurés fermes dans les liens et jusque dans la prison, et quelques-uns même durant plusieurs jours de captivité, ont ensuite abjuré la foi avant que d'être amenés devant les juges. Il y en a eu d'autres enfin qui, ayant souffert généreusement quelques tortures, ont manqué de courage pour souffrir le reste.

» Mais quant à ceux que le Seigneur avait choisis pour être les fermes et bienheureuses colonnes de son Église[1], comme

---

[1] Le saint fait allusion aux vingt-deuxième et vingt-troisième versets du psaume CXVII.

ils étaient soutenus par sa puissance, et qu'ils avaient reçu de lui une force et un courage qui répondaient à la solidité de la foi sur laquelle ils étaient établis, on les a vus paraître ainsi que les admirables confesseurs de son royaume.

» Le premier d'entre eux fut Julien[1]. C'était un homme goutteux, qui ne pouvait se tenir debout, ni moins encore marcher. Mais on le fit apporter devant les juges par deux autres chrétiens, dont l'un renonça aussitôt à la foi, au lieu que l'autre, qui avait nom *Cronien*, et qui était surnommé Eunus[2], ayant confessé le Seigneur aussi bien que le saint vieillard Julien, on les mit tous deux sur des chameaux, et on les mena par toute la ville d'Alexandrie, qui est très-grande, comme vous savez, les fouettant le long du chemin en cette posture; ensuite de quoi on les brûla dans de la[3] chaux vive[4], en présence de tout le peuple.

» Pendant qu'on les menait au supplice, il y eut un soldat nommé Besas, qui, étant indigné du traitement injurieux que l'on leur faisait souffrir, s'opposa courageusement à ceux qui en étaient les auteurs. Mais s'étant tous écriés contre lui, on le mit aussitôt lui-même en jugement; et ce généreux soldat de Jésus-Christ, ayant glorieusement combattu dans cette illustre guerre de la foi, fut condamné à perdre la tête.

» Il y en avait aussi un autre, qui était Africain de nation, et que l'on nommait Macar[5], c'est-à-dire heureux, comme

---

[1] Saint Julien.
[2] Saint Eunus.
[3] Ασβέστῳ πυρί.
[4] L'interprète a mis en cet endroit *ardentissimo igne*, et plus bas il a mis *calca viva*. Mais le καὶ αυτοὶ qui est au deuxième passage fait bien voir qu'ils n'ont tous deux qu'un même sens. Outre que ces païens étaient trop cruels pour faire mourir tout d'un coup, *ardentissimo igne*, ceux contre qui ils étaient si enragés, οὐκ εὐθὺς ἐπὶ τὰ κυρμότατα μέρη τὰς πληγὰς ἔφερον, dit Philon, ἵνα μὴ θᾶττον τελευτήσαντες, τάττον καὶ τὴν τῶν ὀδυνηρῶν ἀντίληψιν ἀπόθωνται. Il dit même qu'ils ne brûlaient les Juifs que dans de fort petits feux, composés d'un peu de sarments, διατροτερον καὶ επιμηκεστερον ολεθρον δειλαιοις τεχναξοντες.
[5] Saint Macar.

il l'était en effet par les bénédictions que Dieu avait répandues sur lui. Ce Macar donc, n'ayant point voulu se rendre à toutes les sollicitations que le juge lui faisait pour le persuader d'abjurer sa foi, fut brûlé tout vif.

» Après eux parurent Épimaque et Alexandre[1], qui, outre les incommodités de la prison où ils étaient détenus depuis fort longtemps, ayant été découpés avec des rasoirs, déchirés à coups de fouet, et tourmentés par une infinité d'autres supplices, furent aussi consumés dans de la chaux vive.

» Ils furent suivis de quatre femmes chrétiennes, dont la première était *Ammonarie*[2]; cette sainte vierge qui irrita tellement le juge, par la protestation qu'elle lui fit de ne jamais prononcer aucun des blasphèmes qu'il voulait qu'elle prononçât, que cet homme ayant entrepris de la vaincre à quelque prix que ce fût, la fit appliquer durant un fort long temps aux plus cruelles tortures. Mais elle accomplit fidèlement sa promesse, et on la mena enfin au dernier supplice. Les autres étaient *Mercurie*[3], que son grand âge et sa vertu rendaient extrêmement vénérable[4]; *Denise*[5], cette mère féconde en enfants, mais qui ne préféra pas l'amour de ses enfants à l'amour qu'elle avait pour Dieu; et une autre femme que l'on nommait encore *Ammonarie*[6]. Comme le juge était tout honteux d'avoir exercé en vain tant de cruautés, et qu'il rougissait de se voir vaincu par des femmes, ces trois dernières ne passèrent point par les tourments, mais il les fit tout d'un coup périr par le fer. Aussi leur illustre conductrice, la généreuse Ammonarie, avait été assez tourmentée pour toutes les autres.

» Ensuite Héron, Ater et Isidore, qui étaient tous trois

---

[1] Saints Épimaque et Alexandre.
[2] Sainte Ammonarie.
[3] Sainte Mercurie.
[4] Σεμνοπρεπεστάτη πρεσβῦτις.
[5] Sainte Denise.
[6] Autre sainte Ammonarie.

d'Égypte, furent livrés en jugement avec un jeune enfant de quinze ans nommé Dioscore[1]. Le juge voulut commencer par ce dernier; et croyant qu'il se laisserait facilement surprendre ou intimider, il tenta d'abord de le persuader par de beaux discours, et enfin de le forcer par les supplices; mais Dioscore ne se laissa ni tromper ni vaincre. Quant aux autres, après qu'il les eut fait mettre tout en sang, voyant qu'ils demeuraient toujours fermes, il les fit aussi jeter au feu. Mais, pour revenir à Dioscore, s'étant fait admirer de tout le monde, et ayant répondu avec une extraordinaire sagesse à toutes les demandes qu'on lui faisait, le juge, qui ne pouvait s'empêcher lui-même de l'admirer, le laissa aller, disant qu'en considération de son âge il lui voulait encore donner du temps pour se repentir. Et maintenant cet invincible soldat de Jésus-Christ est avec nous, ayant été réservé pour soutenir un combat plus long, et pour remporter une couronne plus sublime et plus glorieuse[2].

» Il y eut encore un autre chrétien qui était aussi d'Égypte, et qu'on nommait Némésien, lequel fut faussement accusé comme un compagnon de voleurs. Mais s'étant purgé, en présence de son centenier[3], d'une calomnie qui lui avait été imposée avec si peu de fondement, on le déféra ensuite comme chrétien, et on l'amena lié et enchaîné devant le proconsul[4], qui, par une extrême injustice, l'ayant fait fouetter et tourmenter au double de ce que les voleurs ont accoutumé de l'être, le fit brûler en la compagnie de ces infâmes. Et ainsi ce bienheureux martyr eut l'honneur d'être traité en sa mort comme on aurait traité Jésus-Christ même.

» Au reste, il y avait devant la place où les juges étaient assemblés une compagnie entière de soldats chrétiens, qui

---

[1] Saint Dioscore.
[2] Εἰς μακρότερον ἀγῶνα καὶ διαρκέστερον τὸν ἆθλον.
[3] Cela montre qu'il était encore un soldat.
[4] Ἡγούμενον.

étaient Ammon, Zénon, Ptolémée et Ingène[1], et avec eux un vieillard nommé Théophile. Il arriva qu'un chrétien ayant été présenté en jugement, ces généreux soldats reconnurent qu'il était près de succomber et de renoncer à la foi. Ce fut alors qu'ils commencèrent à serrer les dents de dépit, à lui faire signe du visage, à tendre les mains vers lui, et à s'agiter de tout le corps pour l'exhorter à demeurer ferme. Tout le monde se tourna aussitôt pour les regarder; mais, avant que personne mît la main sur eux, ils vinrent eux-mêmes se présenter devant le tribunal du juge, en disant qu'ils étaient chrétiens : de sorte que le proconsul, et tous ceux de son conseil, commencèrent à être saisis de crainte. Et pendant que les coupables attendaient avec assurance les supplices auxquels ils se voyaient près d'être condamnés, les juges au contraire tremblaient de frayeur. Enfin ils sortirent de ce lieu (pour être conduits à la mort) avec la même allégresse que des vainqueurs après leur victoire, étant tout joyeux d'avoir rendu un si illustre témoignage à la vérité, et de voir que Dieu les faisait triompher d'une manière si glorieuse.

» Il y en eut une infinité d'autres[2], soit dans les villes ou dans les bourgades, que les païens immolèrent à leur fureur. J'en rapporterai ici un exemple. Il y avait un chrétien nommé Ischyrion[3], qui s'était mis au service d'un magistrat, et qui était comme l'intendant de sa maison. Son maître lui commanda de sacrifier aux dieux; mais, voyant qu'il refusait de lui obéir, il lui en fit de très-grands reproches; voyant ensuite que cela ne l'ébranlait pas, il le chargea de mille injures. Enfin, le voyant toujours inflexible, il prit un grand bâton ferré par le bout, et lui en ayant percé les entrailles de part en part, il le tua.

» Que dirai-je du grand nombre de ceux qui, s'étant réfu-

[1] Soldats chrétiens.
[2] Eusèbe, cap. XLII.
[3] Saint Ischyrion.

giés dans les déserts et sur les montagnes, y périrent tant par les rigueurs de la faim et de la soif, du froid et des maladies, que par la cruauté des voleurs et des bêtes farouches? Ceux d'entre eux qui sont échappés de tous ces périls savent quels ont été ceux que Dieu a choisis, et qui ont reçu de lui la récompense de leurs travaux. Je ne vous en rapporterai qu'une histoire, et je crois qu'elle suffira pour vous faire juger de ce qui peut être arrivé aux autres.

» Chérémon, homme fort âgé, était évêque d'une ville qu'on appelle Nil. Ce vieillard, s'étant enfui avec sa femme sur une montagne de l'Arabie, n'est point revenu depuis; et quelques recherches que nos frères aient faites de l'un et de l'autre, ils n'en ont pu apprendre aucune nouvelle, et ne les ont trouvés, ni morts, ni vifs. Il y en a eu plusieurs autres qui, s'étant retirés sur cette même montagne, furent pris par les Sarrasins, et réduits en servitude par ces barbares, dont les uns ont à peine été rachetés avec de très-grandes sommes d'argent, et les autres ne l'ont pas pu être encore jusqu'aujourd'hui. . . . .

» Ce n'est pas sans sujet, mon très-cher frère, que je vous écris ces choses[1]; mais c'est afin que vous connaissiez combien de maux et quelles misères nous avons ici endurés, quoique ceux qui y ont eu plus de part que moi les peuvent aussi connaître plus parfaitement. »

Voici ce qu'il ajoute encore un peu après : « Lors donc que ces saints martyrs qui, étant devenus les héritiers du royaume de Jésus-Christ, sont maintenant assis avec lui, et qui, ayant été faits participants de la puissance qu'il a de juger les hommes, les jugent en effet avec lui-même; lors, dis-je, qu'ils étaient encore parmi nous, ils reçurent à leur communion quelques-uns de nos frères qui étaient tombés et que l'on avait convaincus du crime d'avoir sacrifié aux idoles. Car jugeant que les sentiments de regret et de pénitence

---

[1] Saint Denis d'Alexandrie.

qu'ils voyaient en eux pourraient être agréables à celui qui aime beaucoup mieux la pénitence du pécheur que sa mort, ils écoutèrent favorablement leurs prières, ils se réconcilièrent avec eux, et donnèrent à l'Église des lettres de recommandation en leur faveur, les faisant participer à leurs prières et à leur[1] communion.

» Que nous conseilleriez-vous donc, mes frères, en cette rencontre? Comment devons-nous nous gouverner? Souscrirons-nous, et nous conformerons-nous à la sentence que ces saints martyrs ont prononcée? Devons-nous autoriser leur jugement par notre conduite, et faire grâce comme ils l'ont faite? Traiterons-nous avec douceur ceux qu'ils ont traités avec compassion? ou, au contraire, devons-nous condamner leur jugement comme injuste et déraisonnable, et nous constituer, par ce moyen, les examinateurs et les juges de ce que ces saints ont arrêté? Faut-il que nous contristions leur bonté par notre rigueur, et que nous renversions ce qui a été ordonné par eux? »

Ce n'a pas été sans raison que Denis a inséré ces choses dans sa lettre, et qu'il a remué cette question touchant la manière dont on devait traiter ceux qui, durant la persécution, étaient tombés par infirmité.

Car ce fut en ce temps[2] que Novatien, prêtre de l'Église de Rome, s'étant élevé contre eux par un esprit aveuglé d'orgueil, et soutenant qu'il ne leur pouvait plus rester aucune espérance de salut, quand même ils feraient leur possible pour retourner à Dieu par une sincère conversion et une confession pure de leurs péchés, il se fit l'auteur d'une secte particulière de gens qui, par un excès de vanité, se nommèrent Purs. Sur quoi, après que l'on eut assemblé à Rome un fort grand concile où se rendirent soixante évêques, outre les prêtres et les diacres, dont le nombre y était beau-

---

[1] Εστιάσεις.
[2] Eusèbe, chap. XLIII.

coup plus grand, et que l'on se fut informé du sentiment particulier de tous les pasteurs des autres provinces, touchant ce qu'on devait faire sur ce sujet, on déclara, par un décret qui fut publié partout, que Novatien et tous les complices de son audace, aussi bien que tous ceux qui adhéreraient à l'opinion cruelle et impitoyable de ce faux docteur, devaient être réputés comme des membres retranchés du corps de l'Église; et que, pour ceux des frères qui étaient malheureusement tombés durant la persécution, on devait leur appliquer les remèdes de la pénitence, afin de leur procurer la santé[1].

On pourrait rapporter ici l'histoire de Sérapion, écrite par saint Denis, et qui est dans l'office du Saint-Sacrement.

FIN DES MARTYRS D'ALEXANDRIE.

[1] Eusèbe, chap. XLIV.

DISCOURS ACADÉMIQUES.

DISCOURS

PRONONCÉ A L'ACADÉMIE FRANÇAISE,

A LA RÉCEPTION DE M. L'ABBÉ COLBERT[1].

Monsieur,

Il m'est sans doute très-honorable de me voir à la tête de cette célèbre compagnie, et je dois beaucoup au hasard de m'avoir mis dans une place où le mérite ne m'aurait jamais élevé. Mais cet honneur, si grand par lui-même, me devient, je l'avoue, encore plus considérable, quand je songe que la première fonction que j'ai à faire dans la place où je suis, c'est de vous expliquer les sentiments que l'Académie a pour vous.

Vous croyez lui devoir des remercîments pour l'honneur que vous dites qu'elle vous a fait : mais elle a aussi des grâces à vous rendre ; elle vous est obligée, non-seulement de l'honneur que vous lui faites, mais encore de celui que vous avez déjà fait à toute la république des lettres.

Oui, Monsieur, nous savons combien elles vous sont rede-

---

[1] Jacques-Nicolas Colbert, le deuxième des fils du ministre, fut reçu à l'Académie française, à la place de Jacques Esprit, le 30 octobre 1678. Il était âgé de vingt-quatre ans, et n'était encore que docteur de Sorbonne. En 1680, il fut nommé coadjuteur de Rouen.

vables. Il y a longtemps que l'Académie a les yeux sur vous ; aucune de vos démarches ne lui a été inconnue ; vous portez un nom que trop de raisons ont rendu sacré pour les gens de lettres : tout ce qui regarde votre illustre maison ne leur saurait plus être ni inconnu ni indifférent.

Nous avons considéré avec attention les progrès que vous avez faits dans les sciences ; mais si vous aviez excité d'abord notre curiosité, vous n'avez guère tardé à exciter notre admiration. Et quels applaudissements n'a-t-on point donnés à cette excellente philosophie que vous avez publiquement enseignée? Au lieu de quelques termes barbares, de quelques frivoles questions que l'on avait accoutumé d'entendre dans les écoles, vous y avez fait entendre de solides vérités, les plus beaux secrets de la nature, les plus importants principes de la métaphysique. Non, Monsieur, vous ne vous êtes point borné à suivre une route ordinaire, vous ne vous êtes point contenté de l'écorce de la philosophie, vous en avez approfondi tous les secrets ; vous avez rassemblé ce que les anciens et les modernes avaient de solide et d'ingénieux ; vous avez parcouru tous les siècles pour nous en rapporter les découvertes : l'oserai-je dire? vous avez fait connaître, dans les écoles, Aristote même, dont on n'y voit souvent que le fantôme.

Cependant cette savante philosophie n'a été pour vous qu'un passage pour vous élever à une plus noble science, je veux dire à la science de la religion. Et quels progrès n'avez-vous point faits dans cette étude sacrée? Avec quelles marques d'estime la plus fameuse Faculté de l'univers vous a-t-elle adopté, vous a-t-elle associé dans son corps! L'Académie a pris part à tous vos honneurs ; elle applaudissait à vos célèbres actions : mais, Monsieur, depuis qu'elle vous a vu monter en chaire, qu'elle vous a entendu prêcher les vérités de l'Évangile, non-seulement avec toute la force de l'éloquence, mais même avec toute la justesse et toute la politesse de notre langue, alors l'Académie ne s'est plus contentée de vous admirer; elle a jugé que vous lui étiez nécessaire. Elle vous a choisi, elle vous a nommé pour remplir la première place qu'elle a pu donner. Oui, Monsieur, elle vous a choisi; car (nous voulons bien qu'on le sache) ce n'est point la brigue, ce ne sont point les sollicitations qui ouvrent les portes de l'Académie; elle va elle-même au-devant du mérite; elle lui épargne l'embarras de se venir offrir; elle cherche les sujets qui lui sont propres. Et qui pouvait lui être plus propre que vous? Qui pouvait mieux nous seconder dans le dessein que nous nous sommes tous proposé de travailler à immortaliser les grandes actions de notre auguste protecteur? Qui pouvait mieux nous aider à célébrer ce prodigieux nombre d'exploits dont la grandeur nous accable, pour ainsi dire, et nous met dans l'impuissance de les exprimer? Il nous faut des années entières pour écrire dignement une seule de ses actions.

Cependant chaque année, chaque mois, chaque journée même, nous présente une foule de nouveaux miracles. Étonnés de tant de triomphes, nous pensions que la guerre avait porté sa gloire au plus haut point où elle pouvait monter. En effet, après tant de provinces si rapidement conquises, tant de batailles gagnées, les places emportées d'assaut, les villes sauvées du pillage, et toutes ces grandes actions dont vous nous avez fait une si vive peinture, aurait-on pu s'imaginer que cette gloire dût encore croître? La paix qu'il vient de donner à l'Europe nous présente quelque chose de plus grand encore que tout ce qu'il a fait dans la guerre. Je n'ai garde d'entreprendre ici de faire l'éloge de ce héros, après l'éloquent discours que vous venez de nous faire entendre. Non-seulement nous y avons reconnu l'élévation de votre esprit, la sublimité de vos pensées, mais on y voit briller surtout ce zèle pour votre prince, et cette ardente passion pour sa gloire, qui est la marque si particulière à laquelle on reconnaît toute votre illustre famille. Tandis que le chef de la maison, rempli de ce noble zèle, ne donne point de relâche à son infatigable génie, tandis qu'il jette un œil pénétrant jusque dans les moindres besoins de l'État, avec quelle ardeur, quelle vigilance, ses enfants, ses frères, ses neveux, tout ce qui lui appartient s'empresse-t-il à le soulager, à le seconder! L'un travaille heureusement à soutenir la gloire de la navigation, l'autre se signale dans les premiers emplois de la guerre, l'autre donne tous ses soins à la paix, et renverse tous les obstacles que quelques désespérés voulaient apporter à ce grand ouvrage[1]. Je ne finirais point si je vous mettais devant les yeux tout ce qu'il y a d'illustre dans votre maison. Vous entrez, Monsieur, dans une compagnie que vous trouverez pleine de ce même esprit, de ce même zèle; car, je le répète encore, nous sommes tous rivaux dans la passion de contribuer[2] quelque chose à la gloire d'un si grand prince : chacun y emploie les différents talents que la nature lui a donnés; et ce travail même qui nous est commun, ce dictionnaire qui de soi-même semble une occupation si sèche et si épineuse, nous y travaillons avec plaisir : tous les mots de la langue, toutes les syllabes nous paraissent précieuses, parce que nous les regardons comme autant d'instruments qui doivent servir à la gloire de notre auguste protecteur.

---

[1] Jean-Baptiste Colbert, marquis de Seignelay, secrétaire d'État en survivance, chargé du détail de la marine. C'était le frère aîné du récipiendaire. — Édouard-François Colbert, comte de Maulevrier, lieutenant général des armées depuis 1676. — Charles Colbert, marquis de Croissy, l'un des plénipotentiaires pour la paix de Nimègue. Ces deux derniers étaient frères du ministre.

[2] Toutes les éditions portent *contribuer quelque chose*. Le manuscrit qui est à la Bibliothèque impériale porte aussi *contribuer quelque chose*.

DISCOURS

PRONONCÉ A L'ACADÉMIE FRANÇAISE,

A LA RÉCEPTION DE MM. CORNEILLE ET BERGERET [1].

Messieurs,

Il n'est pas besoin de dire ici combien l'Académie a été sensible aux deux pertes considérables qu'elle a faites presque en même temps, et dont elle serait inconsolable si, par le choix qu'elle a fait de vous, elle ne les voyait aujourd'hui heureusement réparées.

Elle a regardé la mort de M.[2] de Corneille comme un des plus rudes coups qui la pût frapper ; car, bien que, depuis un an, une longue maladie nous eût privés de sa présence, et que nous eussions perdu en quelque sorte l'espérance de le revoir jamais dans nos assemblées, toutefois il vivait ; et l'Académie, dont il était le doyen, avait au moins la consolation de voir, dans la liste où sont les noms de tous ceux qui la composent, de voir, dis-je, immédiatement au-dessous

---

[1] Le 2 janvier 1685. L'Académie française reçut le même jour Thomas Corneille à la place de Pierre Corneille, son frère, et Jean-Louis Bergeret, auteur d'une *Histoire générale de France*, à la place de M. de Cordemoy.

[2] Dans l'édition de 1697 imprimée du vivant de Racine, on ajoute la particule au nom de Corneille.

du nom sacré de son auguste protecteur, le fameux nom de Corneille.

Et qui d'entre nous ne s'applaudissait pas en lui-même, et ne ressentait pas un secret plaisir d'avoir pour confrère un homme de ce mérite? Vous, Monsieur, qui non-seulement étiez son frère, mais qui avez couru longtemps une même carrière avec lui, vous savez les obligations que lui a notre poésie; vous savez en quel état se trouvait la scène française lorsqu'il commença à travailler. Quel désordre! quelle irrégularité! Nul goût, nulle connaissance des véritables beautés du théâtre. Les auteurs aussi ignorants que les spectateurs, la plupart des sujets extravagants et dénués de vraisemblance, point de mœurs, point de caractères; la diction encore plus vicieuse que l'action, et dont les pointes et de misérables jeux de mots faisaient le principal ornement; en un mot, toutes les règles de l'art, celles même de l'honnêteté et de la bienséance, partout violées.

Dans cette enfance ou, pour mieux dire, dans ce chaos du poëme dramatique parmi nous, votre illustre frère, après avoir quelque temps cherché le bon chemin, et lutté, si je l'ose ainsi dire, contre le mauvais goût de son siècle; enfin, inspiré d'un génie extraordinaire et aidé de la lecture des anciens, fit voir sur la scène la raison, mais la raison accompagnée de toute la pompe, de tous les ornements dont notre langue est capable; accorda heureusement la vraisemblance et le merveilleux, et laissa bien loin derrière lui tout ce qu'il avait de rivaux, dont la plupart, désespérant de l'atteindre, et n'osant plus entreprendre de lui disputer le prix, se bornèrent à combattre la voix publique déclarée pour lui, et essayèrent en vain, par leurs discours et par leurs frivoles critiques, de rabaisser un mérite qu'ils ne pouvaient égaler.

La scène retentit encore des acclamations qu'excitèrent à leur naissance, *le Cid*, *Horace*, *Cinna*, *Pompée*, tous ces chefs-d'œuvre représentés depuis sur tant de théâtres, traduits en tant de langues, et qui vivront à jamais dans la bouche des hommes. A dire le vrai, où trouvera-t-on un poëte qui ait possédé à la fois tant de grands talents, tant d'excellentes parties, l'art, la force, le jugement, l'esprit? Quelle noblesse, quelle économie dans les sujets! Quelle véhémence dans les passions! Quelle gravité dans les sentiments! Quelle dignité, et en même temps quelle prodigieuse variété dans les caractères! Combien de rois, de princes, de héros de toutes nations nous a-t-il représentés, toujours tels qu'ils doivent être, toujours uniformes avec eux-mêmes, et jamais ne se ressemblant les uns aux autres! Parmi tout cela, une magnificence d'expressions proportionnée aux maîtres du monde qu'il fait souvent parler, capable néanmoins de s'abaisser quand il veut, et de descendre jusqu'aux plus simples naïvetés du comique, où il est encore inimitable. Enfin, ce qui lui est surtout particulier, une certaine force, une certaine élévation qui surprend, qui enlève, et qui rend jusqu'à ses défauts, si on lui en peut reprocher quelques-uns, plus estimables que les vertus des autres : personnage véritablement né pour la gloire de son pays; comparable, je ne dis pas à tout ce que l'ancienne Rome a eu d'excellents tragiques, puisqu'elle confesse elle-même qu'en ce genre elle n'a pas été fort heureuse, mais aux Eschyle, aux Sophocle, aux Euripide, dont la fameuse Athènes ne s'honore pas moins que des Thémistocle, des Périclès, des Alcibiade, qui vivaient en même temps qu'eux.

Oui, Monsieur, que l'ignorance rabaisse tant qu'elle voudra l'éloquence et la poésie, et traite les habiles écrivains de gens inutiles dans les États : nous ne craindrons point de le dire à l'avantage des lettres et de ce corps fameux dont vous faites maintenant partie, du moment que des esprits sublimes, passant de bien loin les bornes communes, se distinguent, s'immortalisent par des chefs-d'œuvre, comme ceux de monsieur votre frère, quelque étrange inégalité que, durant leur vie, la fortune mette entre eux et les plus grands héros, après leur mort, cette différence cesse. La postérité, qui se plaît, qui s'instruit dans les ouvrages qu'ils lui ont laissés, ne fait point de difficulté de les égaler à tout ce qu'il y a de plus considérable parmi les hommes, fait marcher de pair l'excellent poëte et le grand capitaine. Le même siècle qui se glorifie aujourd'hui d'avoir produit Auguste ne se glorifie guère moins d'avoir produit Horace et Virgile. Ainsi, lorsque, dans les âges suivants, on parlera avec étonnement des victoires prodigieuses et de toutes les grandes choses qui rendront notre siècle l'admiration de tous les siècles à venir, Corneille, n'en doutons point, Corneille tiendra sa place parmi toutes ces merveilles. La France se souviendra avec plaisir que, sous le règne du plus grand de ses rois, a fleuri le plus grand de ses poëtes. On croira même ajouter quelque chose à la gloire de notre auguste monarque lorsqu'on dira qu'il a estimé, qu'il a honoré de ses bienfaits cet excellent génie; que même, deux jours avant sa mort, et lorsqu'il ne lui restait plus qu'un rayon de connaissance, il lui envoya encore des marques de sa libéralité[1], et qu'enfin les dernières paroles de Corneille ont été des remercîments pour Louis le Grand.

Voilà, Monsieur, comme la postérité parlera de votre illustre frère; voilà une partie des excellentes qualités qui l'ont fait connaître à toute l'Europe. Il en avait d'autres qui, bien que moins éclatantes aux yeux du public, ne sont peut-être pas moins dignes de nos louanges, je veux dire homme de probité et de piété, bon père de famille, bon parent, bon ami. Vous le savez, vous qui avez toujours été uni avec lui d'une amitié qu'aucun intérêt, non pas même aucune émulation pour la gloire, n'a pu altérer. Mais ce qui nous touche de plus près, c'est qu'il était encore un très-bon académicien; il aimait, il cultivait nos exercices; il y apportait surtout cet

---

[1] Le grand Corneille, dans ses derniers moments, manquait absolument d'argent. Boileau en fut instruit; il en parla avec chaleur à Mme de Montespan, à Louvois, au roi même, qui envoya sur-le-champ deux cents louis d'or au malade. Cet argent fut porté par Besset de la Chapelle, inspecteur des beaux-arts, ami particulier de Boileau et de Racine.

esprit de douceur, d'égalité, de déférence même, si nécessaire pour entretenir l'union dans les compagnies. L'a-t-on jamais vu se préférer à aucun de ses confrères? L'a-t-on jamais vu vouloir tirer ici aucun avantage des applaudissements qu'il recevait dans le public? Au contraire, après avoir paru en maître, et pour ainsi dire régné sur la scène, il venait, disciple docile, chercher à s'instruire dans nos assemblées, laissait, pour me servir de ses propres termes, laissait ses lauriers à la porte de l'Académie, toujours prêt à soumettre son opinion à l'avis d'autrui, et, de tous tant que nous sommes, le plus modeste à parler, à prononcer, je dis même sur des matières de poésie.

Vous auriez pu, bien mieux que moi, Monsieur, lui rendre ici les justes honneurs qu'il mérite, si vous n'eussiez peut-être appréhendé avec raison qu'en faisant l'éloge d'un frère avec qui vous avez d'ailleurs tant de conformité, il ne semblât que vous faisiez votre propre éloge. C'est cette conformité que nous avons tous eue en vue lorsque, tout d'une voix, nous vous avons appelé pour remplir sa place, persuadés que nous sommes que nous retrouverons en vous, non-seulement son nom, son même esprit, son même enthousiasme, mais encore sa même modestie, sa même vertu, son même zèle pour l'Académie.

Je m'aperçois qu'en parlant de modestie, de vertu et des autres qualités propres pour l'Académie, tout le monde songe ici avec douleur à l'autre perte que nous avons faite, je veux dire à la mort du savant M. de Cordemoy, qui, avec tant d'autres talents, possédait au souverain degré toutes les parties d'un véritable académicien : sage, exact, laborieux, et qui, si la mort ne l'eût point ravi au milieu de son travail, allait, peut-être, porter l'histoire aussi loin que M. de Corneille a porté la tragédie. Mais, après tout ce que vous avez dit sur son sujet, vous, Monsieur[1], qui, par l'éloquent dis-

---

[1] L'orateur s'adresse ici à Bergeret.

cours que vous venez de faire, vous êtes montré si digne de lui succéder, je n'ai garde de vouloir entreprendre un éloge qui, sans rien ajouter à sa louange, ne ferait qu'affaiblir l'idée que vous avez donnée de son mérite.

Nous avons perdu en lui un homme qui, après avoir donné au barreau une partie de sa vie, s'était depuis appliqué tout entier à l'étude de notre ancienne histoire. Nous lui avons choisi pour successeur un homme qui, après avoir été assez longtemps l'organe d'un parlement célèbre, a été appelé à un des plus importants emplois de l'État, et qui, avec une connaissance exacte, et de l'histoire, et de tous les bons livres, nous apporte encore quelque chose de bien plus utile et de bien plus considérable pour nous, je veux dire la connaissance parfaite de la merveilleuse histoire de notre protecteur.

Eh! qui pourra mieux que vous[1] nous aider à parler de tant de grands événements, dont les motifs et les principaux ressorts ont été si souvent confiés à votre fidélité, à votre sagesse? Qui sait mieux à fond tout ce qui s'est passé de mémorable dans les cours étrangères, les traités, les alliances, et enfin toutes les importantes négociations qui, sous son règne, ont donné le branle à toute l'Europe?

Toutefois, disons la vérité, Monsieur, la voie de la négociation est bien courte sous un prince qui, ayant toujours de son côté la puissance et la raison, n'a besoin, pour faire exécuter ses volontés, que de les déclarer. Autrefois la France, trop facile à se laisser surprendre par les artifices de ses voisins, autant qu'elle était heureuse et redoutable dans la guerre, autant passait-elle pour être infortunée dans les accommodements. L'Espagne surtout, l'Espagne, son orgueilleuse ennemie, se vantait de n'avoir jamais signé, même au plus fort de nos prospérités, que des traités avantageux, et de regagner souvent par un trait de plume ce qu'elle

---

[1] M. Bergeret était premier commis de M. de Croissy, ministre et secrétaire d'État pour les affaires étrangères.

avait perdu en plusieurs campagnes. Que lui sert maintenant cette adroite politique dont elle faisait tant de vanité? Avec quel étonnement l'Europe a-t-elle vu, dès les premières démarches du roi, cette superbe nation contrainte de venir jusque dans le Louvre reconnaître publiquement son infériorité, et nous abandonner depuis, par des traités solennels, tant de places si fameuses, tant de grandes provinces, celles même dont ses rois empruntaient leurs plus glorieux titres! Comment s'est fait ce changement? Est-ce par une longue suite de négociations traînées? Est-ce par la dextérité de nos ministres dans les pays étrangers? Eux-mêmes confessent que le roi fait tout, voit tout dans les cours où il les envoie, et qu'ils n'ont tout au plus que l'embarras d'y faire entendre avec dignité ce qu'il leur a dicté avec sagesse.

Qui l'eût dit, au commencement de l'année dernière, et dans cette même saison où nous sommes, lorsqu'on voyait de toutes parts tant de haines éclater, tant de ligues se former, et cet esprit de discorde et de défiance qui soufflait la guerre aux quatre coins de l'Europe; qui l'eût dit, qu'avant la fin du printemps tout serait calme? Quelle apparence de pouvoir dissiper sitôt tant de ligues? Comment accorder tant d'intérêts si contraires? Comment calmer cette foule d'États et de princes, bien plus irrités de notre puissance que des mauvais traitements qu'ils prétendaient avoir reçus? N'eût-on pas cru que vingt années de conférences ne suffisaient pas pour terminer toutes ces querelles? La diète d'Allemagne, qui n'en devait examiner qu'une partie, depuis trois ans qu'elle y était appliquée, n'en était encore qu'aux préliminaires. Le roi cependant, pour le bien de la chrétienté, avait résolu, dans son cabinet, qu'il n'y eût plus de guerre. La veille qu'il doit partir pour se mettre à la tête d'une de ses armées, il trace six lignes, et les envoie à son ambassadeur à la Haye. Là-dessus les provinces délibèrent, les ministres des hauts alliés s'assemblent; tout s'agite, tout se remue : les uns ne veulent rien céder de ce qu'on leur demande;

les autres redemandent ce qu'on leur a pris, et tous ont résolu de ne point poser les armes. Mais lui, qui sait bien ce qui en doit arriver, ne semble pas même prêter d'attention à leurs assemblées, et, comme le Jupiter d'Homère, après avoir envoyé la terreur parmi ses ennemis, tournant les yeux vers les autres endroits qui ont besoin de ses regards, d'un côté il fait prendre Luxembourg, de l'autre il s'avance lui-même aux portes de Mons ; ici il envoie des généraux à ses alliés ; là il fait foudroyer Gênes ; il force Alger à lui demander pardon ; il s'applique même à régler le dedans de son royaume, soulage ses peuples, et les fait jouir par avance des fruits de la paix ; et enfin, comme il l'avait prévu, voit ses ennemis, après bien des conférences, bien des projets, bien des plaintes inutiles, contraints d'accepter ces mêmes conditions qu'il leur a offertes, sans avoir pu en rien retrancher, y rien ajouter, ou, pour mieux dire, sans avoir pu, avec tous leurs efforts, s'écarter d'un seul pas du cercle étroit qu'il lui avait plu de leur tracer[1].

Quel avantage pour tous tant que nous sommes, Messieurs, qui, chacun selon nos différents talents, avons entrepris de célébrer tant de grandes choses ! Vous n'aurez point, pour les mettre en jour, à discuter, avec des fatigues incroyables, une foule d'intrigues difficiles à développer ; vous n'aurez pas même à fouiller dans le cabinet de ses ennemis. Leur mauvaise volonté, leur impuissance, leur douleur, est publique à toute la terre. Vous n'aurez point à craindre enfin tous ces longs détails de chicanes ennuyeuses qui sèchent l'esprit de l'écrivain, et qui jettent tant de langueur dans la plupart des histoires modernes, où le lecteur, qui cherchait des faits, ne trouvant que des paroles, sent mourir à chaque pas son attention, et perd de vue le fil des événements. Dans l'histoire du roi, tout vit, tout marche, tout est en action ; il

---

[1] Trêve de vingt ans, signée à Ratisbonne, au mois d'août 1684, entre la France, l'Espagne et l'Empire.

ne faut que le suivre si l'on peut, et le bien étudier lui seul. C'est un enchaînement continuel de faits merveilleux que lui-même commence, que lui-même achève, aussi clairs, aussi intelligibles quand ils sont exécutés, qu'impénétrables avant l'exécution. En un mot, le miracle suit de près un autre miracle : l'attention est toujours vive, l'admiration toujours tendue, et l'on n'est pas moins frappé de la grandeur et de la promptitude avec laquelle se fait la paix que de la rapidité avec laquelle se font les conquêtes.

Heureux ceux qui, comme vous, Monsieur, ont l'honneur d'approcher de près ce grand prince, et qui, après l'avoir contemplé avec le reste du monde, dans ces importantes occasions où il fait le destin de toute la terre, peuvent encore le contempler dans son particulier, et l'étudier dans les moindres actions de sa vie, non moins grand, non moins héros, non moins admirable; plein d'équité, plein d'humanité, toujours tranquille, toujours maître de lui, sans inégalité, sans faiblesse, et enfin le plus sage et le plus parfait de tous les hommes!

FIN DES DISCOURS.

LETTRES DE RACINE

ÉCRITES DANS SA JEUNESSE.

AVERTISSEMENT DE L. RACINE.

Comme M. l'abbé d'Olivet, qui avait lu quelques-unes des lettres suivantes, en a parlé dans son Histoire de l'Académie française, en disant qu'elles sont pleines d'esprit, et écrites avec une exactitude et une beauté de style qui est ordinairement le fruit d'un long exercice, on me saurait mauvais gré si je ne les faisais pas connaître; et quoiqu'elles soient peu sérieuses, loin d'avoir de la répugnance à les donner, je n'ai pas un meilleur moyen pour détromper ceux qui s'imaginent que celui qui a si bien peint l'amour dans ses vers en était toujours occupé. S'il y eût été livré même dans sa jeunesse, il ne se fût pas rendu capable de le peindre si bien.

Voici des lettres écrites en toute liberté, et en sortant de Port-Royal, dont il n'avait plus à craindre les remontrances : on les peut appeler ses *Juvenilia*. Il les écrit à un jeune ami, qu'il soupçonne quelquefois d'être amoureux : il ne s'attendait pas qu'elles dussent être lues par d'autres; il n'a jamais su qu'on les eût conservées. M. l'abbé Dupin, qui les avait recueillies, nous les a rendues. Dans ces lettres cependant, écrites librement, le badinage est si innocent, que je n'ai jamais rien trouvé qui ait dû m'obliger à en supprimer une seule[1]. On y voit un jeune homme enjoué, aimant à railler, ne se préparant pas à l'état ecclésiastique par esprit de piété, conservant toujours néanmoins des sentiments de piété dans le cœur, quoiqu'il paraisse content de n'être plus sous la sévère discipline de Port-Royal; plein de tendresse pour ses amis, fuyant le monde et les plaisirs par raison, pour se livrer tout entier à l'étude, et à son unique passion, qui était celle des vers.

---

[1] On voit, par cet avertissement de Louis Racine, que ce fut lui qui publia les lettres de son père pour la première fois. Mais lorsqu'on les confronte avec les manuscrits autographes qui sont déposés à la Bibliothèque impériale, on ne conçoit pas quelle raison a pu le déterminer à en altérer le texte. Quoi qu'il en soit, ce texte est rétabli dans la présente édition, ainsi que l'ordre chronologique.

LETTRES DE RACINE

ÉCRITES DANS SA JEUNESSE.

LETTRE PREMIÈRE.

A M. L'ABBÉ LE VASSEUR[1], A PARIS.

Ce jeudi au matin, 1660.

Je vous envoie mon sonnet[2], c'est-à-dire un nouveau sonnet ; car je l'ai tellement changé hier au soir, que vous le méconnaîtrez. Mais je crois que vous ne l'en approuverez pas moins. En effet, ce qui le rend méconnaissable est ce qui vous le doit rendre plus agréable, puisque que je ne l'ai si défiguré que pour le rendre plus beau et plus conforme aux règles que vous me prescrivîtes hier, qui sont les règles mêmes du sonnet. Vous trouviez étrange que la fin fût une suite si différente du commencement. Cela me choquait de même que vous ; car les poëtes ont cela des hypocrites, qu'ils

---

[1] L'abbé le Vasseur, à qui sont adressées la plupart des lettres qui composent ce premier recueil, était un ami de collége de Racine, et un parent de M. et Mme Vitart, à qui sont écrites les autres lettres du même recueil.

[2] Ce sonnet, qui ne nous a pas été conservé, était adressé au cardinal Mazarin, à l'occasion de la paix des Pyrénées, qu'il avait conclue le 7 novembre précédent.

défendent toujours ce qu'ils font, mais que leur conscience ne les laisse jamais en repos : j'en étais de même. J'avais fort bien reconnu[1] ce défaut, quoique je fisse tout mon possible pour montrer que ce n'en était pas un ; mais la force de vos raisons, étant ajoutée à celle de ma conscience, a achevé de me convaincre. Je me suis rangé à la raison, et j'y ai aussi rangé mon sonnet. J'en ai changé la pointe ; ce qui est le plus considérable dans ces ouvrages. J'ai fait comme un nouveau sonnet ; et, quoique si dissemblable à mon premier, j'aurais pourtant de la peine à le désavouer. Ma conscience ne me reproche plus rien, et j'en prends un assez bon augure. Je souhaite qu'il vous satisfasse de même ; je vous l'envoie dans cette espérance. Si vous le jugez digne de la vue de Mlle Lucrèce, je serai heureux, et je ne le croirai pas indigne de celle de Son Éminence. Retournez aux champs le plus tard que vous pourrez. Vous voyez le bien que cause votre présence.

LETTRE II.

AU MÊME, A PARIS.

Ce jeudi, mars 1660.

Je n'ai pu passer tantôt chez vous, comme je vous avais promis, à cause du mauvais temps. Ainsi je vous écris ce billet, afin de vous faire souvenir de la proposition que M. l'Avocat vous fit hier d'aller aux machines. Je vous prie de me mander le jour que vous irez. M. Vitart[2] se laissera

---

[1] Le sonnet paraît l'ouvrage d'un très-jeune homme ; mais cette réflexion si juste est remarquable dans un poëte si jeune. (L. R.)

[2] C'était un cousin-germain de Racine, un peu plus âgé que lui. Il

peut-être débaucher pour y aller avec nous ; ainsi, si ma compagnie vous est indifférente, la sienne ne vous le sera pas peut-être.

J'ai reçu aujourd'hui réponse de Daphnis, qui me fait de grands reproches à cause de son épitaphe, et qui me menace de me faire bientôt rétracter, et de me montrer que la croix ne fut jamais un partage qu'il voulût embrasser tout seul.

J'ai déjà lu toute la *Callipédie*[1]*,* et je l'ai admirée. Il me semble qu'on ne peut pas faire de plus beaux vers latins. Balzac dirait qu'ils sentent tout à fait l'ancienne Rome et la cour d'Auguste, et que le cardinal Duperron les aurait lus de bon cœur. Pour moi qui ne sais pas si bien quel était le goût de ce cardinal, et qui m'en soucie fort peu, je me contente de vous dire mon sentiment. Vous trouverez dans cette lettre plusieurs ratures ; mais vous les devez pardonner à un homme qui sort de table. Vous savez que ce n'est pas le temps le plus propre pour concevoir les choses bien nettement ; et je puis dire avec autant de raison que l'auteur de la *Callipédie* qu'il ne faut pas se mettre à travailler sitôt après le repas :

« Nimirum crudam si ad læta cubilia portas
» Perdicem, etc. »

Mais il ne m'importe de quelle façon je vous écrive, pourvu que j'aie le plaisir de vous entretenir ; de même qu'il me serait bien difficile d'attendre après la digestion de mon souper si je me trouvais à la première nuit de mes noces. Je ne suis pas assez patient pour observer tant de formalités. Cela est pitoyable de fonder un entretien sur trois ou quatre ratures ; mais je ne suis pas le seul qui fasse des

---

était intendant des maisons de Chevreuse et de Luynes, qui n'en faisaient plus qu'une, et Racine était alors employé chez lui.

[1] Ce poëme de Claude Quillet paraissait alors depuis quatre à cinq ans. (L. R.)

lettres sur rien. Il y a bien des beaux esprits sujets à faire des lettres à tout prix, et à les remplir de bagatelles. Je ne prétends pas pour cela être du nombre.

M. Vitart monte à cheval. Je vous écrirai plus au long quand j'aurai plus de choses à vous mander. *Vale et vive,* car le carême ne le défend pas.

LETTRE III.

AU MÊME, A CROSNE.

A Paris, ce dimanche au soir, 5 septembre 1660.

Je vous envoie, Monsieur, une lettre que Laroque[1] vous écrit, qui vous apprendra assez l'état où sont nos affaires, et combien il serait nécessaire que vous ne fussiez pas si éloigné de nous. Cette lettre vous surprendra peut-être; mais elle nous devait surprendre bien davantage, nous qui avons été témoins de la première réception qu'il a faite à la pièce. Il la trouvait tout admirable, et il n'y avait pas un vers dont il ne parût être charmé. Il la demanda après, pour en considérer le sujet plus à loisir; et voilà le jugement qu'il vous en envoie; car je vous regarde comme le principal conducteur de cette affaire. Je crois que Mlle Roste[2] sera bien plus surprise que nous, vu la satisfaction que la pièce lui avait donnée. Nous en avons reçu d'elle tout autant que nous pouvions désirer; et ce sera vous seul qui l'en

---

[1] Laroque, comédien du Marais, orateur de la troupe, et qui décidait souverainement du mérite des pièces que les auteurs venaient présenter à ce théâtre.

[2] Actrice de la même troupe.

pourrez bien remercier, comme c'est pour vous seul qu'elle a tout fait. Je ne sais pas à quel dessein Laroque montre ce changement. M. Vitart en donne plusieurs raisons, et ne désespère rien. Mais, pour moi, j'ai bien peur que les comédiens n'aiment à présent que le galimatias, pourvu qu'il vienne du grand auteur; car je vous laisse à juger de la vérité de ce qu'il dit sur les vers de l'*Amasie*.

L'ode est faite, et je l'ai donnée à M. Vitart pour la faire voir à M. Chapelain. S'il n'était point si tard, j'en ferais une autre copie pour vous l'envoyer dès demain; mais il est 10 heures du soir, et j'ai reçu votre billet à 8. D'ailleurs, je crains furieusement le chagrin où vous met votre maladie, et qui vous rendrait peut-être assez difficile pour ne rien trouver de bon dans mon ode. Cela m'embarrasserait trop, et l'autorité que vous avez sur moi pourrait produire en cette rencontre un aussi mauvais effet qu'elle en produit de bons en toutes les autres. Néanmoins, comme il y a espérance que cette maladie ne durera pas, je prierai M. d'Houy, dès demain, d'en faire une copie, ou j'en ferai une moi-même pour vous l'envoyer. Ce qui est encore à craindre, c'est que vos notes ne viennent trop tard; ce qui arrivera sans doute si elles sont dans le chemin autant que votre billet, lequel est daté du jeudi, et ne m'a été donné qu'aujourd'hui au soir. Je vous en veux toujours envoyer par avance une stance et demie. Ce n'est pas que je les croie les plus belles, mais c'est qu'elles sont les dernières ou au moins les pénultièmes, et qu'elles sont sur l'entrée. Les voici[1] :

> Qu'il vous faisait beau voir, en ce superbe jour
> Où, sur un char conduit par la Paix et l'Amour,

---

[1] Quoiqu'il paraisse si content de ces vers, il ne conserva pas les premiers. On lui critiqua apparemment *les discords*, mot qui lui plaisait, et par lequel il voulait imiter Malherbe. La stance suivante est telle qu'elle subsiste aujourd'hui. (L. R.)

> Votre illustre beauté triompha sur mes rives !
> Les Discords après vous se voyaient enchaînés.
> Mais hélas ! que d'âmes captives
> Virent aussi leurs cœurs en triomphe menés !
>
> Tout l'or dont se vante le Tage,
> Tout ce que l'Inde sur ses bords
> Vit jamais briller de trésors,
> Semblait être sur mon rivage.
> Qu'était-ce toutefois de ce grand appareil,
> Dès qu'on jetait les yeux sur l'éclat nonpareil
> Dont vos seules beautés vous avaient entourée ?
> Je sais bien que Junon parut moins belle aux dieux,
> Et moins digne d'être adorée,
> Lorsqu'en nouvelle reine elle entra dans les cieux.

Si vous recevez celles-ci avant que de recevoir toutes les autres, vous m'obligerez toujours de m'en écrire votre sentiment. Peut-être en trouverez-vous qui ne vous paraîtront pas moins belles. Cependant il y en a dix tout entières que vous n'avez pas vues, et c'est de quoi je suis fort marri. Je prierais Dieu volontiers qu'il vous ôtât vos frissons, mais qu'il vous envoyât des affaires en leur place. Vous n'y perdriez pas peut-être, et j'y gagnerais.

Je ne sais si vous avez eu connaissance en votre solitude de quelques lettres qui font un étrange bruit. C'est de M. le cardinal de Retz. Je les ai vues, mais c'était en des mains dont je ne pouvais pas les tirer. Jamais on n'a vu rien de plus beau, à ce que l'on dit. On craint à Paris qu'il ne vienne quelque chose de plus fort, comme, par exemple, un interdit ; mais cela passe ma portée, et je ne doute pas que vous ne sachiez infiniment plus que moi de tout ce qui se passe dans le monde, tout solitaire que vous êtes ; mais au moins vous ne sauriez trouver de personne qui soit plus à vous que

         RACINE.

LETTRE IV.

AU MÊME.

A Paris, le 13 septembre 1660.

Je crois que vous nous voulez abandonner tout à fait, et ne nous plus parler que par lettres. N'est-ce point que vous vous imaginez que vous en aurez plus d'autorité sur moi, et que vous en conserverez mieux la majesté de l'empire? *Cui major e longinquo reverentia.* Croyez-moi, Monsieur, il n'est pas besoin de cette politique; vos raisons sont trop bonnes d'elles-mêmes, sans être appuyées de ces secours étrangers. Votre présence me serait plus utile que votre absence; car, l'ode étant presque imprimée, vos avis arriveront trop tard.

Elle a été montrée à M. Chapelain; il a marqué quelques changements à faire; je les ai faits, et j'étais très-embarrassé pour savoir si ces changements n'étaient point eux-mêmes à changer. Je ne savais à qui m'adresser. M. Vitart est rarement capable de donner son attention à quelque chose. M. l'Avocat n'en donne pas beaucoup non plus à ces sortes de choses. Il aime mieux ne voir jamais une pièce, quelque belle qu'elle soit, que de la voir une seconde fois; si bien que j'étais près de consulter, comme Malherbe, une vieille servante, si je ne m'étais aperçu qu'elle est janséniste comme son maître[1], et

---

[1] Le duc de Luynes (Louis-Charles-Albert) : il s'était fait bâtir une maison tout près du monastère de Port-Royal des champs, où il se proposait de finir ses jours. Racine, ainsi que son cousin Vitart, logeait à l'hôtel de Luynes à Paris.

Cet endroit fait connaître combien il craignait de déplaire à Port-Royal, où l'on ne voulait pas qu'il fît des vers. (L. R.)

qu'elle pourrait me déceler ; ce qui serait ma ruine entière, vu que je reçois encore tous les jours lettres sur lettres, ou, pour mieux dire, excommunications sur excommunications, à cause de mon triste sonnet. Ainsi j'ai été obligé de m'en rapporter à moi seul de la bonté de mes vers. Voyez combien votre présence m'aurait fait de bien ; mais, puisqu'il n'y a plus de remède, il faut que je vous rende compte de ce qui s'est passé. Je ne sais si vous vous y intéressez ; mais je suis si accoutumé à vous faire part de mes fortunes, bonnes ou mauvaises, que je vous punirais moins que moi-même en vous les taisant.

M. Chapelain a donc reçu l'ode avec la plus grande bonté du monde : tout malade qu'il était, il l'a retenue trois jours, et a fait des remarques par écrit, que j'ai fort bien suivies. M. Vitart n'a jamais été si aise qu'après cette visite ; il me pensa confondre de reproches, à cause que je me plaignais de la longueur de M. Chapelain. Je voudrais que vous eussiez vu la chaleur et l'éloquence avec laquelle il me querella. Cela soit dit en passant.

Au sortir de chez M. Chapelain, il alla voir M. Perrault[1], contre notre dessein, comme vous savez. Il ne s'en put empêcher, et je n'en suis pas marri à présent. M. Perrault lui dit aussi de fort bonnes choses qu'il mit par écrit, et que j'ai encore toutes suivies, à une ou deux près, où je ne suivrais pas Apollon lui-même. C'est la comparaison de Vénus et de Mars, qu'il récuse à cause que Vénus est une prostituée. Mais vous savez que quand les poëtes parlent des dieux, ils les traitent en divinités, et par conséquent comme des êtres parfaits, n'ayant même jamais parlé de leurs crimes comme s'ils eussent été des crimes ; car aucun ne s'est avisé de reprocher à Jupiter et à Vénus leurs adultères ; et si cela était, il ne faudrait plus introduire les dieux dans la poésie, vu qu'à regarder leurs actions il n'y en a pas un

---

[1] Charles Perrault.

qui ne méritât d'être brûlé, si on leur faisait bonne justice.

Mais, en un mot, j'ai pour moi Malherbe, qui a comparé la reine Marie à Vénus, dans quatre vers aussi beaux qu'ils me sont avantageux, puisqu'il y parle des amours de Vénus :

> Telle n'est point la Cythérée
> Quand, d'un nouveau feu s'allumant,
> Elle sort pompeuse et parée
> Pour la conquête d'un amant.

Voilà ce qui regarde leur censure : je ne vous dirai rien de leur approbation, sinon que M. Perrault a dit que l'ode valait dix fois la comédie; et voici les paroles de M. Chapelain, que je vous rapporterai comme le texte de l'Évangile, sans y rien changer. Mais aussi *c'est M. Chapelain*, comme disait à chaque mot M. Vitart. « L'ode est fort belle, fort poétique,
» et il y a beaucoup de stances qui ne peuvent être mieux.
» Si l'on repasse le peu d'endroits que j'ai marqués, on en
» fera une fort belle pièce. » Il a tant pressé M. Vitart de lui en nommer l'auteur que M. Vitart veut à toute force me mener chez lui. Il veut qu'il me voie. Cette vue nuira bien sans doute à l'estime qu'il a pu concevoir de moi.

Ce qu'il y a eu de plus considérable à changer, ç'a été une stance entière, qui est celle des tritons. Il s'est trouvé que les tritons n'avaient jamais logé dans les fleuves, mais seulement dans la mer. Je les ai souhaités bien des fois noyés tous tant qu'ils sont, pour la peine qu'ils m'ont donnée. J'ai donc refait une autre stance. Mais, *poiché da tutti i latiho pieno il foglio*, adieu.

LETTRE V.

AU MÊME, A PARIS.

A Babylone [1], ce 27 janvier 1661.

Tout éloigné que je suis de Paris, je ne laisse pas de savoir tout ce qui s'y passe. Je sais l'état qu'on y fait de moi, et en quelle posture je suis près de vous et des autres. Je sais que M. l'Avocat me voulut venir voir hier, et que M. l'abbé ne voulut pas seulement ouïr cette proposition. En effet, vous étiez en trop belle compagnie pour la quitter, et ce n'est pas votre humeur de quitter les dames pour aller voir des prisonniers. Monsieur, Dieu vous garde jamais de l'être! Je jure par toutes les divinités qui président aux prisons (je crois qu'il n'y en a point d'autres que la Justice, ou Thémis, en termes de poëte); je jure donc par Thémis que je n'aurai jamais le moindre mouvement de pitié pour vous, et que je me changerai en pierre, comme Niobé, pour être aussi dur pour vous que vous l'avez été pour moi; au lieu que M. l'Avocat ne sera pas plutôt dans un des plus noirs cachots de la Bastille (car un homme de sa conséquence ne saurait jamais être prisonnier que d'État), il n'y sera pas plutôt, en vérité, que j'irai m'enfermer avec lui, et croyez que ma reconnaissance ira de pair avec mon ressentiment.

Vous vous attendez peut-être que je m'en vais vous dire que je m'ennuie beaucoup à Babylone, et que je vous dois réciter les lamentations que Jérémie y a autrefois composées.

---

[1] Il était alors au château de Chevreuse pour surveiller les constructions et payer les ouvriers. Il se regardait là comme dans l'exil et la captivité : c'est pourquoi il date de *Babylone*. (L. R.)

Mais je ne veux pas vous faire pitié, puisque vous n'en avez pas déjà eu pour moi. Je veux vous braver, au contraire, et vous montrer que je passe fort bien mon temps. Je vais au cabaret deux ou trois fois le jour[1]. Je commande à des maçons, à des vitriers, et à des menuisiers, qui m'obéissent assez exactement, et me demandent de quoi boire. Je suis dans la chambre d'un duc et pair : voilà pour ce qui regarde le faste; car, dans un quartier comme celui-ci, où il n'y a que des gueux, c'est grandeur que d'aller au cabaret. Tout le monde n'y peut aller.

J'ai des divertissements plus solides, quoiqu'ils paraissent moins. Je goûte tous les plaisirs de la vie solitaire. Je suis tout seul, et je n'entends pas le moindre bruit. Il est vrai que le vent en fait beaucoup, et même jusqu'à faire trembler la maison. Mais il y a un poëte qui dit :

« O quam jucundum est recubantem audire susurros
» Ventorum, et somnos, imbre juvante, sequi[2] ! »

Ainsi, si je voulais, je tirerais ce vent à mon avantage; mais je vous assure qu'il m'empêche de dormir toute la nuit, et je crois que le poëte voulait parler de ces zéphyrs flatteurs :

« Che debattendo l' ali
» Lusingano il sonno de' mortali[3]. »

Je lis des vers, je tâche d'en faire. Je lis les aventures de l'Arioste, et je ne suis pas moi-même sans aventures.

Une dame me prit hier pour un sergent. Je voudrais qu'elle fût aussi belle que Doralice; je lui aurais fait les offres que

---

[1] C'était l'usage d'aller alors au cabaret comme on va aujourd'hui au café. (L. R.)
[2] « Qu'il est doux d'entendre de son lit le murmure des vents, et de s'endormir au bruit de la pluie! » Imitation de Tibulle.
[1] « Qui, en battant des ailes, enchantent le sommeil des mortels. »

Mandricard fit à cette belle quand il congédia toute sa suite pour l'emmener.

> « Io mastro, io balia, io le sarò
> » Sergente in tutti i bisogni suoi [1]. »

Mais je ne me suis pas trouvé assez échauffé pour lui faire cette proposition. Voilà comme je passe mon temps à Babylone. Je ne vous prie plus d'y venir après cela. Il me semble que vous devez assez vous hâter pour prendre des divertissements de cette nature. Nous irons au cabaret ensemble : on vous prendra pour un commisaire, comme on me prend pour un sergent, et nous ferons trembler tout le quartier. Faites donc ce que vous voudrez; au moins ne faites rien par pitié, car je ne vous en demande pas le moins du monde. Pour M. l'Avocat, c'est une autre affaire; je lui écrirai par le premier messager, car voilà les maçons qui arrivent, et je suis obligé d'aller voir à ce qu'ils doivent faire. Je vous prie cependant de remercier M. l'Avocat, et de faire votre profit des reproches que je vous fais. S'il était de bonne grâce à un prisonnier de faire le galant, je vous supplierais de présenter à Mlle Lucrèce mes respects, et de lui témoigner que je suis son très-humble sergent et prisonnier. Elle le prendra en quel sens il lui plaira.

---

[1] « Dans tous les besoins, je serai son maître, sa nourrice, son sergent.

LETTRE VI.

AU MÊME, A BOURBON[1].

A Paris, le lendemain de l'Ascension, 27 mai 1661.

Vous avez beau dispenser vos faveurs le plus libéralement du monde, vous n'avez pas laissé de faire des malcontents. Mlles de Lacroix, Lucrèce, Madelon, Thiénon, Marie-Claude, et Vitart; MM. l'Avocat, d'Aigreville, du Binart, de Monvallet, Vitart, etc., se trouvent, à ce qu'on m'a dit, fort obligés à votre souvenir. Pour moi, je ne garde de m'en plaindre. Cependant cette grande foule de lettres ne vous a pas exempté des querelles que vous vouliez éviter en satisfaisant également tout le monde. En effet, il fallait pousser la galanterie jusqu'au bout, et contenter M. de la Charle aussi bien que les autres. Vous n'auriez pas sur les bras le plus dangereux ennemi du monde, ou plutôt nous-mêmes n'en serions pas accablés comme nous sommes. Il a été averti de tout ce qui se passait, et commença hier une harangue qui ne finira qu'avec sa vie, si vous n'y donnez ordre, et que vous ne lui fermiez la bouche par une grande lettre d'excuses, qui fasse le même effet que cette miche dont Énée ferma la triple gueule de Cerbère. Pour moi, dès que je le vis commencer, je n'attendis pas que l'exorde de la harangue fût fini; je crus que le seul parti que je devais prendre, c'était de m'enfuir en disant : *Monsieur a raison*, pour ne pas tomber dans cet inconvénient où me jeta autrefois le dur essai de sa meurtrière éloquence.

---

[1] Bourbon-les-Bains, près de Moulins.

J'étais à l'hôtel de Babylone quand M. l'Avocat y apporta vos lettres. Il y eut deux endroits dans celle de Mlle Vitart[1] qui produisirent deux effets assez plaisants. Le premier fut que Mlle Vitart, lisant que vous alliez prendre les eaux, ne put s'empêcher de crier comme si vous étiez déjà mort, et de dire que cela vous tuerait infailliblement. Elle dit cela avec chaleur, et M. Vitart s'en aperçut bien. Mais quand elle vint à lire que c'était pour l'aborder plus librement, etc.,

« S' attonito restasse e mal contento[2], »

vous n'en devez nullement douter. Il prit la lettre, et ayant cherché cet endroit, après s'être frotté les yeux,

« Tre volte e quattro e sei lesse lo scritto[3], »

et ayant regardé ensuite Mlle Vitart, il lui demanda,

« Con il ciglio fieramente inarcarto[4], »

ce que tout cela voulait dire. Ce fut à M. l'Avocat et à moi de nous taire, cependant, car nous ne trouvions point là le mot pour rire; Mlle Vitart tâcha de détourner la chose. Enfin elle fut obligée de lui dire quelque chose à l'oreille que nous n'entendîmes point. Cela le satisfit peut-être. Quoi qu'il en soit, il n'en dit plus mot, et se mit à parler d'autre chose.

Mais je fais réflexion que je ne vous parle point de votre poésie. J'ai tort, je l'avoue, et je devrais considérer qu'étant

---

[1] La femme de M. Vitart. Dans ce temps on qualifiait de *mademoiselle* toutes les femmes bourgeoises, à moins que le mari ne possédât une charge, ou n'exerçât une profession réputée noble.
[2] « S'il resta étonné et mécontent. »
[3] « Trois, quatre, et six fois, il lut l'écrit. »
[4] « Avec le sourcil fièrement baissé. »

devenu poëte, vous êtes devenu sans doute impatient. C'est une qualité inséparable des poëtes, aussi bien que des amoureux, qui veulent qu'on laisse toutes choses pour ne leur parler que de leur passion et de leurs ouvrages. Je ne vous parlerai point de votre amour : un homme aussi délicat que vous ne saurait manquer d'avoir fait un beau choix, et je suis persuadé que la belle mignonne de quatorze ans mérite les adorations de tous tant que nous sommes, puisque vous l'avez jugée digne des vôtres jusqu'à devenir poëte pour elle.

Cela me confirme de plus en plus que l'Amour est celui de tous les dieux qui sait mieux le chemin du Parnasse. Avec un si bon conducteur, vous n'avez garde de manquer d'y être bien reçu. D'ailleurs, les Muses vous connaissent déjà de réputation, et, sachant que vous étiez bien venu parmi toutes les dames, il ne faut point douter qu'elles ne vous aient fait le plus obligeant accueil du monde.

« Utque viro Phœbi chorus assurrexerit omnis [1]. »

Ils ne sont pas seulement amoureux ; la justesse y est tout entière. Néanmoins, si j'ose vous dire mon sentiment sur deux ou trois mots, celui de *radieux* est un peu trop antique pour un homme tout frais sorti du Parnasse : j'aurais tâché de mettre *impérieux* ou quelque autre mot. J'aurais aussi retranché ces deux vers, *Ainsi, si comme nous*, et le suivant, ou je leur aurais donné un sens, car il me semble qu'ils n'en ont point.

Vous m'accuserez peut-être de trop d'inhumanité de traiter si rudement les fils aînés de votre muse et de votre amour : je ne veux pas dire les fils uniques : la muse et l'amour n'en demeureront pas là ; mais au moins cela vous doit faire voir réciproquement que je n'ai rien de caché pour vous, et que ce

---

[1] Et comment toute la cour d'Apollon se leva devant lui. » (VIRG., *Eglog.* VI.)

n'est point par flatterie que je vous loue, puisque je prends la liberté de vous censurer. *Scito eum pessimé dicere, qui laudabitur maxime*[1]. En effet, quand une chose ne vaut rien, c'est alors qu'on la loue démesurément, et qu'on n'y trouve rien à redire, parce que tout y est également à blâmer. Il n'en est pas de même de vos vers[2], ils sont aussi naturels qu'on le peut désirer, et vous ne devez pas plaindre le sang qu'ils vous ont coûté.

Ne vous amusez pas pourtant à vous épuiser les veines pour continuer à faire des vers, si ce n'est qu'à l'exemple de la femme de Sénèque, vous ne vouliez témoigner la grandeur de votre amour, *ore ac membris in eum pallorem albentibus, ut ostentui esset multum vitalis spiritus egestum*[3]; mais je ne crois pas que les beaux yeux qui vous ont blessé soient si sanguinaires, et que ces marques de votre amour lui soient plus agréables qu'une santé forte et robuste, qui vous rendrait plus capable de la servir *in tutti i suoi bisogni*, comme *il gagliardo Mandricardo*[4]. Croyez que, si ce galant homme se fût amusé à perdre tout son sang pour Doralice, elle ne se fût pas levée le matin si gaie, et qu'elle n'eût pas remercié si fort ce bon berger *che nel suo albergo le avea fatto onore*[5], c'est-à-dire qui l'avait logée avec Mandricard. Mais l'heure me presse, et je dois songer que ma lettre est peut-être la quinze ou seizième de celles que vous en recevrez avec elle. Je suppose que vous aurez réponse de tous ceux à qui vous

---

[1] « Sachez que l'orateur que vous entendrez le plus louer sera celui qui parle le plus mal. »

[2] On voit, par plusieurs traits répandus dans ces lettres, que celui qui les écrivait était né railleur. (L. R.)

[3] « La pâleur extraordinaire répandue sur le visage, et sur tout le corps de cette vertueuse femme, attestait à tous les yeux, par cette blancheur livide, qu'une portion considérable des esprits nécessaires à la vie s'était écoulée avec son sang. » (TACIT., *Annal.*, lib. XV, cap. LXIV.)

[4] « Dans tous ses besoins, comme le vigoureux Mandricard. »

[5] « Qui l'avait reçue avec honneur dans sa cabane. » L'ARIOSTE, ch. XIV, st. 53.)

avez écrit. Je ne quittai hier au soir Mlle Lucrèce qu'après qu'elle se fut engagée de parole à le faire, et je lui exposai la commission que vous m'aviez donnée d'y tenir la main. Elle voulut me gagner afin que je ne lui fusse pas si sévère, mais je lui ai dit que j'étais trop ennemi des traîtres pour en devenir un, et qu'il fallait qu'elle vous écrivît ou qu'elle me vît toujours à ses talons pour la presser inexorablement de s'acquitter envers vous. Je me suis acquitté de même des autres commissions.

M. Duchesne est votre serviteur, et M. d'Houy est ivre, tant je lui ai fait boire de santés, et moi je suis tout à vous.

LETTRE VII.

AU MÊME.

A Paris, le 3 juin 1664.

M. l'Avocat vient d'apporter une de vos lettres, et il a bien voulu prendre cette peine, car il veut absolument que nous soyons réconciliés ensemble. Je gagne trop à cette réunion pour m'y opposer. Aussi bien, comme les choses imparfaites recherchent naturellement de se joindre avec les plus parfaites, je serais un monstre dans la nature, si, étant *creux* comme je suis, je refusais de me joindre et de m'attacher au *solide*, tandis que ce même solide tâche d'attirer à lui ce même creux.

« Quid, quoniam per se nequeat constare, necesse est
» Hærere [1]. »

[1] « Qui, parce qu'il ne peut avoir de consistance par lui-même, s'at-

C'est de Lucrèce qu'est cette maxime, et c'est de lui que j'ai appris qu'il fallait me réunir avec M. l'Avocat; et il faut bien que vous l'ayez lu aussi, car il me semble que la lettre que vous avez écrite à ce grand partisan du *solide* est toute pleine des maximes de mon auteur. Il dit comme vous qu'il ne faut pas que tout soit tellement *solide*, qu'il n'y ait un peu de *creux* parmi.

« Nec tamen undique corporea stipata tenentur
» Omnia natura; namque est in rebus inane[1]. »

Mais sortons de cette matière, qui elle-même est trop *solide*, et mêlons-y un peu de notre *creux*.

Avouez, Monsieur, que vous êtes pris, et que vous laisserez votre pauvre cœur à Bourbon. Je vois bien que ces eaux ont la même force que ces fameuses eaux de Bayes; c'est un lac célèbre en Italie, quand il ne le serait que par les louanges d'Horace et des autres poëtes latins. On y allait en ce temps, et peut-être y va-t-on comme vos semblables vont à Bourbon et à Forges. Ces eaux sont aussi chaudes que les vôtres, et il y a un auteur qui en rapporte une plaisante raison. Je voudrais, pour votre satisfaction, que cet auteur fût italien ou espagnol; mais la destinée a voulu encore que celui-ci fût latin. Il parle donc du lac de Bayes, et voici ce qu'il en dit à peu près :

> C'est là qu'avec le dieu d'amour
> Vénus se promenait un jour.
> Enfin, se trouvant un peu lasse,
> Elle s'assit sur le gazon,

tache nécessairement à quelque chose. » Racine a altéré ce vers, afin de le lier à sa phrase. Voici le vers de Lucrèce :

« Quæ, quoniam per se nequeunt constare, necesse est
« Hærere. » (Lib. I.)

[1] « Et cependant tous les êtres ne se tiennent pas unis étroitement ensemble par une chaîne matérielle, car il y a du vide dans la nature. » (Luc., lib. I.)

Et voulut aussitôt faire seoir Cupidon ;
　　Mais ce mauvais petit garçon,
　　Qui ne peut se tenir en place,
　　Lui répondit : « Çà, Votre Grâce,
　　Je ne suis point las comme vous. »
　　Vénus, se mettant en courroux,
Lui dit : « Petit fripon, vous aurez sur la joue. »
　　Tout en faisant un peu la moue
　　Il fallut bien qu'il filât doux,
　　Et vint s'asseoir à ses genoux.
　　Cependant tous ses petits frères,
　　Les amours qu'on nomme vulgaires,
　　Peuple qu'on ne saurait nombrer,
　　Passaient le temps à folâtrer.

Ce serait le perdre à crédit que m'amuser à vous faire le détail de tous leurs jeux : vous vous imaginez bien quels peuvent être les passe-temps d'une troupe d'enfants qui sont abandonnés à leurs caprices.

　　Vous jugez bien aussi que les Jeux et les Ris,
　　　　Dont Vénus fait ses favoris,
　　　　Et qui gouvernent son empire,
　　Ne manquaient pas de jouer et de rire.

J'avais vu l'épitaphe de *la bella Monbason* dans le *Recueil des poésies choisies*, et je vous l'avais même dite par cœur, il y a longtemps, non pas en italien, mais en français. Et pour le distique du statuaire (il y a le mot de *pictor* dans le latin), il mériterait assurément une bonne place dans le *Recueil des épigrammes*, si on n'y avait eu plus d'égard aux pointes qu'aux beaux sentiments.

Voilà un billet d'une assez belle longueur, ce me semble, Si M. l'Avocat le voyait, il ne pourrait s'empêcher de se pendre, et la rage qu'il aurait de voir tant de *creux* le porterait sans doute à quelque résolution violente. C'est pourquoi je lui veux épargner cette peine, en lui évitant celle de vous envoyer ma lettre. Aussi bien est-il chez M. de Villers.

LETTRE VIII.

AU MÊME, A BOURBON.

(FRAGMENT.)

Juin 1661.

... Quant à cet enfant dont vous me demandez des nouvelles, et que vous voudriez déjà entendre parler en beau langage, songez donc que j'ai voulu, avant tout, pourvoir à son établissement; que j'ai fait un beau plan de tout ce qu'il doit faire, et que, ses actions étant bien réglées, il lui sera aisé après cela de dire de belles choses; car M. l'Avocat me le disait encore ce matin en me donnant votre lettre : il faut du *solide,* et un honnête homme ne doit faire le métier de poëte que quand il a fait un bon fondement pour toute sa vie, et qu'il se peut dire honnête homme à juste titre. C'est donc l'avis que j'ai donné à Ovide, ou, pour parler plus humainement (car ce langage sent un peu trop le poëte), j'ai fait, refait, et mis enfin dans sa perfection tout mon dessein. J'y ai fait entrer tout ce que m'avait marqué Mlle de Beauchâteau, que j'appelle la seconde Julie d'Ovide dans la lettre que je lui ai écrite hier par M. Armand, qui va à la cour; et quand vous verrez ce dessein, il vous sera malaisé de le reconnaître. Avec cela j'ai lu et marqué tous les ouvrages de mon héros, et j'ai commencé même quelques vers. Voilà l'état où en est cette affaire. Au reste, je regrette si peu le temps que j'ai employé pour ce dessein, que je n'y aurais pas plaint encore quinze autres jours. M. Vitart, qui considère cette entreprise du même œil que celle de l'année passée, croit que le premier acte est fait pour le moins, et m'accuse d'être réservé avec lui; mais je crois que vous me serez plus juste. Il reçut hier une nouvelle qui lui est bien plus sensible que cette affaire, comme elle le doit être en effet, et comme elle me l'est à moi-même. C'est qu'il a appris que mon cousin son frère est à Hesdin, frais et gaillard, portant le mousquet dans cette garnison aussi gaiement que le peut faire Laprairie ou Laverdure. Je ne vous en puis mander d'autres particularités, parce que je ne sais cette nouvelle que par M. l'Avocat, qui l'apprit hier de M. Vitart, et vous savez que M. l'Avocat est toujours au-dessus des petites circonstances dont nous autres hommes sommes plus curieux : aussi avons-nous plus de pente pour le *creux* et la *bagatelle*. Je vous en instruirai plus au long dans ma première lettre, à moins que M. Vitart ne me prévienne. Je vais dès cette après-dînée en féliciter madame notre sainte tante[1], qui se croyait incapable d'aucune joie depuis la perte de son saint père[2], ou, comme disait M. Gomberville[3], de son futur époux. En effet, il n'est plus dessus le trône de saint Augustin; et il a évité, par une sage retraite, le déplaisir de recevoir une lettre de cachet, par laquelle on l'envoyait à Quimper. Le siége n'a pas été vacant bien longtemps. La cour, sans avoir consulté le Saint-Esprit, à ce qu'ils disent, y a élevé M. Bail, sous-pénitencier et ancien confrère du bailli[4] dans la société des bourses des Cholets. Vous le connaissez sans doute, et peut-être est-il de vos amis? Tout le consistoire a fait schisme à la création de ce nouveau pape, et ils se sont retirés de côté et d'autre, ne laissant pas de se gouverner toujours par les monitoires de M. Singlin, qui n'est plus considéré que comme un antipape. *Percutiam pastorem, et dispergentur oves gre-*

---

[1] Mme Vitart, mère de M. Vitart.
[2] Antoine Singlin, directeur de Port-Royal des champs.
[3] Marin Leroy de Gomberville, de l'Académie française, ami des solitaires de Port-Royal.
[4] Le bailli de Chevreuse.

gis[1] Cette prophétie n'a jamais été plus parfaitement accomplie, et de tout ce grand nombre de solitaires, à peine reste-t-il M. Guays et maître Maurice.

LETTRE IX.

A M. VITART, A PARIS.

A Uzès, le 15 novembre 1661.

Il y a aujourd'hui huit jours que je partis du Pont-Saint-Esprit, et que je vins à Uzès, où je fus reçu de mon oncle[2] avec toute sorte d'amitiés. Il ne m'attendait que deux jours après, parce que mon oncle Sconin lui avait mandé que je partirais plus tard que je n'ai fait; sans cela il eût envoyé au Saint-Esprit son garçon et son cheval. Il m'a donné une chambre auprès de lui, et il prétend que je le soulagerai un peu dans le grand nombre de ses affaires. Je vous assure qu'il en a beaucoup. Non-seulement il fait toutes celles du diocèse, mais il a même l'administration de tous les revenus du chapitre, jusqu'à ce qu'il ait payé 80,000 livres de dettes où le chapitre s'est engagé. Il s'y entend tout à fait, et il n'y a point de dom Cosme[3] dans son affaire. Avec tout cet embarras, il a encore celui de faire bâtir; car il fait achever une fort jolie maison qu'il a commencée, il y a un an ou deux, à un bénéfice qui est à lui à une demi-lieue

---

[1] « Je frapperai le pasteur, et les brebis du troupeau seront dispersées. » (S. Matth., cap. xxvi, v. 31.)

[2] Le P. Sconin, chanoine régulier de Sainte-Geneviève, chanoine de la cathédrale, official, et grand vicaire d'Uzès.

[3] Dom Cosme Sconin, religieux bénédictin, frère de celui dont nous venons de parler, et, comme lui, oncle de Racine.

d'Uzès. J'en reviens encore tout présentement. Elle est toute faite déjà; il n'y a plus que le jardin à défricher. C'est la plus régulière et la plus agréable de tout Uzès. Elle est tantôt toute meublée, mais il lui en a coûté de l'argent pour la mettre en cet état; c'est pourquoi il ne faut pas demander à quoi il a employé ses revenus. Il est fort fâché de ce que je n'ai point apporté de démissoire; mais c'est la faute de M. Sconin. Je l'ai pressé le plus que j'ai pu pour cela, et lui-même lui en écrit; mais j'appréhende furieusement sa longueur. Il m'aurait déjà mené à Avignon pour y prendre la tonsure, et la raison de cela est que le premier bénéfice qui viendra à vaquer dans le chapitre est à sa nomination. L'évêque a nommé, et le prévôt aussi; c'est maintenant son tour. Quand ce temps-là viendra, je vous en manderai des nouvelles. Si vous pouviez me faire avoir un démissoire, vous m'obligeriez infiniment. M. le prieur de la Ferté vous donnera aisément mon extrait baptistaire, et vous n'auriez qu'à l'envoyer à quelqu'un de votre connaissance à Soissons; on aurait le démissoire aussitôt. Mais ce sera quand vous y pourrez songer sans vous détourner le moins du monde. Au reste, nous ne laisserons pas d'aller à Avignon quelqu'un de ces jours; car mon oncle veut m'acheter des livres, et il veut que j'étudie. Je ne demande pas mieux, et je vous assure que je n'ai pas encore eu la curiosité de voir la ville d'Uzès, ni quelque personne que ce soit. Il est bien aise que j'apprenne un peu de théologie dans saint Thomas, et j'en suis tombé d'accord fort volontiers. Enfin, je m'accorde le plus aisément du monde à tout ce qu'il veut; il est d'un naturel fort doux, et il me témoigne toutes les tendresses possibles.

Il reconnaît bien que son affaire d'Anjou a été fort mal conduite; mais il espère que M. d'Uzès raccommodera tout. En effet, il lui a mandé qu'il le ferait. Il me demande tous les jours mon *Ode de la paix*, car il a donné à M. l'évêque celle que je lui envoyai; et non-seulement lui, mais même tous les chanoines m'en demandent, et le prévôt surtout.

Ce prévôt est le doyen du chapitre ; il est âgé de soixante et quinze ans, et le plus honnête homme du monde. Enfin, c'est le seul que mon oncle m'a bien recommandé d'aller voir ; ils sont grands amis. Son bénéfice vaut 5,000 livres de rente ; il est des anciens, et il n'est pas réformé. Il a beaucoup d'esprit et d'étude. Ainsi si vous avez encore quelque ode, je vous prie d'en faire bien couper toutes les marges, et de me l'envoyer ; j'avais négligé d'en apporter. On me fait ici force caresses à cause de mon oncle ; il n'y a pas un curé ni un maître d'école qui ne m'ait fait le compliment gaillard, auquel je ne saurais répondre que par des révérences ; car je n'entends pas le français de ce pays-ci, et on n'y entend pas le mien ; ainsi je tire le pied fort humblement ; et je dis, quand tout est fait : *Adiousias*. Je suis marri pourtant de ne les point entendre ; car, si je continue à ne leur point répondre, j'aurai bientôt la réputation d'un incivil ou d'un homme non lettré. Je suis perdu si cela est ; car en ce pays les civilités sont encore plus en usage qu'en Italie. Je suis épouvanté tous les jours de voir des villageois, pieds nus ou ensabotés (ce mot doit bien passer, puisque *encapuchonné* a passé), qui font des révérences comme s'ils avaient appris à danser toute leur vie. Outre cela, ils causent des mieux, et pour moi j'espère que l'air du pays me va raffiner de moitié ; car je vous assure qu'on y est fin et délié plus qu'en aucun lieu du monde. Tous les arbres sont encore aussi verts qu'au mois de juin, et aujourd'hui que je suis sorti à la campagne, je vous proteste que la chaleur m'a tout à fait incommodé ; jugez ce que ce peut être en été. Je n'ai plus de papier que pour assurer Mlle Vitart de mes très-humbles respects, et souhaiter à vos deux infantes tout ce que les poëtes s'en vont prédire de biens au dauphin.

J'oubliais à vous prier d'adresser mes lettres à M. Symil, chirurgien à Uzès, et en dedans à mon illustre personne chez le R. P. Sconin, vicaire général et official de M. d'Uzès.

Je salue M. d'Houy de tout mon cœur, et le prie d'avoir quelque peu de soin de mes livres, dont je plains fort la destinée s'il ne s'en mêle un peu ; car je serais honteux de vous en parler dans la multitude de vos affaires. Excusez même si j'ai fait cette lettre si longue. J'ai cru qu'il fallait vous instruire une fois en gros de tout ce qui se passe ici ; une autre fois j'abuserai moins de votre loisir.

LETTRE X.

A M. L'ABBÉ LE VASSEUR, A PARIS.

(FRAGMENT.)

Uzès, le 15 novembre 1661.

.....Si vous prenez la peine de m'écrire, je vous prie, ou de donner vos lettres à M. Vitart, ou de me les adresser chez le P. Sconin, vicaire général, etc., avec une enveloppe adressante à M. Symil. On m'a dit d'user de ces précautions pour la sûreté des lettres qu'on m'enverra de Paris. Je vous prie de me mander des nouvelles de nos anciennes connaissances, et de m'instruire un peu de ce qui se passe de beau dans Paris, et moi je prendrai le soin de vous mander ce qui se passera dans le Languedoc. Nous savons la naissance du dauphin[1] ; c'est pourquoi je vous exempte de me l'apprendre. J'aurais peut-être chanté quelque chose de nouveau sur cette matière si j'eusse été à Paris ; mais ici je n'ai pu chanter rien que le *Te Deum*, qu'on chanta hier ici en grande cérémonie. Mandez-moi, s'il vous plaît, qui aura le mieux réussi de tous les chantres du Parnasse. Je ne doute

---

[1] Né le 1er novembre 1661.

pas qu'ils n'emploient tout le crédit qu'ils ont auprès des Muses, pour en recevoir de belles et magnifiques inspirations. Si elles continuent à vous favoriser comme elles avaient commencé à Bourbon, faites quelque chose et envoyez-moi tout ce que vous aurez fait.

« Incipe, si quid habes, et te fecere poetam
» Pierides [1]. »

LETTRE XI.

AU MÊME, A PARIS.

A Uzès, le 24 novembre 1661.

Je ne me plains pas encore de vous, car je crois bien que c'est tout au plus si vous avez maintenant reçu ma première lettre; mais je ne vous réponds pas que, dans huit jours, je ne commence à gronder si je ne reçois point de vos nouvelles. Épargnez-moi donc cette peine, je vous supplie, et épargnez-vous à vous-même de grosses injures que je pourrais bien vous dire dans ma mauvaise humeur : *Nam contemptus amor vires habet* [2].

J'ai été à Nîmes, et il faut que je vous en entretienne. Le chemin d'ici à Nîmes est plus diabolique mille fois que celui des Diables à Nevers, et la rue d'Enfer, et tels autres chemins réprouvés; mais la ville est aussi belle et aussi *polide*,

---

[1] « Commencez si vous sentez l'inspiration; et vous aussi, les muses vous ont fait poëte. » (VIRG., *Égl.* IV.)
[2] « Car l'amour méprisé a des forces. »

comme on dit ici, qu'il y en ait dans le royaume. Il n'y a point de divertissements qui ne s'y trouvent :

> « Suoni, canti, vestir, giuochi, vivande,
> » Quanto può cor pensar, può chieder bocca [1]. »

J'allai voir le feu de joie qu'un homme de ma connaissance avait entrepris. Les jésuites avaient fourni les devises qui ne valaient rien du tout : ôtez cela, tout allait bien. Mais je n'y ai pas pris assez bien garde pour vous en faire le détail; j'étais détourné par d'autres spectacles : il y avait tout autour de moi des visages qu'on voyait à la lueur des fusées, et dont vous auriez bien eu autant de peine à vous défendre que j'en avais. Il n'y en avait pas une à qui vous n'eussiez bien voulu dire ce compliment d'un galant du temps de Néron : *Ne fastidias hominem peregrinum inter cultores tuos admittere : invenies religiosum, si te adorari permiseris* [2]. Mais pour moi, je n'avais garde d'y penser, je ne les regardais pas même en sûreté; j'étais en la compagnie d'un révérend père de ce chapitre, qui n'aimait point fort à rire :

> « E parea più ch' alcun fosse mai stato
> » Di conscienza scrupulosa e eschiva [3]. »

Il fallait être sage avec lui, ou du moins le faire. Voilà ce que vous auriez trouvé de beau dans Nîmes; mais j'y trouvai encore d'autres choses qui me plurent fort, surtout les arènes.

C'est un grand amphithéâtre un peu ovale, tout bâti de

---

[1] « Musique, chants, toilette, jeux, festins, autant que l'esprit peut en imaginer, que la bouche peut en demander. »

[2] « Ne dédaignez pas les hommages d'un étranger : vous le trouverez prêt à vous rendre un culte religieux, si vous lui permettez de vous adorer. » (PÉTRONE.)

[3] « Et paraissait, plus que personne, d'une conscience scrupuleuse et timorée. »

prodigieuses pierres, longues de deux toises, qui se tiennent là, depuis plus de seize cents ans, sans mortier et par leur seule pesanteur. Il est tout ouvert en dehors par de grandes arcades, et en dedans ce ne sont autour que de grands siéges où tout le peuple s'asseyait pour voir les combats des bêtes et des gladiateurs. Mais c'est assez vous parler de Nîmes et de ses raretés; peut-être même trouverez-vous que j'en ai trop dit. Mais de quoi voulez-vous que je vous entretienne? De vous dire qu'il fait ici le plus beau temps du monde, vous ne vous en mettez guère en peine; de vous dire qu'on doit cette semaine créer des consuls ou *conses*, comme on dit, cela vous touche fort peu. Cependant c'est une belle chose de voir le compère cardeur et le menuisier gaillard avec la robe rouge, comme un président, donner des arrêts, et aller les premiers à l'offrande. Vous ne voyez pas cela à Paris.

A propos de consuls, il faut que je vous parle d'un échevin de Lyon qui doit l'emporter sur les plus fameux *quolibétiers* du monde. Je l'allai voir pour avoir un billet de sortie, car sans billet les chaînes du Rhône ne se lèvent point. Il me fit mes dépêches fort gravement; et après, quittant un peu cette gravité magistrale qu'on doit garder en donnant de telles ordonnances, il me demanda : *Quid novi?* « Que dit-on de l'affaire d'Angleterre? » Je répondis qu'on ne savait pas encore à quoi le roi se résoudrait. « A faire la guerre, dit-il; car il n'est pas parent du P. Souffren[1]. » Je fis bien paraître que je ne l'étais pas non plus; je lui fis la révérence, et le regardai avec un froid qui montrait bien la rage où j'étais de voir un grand quolibétier impuni. Je n'ai pas voulu en enrager tout seul; j'ai voulu que vous me tinssiez compagnie, et c'est pourquoi je vous fais part de cette marauderie. Enragez donc; et, si vous ne trouvez point

---

[1] Le P. Suffren, jésuite, confesseur de Louis XIII, dont le nom se prononçait comme *souffrant*.

de termes asez forts pour faire des imprécations, dites avec l'*emphatiste* Brébœuf :

> A qui, dieux tout-puissants, qui gouvernez la terre,
> A qui réservez-vous les éclats du tonnerre?

Si vous ne vous hâtez de m'écrire, je vous ferai enrager encore par de semblables nouvelles. Écrivez-moi donc si vous m'en croyez, et faites de ma part à Mlle Lucrèce le compliment latin dont je vous ai parlé, mais que ce soit en beau français.

LETTRE XII.

AU MÊME, A PARIS.

A Uzès, le 26 décembre 1661.

Dieu merci, voici de vos lettres! Que vous en êtes devenu grand ménager! J'ai vu que vous étiez libéral; et il ne se passait guère de semaines, lorsque vous étiez à Bourbon, que vous ne m'écrivissiez une fois ou deux, et non-seulement à moi, mais à des gens à qui vous n'aviez presque jamais parlé, tant les lettres vous coûtaient peu. Maintenant elles sont plus clair-semées, et c'est beaucoup d'en recevoir une en deux mois. J'étais très en peine de ce changement, et j'enrageais de voir qu'une si belle amitié se fût ainsi évanouie : *en dextra fidesque*[1] ! m'écriais-je,

« E 'l cor pien di sospir' parea un Mongibello[2], »

lorsque heureusement votre lettre m'est venue tirer de toutes

---

[1] « Sont-ce là les serments et la foi jurée? » (*Æn.*, l. IV.)
[2] « Et mon cœur, plein de soupirs, paraissait un Etna. »

ces inquiétudes, et m'a appris que la raison pourquoi vous ne m'écriviez pas, c'est que mes lettres étaient trop belles. Qu'à cela ne tienne, Monsieur : il me sera fort aisé d'y remédier ; et il m'est si naturel de faire de méchantes lettres, que j'espère, avec la grâce de Dieu, venir bientôt à bout de n'en faire pas de trop belles. Vous n'aurez pas sujet de vous plaindre à l'avenir, et j'attends dès à présent des réponses par tous les ordinaires. Mais parlons plus sérieusement : avouez que tout au contraire vous croyez les vôtres trop belles pour être si facilement communiquées à de pauvres provinciaux comme nous. Vous avez raison sans doute, et c'est ce qui me fâche le plus ; car il ne vous est pas aisé, comme à moi, de faire de mauvaises lettres, et ainsi je suis fort en danger de n'en guère recevoir.

Après tout, si vous saviez la manière dont je les reçois, vous verriez qu'elles ne sont point profanées pour tomber entre mes mains ; car, outre que je les reçois avec toute la vénération que méritent les belles choses, c'est qu'elles ne me demeurent pas longtemps, et elles ont le vice dont vous accusez les miennes injustement, qui est de courir les rues, et vous diriez qu'en venant en Languedoc elles se veulent accommoder à l'air du pays ; elles se communiquent à tout le monde, et ne craignent point la médisance : aussi savent-elles bien qu'elles en sont à couvert ; chacun les veut voir, et on ne les lit pas tant pour apprendre des nouvelles que pour voir la façon dont vous les savez débiter.

Continuez donc, s'il vous plaît, ou plutôt commencez tout de bon à m'écrire, quand ce ne serait que par charité. Je suis en danger d'oublier bientôt le peu de français que je sais ; je le désapprends tous les jours, et je ne parle tantôt plus que le langage de ce pays, qui est aussi peu français que le bas-breton[1].

---

[1] Ces plaintes, l'exactitude de l'orthographe de ces lettres écrites à la hâte, les coups de crayon qu'on trouve de lui sur les remarques et le

« Ipse mihi videor jam dedidicisse latine,
» Nam didici getice, sarmaticeque loqui [1]. »

J'ai cru qu'Ovide vous faisait pitié quand vous songiez qu'un si galant homme que lui était obligé à parler scythe lorsqu'il était relégué parmi ces barbares, cependant il s'en faut beaucoup qu'il fût si à plaindre que moi. Ovide possédait si bien toute l'élégance romaine, qu'il ne la pouvait jamais oublier ; et, quand il serait revenu à Rome après un exil de vingt années, il aurait toujours fait taire les plus beaux esprits de la cour d'Auguste : au lieu que, n'ayant qu'une petite teinture du bon français, je suis en danger de tout perdre en moins de six mois, et de n'être plus intelligible si je reviens jamais à Paris. Quel plaisir aurez-vous quand je serai devenu le plus grand paysan du monde? Vous ferez bien mieux de m'entretenir un peu dans le langage qu'on parle à Paris : vos lettres me tiendront lieu de livre et d'académie.

Mais à propos d'académie, que le pauvre Pélisson est à plaindre, et que la Conciergerie est un méchant poste pour un bel esprit! Tous les beaux esprits du monde ne devraient-ils pas faire une solennelle députation au roi pour demander sa grâce? Les Muses elles-mêmes ne devraient-elles pas se rendre visibles afin de solliciter pour lui?

« Nec vos, Pierides, nec stirps Latonia, vestro
» Docta sacerdoti turba tulistis opem [2]! »

Mais on voit peu de gens que la protection des Muses ait

Quinte-Curce de Vaugelas, prouvent combien il avait à cœur de bien posséder la langue française. (L. R.)

[1] « Il me semble que je ne sais plus le latin, depuis que j'ai appris le gète et le sarmate. » (Ovid., *Trist.*, lib. V, eleg. xii.)

[2] « Ni vous, Muses, ni vous, fils de Latone, divinités des arts et des savants, n'avez pas porté secours à votre prêtre. » (Ovid., *Trist.*, l, III, eleg. ii.)

sauvés des mains de la justice : il eût mieux valu pour lui qu'il ne se fût jamais mêlé que de belles choses, et la condition de roitelet en laquelle il s'était métamorphosé lui eût été bien plus avantageuse que celle de financier. Cela doit apprendre à M. l'Avocat[1] que le solide n'est pas toujours le plus sûr, puisque M. Pélisson ne s'est perdu que pour l'avoir préféré au creux; et sans mentir, quoiqu'il fasse bien creux sur le Parnasse, on y est pourtant plus à son aise que dans la Conciergerie, et il n'y a point de plaisir d'avoir place dans les histoires tragiques, dussent-elles être écrites de la main de M. Pélisson lui-même.

Je salue M. l'Avocat, et je diffère de lui écrire afin de laisser un peu passer ce reste de mauvaise humeur que sa maladie lui a laissé, et qui lui ferait peut-être maltraiter les lettres que je lui enverrais. Il n'y a point de plaisir d'écrire à des gens qui sont encore dans les remèdes, et c'est trop exposer des lettres. Je salue très-humblement toute votre maison, où est compris l'illustre M. Botreau ; *ipsa ante alias pulcherrima Dido*[2] ; vous savez de qui j'entends parler. J'écrirai à Mlle Vitart, et j'avais dessein de lui écrire bien devant que d'avoir reçu votre lettre. Je vous prie de me remettre dans ses bonnes grâces si je suis si malheureux que de les avoir perdues, sinon je vous prie de m'y entretenir toujours, et de penser un peu à mes affaires en faisant les vôtres ; surtout *scribe et vale*[3]. Mandez-moi des nouvelles de tout, et entre autres d'un petit mémoire que j'envoyai pour la gazette il y a huit jours.

---

[1] Il en veut toujours à ce M. l'Avocat, qui avait sans cesse à la bouche le mot de *creux*. (L. R.)

[2] « Et avant toutes les autres, Didon la plus belle. »

[3] « Écrivez-moi, et portez-vous bien. »

LETTRE XIII.

A MADEMOISELLE VITART, A PARIS.

A Uzès, le 26 décembre 1661.

Je pensais bien me donner l'honneur de vous écrire il y a huit jours, mais il me fut impossible de le faire; je ne sais pas même si j'en pourrai venir à bout aujourd'hui. Vous saurez, s'il vous plaît, que ce n'est pas à présent une petite affaire pour moi que de vous écrire. Il a été un temps que je le faisais assez aisément, et il ne me fallait pas beaucoup de temps pour faire une lettre assez passable. Mais ce temps-là est passé pour moi ; il me faut suer sang et eau pour faire quelque chose qui mérite de vous l'adresser; encore sera-ce un grand hasard si j'y réussis. La raison de cela est que je suis un peu plus éloigné de vous que je n'étais lors. Quand je songeais seulement que je n'étais qu'à 14 ou 15 lieues de vous, cela me mettait en train, et c'était bien autre chose quand je vous voyais en personne; c'était alors que les paroles ne me coûtaient rien, et que je causais d'assez bon cœur; au lieu qu'aujourd'hui je ne vous vois qu'en idée; et, quoique je songe assez fortement à vous, je ne saurais pourtant empêcher qu'il n'y ait 150 lieues entre vous et votre idée. Ainsi il m'est un peu plus difficile de m'échauffer, et, quand mes lettres seraient assez heureuses pour vous plaire, que me sert cela ? J'aimerais mieux recevoir un soufflet ou un coup de poing de vous, comme cela m'était assez ordinaire, qu'un grand merci qui viendrait de si loin. Après tout, il faut vous écrire, et il en faut revenir là. Mais que vous mander? Sans mentir, je n'en sais rien pour le présent. Faites-moi une grâce, donnez-moi temps jusqu'au premier ordinaire pour y songer, et je vous promets de faire merveille; j'y travaillerais plutôt jour et nuit, aussi bien n'ai-je plus qu'un demi-quart d'heure à moi, et vous-même avez maintenant bien d'autres affaires. Vous n'avez pas à déloger seulement, comme on m'a mandé, mais vous avez même à préparer les logis au Saint-Esprit[1], qui doit venir dans huit jours à l'hôtel de Luynes. Travaillez donc à le recevoir comme il mérite, et moi je travaillerai à vous écrire comme vous méritez. Comme ce n'est pas une petite entreprise, vous trouverez bon que je m'y prépare avec un peu de loisir. Cependant je souhaite que tout le monde se porte bien chez vous; que vos deux infantes vous ressemblent, et que vous ne soyez point en colère contre moi de ce que j'ai tant tardé à m'acquitter de ce que je vous dois. C'est bien assez que je sois si loin de votre présence, sans me bannir encore de votre esprit. Ainsi soit-il.

Je n'écris pas à mon cousin, car on m'a mandé qu'il était à la campagne, et puis c'est lui écrire que de vous écrire.

LETTRE XIV.

A M. VITART, A PARIS.

A Uzès, le 17 janvier 1662.

Les plus beaux jours que vous donne le printemps ne valent pas ceux que l'hiver nous laisse ici, et jamais le mois

---

[1] Louis-Charles Albert, duc de Luynes, créé chevalier de l'ordre à la promotion de 1661.

de mai ne vous paraît si agréable que l'est pour nous le mois de janvier.

> Le soleil est toujours riant,
> Depuis qu'il part de l'orient
> Pour venir éclairer le monde,
> Jusqu'à ce que son char soit descendu dans l'onde.
> La vapeur des brouillards ne voile point les cieux;
> Tous les matins, un vent officieux
> En écarte toutes les nues :
> Ainsi nos jours ne sont jamais couverts;
> Et dans le plus fort des hivers,
> Nos campagnes sont revêtues
> De fleurs et d'arbres toujours verts.
>
> Les ruisseaux respectent leurs rives,
> Et leurs naïades fugitives,
> Sans sortir de leur lit natal,
> Errent paisiblement, et ne sont point captives
> Sous une prison de cristal.
> Tous nos oiseaux chantent à l'ordinaire;
> Leurs gosiers n'étant point glacés,
> Et n'étant pas forcés
> De se cacher ou de se taire,
> Ils font l'amour en liberté
> L'hiver comme l'été.
>
> Enfin, lorsque la nuit a déployé ses voiles,
> La lune, au visage changeant,
> Paraît sur un trône d'argent,
> Et tient cercle avec les étoiles.
> Le ciel est toujours clair tant que dure son cours,
> Et nous avons des nuits plus belles que vos jours.

24 janvier 1662.

J'ai fait une assez longue pause en cet endroit, parce que, lorsque j'écrivais ces vers, il y a huit jours, la chaleur de la poésie m'emporta si loin que je ne m'aperçus pas qu'il était trop tard pour porter mes lettres à la poste. Je commence aujourd'hui 24 janvier; mais il est arrivé un assez plaisant changement : car, en relisant mes vers, je reconnais qu'il n'y en a pas un de vrai; il ne cesse de pleuvoir depuis trois jours, et l'on dirait que le temps a juré de me faire mentir. J'aurais autant de sujet de faire une description du mauvais temps comme j'en ai fait une du beau; mais j'ai peur que je ne m'engage encore si avant, que je ne puisse achever cette lettre que dans huit jours, auquel temps peut-être le ciel se sera remis au beau. Je n'aurais jamais fait; cela m'apprend que cette maxime est bien vraie : *la vita al fin, il di loda la sera*[1].

Cette ville est la plus maudite ville du monde. Ils ne travaillent à une autre chose qu'à se tuer tous tant qu'ils sont, ou à se faire pendre. Il y a toujours ici des commissaires; cela est cause que je n'y veux faire aucune connaissance, puisqu'en faisant un ami je m'attirerais cent ennemis. Ce n'est pas qu'on ne m'ait pressé plusieurs fois, et qu'on ne me soit venu solliciter, moi indigne, de venir dans les compagnies; car on a trouvé mon ode chez une dame de la ville, et on est venu me saluer comme auteur; mais tout cela ne sert de rien, *mens immota manet*[2]. Je n'aurais jamais cru être capable d'une si grande solitude, et vous-même n'aviez jamais tant espéré de ma vertu.

Je passe tout le temps avec mon oncle, avec saint Thomas et Virgile; je fais force extraits de théologie, et quelques-uns de poésie : voilà comme je passe le temps, et je ne m'ennuie pas, surtout quand j'ai reçu quelque lettre de vous; elle me sert de compagnie pendant deux jours.

Mon oncle a toutes sortes de bons desseins pour moi; mais il n'en a point encore d'assuré, parce que les affaires du chapitre sont encore incertaines. J'attends toujours un

---

[1] « Pour louer la vie et la journée, attends la fin de l'une et le soir de l'autre. »

[2] « Mon âme reste inébranlable. » *(Æneid.*, lib. IV.)

démissoire. Cependant il m'a fait habiller de noir depuis les pieds jusqu'à la tête. La mode de ce pays est de porter un drap d'Espagne qui est fort beau, et qui coûte 23 livres. Il m'en a fait faire un habit; j'ai maintenant la mine d'un des meilleurs bourgeois de la ville. Il attend toujours l'occasion de me pourvoir de quelque chose, et ce sera alors que je tâcherai de payer une partie de mes dettes si je puis; car je ne puis rien faire avant ce temps. Je me remets devant les yeux toutes les importunités que vous avez reçues de moi; j'en rougis à l'heure que je vous parle : *erubuit puer, salva res est*[1]. Mais mes affaires n'en vont pas mieux, et cette sentence est bien fausse, si ce n'est que vous vouliez prendre cette rougeur pour reconnaissance de tout ce que je vous dois, dont je me souviendrai toute ma vie.

LETTRE XV.

A MADEMOISELLE VITART, A PARIS.

A Uzès, le 24 janvier 1662.

Ce billet n'est qu'une continuation de promesses et une nouvelle obligation. Je m'étais engagé de vous écrire une lettre raisonnable; et après quinze jours d'intervalle je suis si malheureux que de n'y pouvoir satisfaire encore aujourd'hui, et je suis obligé de remettre à un autre jour. Toutes ces remises ne sont pour moi qu'un surcroît de dettes dont il me sera fort difficile de m'acquitter; car vous attendez peut-être de recevoir quelque chose de beau, puisque je

---

[1] « L'enfant a rougi : tout est sauvé. » Il y a dans Térence : *erubuit, salva res est. (Adelph.,* act. IV, sc. v.)

prends tant de temps pour m'y préparer. Ayez la charité de perdre cette opinion, et de vous attendre plutôt à être fort mal payée ; car je vous ai déjà avertie que je suis devenu un très-mauvais payeur. Quand je n'étais pas si loin de vous, je vous payais assez bien, ou du moins je le pouvais faire ; car vous me fournissiez assez libéralement de quoi m'acquitter envers vous, j'entends de paroles : vous êtes trop riche, et moi trop pauvre pour vous pouvoir payer d'autre chose ; cela veut dire

> Que j'ai perdu tout mon caquet,
> Moi qui savais fort bien écrire,
> Et jaser comme un perroquet.

Mais, quand je saurais encore jaser des mieux, il faut que je me taise à présent. Le messager va partir, et il ne faut pas faire attendre le messager d'une grande ville comme est Uzès. Pardonnez donc, et attendez encore huit jours.

LETTRE XVI.

A LA MÊME, A PARIS.

A Uzès, le 31 janvier.

> Que votre colère est charmante,
> Belle et généreuse Amaranthe !
> Qu'il vous sied bien d'être en courroux !
> Si les Grâces jamais se mettaient en colère,
> Le pourraient-elles faire
> De meilleure grâce que vous ?

> Je confesse sincèrement
> Que je vous avais offensée ;
> Et cette cruelle pensée
> M'était un horrible tourment.

> Mais, depuis que vous-même en avez pris vengeance,
>   Un si glorieux châtiment
>   Me paraît une récompense.
>   Les reproches mêmes sont doux
>   Venant d'une bouche si chère ;
> Mais si je méritais d'être loué de vous,
> Et que je fusse un jour capable de vous plaire,
>   Combien ferais-je de jaloux ?

Je m'en vais donc faire tout mon possible pour venir à bout d'un si grand dessein. Je serai heureux si vous pouvez vous louer de moi avec autant de justice que vous vous en plaignez ; et je ferais de mon côté un fort bel ouvrage si je savais dire vos vertus avec autant d'esprit que vous dites les miennes. Je ne vous accuserai point de me flatter : vous les représentez au naïf. S'il en est de même de la passion de M. l'abbé, je tiens qu'il n'est pas mal partagé ; et, quand le portrait de Mlle Lucrèce aurait été fait par le plus habile peintre du monde, il ne saurait sans doute égaler celui que vous faites d'un amoureux en sa personne.

>   Je me l'imagine en effet
>   Tout languissant et tout défait,
> Qui gémit et soupire aux pieds de cette image.
>   Il contemple son beau visage,
>   Il admire ses mains, il adore ses yeux,
>   Il idolâtre tout l'ouvrage.
> Puis, comme si l'Amour le rendait furieux,
> Je l'entends s'écrier : Que cette image est belle !
> Mais que la belle même est bien plus belle qu'elle !
>   Le peintre n'a bien imité
>   Que son insensibilité.

J'ai peine à croire que vous ayez assez de puissance pour rompre ce charme, vous qui étiez accoutumée à le charmer lui-même autrefois, aussi bien que beaucoup d'autres. Possédé comme il l'est de cette idée, il ne faut pas s'étonner s'il a voulu marier M. d'Houy à une fille hydropique : il n'y pensait pas, à moins qu'il n'ait voulu marier l'eau avec le vin.

On m'a mandé que ma tante Vitart était allée à Chevreuse pour Mlle Sellyer ; mais je crois qu'elle n'y sera pas longtemps, et qu'elle sera bientôt nécessaire au faubourg Saint-Germain[1]. Elle ne manquera pas de pratiques, s'il plaît à Dieu, et elle ne se reposera de longtemps si elle attend que vous vous reposiez toutes. Peut-être qu'autrefois je n'en aurais pas tant dit impunément ; mais je suis à couvert des coups. Vous pouvez néanmoins vous adresser à mon lieutenant M. d'Houy ; il ne tiendra pas cette qualité à déshonneur.

Vous m'avez mis en train, comme vous voyez, et vos lettres ont sur moi la force qu'avait autrefois votre vue : mais je suis obligé de finir plus tôt que je ne voudrais, parce que j'ai encore cinq lettres à écrire. J'espère que vous me donnerez, en vertu de ces cinq lettres, la permission de finir ; et en vertu de la soumission et du respect que j'ai pour vous, la permission de me dire votre passionné serviteur.

Vous m'excuserez si j'ai plus brouillé de papier à dire de méchantes choses que vous n'en aviez employé à écrire les plus belles choses du monde.

LETTRE XVII.

A M. L'ABBÉ LE VASSEUR, A PARIS.

A Uzès, le 3 février 1662.

Quoique vous ne soyez pas le plus diligent homme du monde quand il s'agit de répondre à une lettre, je m'assure

[1] Mme Vitart exerçait, comme nous l'avons dit, la profession de sage-femme ; et sa belle-fille, à qui cette lettre est écrite, se trouvait alors dans le cas d'avoir bientôt recours à son ministère.

que vous ne laisserez pas de vous formaliser beaucoup de ce que ma réponse ne vient que huit à dix jours après votre lettre. Vous attribuerez sans doute ce retardement à un désir de vengeance ; elle serait juste après tout : je n'y ai pas pensé néanmoins. Mais à quoi bon s'excuser pour un délai de huit jours? Vous ne faites point tant de cérémonies quand vous avez été deux bons mois sans songer seulement si je suis au monde. C'est assez pour vous de dire froidement que vous avez perdu la moitié de votre esprit depuis que je ne suis plus en votre compagnie. Mais à d'autres! il faudrait que j'eusse perdu tout le mien si je recevais de telles galanteries en paiement. Je sais ce qui vous occupe si fort, et ce qui vous fait oublier de pauvres étrangers comme nous. *Amor non talia curat*[1]. Oui, c'est cela même qui vous occupe, et j'en sais des nouvelles.

« Amor che solo i cor' leggiadri invesce [2]. »

Et je ne m'étonne pas qu'un cœur si tendre que le vôtre, et si disposé à recevoir les douces impressions de l'amour, soit enchanté d'une si charmante personne. Bien d'autres que vous auraient succombé à la tentation.

> Socrate s'y trouverait pris,
> Et malgré sa philosophie,
> Il ferait ce qu'a fait Páris,
> Et le ferait toute sa vie.

Vous l'aviez tous les jours devant vos yeux, et vous aviez tout le loisir de considérer ses belles qualités *e le sue fatezze*[3], comme disent les Italiens; et aussi selon le passage que citait hier notre prédicateur : *Mutuo conspectu mutui crescebant amores*[4]. Pour moi, loin d'y trouver à redire, je vous

---

[1] « L'amour ne s'occupe pas de pareilles choses. »
[2] « L'amour, qui seul charme les cœurs tendres. »
[3] « Et ses belles formes. »
[4] « Muet à son aspect, je sentais mon amour croître dans le silence. »

loue d'un si beau choix, et d'aimer avec tant de discernement, s'il peut y avoir du discernement en amour. Il ne faut pas demander si c'est là l'espagnol qui vous tient; l'Amour est ce porteur d'eau dont vous aimez tant la compagnie, et qui vous apprend si bien à parler toutes sortes de langues. *Et mentem Venus ipsa dedit*[1]. Il ne me fait pas tant d'honneur, quoique j'aie assez besoin de compagnie en ce pays; mais j'aime mieux être seul que d'avoir un hôte si dangereux. Ne m'accusez pas pour cela d'être un farouche et un insensible.

> Vous savez bien que les déesses
> Ne sont pas toutes des Vénus,
> Et vous savez que les belles, non plus,
> Ne sont pas toutes des Lucrèces.

A propos de belles, j'avais déjà vu des vers du *Ballet des Saisons*, et on me les avait apportés lorsque j'étais encore malade.

Je suis ravi qu'il ne reste aucune apparence de blessure sur le beau front d'Angélique : elle n'est pas la seule beauté qui ait souffert de si douloureuses aventures. *Et Veneris violata est vulnere dextra*[2], et peut-être bien que qui aurait considéré l'endroit où elle tomba, il y aurait vu naître des roses et des anémones pareilles à celles qui sortirent du sang de Vénus : mais il est trop tard pour y aller voir; et, quand il y serait venu des roses, l'hiver les aurait fort maltraitées; elles auraient été plus en sûreté en ce pays, où nous voyons dès le mois de janvier,

> « Schietti arboscelli e verdi fronde acerbe
> » Amorose e pallide viole [3]. »

---

[1] « Vénus elle-même vous a inspiré. »
[2] « La main de Vénus elle-même fut aussi profanée par une blessure. »
[3] « Des arbustes déjà verts, des feuilles naissantes, d'amoureuses et pâles violettes. »

On m'a assuré même qu'il y avait un jardin tout plein de roses, mais de roses toutes fleuries, à une lieue d'ici, et cela ne passe pas même pour une rareté.

La nouvelle que vous me mandez sur la fin de votre lettre m'a d'abord surpris étrangement ; mais je suis entré peu à peu dans votre sentiment, que cela n'était qu'un soulagement et un avantage pour M. Vitart[1]. Je ne lui en ai rien témoigné pourtant, et je ne le ferai pas que je n'en sois informé de sa part ou de quelque autre que de vous. Mais que vous avez raison d'accuser l'autre d'une infidélité si noire ! Il est capable des plus lâches trahisons :

« Ille horridus alter
» Desidia, latamque trahens inglorius alvum[2]. »

A votre avis, Virgile ne sait-il pas aussi bien faire le portrait d'un traître que d'un héros ? Je n'ai pas peur que vous vous lassiez de voir tant de vers dans une seule lettre. *Te amor nostri poetarum amantem reddidit*[3].

Pour vous, soit latin, soit espagnol, soit turc si vous le savez, écrivez-moi, je vous prie. Je suis confiné dans un pays qui a quelque chose de moins sociable que le Pont-Euxin ; le sens commun y est rare, et la fidélité n'y est point du tout : on ne sait à qui se prendre. Il ne faut qu'un quart d'heure de conversation pour vous faire haïr un homme, tant les âmes de cette ville sont dures et intéressées ; ce sont tous baillis. Aussi, quoiqu'ils me soient venus quérir cent fois pour aller en compagnie, je ne me suis point encore produit nulle part. Enfin il n'y a ici personne pour moi.

---

[1] Le bailli de Chevreuse avait supplanté M. Vitart dans une partie des attributions de son emploi.

[2] « L'autre est hideux, et traîne sans honneur sa paresse et son large ventre. » (VIRG., *Georg.*, lib. IV, v. 93 et 94.)

[3] « Votre amour pour moi vous a rendu amoureux des poëtes. »

Non homo, sed littus, atque aer et solitudo mera[1]. Jugez si vos lettres sont bien reçues. Mais vous êtes attaché ailleurs.

« Il cor preso ivi come pesce a l' hamo[2]. »

Adiousias. Je salue tout le monde, et M. Dumay.

LETTRE XVIII.

AU MÊME, À PARIS.

(FRAGMENT.)

A Uzès, mars 1662.

......Car nous appelons ici la France tout le pays qui est au-delà de la Loire; celui-ci passe comme une province étrangère. Aussi c'est à ce pays, ce me semble, que Furetière a laissé le galimatias en partage, en disant qu'il s'était relégué dans les pays au-delà de la Loire. Cela n'empêche pas, comme je vous ai dit, qu'il n'y ait quelques esprits bien faits.

Je n'explique pas non plus Cypassis, qui est digne de n'être fille de chambre que des déesses. *Solas pectore digna deas.*

Je réserve à l'autre voyage de vous dire les sentiments qu'on a eus ici de l'ode de M. Perrault, et je vous dirai, pour finir par l'endroit de votre lettre qui m'a le plus satisfait, que j'ai pris une part véritable à la paix de votre famille; et je vous assure que quand je serais réconcilié avec mon propre père, si j'en avais encore un, je n'aurais pas été plus aise qu'en apprenant que vous étiez remis parfaitement

---

[1] « Pas un homme; mais un rivage, de l'air et une solitude amère. » *(Lettre de Cicéron à Atticus.)*

[2] « Le cœur pris là comme le poisson à l'hameçon. »

avec M. le Vasseur, parce que je suis persuadé que vous vous en estimez parfaitement heureux. Adieu, Monsieur; je vous écrirai sans faute dans huit jours. Je vous prie aussi de vous souvenir de moi. M. Vitart m'a merveilleusement oublié. Vous ne l'imiterez pas, comme je crois.

LETTRE XIX.

A MADEMOISELLE VITART, A PARIS.

(FRAGMENT.)

A Uzès, mars 1662.

M. Vitart m'a mandé le retour de ma tante, sa mère, et le succès de son voyage de Chevreuse, qui, pour vous dire vrai, m'a bien surpris. Je croyais qu'il se préparait quelque chose de bien grand dans le château de Chevreuse, j'avais ouï autrefois toutes les grandes promesses de M. le bailli, et je croyais même que tout le monde était en haleine chez vous, pour savoir ce qui en arriverait; car, depuis deux ou trois mois, je n'ai pas reçu une lettre. Enfin je m'attendais qu'il sortirait de ce château quelque géant, ou du moins un enfant aussi puissant que Joseph du Pin, et il n'est venu qu'une fille. Ce n'est pas qu'une fille soit peu de chose; mais M. Sellyer parlait bien plus haut que cela. Cela lui apprend à s'humilier; car, voyez-vous, j'ai ouï dire à un bon prédicateur que Dieu changerait plutôt un garçon en fille, avant qu'il fût né, que de ne point humilier un homme qui s'en fait accroire. Ce n'est pas qu'il y ait eu du miracle dans l'affaire de M. Sellyer, et je crois fort bonnement qu'il n'a eu que ce qu'il a fait.

Si je pouvais vous envoyer des roses nouvelles et des pois verts, je vous en enverrais en abondance, car nous en avons beaucoup ici. Le printemps est déjà fort avancé. Nous avons vu ici Mme de Luynes[1] dans le récit du *Ballet,* et je ne doute point que vous ne l'y ayez vue paraître dans tout son éclat. Je crois que tout le monde se porte bien maintenant chez M. Lemazier, car mon cousin ne m'en mande plus de nouvelles, et j'aime mieux qu'il ne m'en mande point que de m'en mander de fâcheuses. Je prendrai la liberté de les assurer tous ici de mes très-humbles obéissances, qui vous sont particulièrement dévouées, comme à la personne du monde que j'honore avec plus de passion.

LETTRE XX.

A M. L'ABBÉ LE VASSEUR, A PARIS.

A Uzès, le 28 mars 1662.

Je ne veux pas manquer à la parole que je vous ai donnée de vous écrire aujourd'hui; mais aussi je ne vous entretiendrai pas longtemps. L'incertitude où je suis de la santé de M. l'Avocat fait que je ne sais de quelle façon vous parler, ou comme à un homme triste, ou comme à un homme de bonne humeur; et l'idée toujours présente que j'ai de la tristesse qui paraissait dans votre dernière lettre m'empêche de vous en faire aucune qui soit tant soit peu enjouée. J'en ai reçu une de M. Vitart, cette semaine, et je viens de lui écrire aussi. Il m'a envoyé une *Lettre de M. de Luynes pour les pairs*, que nous avions déjà vue en ce pays; et je suis toujours des derniers à savoir les nouvelles, quoique j'aie une correspondance aussi bonne que la vôtre. On ne parle en cette ville que de la merveilleuse conduite du roi, du

---

[1] Anne de Rohan-Montbazon, seconde femme du duc de Luynes.

grand ménage de Colbert, et du procès de M. Fouquet, qu'on dit avoir été interrogé par trois fois depuis peu de jours; et cependant, vous qui êtes des premiers instruit des choses, vous ne m'en mandez rien du tout. Mais, pour vous dire le vrai, ce n'est pas cela qui m'inquiète; j'aime mieux que vous me mandiez de vos nouvelles particulières et de celles de nos connaissances. Vous serez le plus cruel homme du monde si vous ne m'en faites savoir au moins de M. l'Avocat, dans la maladie ou dans la santé duquel je m'intéresse sensiblement.

J'ai eu tout le loisir de lire l'ode de M. Perrault : aussi l'ai-je relue plusieurs fois, et néanmoins j'ai eu bien de la peine à y reconnaître son style; et je ne croirais pas encore qu'elle fût de lui, si vous et M. Vitart ne m'en assuriez. Il m'a semblé que je n'y trouvais point cette facilité naturelle qu'il avait à s'exprimer; je n'y ai point vu, ce me semble, aucune trace d'un esprit aussi net que le sien m'a toujours paru, et j'eusse gagé que cette ode avait été taillée comme à coups de marteau par un homme qui n'avait jamais fait que de méchants vers. Mais je crois que l'esprit de M. Perrault est toujours le même, et que le sujet seulement lui a manqué; car, en effet, il y a longtemps que Cicéron a dit que c'était une matière bien stérile que l'éloge d'un enfant en qui l'on ne pouvait louer que l'espérance; et toutes ces espérances sont tellement vagues, qu'elles ne peuvent fournir des pensées solides. Mais je m'oublie ici, et je ne songe pas que je dis cela à un homme qui s'y entend mieux que moi. Vous me devez excuser de la liberté que je prends. Je vous parle avec la même franchise que nous nous parlions dans votre cabinet ou le long des galeries de votre escalier; et si je juge mal, et que mes pensées soient éloignées des vôtres, remettez cela sur la barbarie de ce pays, et sur ma longue absence de Paris, qui m'ayant séparé de vous, m'a peut-être entièrement privé de la bonne connaissance des choses.

Je vous dirai pourtant encore qu'il y a un endroit où j'ai reconnu M. Perrault : c'est lorsqu'il parle de Josué, et qu'il amène là l'Écriture sainte. Je lui ai dit une fois qu'il mettait trop la Bible en jeu dans ses poésies ; mais il me dit qu'il la lisait fort, et qu'il ne pouvait s'empêcher d'en insérer quelques passages. Pour moi, je crois que la lecture en est fort bonne, mais que la citation convient mieux à un prédicateur qu'à un poëte.

Vengez-vous, Monsieur, de toutes mes impertinences sur la pièce que je vous envoie[1]. Ce n'est pas une pièce, ce me semble, tout à fait nouvelle pour vous ; mais vous la trouverez pourtant toute nouvelle. Je l'avais mise en l'état qu'elle est huit jours devant ma maladie, et je l'avais même montrée à deux personnes seulement, dont l'un était fort grand poëte, et ils étaient tous deux amoureux du dessein et de la conduite de cette fable. Je vous la voulais donner ; mais ma maladie survint, qui me fit perdre absolument toutes ces idées. Je n'y avais plus songé depuis ; mais il y a environ deux mois qu'en ayant dit quelques endroits à une personne de cette ville, il me conjura de lui dicter toute la pièce. Je le fis ; il la montra à d'autres, et ils crurent qu'elle était fort belle. Je n'ose dire qu'elle l'est que vous ne me l'ayez mandé, et que vous ne m'en ayez envoyé l'approbation de Mlle Lucrèce et de quelques autres experts avec vous. Mais mandez-moi tout par le détail, ce que vous jugerez des Grâces, des Amours, et de toute la cour de Vénus, qui y est dépeinte. Si le titre ne vous plaît pas, changez-le. Ce n'est pas qu'il m'a paru le plus convenable. Si vous la donnez, ne dites point l'auteur : mon nom fait tort à tout ce que je fais. Mais montrez-moi en cette occasion ce que c'est qu'un ami[2], en me découvrant tout votre cœur. Je prends intérêt à cette

---

[1] *Les Bains de Vénus.* Il ne reste de cette pièce que le titre.
[2] On voit avec quelle ardeur il souhaite un critique sincère de ses ouvrages : il le trouva bientôt en faisant connaissance avec Boileau. (L. R.)

pièce à cause qu'elle fut faite pour vous, et à cause de l'opinion que vous eûtes d'abord de ce dessein. Adieu, je salue tout le monde, et M. l'Avocat surtout. Si cette galanterie vous plaît, j'en pourrai faire d'autres : il y a assez de sujets en ce pays. Brûlez l'original si vous l'avez encore, je vous en conjure.

LETTRE XXI.

AU MÊME, A PARIS.

A Uzès, le 30 avril 1662.

Je ne vous demandais pas des louanges quand je vous ai envoyé ce petit ouvrage des *Bains de Vénus,* mais je vous demandais votre sentiment au vrai, et celui de vos amis; cependant vous vous êtes contenté de dire, comme ce flatteur d'Horace : *Pulchre, bene, recte*[1]; et Horace dit fort bien qu'on loue ainsi les méchants ouvrages, parce qu'il y a tant de choses à y reprendre qu'on aime mieux tout louer que d'examiner. Vous m'avez traité de la sorte, et vous me louez comme un vrai demi-auteur, qui a plus de mauvais endroits que de bons. Soyez un peu plus équitable, ou plutôt ne soyez pas si paresseux; car c'est là, je crois, ce qui vous tient. Vous auriez mille bonnes choses à me dire, mais vous avez peur de tirer une lettre en longueur. Vous avez cent autres personnes à satisfaire, tantôt le maître de luth, tantôt des chartreux, tantôt des beaux esprits, et quelquefois aussi la belle Cypassis. N'êtes-vous pas admirable dans votre lettre sur le sujet de cette Cypassis? Vous faites semblant de ne pas

[1] « Beau, bien, parfaitement. » (L. R.)

la connaître, et vous m'allez *jeter le chat aux jambes.* (Ce quolibet passera, mais pour n'y plus revenir.) Je vous en avais parlé en passant, sur ce que vous m'aviez mandé que vous aviez lié quelque amitié avec une demoiselle d'Angélique; et pour déguiser cette histoire, j'avais pris le nom de Cypassis, qui fut autrefois la demoiselle de Corinne. Relisez ma lettre, si vous l'avez encore, et cela vous sautera aux yeux. Mais n'en parlons plus; et croyez au reste que, si j'avais reçu quelque blessure en ce pays, je vous la découvrirais naïvement et je ne pourrais pas même m'en empêcher. Vous savez que les blessures du cœur demandent toujours quelque confident à qui l'on puisse s'en plaindre; et, si j'en avais une de cette nature, je ne m'en plaindrais jamais qu'à vous; mais, Dieu merci, je suis libre encore[1]; et, si je quittais ce pays, je reporterais mon cœur aussi sain et aussi entier que je l'ai apporté. Je vous dirai pourtant une assez plaisante rencontre à ce sujet.

Il y a ici une demoiselle fort bien faite et d'une taille fort avantageuse. Je ne l'avais jamais vue qu'à cinq ou six pas, et je l'avais toujours trouvée fort belle : son teint me paraissait vif et éclatant, les yeux grands et d'un beau noir; la gorge et le reste de ce qui se découvre assez librement en ce pays, fort blanc. J'en avais toujours quelque idée assez tendre et assez approchante d'une inclination : mais je ne la voyais qu'à l'église; car, comme je vous ai mandé, je suis assez solitaire, et plus que mon cousin ne me l'avait recommandé. Enfin je voulus voir si je n'étais point trompé dans l'idée que j'avais d'elle, et j'en trouvai une occasion fort honnête. Je m'approchai d'elle, et lui parlai. Ce que je vous dis là m'est arrivé il n'y a pas un mois, et je n'avais d'autre dessein que de voir quelle réponse elle me ferait. Je lui parlai donc indifféremment; mais, sitôt que j'ouvris la

---

[1] C'est ce qu'il a pu toujours dire, malgré la vivacité de son caractère : l'amour de l'étude l'a sauvé des dangers. (L. R.)

bouche et que je l'envisageai, je pensai demeurer interdit. Je trouvai sur son visage de certaines bigarrures, comme si elle eût relevé de maladie, et cela me fit bien changer mes idées. Néanmoins je ne demeurai pas, et elle me répondit d'un air fort doux et fort obligeant; et, pour vous dire la vérité, il faut que je l'aie prise dans quelque mauvais jour, car elle passe pour fort belle dans la ville, et je connais beaucoup de jeunes gens qui soupirent pour elle du fond de leur cœur : elle passe même pour une des plus sages et des plus enjouées. Enfin je fus bien aise de cette rencontre, qui servit du moins à me délivrer de quelque commencement d'inquiétude; car je m'étudie maintenant à vivre un peu plus raisonnablement, et à ne pas me laisser emporter à toutes sortes d'objets. Je commence mon noviciat; mais je souhaiterais qu'on me le fît achever à Ouchie[1]. Je vois bien que vous êtes disposés, vous et mon cousin, à travailler pour moi de ce côté-là; et je passerai volontiers par-dessus toutes les considérations d'habit noir et d'habit blanc qui m'inquiétaient autrefois, et dont vous me faisiez tous deux la guerre : aussi il n'y a plus d'espérance en ces quartiers. On a reçu nouvelle aujourd'hui que l'accommodement était presque fait avec les PP. de Sainte-Geneviève. Ainsi je ne puis plus prétendre ici qu'à quelque chapelle de 20 ou 25 écus. Voyez si cela vaut la peine que je prends. Néanmoins je suis résolu de mener toujours le même train de vie, et d'y demeurer jusqu'à ce que mon cousin m'en retire pour quelque meilleure espérance. Je gagnerai cela du moins que j'étudierai davantage, et que j'apprendrai à me contraindre, ce que je ne savais point du tout. Je vous prie de communiquer à mon cousin cette nouvelle qui est certaine, et que M. l'archevêque d'Arles a mandée aujourd'hui à M. d'Uzès; car ce sont eux deux qui ont fait ce beau dessein sans en parler à

---

[1] Prieuré de bénédictins, dans l'Anjou, que l'oncle de Racine avait obtenu, et qu'il voulait faire passer à son neveu.

personne. Enfin, comme je mandais à M. Vitart, il semble que je gâte toutes les affaires où je suis intéressé. Je ne sais si mon malheur nuira encore à la négociation que mon cousin entreprend pour Ouchie. Quoi qu'il en soit, croyez que, s'il en vient à bout, *urbem quam statuo, vestra est*[1]. Je pourrais être le seul titulaire; mais nous serions bien quatre bénéficiers. Vous n'y serez point M. Thomas, mais vous serez M. l'abbé ou M. le prieur; car je crois que M. Vitart et M. Poignant vous en céderont bien facilement l'autorité. Écrivez-moi tout, je vous prie; et, fût-ce pour me blâmer, ne soyez point du tout réservé. Conservez-moi quelque petite part dans les bonnes grâces de Mlle Lucrèce; entretenez-moi auprès de M. l'Avocat, et soyez toujours le même à mon égard. L'été est fort avancé ici. Les roses sont tantôt passées, et les rossignols aussi. La moisson avance, et les grandes chaleurs se font sentir.

LETTRE XXII.

A MADEMOISELLE VITART, A PARIS.

A Uzès, le 15 mai 1662.

Encore n'avez-vous pas oublié mon nom; j'en avais bien peur pourtant, et je croyais être tout à fait disgracié auprès de vous, vu que, depuis plus de trois mois, vous n'avez pas donné la moindre marque que vous me connussiez seulement. Mais enfin Dieu a voulu que vous ayez écrit un dessus de lettre, et cela m'a un peu remis. Jugez quelle reconnaissance j'aurais pour une lettre tout entière! Je ne sais

[1] « La ville que je bâtis est à vous. » (VIRG., *Æneid.*, lib. I.)

pas ce qui me prive d'un si grand bien, et pour quelle raison votre bonne volonté s'est sitôt éteinte. Je fondais ma plus grande consolation sur les lettres que je pourrais quelquefois recevoir de vous, et une seule par mois aurait suffi pour me tenir dans la meilleure humeur du monde; et dans cette belle humeur, je vous aurais écrit mille belles choses. Les vers ne m'auraient rien coûté, et vos lettres m'auraient inspiré un génie tout extraordinaire : c'est pourquoi, si je ne fais rien qui vaille, prenez-vous en à vous-même, et croyez que je ne suis paresseux que parce que vous l'êtes toute la première. J'entends lorsqu'il s'agit d'écrire; car en d'autres choses vous ne l'êtes pas, Dieu merci. Vous faites assez d'ouvrage vous deux M. Vitart, et j'avais bien prédit que Mme Vitart trouverait de l'occupation à son retour de Chevreuse.

On m'a mandé que vous ne laisseriez pas pour cela de faire un tour à la Ferté, et que ce voyage qu'on médite depuis si longtemps s'accomplirait à la Pentecôte. J'enrage de n'y être pas, et vous n'en doutez pas, comme je crois, quoique vous ne vous en mettiez guère en peine; et peut-être ne songerez-vous pas une seule fois à la triste vie que je mène ici, pendant que toute votre compagnie se divertira fort à son aise. Il ne faut pas demander si M. l'abbé fait l'entendu à présent. « Nous mènerons, dit-il, Mlle Vitart à la campagne avec M. et Mlle Lemazier. » On voit bien que cela lui relève le cœur, et qu'il se prépare à passer les fêtes bien doucement. Je ne m'attends pas de les passer si à mon aise.

> J'irai parmi les oliviers,
> Les chênes verts, et les figuiers,
> Chercher quelque remède à mon inquiétude :
> Je chercherai la solitude,
> Et, ne pouvant être avec vous,
> Les lieux les plus affreux me seront les plus doux.

Excusez si je ne vous écris pas davantage. En l'état où je

suis, je ne saurais vous écrire que pour me plaindre, et c'est un sujet qui ne vous plairait pas. Donnez-moi lieu de vous remercier, et je m'étendrai plus volontiers sur cette matière : aussi bien je ne vous demande pas des choses trop déraisonnables, ce me semble, en vous priant d'écrire une ou deux lignes par charité. Vous écrivez si bien et si facilement quand vous voulez : il n'y a donc que la volonté qui vous manque, et tout irait bien pour moi, si vous me vouliez autant de bien que vous m'en pourriez faire ; comme au contraire je ne puis vous témoigner le respect que j'ai pour vous autant que je le voudrais bien.

LETTRE XXIII.

A M. VITART, A PARIS.

A Uzès, le 10 mai 1662.

Vous aurez sans doute reçu des nouvelles, qui étaient du même jour que votre dernière. Je vous suis infiniment obligé de la peine que vous avez prise de m'envoyer un démissoire. Je ne l'aurais jamais eu, si je ne l'eusse reçu que de M. D. Cosme. Il y a deux mois qu'il ne nous a point écrit ni à mon oncle ni à moi. Nous n'en savons pas le sujet, et nous ignorons tout de même à quoi en est le bénéfice d'Anjou. Mon oncle est tout près de vous l'abandonner, puisque aussi bien il n'en espère plus rien. Mais j'ai bien peur que D. Cosme ne veuille point lâcher les papiers qu'il a en main. Il n'y a que Plandin le procureur dont on puisse savoir l'état de l'affaire, et puis il ne faut qu'une lettre pitoyable de D. Cosme pour faire pitié à mon oncle, qui laissera perdre cette affaire entre ses mains. Comme, la dernière fois qu'il m'écrivit, il me mandait que son âme ne tenait plus qu'à un filet, tant il avait pris de peine ; jugez si cela ne toucherait pas son frère. Au reste, je vous prie très-humblement de m'acquitter d'un grand merci envers M. le prieur de la Ferté et M. Duchesne. Je reconnais beaucoup la bonne volonté qu'ils ont tous deux témoignée pour moi. Si je savais où demeure M. Duchesne le fils, je lui écrirais ; car je serais honteux de vous charger de tant de lettres. Je souhaite que votre second voyage de la Ferté vous soit aussi agréable que le premier, et qu'il me soit aussi utile, s'il ne peut pas l'être davantage. Je ne vous renouvelle point mes protestations d'être honnête homme, et d'être reconnaissant : vous avez assez de bonté pour n'en douter plus. J'écris à M. Piolin, et je l'assure que sa dette lui est infaillible, mais qu'il me donne quelque temps pour le satisfaire ; je l'entends néanmoins à raison d'une pistole par mois. Voici le mémoire de mes livres, que vous avez eu la bonté de me demander. J'ai reçu avant-hier une lettre de M. l'abbé et je lui écrirai aujourd'hui. Il m'a mandé que Mlle Vitart était disposée d'aller à la Ferté, quelque empêchement que vous y ayez voulu mettre. Vous vous doutez bien quel est cet empêchement-là, et je m'en réjouis autant que du voyage même. Je tâcherai d'écrire cette après-dînée à ma tante Vitart et à ma tante la religieuse[1], puisque vous vous en plaignez. Vous devez pourtant m'excuser si je ne l'ai pas fait, et elles aussi ; car que puis-je leur mander ? C'est bien assez de faire ici l'hypocrite sans le faire encore à Paris par lettres ; car j'appelle hypocrisie d'écrire des lettres où il ne faut parler que de dévotion, et ne faire autre chose que se recommander aux prières. Ce n'est pas que je n'en aie bon besoin ; mais je voudrais qu'on en fît pour moi sans être obligé d'en tant demander. Si Dieu veut que je sois prieur, j'en ferai pour les autres autant qu'on en aura fait pour moi.

---

[1] La mère Agnès de Sainte-Thècle Racine, qui fut abbesse de Port-Royal en 1689.

M. notre évêque est allé faire la visite, et il attend bientôt M. l'archevêque d'Arles, qui a mandé qu'on ne lui écrivît plus à Paris. Cela différera peut-être l'entière conclusion de leur accommodement; mais c'est tout un, puisque la chose est faite, aux signatures près. M. d'Uzès trouvera plus d'obstacles qu'il ne pense. Il s'attend que le prévôt et tout le monde signera son concordat, et il est fort trompé. Imaginez-vous si le prévôt, qui a la collation de douze chanoinies de 2,000 ou 3,000 francs chacune, renoncera à ce droit-là pour complaire à M. l'évêque, dont il ne se soucie point du tout, à ce qu'on dit. Mais il ne reviendra de tout cela que des procès, et les réformés feront rage.

On me vient voir ici fort souvent, et on tâche de me débaucher pour me mener en compagnie. Quoique j'aie la conscience fort tendre de ce côté-là, et que je n'aime pas à refuser, je me tiens pourtant sur la négative, et je ne sors point. Mon oncle m'en sait fort bon gré, et je m'en console avec mes livres. Comme on sait que je m'y plais, il y a bien des gens dans la ville qui m'en apportent tous les jours. Les uns m'en donnent de grecs, les autres d'espagnols et de toutes les langues. Pour la composition, je ne puis m'y mettre. *Sic enim sum complexus otium ut ab eo divelli non queam. Itaque aut libris me delecto, quorum habeo festivam copiam, aut te cogito. A scribendo prorsus abhorret animus*[1]. Cicéron mandait cela à Atticus; mais j'ai une raison particulière de ne point composer, qui est que je suis trop embarrassé du mauvais succès de mes affaires, et cette inquiétude sèche toutes les pensées de vers ou de galanterie que je pourrais avoir. Je ne sais même où j'en serais, n'était la confiance que j'ai en vous, puisque vous voulez bien que je l'aie. Je me réjouis que Mlle Manon soit si gaillarde, et je la

---

[1] Je me suis si bien livré à l'oisiveté, que je ne puis plus m'en arracher. Ainsi, ou je m'amuse avec mes livres, dont j'ai une assez jolie provision, ou je pense à vous; mais il m'est impossible de me mettre à écrire. »

voudrais bien voir en cet état. Je voudrais aussi voir ce beau garçon que vous avez fait depuis peu aussi avancé qu'elle.

J'espérais bientôt écrire à ma tante Vitart; mais on m'a malheureusement détourné cette après-dînée, et je suis obligé de remettre cela au premier voyage. Je ne vous prie pas de vous souvenir de moi quand vous serez à Ouchie; vous y êtes assez porté : car vous serez bien toujours le plus généreux homme du monde, et je tâcherai de mon côté d'être parfaitement reconnaissant. Je salue très-humblement toute votre famille et celle de M. Lemazier. Je ne puis non plus écrire à ma mère, et je remets cela au premier voyage.

LETTRE XXIV.

A M. L'ABBÉ LE VASSEUR, A PARIS.

A Uzès, le 26 mai 1662.

Je vous écrivis par le dernier ordinaire, et ainsi ne faites pas tant valoir l'obligation que je vous ai de ce que vous m'avez écrit deux fois de suite; car, Dieu merci, aucune de vos lettres n'est demeurée sans réponse; et, quand cela serait arrivé cette fois-ci, je crois que je ne vous en devrais pas beaucoup de ce côté-là. Vos lettres n'ont pas toujours suivi les miennes de si près. Après tout, je vous suis tout à fait obligé de toutes les nouvelles que vous m'avez mandées de la province qui est vers la Marne. Ce n'est pas que je sois si sot que de croire tout ce que vous dites à mon avantage. Vous me mettez sans doute en meilleure posture que je ne suis dans les esprits de ce pays-là. Quand je dis cela, je n'entends pas parler de M. Poignant; car, après les marques qu'il m'a données de l'affection qu'il avait pour moi, il ne me siérait pas bien d'en douter. Vous m'en avez mandé des particularités trop assurées, et vous ne sauriez croire *con quanto contentamiento acabe de leer esta carta, y quantas vezes en aquella hora mesma la bolui a leer*[1]. Je puis dire que ce témoignage de son amitié m'a touché plus que toutes les choses du monde. Vous croyez bien que ce n'était pas quelque intérêt bas qui me dominait : mais cela m'a fait reconnaître qu'une belle amitié était en effet ce qu'il y avait au monde de plus doux; et il me semble que cette circonstance que je suis aimé d'une personne me consolerait dans toutes les plus cruelles disgrâces. Ce n'est pas que je souhaite le moins du monde qu'on en vienne à de si tristes effets, et je me flatte même que l'amitié que vous et M. Vitart avez pour moi n'est pas moins forte que celle de M. Poignant, parce que je sens bien en moi-même que je vous suis très-fortement attaché, et le quolibet m'assure de ce côté-là : *Si vis amari, ama*[2].

Je suis ravi de ce que vous ayez fait une si belle connaissance avec lui, parce qu'il est bon que vous vous connaissiez l'un l'autre; et il n'en est pas des amis comme des maîtresses; et bien loin d'avoir la moindre jalousie, au contraire, ce m'est bien de la joie que vous soyez aussi bons amis l'un avec l'autre, comme je crois l'être avec vous deux.

Quoique je me plaise beaucoup à causer avec vous, je ne le puis faire néanmoins fort au long; car j'ai eu cette après-dînée une visite qui m'a fait perdre tout le temps que j'avais envie de vous donner : c'était un jeune homme de cette ville, fort bien fait, mais passionnément amoureux. Vous saurez qu'en ce pays-ci on ne voit guère d'amours médiocres : toutes les passions y sont démesurées; et les esprits

---

[1] « Avec quel contentement j'achevai de lire cette lettre, et combien de fois, dans cette même heure, je recommençai à la lire!»
[2] « Aimez, si vous voulez être aimé. »

de cette ville, qui sont assez légers en d'autres choses, s'engagent plus fortement dans leurs inclinations qu'en aucun autre pays du monde. Cependant, excepté trois ou quatre personnes qui sont belles, on n'y voit presque que des beautés fort communes. La sienne est des premières; et il me l'a montrée tantôt à une fenêtre, comme nous revenions de la procession, car elle est huguenote, et nous n'avons point de belles catholiques. Il m'en est donc venu parler fort au long, et m'a montré des lettres, des discours, et même des vers, sans quoi ils croient que l'amour ne saurait aller. Cependant j'aimerais mieux faire l'amour en bonne prose que de le faire en méchants vers; mais ils ne peuvent s'y résoudre, et ils veulent être poëtes à quelque prix que ce soit. Pour mon malheur, ils croient que j'en suis un, et ils me font juges de tous leurs ouvrages. Vous pouvez croire que je n'ai pas peu à souffrir; car le moyen d'avoir les oreilles battues de tant de mauvaises choses, et d'être obligé de dire qu'elles sont bonnes? J'ai un peu appris à me contraindre et à faire beaucoup de révérences et de compliments à la mode de ce pays-ci. Voilà donc à quoi mon après-dînée s'est passée : il m'a mené à une de ses métairies proche d'ici; il m'y a fait goûter des premières cerises de cette année; car, quoique nous en ayons depuis huit jours, je n'y avais pourtant pas songé encore : c'est de bonne heure, comme vous voyez; mais tout est étrangement avancé en ce pays, et on fera la moisson devant un mois. Pour revenir à mon aventure, j'étais en danger de rentrer trop tard; mais le ciel s'est heureusement couvert, et nous avons ouï des coups de tonnerre qui nous ont fait songer à éviter la pluie, et à revenir chez nous. Je n'ai eu le temps, depuis cela, que de vous faire cette lettre, et d'écrire deux mots à Mlle Vitart. Adieu donc; faites votre voyage de la Pentecôte aussi heureusement que celui de Pâques, et gardez-moi la même fidélité à m'en faire le récit. Je salue M. l'Avocat, et je vous prie d'assurer de mes respects Mlle Lucrèce, dont je trouve fort étrange que vous ne me parliez plus du tout, comme si je ne méritais pas d'en ouïr parler. Croyez que je la révère infiniment, et ménagez-moi toujours quelque petite place dans son souvenir. Soyez-moi encore fidèle de ce côté-là, et je vous garderai fidélité entière dans toutes les occasions qui pourraient jamais arriver, et, comme dit l'Espagnol, *antes muerto que mudado*[1].

LETTRE XXV.

A M. VITART, A PARIS.

A Uzès, 30 mai 1662.

Je crois que cette lettre vous trouvera de retour, si vous avez été à la Ferté; je ne la ferai pas bien longue, parce que je n'ai qu'un moment de loisir. Nous nous préparons à traiter M. d'Uzès après-demain au matin, parce qu'il doit faire sa visite à un bénéfice qui dépend de la sacristie, et qui appartient par conséquent à mon oncle. C'est là où il a bâti un fort beau logis assurément, et il veut traiter son évêque avec grand appareil. Il est allé cette après-dînée à Avignon pour acheter ce qu'on ne pourrait trouver ici, et il m'a laissé la charge de pourvoir cependant à toutes choses. J'ai de fort beaux emplois, comme vous voyez; et je sais quelque chose de plus que manger ma soupe, puisque je la sais faire apprêter. J'ai appris ce qu'il faut donner au premier, au second et au troisième service, les entremets qu'il y faut mêler, et encore quelque chose de plus; car nous prétendons faire un festin à quatre services, sans compter le

---

[1] « Plutôt la mort que de changer. »

dessert. J'ai la tête si remplie de toutes ces belles choses, que je vous en pourrais faire un long entretien; mais c'est une matière trop creuse sur le papier, outre que, n'étant pas bien confirmé dans cette science, je pourrais bien faire quelque pas de clerc si j'en parlais encore longtemps.

Je ne vous prie plus de m'envoyer des *Lettres provinciales;* on nous les a prêtées ici; elles étaient entre les mains d'un officier de cette ville, qui est de la religion. Elles sont peu connues, mais beaucoup estimées de ceux qui les connaissent. Tous les autres écrits de cette nature sont venus pour la plupart en ce pays, jusqu'aux *Nouvelles Méthodes.* Tout le monde a les *Plaidoyers de M. le Maistre.* Enfin on est plus curieux que je ne le croyais. Ce ne sont pourtant que les huguenots; car, pour les catholiques, ôtez un ou deux de ma connaissance, ils sont dominés par les jésuites. Nos moines sont plus sots que pas un, et, qui plus est, de sots ignorants; car ils n'étudient point du tout. Aussi je ne les vois jamais, et j'ai conçu une certaine horreur pour cette vie fainéante de moine, que je ne pourrai pas bien dissimuler.

Pour le P. Sconin, il est, sans mentir, fort sage et fort habile homme, peu moine et grand théologien. Nous avons ici le P. Meynier, jésuite, qui passe pour un fort grand homme. On parle de lui dans la *seizième Lettre au provincial.* Il n'a pas mieux réussi à écrire contre les huguenots que contre M. Arnauld. Il y avait ici un ministre assez habile qui le traita fort mal. M. le prince de Conti[1] se fie à lui, à ce qu'on dit, et il lui a donné charge d'examiner tous les prêches qui seraient établis depuis l'édit de Nantes, afin qu'on les démolît. Le P. Meynier a fait donner indiscrètement assignation à trois prêches de ce quartier, et on nous dit hier que les commissaires avaient été obligés de

---

[1] Armand de Bourbon, prince de Conti, frère du grand Condé et de la duchesse de Longueville.

donner arrêt de confirmation en faveur de ces prêches. Cela fait grand tort au P. Meynier et aux commissaires. Je vous conte tout cela, parce qu'on ne parle d'autre chose en cette ville. Il y a un évêque de cette province, que les jésuites ne peuvent souffrir : c'est M. d'Aleth, que vous connaissez assez de réputation. Il est adoré dans tout le Languedoc, et M. le prince va faire toutes ses pâques chez lui.

Je vous dirai une autre petite histoire qui n'est pas si importante; mais elle est assez étrange. Une jeune fille d'Uzès, qui logeait assez près de chez nous, s'empoisonna hier elle-même avec de l'arsenic, pour se venger de son père qui l'avait querellée trop rudement. Elle eut le temps de se confesser, et ne mourut que deux heures après. On croyait qu'elle était grosse, et que la honte l'avait portée à cette furieuse résolution. Mais on l'ouvrit tout entière, et jamais fille ne fut plus fille. Telle est l'humeur des gens de ce pays-ci : ils portent les passions au dernier excès.

Je crois que vous aurez la bonté de me mander quelque chose de votre voyage, qui se sera sans doute passé encore plus doucement que le premier, puisque la compagnie devait être si belle. Je ne sais si vous y aurez vu M. Sconin; il nous écrivit avant-hier de Paris. Dans sa lettre il se plaignait fort de vous et de M. Duchesne. Je dissimule tout cela à cause de son frère; mais, s'il continue davantage sur cette matière, je ne pourrai pas toujours me tenir, et j'éclaterai. Ne lui en témoignez pourtant rien, je vous prie; cela est infiniment au-dessous de vous. Je salue très-humblement Mlle Vitart. J'écrirai, un autre voyage, à M. l'abbé; je suis trop occupé aujourd'hui.

> Je suis fort serviteur de la belle Manon
> Et de la petite Nanon,
> Car je crois que c'est là le nom
> Dont on nomma votre seconde;
> Et je salue aussi ce beau petit mignon
> Qui doit bientôt venir au monde.

LETTRE XXVI.

AU MÊME.

Le 6 juin 1662.

Quoique je vous aie écrit par le dernier ordinaire, toutes vos lettres me sont trop précieuses pour en laisser une seule sans réponse. Croyez que c'est le plus grand soulagement que je reçoive en ce pays-ci parmi tous les sujets de chagrin que j'y ai. Mon oncle est encore malade, et cela me touche sensiblement; car je vois que ses maladies ne viennent que d'inquiétude et d'accablement : il a mille affaires, toutes embarrassantes; il a payé plus de 30,000 livres de dettes, et il en découvre tous les jours de nouvelles. Vous diriez que nos moines avaient pris plaisir à se ruiner, tant ils se sont endettés : cependant, quoique mon oncle se tue pour eux, il reconnaît de plus en plus la mauvaise volonté qu'ils ont pour lui; il en reçoit tous les jours des avis, et avec cela il faut qu'il dissimule tout. Il traita splendidement M. d'Uzès la semaine passée, et M. d'Uzès témoigne toute sorte de confiance en lui; mais il n'en n'attend rien : cet évêque a des gens affamés à qui il donne tout. Mon oncle est si lassé de tant d'embarras, qu'il me pressa beaucoup avant-hier de recevoir son bénéfice par résignation. Cela me fit trembler, voyant l'état où sont les affaires; et je sus si bien lui représenter ce que c'était que de s'engager dans des procès, et au bout du compte demeurer moine sans titre et sans liberté, que lui-même est le premier à m'en détourner, outre que je n'ai pas l'âge, parce qu'il faut être prêtre : car, quoiqu'une dispense soit aisée, ce serait nouvelle matière de procès, et je serais traité de Turc à More par les réformés. Enfin, il en vient jusque-là qu'il voudrait trouver un bénéficier séculier qui voulût de son bénéfice, à condition de me résigner celui qu'il aurait; mais il est difficile qu'on en trouve. Vous voyez par là si je l'ai gagné, et s'il a de la bonne volonté pour moi. Il est résolu de me mener un de ces jours à Nîmes ou à Avignon, pour me faire tonsurer, afin qu'en tout cas, s'il vient quelque chapelle, il la puisse impétrer : car, dès que les réformés seront rétablis, vous êtes assuré qu'ils ne me verront pas volontiers avec lui; et son bénéfice se trouve malheureusement engagé pour trois ans, si bien qu'il n'en peut jouir; car il l'a engagé lui-même pour donner l'exemple aux autres. S'il venait à vaquer quelque chose dans votre détroit, souvenez-vous de moi, sauf les droits de M. l'abbé, que je consens de bon cœur que vous préfériez aux miens. Je crois qu'on n'en murmurera pas à Port-Royal puisqu'on voit bien que je suis ici dévoué à l'Église. Mon oncle est résolu d'écrire à son frère qu'il remette entre vos mains l'affaire d'Anjou; mais j'y prévois bien de la répugnance de a part de dom Cosme. Je voudrais savoir auparavant votre sentiment là-dessus. Il vous aura peut-être dépeint l'affaire plus difficile qu'elle n'est. Cependant croyez que l'aumônier de M. d'Uzès l'a consultée à Paris, et que M. Couturier lui a dit que c'était une bagatelle. Les provisions de mon oncle sont onze ou douze jours en date devant celles que sa partie a eues en cour de Rome. L'affaire était incontestable, et on ne l'a disputée que sur ce que, dans la copie des provisions, on avait mis simplement *testibus nominatis*[1], sans y ajouter *signatis*[2]. Cependant il est dans l'original, et j'en ai encore moi-même une autre copie collationnée par-devant notaires; et M. Couturier même prétendait que, quand cela aurait été oublié, il suffit que le collateur ait signé lui-même. Ce que M. Sconin nous oppose, c'est qu'il dit que toute la famille

---

[1] « Les témoins ayant été nommés. »
[2] « Ayant signé. »

de Bernay sollicite contre nous. Je n'en sais rien ; mais, en tout cas, vous connaissez ces messieurs. Et par un admirable raisonnement, il me mandait, il y a huit jours, que les blés sont gâtés en Anjou pour trois ans, et qu'il valait mieux qu'il tirât son argent, et qu'il laissât le bénéfice. Au contraire, il me semble que les autres seront bien plus aises de s'accommoder, puisqu'ils n'ont rien à prendre de trois ans ; et ils avaient déjà fait l'an passé porter parole qu'on les remboursât des frais, et qu'ils se désisteraient. Mais dom Cosme, à ce qu'il dit, fut bien fin ; car il leur dit : « Remboursez-moi, et je vous laisse le titre. » Son frère est assez scandalisé de cette conduite. Excusez si je vous importune ; mais vous y êtes accoutumé.

LETTRE XXVII.

AU MÊME, A PARIS.

A Uzès, le 13 juin 1662.

J'attends avec empressement des nouvelles de votre voyage, et votre absence de Paris m'ennuie déjà autant que si j'étais à Paris même, à cause que je n'ai point reçu de vos lettres depuis que vous en êtes sorti. J'écrivis la semaine passée à dom Cosme, pour le disposer à vous abandonner le bénéfice, ou à quelqu'un de vos amis qui lui fût moins suspect, puisqu'il a pour vous des sentiments si injustes ; et mon oncle approuva ma lettre par une apostille, car il a tout de bon envie de me le donner. Il m'a dit même de traiter avec l'aumônier de M. d'Uzès, qui a grande envie sur ce bénéfice, pour voir s'il me voudrait donner en échange un prieuré simple de 100 écus qu'il a en ce pays. Je ne lui en ai point parlé, et j'attends de vos nouvelles. Il serait fort disposé à cet échange, pourvu que le bénéfice lui fût assuré; car il ira l'hiver prochain à Paris avec son maître, et ce bénéfice serait fort à sa bienséance, parce que le fermier est le même à qui son maître a arrenté Saint-Georges. Mais il serait du moins autant à ma bienséance qu'à la sienne, si vous pouviez être assuré du succès de l'affaire; car je n'aurais pas grande inclination de faire séjour en ce pays-ci. Conseillez-moi donc, et je verrai après en quelle disposition il sera. Il me parle toujours du bénéfice de mon oncle, et il enrage de l'avoir. Mais la méchante condition que d'avoir affaire à dom Cosme! Je crois que cet homme-là est né pour ruiner toutes mes affaires.

Je souhaite que vous ayez une aussi belle récolte à vos deux fermes que nous en avons en ce pays-ci. La moisson est déjà fort avancée, et elle se fait plaisamment ici au prix de la coutume de France; car on lie les gerbes à mesure qu'on les coupe; on ne laisse point sécher le blé sur terre, car il n'est déjà que trop sec, et dès le même jour on le porte à l'aire, où on le bat aussitôt. Ainsi le blé est aussitôt coupé, lié, et battu. Vous verriez un tas de moissonneurs rôtis du soleil, qui travaillent comme des démons; et, quand ils sont hors d'haleine, ils se jettent à terre au soleil même, dorment un *miserere*, et se relèvent aussitôt. Pour moi, je ne vois cela que de mes fenêtres; je ne pourrais être un moment dehors sans mourir : l'air est aussi chaud que dans un four allumé, et cette chaleur continue autant la nuit que le jour. Enfin il faudrait se résoudre à fondre comme du beurre, n'était un petit vent frais qui a la charité de souffler de temps en temps; et, pour m'achever, je suis tout le jour étourdi d'une infinité de cigales qui ne font que chanter de tous côtés, mais d'un chant le plus perçant et le plus importun du monde. Si j'avais autant d'autorité sur elles qu'en avait le bon saint François, je ne leur dirais pas, comme il faisait, *chantez, ma sœur la cigale;* mais je les prierais bien fort de s'en aller faire un tour jusqu'à Paris ou à la Ferté-

Milon, si vous y êtes encore, pour vous faire part d'une si belle harmonie.

Monsieur notre évêque ne se découvre encore à personne sur le beau projet de réforme qu'il a fait faire à Paris ; et, pour vous dire ce qu'on pense ici, il est plus irrésolu que jamais. Il appréhende furieusement d'aliéner les esprits de la province. Sur le simple bruit qui courut que l'affaire était conclue, il se voit déjà désert, à ce qu'on dit, et cela le fâche ; car il ne hait pas de voir du monde chez lui : mais il reconnaît bien qu'on ne fait la cour, dans ce pays-ci, qu'à ceux dont on attend du bien. Il en a témoigné son étonnement il y a quelques jours, et ce n'est rien encore pourtant ; car, s'il établit une fois la réforme, on dit qu'il sera abandonné même de ses valets. Chacun avait de belles prétentions sur ce chapitre ; le mal est qu'on lui impute d'aimer beaucoup à dominer, et qu'il aime mieux avoir dans son église des moines dont il prétend disposer, quoique peut-être il se trompe, que des chanoines séculiers, qui le portent un peu plus haut. Les politiques, en ces sortes d'affaires, disent que les particuliers sont plus maniables qu'une communauté, et que les moines n'ont pas toute déférence pour les évêques. Avant-hier, il arriva une chose par où il montra bien qu'il avait envie d'être le maître. Nous avons un religieux qu'on dit être un janséniste couvert. Je connais le bonhomme, et je puis dire, sans le flatter, qu'il ne sait pas encore seulement l'état de la question. Son sous-prieur le déféra à M. l'évêque, lequel appela mon oncle, et lui dit avec beaucoup d'empressement qu'il voulait l'interroger et en être le juge seul, sans que le prévôt ni le chapitre s'en mêlât. Mon oncle lui dit froidement qu'il l'interrogeât, mais que ce bon religieux ne savait pas seulement, comme je vous ai dit, ce que c'était du jansénisme. Voilà toutes les nouvelles que je vous puis mander : il ne se passe rien de plus mémorable en ce pays-ci. Le blé est enchéri, quelque belle que soit la récolte, à cause qu'on en transporte en vos quartiers. Le beau blé, qui ne valait que 15 livres, en vaut 21 livres la salmée. On l'appelle ainsi, et cette mesure contient environ dix minots, ou dix pichets ou un peu plus. Pour le vin, on ne saura du tout qu'en faire. Le meilleur, c'est-à-dire le meilleur du royaume, se vend deux *carolus* le pot, mesure de Saint-Denis. J'aurai de quoi boire à votre santé à bon marché; mais j'aimerais mieux l'aller boire là-bas, avec du vin de la montagne de Reims.

Je baise très-humblement les mains à Mlle Vitart, à vos deux mignonnes, et universellement à toute la famille. Je m'avise toujours un peu tard d'écrire; cela est cause que je ne saurai presque écrire qu'à vous. J'ai pourtant écrit à ma mère, et je remets M. l'abbé à jeudi prochain; il lui en coûtera un port de lettre de ce retardement, car je ne pourrai pas vous l'adresser comme les autres fois. Je voudrais qu'il m'en fît coûter plus souvent qu'il ne fait. Il est grand ménager de ses lettres et de la bourse de mon oncle. Je suis tout à vous, et uniquement à vous.

LETTRE XXVIII.

A M. L'ABBÉ LE VASSEUR, A PARIS.

A Uzès, le 4 juillet 1662.

Que vous tenez bien votre gravité espagnole! Il paraît bien qu'en apprenant cette langue, vous avez pris un peu de l'humeur de la nation. Vous n'allez plus qu'à pas comptés, et vous écrivez une lettre en trois mois. Je ne vous ferai pas davantage de reproches, quoique j'eusse bien résolu ce matin de vous en accabler. J'avais étudié tout ce qu'il y a de plus rude et de plus injurieux dans les cinq langues que vous me donnez; mais votre lettre est arrivée à midi, qui m'a fait perdre la moitié de ma colère. N'êtes-vous pas fort plaisant avec vos cinq langues? Vous voudriez justement que mes lettres fussent des calepins, et encore des lettres galantes. Je vous trouve, sans mentir, de fort belle humeur. Il y a assez de pédants au monde, sans que j'en augmente le nombre. Si M⁽ˡˡᵉ⁾ Lucrèce a besoin de maître en ces cinq langues, j'en ai vu souvent trois ou quatre autour de vous. Donnez-lui celui-là qui avait tant à démêler avec M. Lancelot[1]; c'était une assez bonne figure. Aussi bien, ne croyez pas que ma bibliothèque soit fort grosse en ce pays-ci : le nombre de mes livres est très-borné; encore ne sont-ce pas des livres à compter fleurettes ; ce sont des sommes de théologie latine, méditations espagnoles, histoires italiennes, Pères grecs, et pas un français. Voyez où je trouverais quelque chose de revenant à M⁽ˡˡᵉ⁾ Lucrèce. Tout ce que je pourrai faire sera de lui donner de mon français tel qu'il pourra être. Aussi bien il y a longtemps que j'avais envie de lui écrire; mais vous me mandiez toujours qu'elle était à la campagne, et je croyais que cela voulait dire qu'elle me donnait mon congé. Croyez que vous m'avez mis bien au large par cette proposition que vous me faites, et que, si Dieu m'assiste, je lui ferai de belles et grosses lettres. Cependant entretenez-la bien dans cette humeur de souffrir de mes lettres; car je crains bien qu'elle ne me laisse là sitôt qu'elle en aura une. *Porque mi razones no deven ser manjar par tan subtil intendimiento como el suyo*[1].

Je savais déjà depuis longtemps que M. Poignant n'aimait pas à écrire beaucoup, et lorsque je lui ai écrit, c'était sans espérance de réponse; et c'est dans cette pensée que je lui écrirai toujours, quand j'aurai quelque chose de bon à lui mander.

[1] Dom Claude Lancelot, de Port-Royal.
[1] « Parce que mes raisonnements ne doivent point être un aliment suffisant pour un esprit aussi subtil que le sien. »

M. de la Fontaine m'a écrit, et me mande force nouvelles de poésie, et surtout de pièces de théâtre. Je m'étonne que vous ne m'en disiez pas un mot. N'est-ce point que ce charme étrange qui vous empêchait d'écrire vous empêchait aussi d'aller à la comédie? Quoi qu'il en soit, il me portait à faire des vers. Je lui récris aujourd'hui, et j'envoie sa lettre décachetée à M. Vitart. S'il en fait retirer copie, ayez soin, je vous prie, que la lettre ne soit point souillonnée, et qu'on ne la retienne pas longtemps. Mandez-moi surtout ce que vous en penserez, et ne me payez pas d'exclamations; autrement je ne vous enverrai jamais rien. Je ne suis pas content de ce que vous avez ainsi traité mes *Bains de Vénus*. Croyez-vous que je les envoyasse seulement pour vous divertir un quart d'heure? Je prétends que vous me payiez en raisons. Vous en avez tant de bonnes pour vous justifier d'un silence de trois mois! Faites des vers un peu pour voir, et vous verrez si je ne vous en manderai pas au long tout ce que j'en pourrai dire. Au moins ayez la bonté de donner ces *Bains de Vénus* à quelqu'un pour les copier, afin que mon cousin les envoie à M. de la Fontaine.

Il ne se passe rien de nouveau en ce pays, et je ne vois pas que mes affaires s'y avancent beaucoup. Cela me fait désespérer. Je ne sais si M. Vitart ne songe plus du côté d'Ouchie.

Je cherche quelque sujet de théâtre, et je serais assez disposé à y travailler; mais j'ai trop de sujet d'être mélancolique en ce pays-ci, et il faut avoir l'esprit plus libre que je ne l'ai : aussi bien je n'aurais pas ici une personne comme vous, à qui je pusse tout montrer, à mesure que j'aurais fait quelque chose; et, s'il faut un passage latin pour vous mieux exprimer cela, je n'en saurais trouver un plus propre que celui-ci : *Nihil mihi nunc scito tam deesse quam hominem eum, quicum omnia quæ me cura aliqua afficiunt, una communicem, qui me amet, qui sapiat, quicum ego colloquar, nihil fingam, nihil dissimulem, nihil obtegam ; non homo, sed ittus, atque aer et solitudo mera. Tu autem qui sœpissime curam et angorem animi mei sermone et consilio levasti tuo, qui mihi in rebus omnibus conscius et omnium meorum sermonum et consiliorum particeps esse soles, ubinam es*[1] ? Quand Cicéron eût été à Uzès, et que vous eussiez été en la place d'Atticus, son ami, eût-il pu parler autrement?

Mais adieu; en voilà assez pour aujourd'hui. Écrivez-moi plus souvent, et ne me parlez plus de charme ni d'autres empêchements; mais souvenez-vous toujours de moi, et m'en donnez quelques marques. L'exemple de M. Poignant n'est pas bon pour tout le monde, et surtout pour ceux qui écrivent si facilement que vous. Je salue M. l'Avocat de tout mon cœur.

LETTRE XXIX.

A M. VITART, A PARIS.

A Uzès, le 25 juillet 1662.

Depuis vous avoir adressé la lettre que j'écrivais à M. de la Fontaine, j'en ai reçu deux des vôtres, dont la dernière m'a extrêmement consolé, voyant que vous preniez quelque

---

[1] Racine cite de mémoire sans doute et inexactement. Il y a dans le texte : « Qui mihi et in publica re socius, et in privatis omnibus conscius, etc. » « Sachez que, dans ce moment, ce qui me manque le plus, c'est un homme à qui je puisse confier toutes mes inquiétudes, un homme qui m'aime, qui pense sagement, à qui je puisse ouvrir mon cœur sans réserve, sans déguisement, et sans feinte... » Le texte ne se suit pas ici : il y a, dans Cicéron, immédiatement après *obtegam* : « Abest enim frater ἀφελέστατος et amantissimus : Metellus non homo, etc.; » et en français : « Je n'ai plus mon frère, dont le caractère est si franc, et qui m'aime avec tant de tendresse ; car Métellus n'est pas un homme avec qui l'on puisse s'entretenir : c'est une solitude, où l'on n'a pour

part à l'affliction où j'étais de la trahison de dom Cosme. Nous n'avons point encore reçu de ses nouvelles, au moins mon oncle; car pour moi je n'en attends plus de lui, étant bien résolu de ne plus lui écrire de ma vie. Son silence étonne son frère, qui attendait de merveilleux effets de sa conduite pour l'affaire d'Ouchie. Je lui montrai une partie de votre lettre, et il fut assez surpris de voir que M. Sconin eût tant fait de bruit pour rien. Néanmoins je n'ai pas encore osé lui parler de résignation, parce que j'ai peur qu'il ne me croie intéressé. Cependant il devrait bien s'imaginer que je ne suis pas venu de si loin pour ne rien gagner; mais je lui ai tant témoigné jusqu'ici de soumission et d'ouverture de cœur, qu'il a cru que je voudrais vivre longtemps avec lui de la sorte sans avoir aucune intention sur son bénéfice[1], et je voudrais bien qu'il eût toujours cette opinion-là de moi. Je perds tous les jours les occasions de lui faire faire quelque chose en ma faveur. Pour M. l'évêque, il n'y a rien à faire auprès de lui; il donne à ses gens le peu de bénéfices qui vaquent ici, et depuis quelques semaines le bruit avait couru en ce pays que M. d'Uzès serait archevêque de Paris, et j'ai vu une de ses lettres, où il mandait lui-même à mon oncle que le roi avait jeté la vue sur lui, et en avait parlé en des termes fort obligeants; mais nous avons su que c'était M. de Rhodès. On dit que le jansénisme est étrangement menacé.

Je suis fort alarmé de votre refroidissement avec M. l'abbé. Quoiqu'il ne m'en eût rien mandé dans ses lettres, j'avais

---

compagnon que le ciel et les rochers. Mais où êtes-vous à présent, vous qui avez guéri si souvent par vos discours et vos conseils les douleurs et les amertumes de mon âme, vous qui avez coutume d'être le confident de tous mes desseins, de tous mes secrets, et de prendre part à toutes mes affaires? » (Ad Att., lib. I, ep. 15.)

[1] Il avoue ingénument ses sentiments; il avait grande envie du bénéfice; la nécessité de se faire régulier l'effrayait. Cependant une plus grande nécessité l'eût fait consentir à tout; mais l'oncle était irrésolu. (L. R.)

pourtant bien reconnu quelque changement. Cela m'affligerait au dernier point, si je ne savais bien que votre amitié est trop forte pour demeurer longtemps refroidie, et que vous êtes trop généreux l'un et l'autre pour ne pas passer par-dessus de petites choses qui pourraient avoir causé cette mésintelligence. Je souhaite ardemment que cet accord se fasse au plus tôt. Ayez la bonté de m'en mander la nouvelle dès que vous le pourrez faire; car je mourrais de déplaisir si vous rompiez tout à fait, et je pourrais bien dire comme Chimène:

> La moitié de ma vie a mis l'autre au tombeau.

Mais vous n'en viendrez pas jusqu'à cette extrémité; vous êtes trop pacifiques tous deux.

Il m'a témoigné qu'il souhaitait que j'écrivisse à Mlle Lucrèce, et qu'elle-même m'en saurait quelque gré. D'abord, j'ai eu peur que vous ou Mlle Vitart ne m'en voulussiez mal dans ce méchant contre-temps; mais, comme je ne crois pas votre querelle de longue durée, je le satisferai au premier voyage. D'ailleurs, j'ai bien de la peine à croire que Mlle Vitart ait la moindre curiosité de voir quelque chose de moi, puisqu'elle ne m'en a rien témoigné depuis plus de six mois. Vous savez bien vous-même que les meilleurs esprits se trouveraient embarrassés, s'il leur fallait toujours écrire sans recevoir de réponse; car, à la fin, on manque de sujet.

Je vous aurais écrit ces deux derniers voyages; mais j'ai toujours accompagné mon oncle, qui allait voir faire la moisson dans toutes leurs terres.

Je me réjouis beaucoup que vous en ayez une si belle à Moloy; mais je m'attriste déjà de ce que vous y allez, dans l'appréhension où je suis de ne recevoir que bien rarement de vos nouvelles : car, si je n'en recevais point, je languirais étrangement ici. Vos lettres me donnent courage, et m'aident à pousser le temps par l'épaule, comme on dit en ce pays. La moisson a été belle, mais pas tant qu'on s'était imaginé. Le blé sera cher, c'est-à-dire qu'il vaudra environ 34 ou 35 sous le pichet. Nous en mangeons déjà du nouveau. Les raisins commencent à être mûrs, et on en fera la vendange sur la fin du mois prochain. Les chaleurs sont grandes et difficiles à passer.

M. le prince de Conti est à 3 lieues de cette ville, et se fait furieusement craindre dans la province. Il fait rechercher les vieux crimes, qui sont en fort grand nombre. Il a fait emprisonner bon nombre de gentilshommes, et en a écarté beaucoup d'autres. Une troupe de comédiens s'étaient venus établir dans une petite ville proche d'ici; ils les a chassés, et ils ont passé le Rhône pour se retirer en Provence. On dit qu'il n'y a que des missionnaires et des archers à sa queue. Les gens de Languedoc ne sont pas accoutumés à telle réforme; mais il faut pourtant plier.

Je n'ai pas vu M. Arnauld, et son maître n'est pas venu à Uzès. M. d'Uzès l'a été recevoir à Grignan, où ils passeront l'été : ainsi je ne crois pas voir M. Arnauld de longtemps. Mais je n'espère plus rien des affaires du chapitre; je crois seulement qu'elles tireront en longueur, et au bout du compte la réforme subsistera. Tâchez de m'écrire de Moloy, je vous en prie, ou faites-moi écrire par quelqu'un. Souvenez-vous de me mettre en bonne posture dans l'esprit de mon oncle d'Ouchie. Je baise très-humblement les mains à Mlle Vitart, à vos petites, à M. Lemazier, et à tout le monde.

LETTRE XXX.

AU MÊME, A PARIS.

(FRAGMENT.)

A Uzès, 1662.

Je ne saurais écrire à d'autres qu'à vous aujourd'hui; j'ai l'esprit embarrassé; je ne suis en état que de parler procès, ce qui scandaliserait ceux à qui j'ai coutume d'écrire : tout le monde n'a pas la patience que vous avez pour souffrir mes folies, outre que mon oncle est au lit, et que je suis fort assidu auprès de lui. Il est tout à fait bon, et je crois que c'est le seul de sa communauté qui ait l'âme tendre et généreuse. Je souhaite qu'il fasse quelque chose pour moi. Je puis cependant vous protester que je ne suis pas ardent pour les bénéfices : je n'en souhaite que pour vous payer quelque méchante partie de tout ce que je vous dois. Je meurs d'envie de voir vos deux infantes.

LETTRE XXXI.

A M. L'ABBÉ LE VASSEUR, A CROSNE.

A Paris, novembre 1663.

Si M. Vitart était ici tandis que votre laquais y est, je lui ferais donner absolument ce bail que vous demandez; car il ne me l'a point donné, et il s'obstine à le vouloir faire transcrire pour en donner la copie à M. de Villers. Je vous proteste que je l'en ai horriblement persécuté, et que je ferai tout mon possible pour faire donner demain au matin ce papier à votre laquais avant qu'il parte. Je n'aime pas à manquer de parole quand j'ai promis de m'employer pour quelqu'un ; c'est ce qui fait que j'ai de grands reproches à vous faire pour cette sauvegarde que j'avais promis de faire obtenir par votre moyen, et je ne vais à l'hôtel de Liancourt qu'en enrageant, quoique je sois obligé d'y aller presque tous les jours, parce que c'est là où sont mes plus grandes affaires : c'est pourquoi je vous conjure de faire tout votre possible pour mettre ma conscience en repos de ce côté-là, et de donner des ordres du lieu où vous êtes aux gens que vous avez promis d'employer auprès de M. le comte ; car je peste tous les jours contre vous, et je serais bien aise, quand je songe à vous, de n'y point songer avec ces sortes de scrupules.

Pour ce qui regarde *les Frères*[1], ils ne sont pas si avancés qu'à l'ordinaire. Le quatrième acte était fait dès samedi ; mais malheureusement je ne goûtais point, ni les autres non plus, toutes ces épées tirées : ainsi il a fallu les faire rengaîner, et pour cela ôter plus de deux cents vers ; ce qui est malaisé.

La Renommée[2] a été assez heureuse. M. le comte de Saint-Aignan l'a trouvée fort belle. Il a demandé mes autres ouvrages, et m'a demandé moi-même. Je le dois aller saluer demain. Je ne l'ai pas trouvé aujourd'hui au lever du roi ; mais j'y ai trouvé Molière, à qui le roi a donné assez de louanges, et j'en ai été bien aise pour lui : il a été bien aise aussi que j'y fusse présent.

Pour mon affaire de chez M. de Bourzeis, elle est fort honnête et bien avancée ; mais on m'a surtout recommandé le secret, et je vous le recommande. M. Bellefonds est premier maître d'hôtel depuis aujourd'hui. Le roi a été à Versailles. Les Suisses iront dimanche à Notre-Dame, et le roi a demandé

---

[1] La tragédie de *la Thébaïde*, ou *les Frères ennemis*, à laquelle il travaillait alors.
[2] C'est son ode intitulée *la Renommée aux Muses*.

la comédie pour eux à Molière ; sur quoi M. le duc[1] a dit qu'il suffisait de leur donner Gros-René bien enfariné, parce qu'ils n'entendaient point le français.

Adieu. Vous voyez que je suis à demi courtisan ; mais c'est à mon gré un métier assez ennuyant.

LETTRE XXXII.

AU MÊME, A CROSNE.

A Paris, décembre 1663.

Le mauvais temps m'a empêché de sortir depuis quatre jours ; c'est ce qui fait que je n'ai point été chez Mlle de Lacroix pour y porter des lettres pour vous, et que je n'ai point été ailleurs non plus : ainsi ne vous attendez pas d'apprendre de moi aucune nouvelle, sinon de ce qui s'est passé dans l'étendue de l'hôtel de Luynes ; car, quoique j'aie vu tout ce qui s'est passé à Notre-Dame avec messieurs les Suisses, je n'ose pas usurper sur le gazetier l'honneur de vous en faire le récit. Je crois que M. Vitart vous envoie le bail que vous attendiez. Je n'ai pas encore été à l'hôtel de Liancourt pour ôter à mon homme l'espérance que je lui avais donnée de sa sauvegarde, et je suis assez embarrassé comment je m'y prendrai.

Je n'ai point vu *l'Impromptu* ni son auteur depuis huit jours ; j'irai tantôt. J'ai tantôt achevé ce que vous savez, et j'espère que j'aurai fait dimanche ou lundi. J'y ai mis des stances qui me satisfont assez. En voilà la première ; car je n'ai guère de meilleures choses à vous écrire :

---

[1] Henri Jules de Bourbon, fils du grand Condé.

> Cruelle ambition, dont la noire malice
>   Conduit tant de monde au trépas,
> Et qui, feignant d'ouvrir le trône sous nos pas,
>   Ne nous ouvres qu'un précipice,
>   Que tu causes d'égarements!
> Qu'en d'étranges malheurs tu plonges tes amants!
>   Que leurs chutes sont déplorables!
> Mais que tu fais périr d'innocents avec eux,
>   Et que tu fais de misérables
>   En faisant un ambitieux!

C'est un lieu commun qui vient bien à mon sujet; mais ne le montrez à personne, je vous en prie, parce que si on l'avait vu, on s'en pourrait souvenir, et on en serait moins surpris quand on le récitera.

La déhanchée fait la jeune princesse. Vous savez bien, je crois, et qui est cette déhanchée, et qui sera cette princesse[1]. Adieu. Je suis marri d'avoir si peu de bonnes choses à vous mander. Je souhaite que ma stance vous tienne lieu d'une bonne lettre.

Le bailli a été tous ces jours passés ici avec sa femme; ils s'en vont à l'heure que je parle, et je ne leur dis point adieu.

Montfleuri a fait une enquête contre Molière, et l'a donnée au roi. Il l'accuse d'avoir épousé la fille, et d'avoir autrefois vécu avec la mère. Mais Montfleuri n'est point écouté à la cour. Adieu. Ne laissez point, s'il vous plaît, revenir votre laquais sans m'écrire; vous avez plus de temps que moi.

---

[1] La demoiselle Beauchâteau, comédienne de l'hôtel de Bourgogne, qui devait jouer le rôle d'Antigone dans *la Thébaïde*.

LETTRE XXXIII.

AU MÊME, A CROSNES.

A Paris, décembre 1663.

Nous étions prêts à partir lorsque M. Vitart s'aperçut qu'il n'avait point de bottes, et qu'il les avait prêtées. Cela fut capable d'ébranler sa résolution, et Mlle Vitart acheva ensuite de l'en détourner, en lui représentant qu'il aurait 8 lieues de chemin à faire cette journée-là; qu'il serait obligé de revenir fort tard, et qu'il était malheureux. Il demeura donc, et il fallut que je demeurasse avec lui, mais dans le dessein de m'en aller moi seul dans quatre ou cinq jours si vous êtes encore à la campagne tant que cela.

Je n'ai pas de grandes nouvelles à vous mander. Je n'ai fait que retoucher continuellement au cinquième acte, et il n'est tout achevé que d'hier. J'en ai changé toutes les stances avec quelques difficultés sur l'état où était ma princesse, peu convenable à s'étendre sur les lieux communs. J'ai tout réduit à cinq stances, et ôté celle de l'ambition, qui me servira, peut-être, ailleurs. On promet depuis hier *la Thébaïde* à l'hôtel[1]; mais ils ne la promettent qu'après trois autres pièces.

Je n'ai pas été depuis longtemps à l'hôtel de Liancourt. On m'a envoyé redemander depuis quatre jours le papier qu'on m'avait donné pour faire signer, et que je vous ai donné aussi. Tâchez de vous souvenir où il est.

---

[1] L'hôtel de Bourgogne. *La Thébaïde* ne fut pas jouée à ce théâtre, mais à celui du Palais-Royal, dont Molière était le directeur. *La Thébaïde* est la première tragédie qui y ait été donnée.

Je viens de parcourir votre belle et grande lettre, où j'ai trouvé assez de difficultés qui m'ont arrêté, et d'autres sur lesquelles il serait aisé de vous regagner. Je suis pourtant fort obligé à l'auteur des remarques[1], et je l'estime infiniment. Je ne sais s'il ne me sera point permis quelque jour de le connaître. Adieu, Monsieur. Votre laquais attend, et il est cause que je ne lis pas plus posément votre lettre, et que je ne réponds pas plus au long dans celle-ci.

FRAGMENT.

A M. L'ABBÉ LE VASSEUR.

. . . .
. . . .
. . . .
. . . . qu'elle ne peut pas faire la débauche à des paysans, fussent-ils de l'âge d'or ou de Normandie.

> Le plus bel esprit du hameau
> Doute si le duc est un homme.

Les pyrrhoniens ont fait autrefois ce doute; et c'était leur force d'esprit qui le leur faisait faire : mais d'en douter par bêtise, je ne crois pas qu'un homme le puisse jamais faire, si brute qu'il puisse être. Les deux derniers vers font passer

---

[1] Cet endroit est remarquable : il parle de critiques sur son ode de la Renommée, faites par Boileau, à qui M. le Vasseur avait montré cette ode. Ces critiques lui inspirèrent de l'estime pour Boileau, et une grande envie de le connaître. M. le Vasseur le mena chez Boileau : et dans cette première visite commença leur fameuse et constante amitié. (L. R.)

ce prêtre plutôt pour un athée qui se pique d'esprit fort, que pour un ignorant. Voilà de la matière, si vous voulez exercer votre bel esprit; car je crois qu'il y a bien à dire que mes sentiments ne soient les vôtres; et je ne les prends aussi que pour des sentiments erronés, que vous détruirez au moindre souffle dont vous les voudrez attaquer.

FIN DES LETTRES DE RACINE ÉCRITES DANS SA JEUNESSE.

CORRESPONDANCE

ENTRE

RACINE ET LA FONTAINE.

CORRESPONDANCE

ENTRE

RACINE ET LA FONTAINE.

LETTRE PREMIÈRE.

RACINE A LA FONTAINE.

A Uzès, le 11 novembre 1661.

> J'ai bien vu du pays et j'ai bien voyagé
> Depuis que de vos yeux les miens ont pris congé.

Mais tout cela ne m'a pas empêché de songer toujours autant à vous que je faisais lorsque nous nous voyions tous les jours,

> Avant qu'une fièvre importune
> Nous fît courir même fortune,
> Et nous mit chacun en danger
> De ne plus jamais voyager.

Je ne sais pas sous quelle constellation je vous écris présentement; mais je vous assure que je n'ai point encore fait tant de vers depuis ma maladie. Je croyais même en avoir tout à fait oublié le métier. Serait-il possible que les Muses eussent plus d'empire en ce pays que sur les rives de la

Seine ! Nous le reconnaîtrons dans la suite. Cependant je commencerai à vous dire en prose que mon voyage a été plus heureux que je ne pensais. Nous n'avons eu que deux heures de pluie jusqu'à Lyon. Notre compagnie était gaie et assez plaisante : il y avait trois huguenots, un Anglais, deux Italiens, un conseiller du Châtelet, deux secrétaires du roi, et deux de ses mousquetaires ; enfin nous étions au nombre de neuf ou dix. Je ne manquais pas tous les soirs de prendre le galop devant les autres pour aller retenir mon lit ; car j'avais fort bien retenu cela de M. Botreau, et je lui en suis infiniment obligé : ainsi j'ai toujours été bien couché ; et, quand je suis arrivé à Lyon, je ne me suis senti non plus fatigué que si du quartier de Sainte-Geneviève j'avais été à celui de la rue Galande.

A Lyon, je ne suis resté que deux jours, et je m'embarquai sur le Rhône avec deux mousquetaires de notre troupe, qui étaient du Pont-Saint-Esprit. Nous nous embarquâmes, il y a huit jours, dans un vaisseau tout neuf et bien couvert, que nous avions retenu exprès, avec le meilleur patron du pays ; car il n'y a pas trop de sûreté de se mettre sur le Rhône qu'à bonnes enseignes : néanmoins, comme il n'a point plu du tout devers Lyon, le Rhône étant fort bas, il avait perdu beaucoup de sa rapidité ordinaire.

> On pouvait sans difficulté
> Voir ces naïades toutes nues,
> Et qui, honteuses d'être vues,
> Pour mieux cacher leur nudité,
> Cherchaient des places inconnues.
> Ces nymphes sont de gros rochers,
> Auteurs de mainte sépulture,
> Et dont l'effroyable figure
> Fait changer de visage aux plus hardis nochers.

Nous fûmes deux jours sur le Rhône, et nous couchâmes à Vienne et à Valence. J'avais commencé dès Lyon à ne plus guère entendre le langage du pays, et à n'être plus intelligible moi-même. Ce malheur s'accrut à Valence, et Dieu voulut qu'ayant demandé à une servante un pot de chambre, elle mit un réchaud sous mon lit. Vous pouvez vous imaginer les suites de cette maudite aventure, et ce qui peut arriver à un homme endormi qui se sert d'un réchaud dans ses nécessités de nuit. Mais c'est encore bien pis dans ce pays. Je vous jure que j'ai autant besoin d'un interprète qu'un Moscovite en aurait besoin dans Paris. Néanmoins je commence à m'apercevoir que c'est un langage mêlé d'espagnol et d'italien ; et, comme j'entends assez bien ces deux langues, j'y ai quelquefois recours pour entendre les autres, et pour me faire entendre. Mais il arrive souvent que je perds toutes mes mesures, comme il arriva hier, qu'ayant besoin de petits clous à broquette pour ajuster ma chambre, j'envoyai le valet de mon oncle en ville, et lui dis de m'acheter deux ou trois cents de broquettes ; il m'apporta incontinent trois bottes d'allumettes ; jugez s'il y a sujet d'enrager en de semblables malentendus. Cela irait à l'infini si je voulais dire tous les inconvénients qui arrivent aux nouveaux venus en ce pays comme moi.

Au reste, pour la situation d'Uzès, vous saurez qu'elle est sur une montagne fort haute, et cette montagne n'est qu'un rocher continuel : si bien qu'en quelque temps qu'il fasse, on peut aller à pied sec tout autour de la ville. Les campagnes qui l'environnent sont toutes couvertes d'oliviers qui portent les plus belles olives du monde, mais bien trompeuses pourtant ; car j'y ai été attrapé moi-même. Je voulus en cueillir quelques-unes au premier olivier que je rencontrai, et je les mis dans ma bouche avec le plus grand appétit qu'on puisse avoir ; mais Dieu me préserve de sentir jamais une amertume pareille à celle que je sentis ! J'en eus la bouche toute perdue plus de quatre heures durant, et l'on m'a appris depuis qu'il fallait bien des lessives et des cérémonies pour rendre les olives douces comme on les mange. L'huile qu'on en retire sert ici de beurre, et j'appréhendais bien ce changement; mais j'en ai goûté aujourd'hui dans les sauces, et sans mentir il n'y a rien de meilleur. On sent bien moins l'huile qu'on ne sentirait le meilleur beurre de France. Mais c'est assez vous parler d'huile, et vous me pourrez reprocher, plus justement qu'on ne faisait à un ancien orateur, que mes ouvrages sentent trop l'huile.

Il faut vous entretenir d'autre chose, ou plutôt remettre cela à un autre voyage, pour ne vous pas ennuyer. Je ne me saurais empêcher de vous dire un mot des beautés de cette province. On m'en avait dit beaucoup de bien à Paris; mais sans mentir on ne m'en avait encore rien dit au prix de ce qui en est, et pour le nombre, et pour l'excellence : il n'y a pas une villageoise, pas une savetière qui ne disputât de beauté avec les Fouilloux et les Menneville. Si le pays de soi avait un peu de délicatesse, et que les rochers y fussent un peu moins fréquents, on le prendrait pour un vrai pays de Cythère. Toutes les femmes y sont éclatantes, et s'y ajustent d'une façon qui leur est la plus naturelle du monde; et pour ce qui est de leur personne,

« Color verus, corpus solidum et succi plenum [1]. »

Mais, comme c'est la première chose dont on m'a dit de me donner de garde, je ne veux pas en parler davantage; aussi bien ce serait profaner une maison de bénéficier, comme celle où je suis, que d'y faire de longs discours sur cette matière. *Domus mea, domus orationis*[2]. C'est pourquoi vous devez vous attendre que je ne vous en parlerai plus du tout. On m'a dit : Soyez aveugle. Si je ne le puis être tout à fait,

---

[1] « Un coloris vrai, un corps ferme, la fleur de l'embonpoint et de la santé. » (Terent., *Eunuch.*, act. II, sc. iii.)

[2] « Ma maison est une maison de prière. »

il faut du moins que je sois muet; car, voyez-vous, il faut être régulier avec les réguliers, comme j'ai été loup avec vous et avec les autres loups vos compères. *Adiousias.*

LETTRE II.

RACINE A LA FONTAINE.

A Uzès, le 6 juillet 1662.

Votre lettre m'a fait un grand bien, et je passerais assez doucement mon temps si j'en recevais souvent de pareilles. Je ne sache rien qui me puisse mieux consoler de mon éloignement de Paris; je m'imagine même être au milieu du Parnasse, tant vous me décrivez agréablement tout ce qui s'y passe de plus mémorable; mais je m'en trouve fort éloigné; et c'est se moquer de moi que de me porter, comme vous faites, à y retourner. Je n'y ai pas fait assez de voyages pour en retenir le chemin; et ne m'en souvenant plus, qui pourrait m'y remettre en ce pays-ci? J'aurais beau invoquer les Muses, elles sont trop loin pour m'entendre; elles sont toujours occupées auprès de vous autres messieurs de Paris: il arrive rarement qu'elles viennent dans les provinces; on dit même qu'elles ont fait serment de n'y plus revenir depuis l'insolence de Pyrénée. Vous vous souvenez de cette histoire.

> C'était un fameux homicide;
> Il avait conquis la Phocide,
> Et faisait des courses, dit-on,
> Jusques aux pieds de l'Hélicon.

> Un jour les neuf savantes sœurs,
> Assez près de cette montagne,

S'amusant à cueillir des fleurs,
Se promenaient dans la campagne.

Tout d'un coup le ciel se couvrit
Un épais nuage s'ouvrit,
Il plut à grands flots, et l'orage
Les mit en mauvais équipage.

Le barbare assez près de là
Avait établi sa demeure ;
Il les vit, et les appela.

Vous savez la suite; vous savez que ce malheureux Pyrénée voulut faire violence aux Muses, et que, pour les en garantir, les dieux leur donnèrent des ailes, et elles revolèrent aussitôt vers le Parnasse.

Lorsqu'elles furent de retour,
Considérant le mauvais tour
Que leur avait joué cet infidèle prince,
Elles firent serment que jamais en province
Elles ne feraient leur séjour.

En effet se trouvant des ailes sur le dos,
Elles jugèrent à propos
De s'en aller, à la même heure,
Où Pallas faisait sa demeure.

Elles y restèrent longtemps :
Mais lorsque les Romains devinrent éclatants,
Et qu'ils eurent conquis Athènes,
Les Muses se firent romaines.

Enfin par l'ordre du Destin,
Quand Rome allait en décadence,
Les Muses au pays latin
Ne firent plus leur résidence.

Paris, le siége des Amours,
Devint aussi celui des filles de Mémoire ;

> Et l'on a grand sujet de croire
> Qu'elles y resteront toujours.

Quand je parle de Paris, j'y comprends les beaux pays d'alentour; car elles en sortent de temps en temps pour prendre l'air de la campagne.

> Tantôt Fontainebleau les voit
> Le long de ses belles cascades;
> Tantôt Vincennes les reçoit
> Au milieu de ses palissades.

> Elles vont souvent sur les eaux
> Ou de la Marne ou de la Seine;
> Elles étaient toujours à Vaux [1],
> Et ne l'ont pas quitté sans peine.

Ne croyez pas pour cela que les provinces manquent de poëtes; elles en ont en abondance : mais que ces Muses sont différentes des autres! Il est vrai qu'elles leur sont égales en nombre, et se vantent d'être presque aussi anciennes; au moins sont-elles depuis longtemps en possession des provinces. Vous êtes en peine de savoir qui elles sont. Souvenez-vous des neuf filles de Piérus : leur histoire est connue au Parnasse, d'autant que les Muses prirent leurs noms après les avoir vaincues, comme les Romains prenaient les noms des pays qu'ils avaient conquis. Les filles de Piérus furent changées en pies.

> Ces oiseaux, plus importuns
> Mille fois que les chouettes,
> Sont cause que les poëtes
> Sont devenus si communs.

---

[1] Vaux-le-Vicomte, bien plus connu par les vers de la Fontaine que par toutes les magnificences de Fouquet. Racine passe ici en revue les lieux que la Fontaine fréquentait le plus habituellement.

Vous savez que toutes pies
Dérobent fort volontiers :
Celles-ci, comme harpies,
Pillent les livres entiers.

On dit même qu'à Paris
Ces fausses Muses font rage,
Et que force beaux esprits
Se font à leur badinage.

Lorsqu'elles sont attrapées,
Les ailes leur sont coupées,
Et leurs larcins confisqués ;

Et, pour finir cette histoire,
Tels oiseaux sont relégués
Delà les rives de Loire.

C'est où Furetière relègue leur général Galimatias, et il est bien juste qu'elles lui tiennent compagnie. Mais je ne songe pas que vous me condamnerez peut-être à y demeurer comme elles. En effet, j'ai bien peur que ceci n'approche fort de leur style, et que vous n'y reconnaissiez plutôt le caquet importun des pies que l'agréable facilité des Muses. Renvoyez-moi cette bagatelle des *Bains de Vénus*, et me mandez ce qu'en pense votre académie de Château-Thierry, surtout Mlle de la Fontaine[1]. Je ne lui demande aucune grâce pour mes vers; qu'elle les traite rigoureusement, mais qu'elle me fasse au moins la grâce d'agréer mes respects.

---

[1] Marie Héricart, fille du lieutenant du baillage de la Ferté-Milon, femme de la Fontaine.

LETTRE III.

LA FONTAINE A RACINE.

De Château-Thierry, le 6 juin 1686.

Poignant, à son retour de Paris, m'a dit que vous preniez mon silence en fort mauvaise part, d'autant plus qu'on vous avait assuré que je travaillais sans cesse depuis que je suis à Château-Thierry, et qu'au lieu de m'appliquer à mes affaires, je n'avais que des vers en tête. Il n'y a de tout cela que la moitié de vrai. Mes affaires m'occupent autant qu'elles en sont dignes, c'est-à-dire nullement ; mais le loisir qu'elles me laissent, ce n'est pas la poésie, c'est la paresse qui l'emporte. Je trouvai ici, le lendemain de mon arrivée, une lettre et un couplet d'une fille âgée seulement de huit ans : j'y ai répondu ; ç'a été ma plus forte occupation depuis mon arrivée. Voici donc le couplet avec le billet qui l'accompagne :

SUR L'AIR DE *Joconde*.

> Quand je veux faire une chanson
>   Au parfait la Fontaine,
> Je ne puis tirer rien de bon
>   De ma timide veine.
> Elle est tremblante en ce moment,
>   Je n'en suis pas surprise ;
> Devant lui mon faible talent
>   Ne peut être de mise.

« Je crois, en vérité, que je ne serais jamais parvenue à
» faire une chanson pour vous, Monsieur, si je n'avais en
» vue de m'en attirer une des vôtres. Vous me l'avez pro-

» mise, et vous avez affaire à une personne qui est vive sur
» ses intérêts. Songez que je vous assassinerai jusqu'à ce que
» vous m'ayez tenu votre parole. De grâce, Monsieur, ne
» négligez point une petite Muse qui pourrait parvenir si
» vous lui jetiez un regard favorable. »

Ce couplet et cette lettre, si ce qu'on me mande de Paris est bien vrai, n'ont pas coûté une demi-heure à la demoiselle, qui quelquefois met de l'amour dans ses chansons, sans savoir ce que c'est qu'amour. Comme j'ai vu qu'elle ne me laisserait point en repos que je n'eusse écrit quelque chose pour elle, je lui ai envoyé les trois couplets suivants. Ils sont sur le même air.

> Paule, vous faites joliment
>   Lettres et chansonnettes,
> Quelques grains d'amour seulement,
>   Elles seraient parfaites.
> Quand ses soins au cœur sont connus,
>   Une Muse sait plaire.
> Jeune Paule, trois ans de plus
>   Font beaucoup à l'affaire.

> Vous parlez quelquefois d'amour,
>   Paule, sans le connaître ;
> Mais j'espère vous voir un jour
>   Ce petit dieu pour maître.
> Le doux langage des soupirs
>   Est pour vous lettre close.
> Paule, trois retours des zéphyrs
>   Font beaucoup à la chose.

> Si cet enfant, dans vos chansons,
>   A des grâces naïves,
> Que sera-ce quand ses leçons
>   Seront un peu plus vives ?
> Pour aider l'esprit en ses vers
>   Le cœur est nécessaire,
> Trois printemps sur autant d'hivers
>   Font beaucoup à l'affaire.

Voyez, Monsieur, s'il y avait là de quoi vous fâcher de ce que je ne vous envoie pas les belles choses que je produis. Il est vrai que j'ai promis une lettre au prince de Conti[1]; elle est à présent sur le métier : les vers suivants y trouveront leur place.

> Un sot plein de savoir est plus sot qu'un autre homme :
>   Je le fuirais jusques à Rome ;
>   Et j'aimerais mille fois mieux
>   Un glaive aux mains d'un furieux,
>   Que l'étude en certains génies.
>   Ronsard est dur, sans goût, sans choix,
> Arrangeant mal ses mots, gâtant par son françois
> Des Grecs et des Latins les grâces infinies.
> Nos aïeux, bonnes gens, lui laissaient tout passer,
> Et d'érudition ne se pouvaient lasser.
> C'est un vice aujourd'hui : l'on oserait à peine
> En user seulement une fois la semaine.
> Quand il plait au hasard de vous en envoyer,
> Il faut la bien choisir, puis la bien employer ;
> Encore avec ces soins n'est-on pas sûr de plaire
> Cet auteur a, dit-on, besoin d'un commentaire :
> On voit bien qu'il a lu ; mais ce n'est pas l'affaire ;
> Qu'il cache son savoir, et montre son esprit.
> Racan ne savait rien ; comment a-t-il écrit ?
> Et mille autres raisons, non sans quelque apparence.
> Malherbe de ces traits usait plus fréquemment.
> Sous lui la cour n'osait encore ouvertement
>   Sacrifier à l'ignorance.

Puisque je vous envoie ces petits échantillons, vous en conclurez, s'il vous plaît, qu'il est faux que je fasse le mystérieux avec vous. Mais, je vous en prie, ne montrez ces derniers vers à personne ; car Mme de la Sablière ne les a pas encore vus.

FIN DES LETTRES DE RACINE ET DE LA FONTAINE.

---

[1] François-Louis de Bourbon, prince de la Roche-sur-Yon, devenu prince de Conti par la mort de son frère aîné, en 1685.

CORRESPONDANCE

ENTRE

RACINE ET BOILEAU.

CORRESPONDANCE

ENTRE

RACINE ET BOILEAU[1].

LETTRE PREMIÈRE.

BOILEAU A RACINE.

Auteuil, 19 mai 1687.

Je voudrais bien pouvoir vous mander que ma voix est revenue; mais la vérité est qu'elle est au même état que vous l'avez laissée, qu'elle n'est haussée ni baissée d'un ton. Rien

---

[1] On verra, dans les lettres suivantes, tout commun entre les deux hommes qui s'écrivent, amis, intérêts, sentiments, et ouvrages. On verra aussi mon père plus occupé, à la cour, de Boileau que de lui-même. Cette union, qui a duré près de quarante ans, n'a jamais été un seul jour refroidie.

Les premières lettres furent écrites dans le temps que Boileau était allé à Bourbon, où les médecins l'avaient envoyé prendre les eaux : remède assez bizarre pour une extinction de voix. Il l'avait perdue entièrement, et tout à coup, à la fin d'un violent rhume : et, se regardant comme un homme inutile au monde, il s'abandonnait à son affliction. Mon père le consolait en l'assurant qu'il retrouverait la voix comme il l'avait perdue, et qu'au moment où il s'y attendrait le moins elle reviendrait. La prédiction fut véritable : les remèdes ne firent rien ; et la voix, six mois après, revint tout à coup.

Les autres lettres sont presque toutes écrites dans le temps que mon

ne la peut faire revenir; mon ânesse y a perdu son latin, aussi bien que tous les médecins. Le différence qu'il y a entre eux et elle, c'est que son lait m'a engraissé, et que leurs remèdes me dessèchent. Ainsi, mon cher Monsieur, me voilà aussi muet et aussi chagrin que jamais. J'aurais bon besoin de votre vertu, et surtout de votre vertu chrétienne, pour me consoler; mais je n'ai pas été élevé, comme vous, dans le sanctuaire de la piété; et, à mon avis, une vertu ordinaire ne saurait que blanchir contre un aussi juste sujet de s'affliger qu'est le mien. Il me faut de la grâce, et de la grâce *augustinienne* la plus *efficace*, pour m'empêcher de me désespérer; car je doute que la grâce *molinienne* la plus *suffisante* suffise pour me soutenir dans l'abattement où je suis. Vous ne sauriez vous imaginer à quel excès va cet abattement, et quel mépris il m'inspire pour toutes les choses de la terre, sans néanmoins (ce qui est de fâcheux) m'inspirer un assez grand goût des choses du ciel. Quelque insensible pourtant qu'il m'ait rendu pour tout ce qui se passe ici-bas, je ne suis pas encore indifférent pour la gloire du roi. Vous me ferez donc plaisir de me mander quelques particularités de son voyage puisque tous ses pas sont historiques, et qu'il ne fait rien qui ne soit digne, pour ainsi dire, d'être raconté à tous les siècles. Je vous aurai aussi beaucoup d'obligation, si vous voulez en même temps m'écrire des nouvelles de votre santé. Je meurs de peur que votre mal de gorge ne soit aussi persévérant que mon mal de poitrine. Si cela est, je n'ai plus d'espérance d'être heureux, ni par autrui, ni par moi-même. On vient de me dire que Furetière a été à l'extrémité, et que, par l'avis de son confesseur, il a envoyé quérir tous

---

père suivait le roi dans ses campagnes. Boileau ne pouvant, à cause de la faiblesse de sa santé, avoir le même honneur, son collègue dans l'emploi d'écrire cette histoire avait attention de l'instruire de tout ce qui se passait. Il lui écrivait à la hâte, et Boileau lui répondait de même. Ces lettres, dans lesquelles ils ne cherchent point l'esprit, font connaître leur cœur. (L. R.)

les académiciens offensés dans son Factum, et qu'il leur a fait une amende honorable dans les formes, mais qu'il se porte mieux maintenant. J'aurai soin de m'éclaircir de la chose, et je vous en manderai le détail. Le P. Souvenin[1] a dîné aujourd'hui chez moi, et m'a fort prié de vous faire ses recommandations. Je vous les fais donc, et en récompense je vous conjure de bien faire les miennes au cher M. Félix[2]. Pourquoi faut-il que je ne sois pas avec lui et avec vous, ou que je n'aie pas du moins une voix pour crier encore contre la fortune, qui m'a envié ce bonheur? Dites bien aussi à M. le marquis de Termes que je songe à lui dans mon infortune, et qu'encore que je sache assez combien les gens de cour sont peu touchés des malheurs d'autrui, je le tiens assez galant homme pour me plaindre. Maximilien[3] m'est venu voir à Auteuil, et m'a lu quelque chose de son *Théophraste*. C'est un fort honnête homme, et à qui il ne manquerait rien si la nature l'avait fait aussi agréable qu'il a envie de l'être. Du reste, il a de l'esprit, du savoir, et du mérite. Je vous donne le bonsoir, et suis tout à vous.

LETTRE II.

RACINE A BOILEAU.

Luxembourg[4], 24 mai 1687.

Votre lettre m'aurait fait beaucoup plus de plaisir si les nouvelles de votre santé eussent été un peu meilleures. Je vis M. Dodart[5] comme je venais de la recevoir, et la lui

---

[1] Génovéfain, parent de Racine.
[2] Premier chirurgien de Louis XIV.
[3] La Bruyère.
[4] Racine suivait Louis XIV.
[5] Denis Dodart, médecin de Louis XIV.

montrai. Il m'assura que vous n'aviez aucun lieu de vous mettre dans l'esprit que votre voix ne reviendrait point, et me cita même quantité de gens qui sont sortis fort heureusement d'un semblable accident. Mais, sur toutes choses, il vous recommande de ne point faire d'efforts pour parler, et s'il se peut, de n'avoir commerce qu'avec des gens d'une oreille fort subtile, ou qui vous entendent à demi-mot. Il croit que le sirop d'abricot vous est fort bon, et qu'il en faut prendre quelquefois de pur, et très-souvent de mêlé avec de l'eau, en l'avalant lentement et goutte à goutte; ne point boire trop frais, ni de vin que fort trempé; du reste vous tenir l'esprit toujours gai. Voilà à peu près le conseil que M. Menjot me donnait autrefois. M. Dodart approuve beaucoup votre lait d'ânesse, mais beaucoup plus encore ce que vous dites de la vertu moliniste. Il ne la croit nullement propre à votre mal, et assure même qu'elle y serait très-nuisible. Il m'ordonne presque toujours les mêmes choses pour mon mal de gorge, qui va toujours son même train; il me conseille un régime qui peut-être pourra me guérir dans deux ans, mais qui infailliblement me rendra dans deux mois de la taille dont vous voyez qu'est M. Dodart lui-même[1]. M. Félix était présent à toutes ces ordonnances, qu'il a fort approuvées; et il a aussi demandé des remèdes pour sa santé, se croyant le plus malade de nous trois. Je vous ai mandé qu'il avait visité la boucherie de Châlons. Il est, à l'heure que je vous parle, au marché, où il m'a dit qu'il avait rencontré ce matin des écrevisses de fort bonne mine.

Le voyage est prolongé de trois jours, et on demeurera ici jusqu'à lundi prochain. Le prétexte est la rougeole de M. le comte de Toulouse; mais le vrai est apparemment que le roi a pris goût à sa conquête, et qu'il n'est pas fâché de l'examiner tout à loisir. Il a déjà considéré toutes les fortifications l'une après l'autre, est entré jusque dans les contre-

[1] M. Dodart était extrêmement maigre.

mines du chemin couvert, qui sont fort belles, et surtout a été fort aise de voir ces fameuses redoutes entre les deux chemins couverts, lesquelles ont donné tant de peine à M. de Vauban. Aujourd'hui le roi va examiner la circonvallation, c'est-à-dire faire un tour de 7 ou 8 lieues. Je ne vous fais point le détail de tout ce qui m'a paru ici de merveilleux ; qu'il vous suffise que je vous en rendrai bon compte quand nous nous verrons, et que je vous ferai peut-être concevoir les choses comme si vous y aviez été. M. de Vauban a été ravi de me voir, et, ne pouvant pas venir avec moi, m'a donné un ingénieur qui m'a mené partout. Il m'a aussi abouché avec M. d'Espagne, gouverneur de Thionville, qui se signala tant à Saint-Godard[1], et qui m'a fait souvenir qu'il avait souvent bu avec moi à l'auberge de M. Poignant, et que nous étions, Poignant et moi, fort agréables avec feu M. de Bernage, évêque de Grasse. Sérieusement, ce M. d'Espagne est un fort galant homme, et il m'a paru un grand air de vérité dans tout ce qu'il m'a dit de ce combat de Saint-Godard. Mais, mon cher Monsieur, cela ne s'accorde ni avec M. de Montécuculli, ni avec M. de Bissy, ni avec M. de la Feuillade, et je vois bien que la vérité qu'on nous demande tant est bien plus difficile à trouver qu'à écrire. J'ai vu aussi M. de Charvil, qui était intendant à Gigeri. Celui-ci sait apparemment la vérité, mais il se serre les lèvres tant qu'il peut de peur de la dire ; et j'ai eu à peu près la même peine à lui tirer quelques mots de la bouche que Trivelin en avait à en tirer de Scaramouche, *musicien bègue*. M. de Gourville arriva hier, et tout en arrivant me demanda de vos nouvelles. Je ne finirais point si je vous nommais tous les gens qui m'en demandent tous les jours avec amitié. M. de Chevreuse, entre autres, M. de Noailles,

---

[1] Saint-Godard, ou plutôt Saint-Gothard, petite ville de la basse Hongrie, près de laquelle les Français remportèrent une célèbre victoire sur les Turcs, le 1er août 1664.

Mgr le Prince, que je devrais nommer le premier, surtout M. Moreau notre ami, et M. Roze; ce dernier avec des expressions fortes, vigoureuses, et qu'on voit bien en vérité qui partent du cœur. Je fis hier grand plaisir à M. de Termes de lui dire le souvenir que vous avez de lui. M. l'archevêque d'Embrun est ici, toujours mettant le roi en bonne humeur; M. de Reims, M. le président de Mesmes, M. le cardinal de Furstemberg; enfin, plus de gens trois fois qu'à Versailles; la presse dans les rues, comme à Bouquenon, une infinité d'Allemands et d'Allemandes qui veulent... (voir le roi[1]).

Suscription : A M. Despréaux, chez M. l'abbé de Dreux, cloître Notre-Dame, à Paris.

LETTRE III.

BOILEAU A RACINE.

Auteuil, le 26 mai 1687.

Je ne me suis pas hâté de vous répondre, parce que je n'avais rien à vous mander que ce que je vous avais déjà écrit dans ma dernière lettre. Les choses sont changées depuis. J'ai quitté au bout de cinq semaines le lait d'ânesse, parce que non-seulement il ne me rendait point la voix, mais qu'il commençait à m'ôter la santé en me donnant des dégoûts et des espèces d'émotions tirant à fièvre. Tout ce que vous a dit M. Dodart est fort raisonnable, et je veux croire sur sa parole que tout ira bien : mais, entre nous, je doute que ni lui ni personne connaisse bien ma maladie,

---

[1] Le manuscrit finit ainsi.

ni mon tempérament. Quand je fus attaqué de la difficulté de respirer, il y a vingt-cinq ans, tous les médecins m'assuraient que cela s'en irait, et se moquaient de moi quand je témoignais douter du contraire. Cependant cela ne s'est point en allé, et j'en fus encore hier incommodé considérablement. Je sens que cette difficulté de respirer est au même endroit que ma difficulté de parler, et que c'est un poids fort extérieur que j'ai sur la poitrine qui les cause l'une et l'autre. Dieu veuille qu'elles n'aient pas fait une société inséparable! Je ne vois que des gens qui prétendent avoir eu le même mal que moi, et qui en ont été guéris; mais, outre que je ne sais au fond s'ils disent vrai, ce sont pour la plupart des femmes ou des jeunes gens qui n'ont point de rapport avec un homme de cinquante ans; et d'ailleurs, si je suis original en quelque chose, c'est en infirmités, puisque mes maladies ne ressemblent jamais à celles des autres. Avec tout ce que je vous dis, je ne me couche point que je n'espère le lendemain m'éveiller avec une voix sonore; et quelquefois même après mon réveil, je demeure longtemps sans parler, pour m'entretenir dans mon espérance. Ce qui est de vrai, c'est qu'il n'y a point de nuit que je ne recouvre la voix en songe; mais je reconnais bien ensuite que tous les songes, quoi qu'en dise Homère, ne viennent pas de Jupiter, ou il faut que Jupiter soit un grand menteur. Cependant je mène une vie fort chagrine et fort peu propre aux conseils de M. Dodart, d'autant plus que je n'oserais m'appliquer fortement à aucune chose, et qu'il ne me sort rien du cerveau qui ne me tombe sur la poitrine et qui ne me ruine encore plus la voix. Je suis bien aise que votre mal de gorge vous laisse au moins plus de liberté, et ne vous empêche pas de contempler les merveilles qui se font à Luxembourg. Vous avez raison d'estimer comme vous faites M. de Vauban. C'est un des hommes de notre siècle, à mon avis, qui a le plus prodigieux mérite; et pour vous dire en un mot ce que je pense de lui, je crois qu'il y a plus d'un maréchal de France qui, quand il le rencontre, rougit de se voir maréchal de France. Vous avez fait une grande acquisition en l'amitié de M. d'Espagne; et c'est ce qui me fait encore plus déplorer la perte de ma voix, puisque c'est vraisemblablement ce qui m'a fait manquer cette acquisition. J'écris à M. de Flamarens. Je veux croire que notre cher Félix est le plus malade de nous trois; mais, si ce que vous me mandez est véritable, l'affliction qu'il en a est une affliction *à la Puimorine*, je veux dire fort dévorante, et qui ne lui a pas fait perdre la mémoire des soles et des longes de veau. Faites-lui bien mes baisemains, aussi bien qu'à M. de Termes, à M. de Niert, et à M. Moreau. Adieu, mon cher Monsieur; aimez-moi toujours et croyez que je vous rendrai bien la pareille.

LETTRE IV.

BOILEAU A RACINE.

Bourbon, le 21 juillet 1687.

Depuis ma dernière lettre j'ai été saigné, purgé, etc. Il ne me manque plus aucune des formalités prétendues nécessaires pour prendre les eaux. La médecine que j'ai prise aujourd'hui m'a fait, à ce qu'on dit, tous les biens du monde; car elle m'a fait tomber quatre ou cinq fois en faiblesse, et m'a mis en tel état qu'à peine je me puis soutenir. C'est demain que se doit commencer le grand chef-d'œuvre, je veux dire que demain je dois commencer à prendre des eaux. M. Bourdier, mon médecin, me remplit toujours de grandes espérances; il n'est pas de l'avis de M. Fagon pour le bain, et cite même des exemples de gens non-seulement qui n'ont pas recouvré la voix, mais qui l'ont même perdue pour s'être baignés : du reste, on ne peut pas faire plus d'estime de M. Fagon qu'il en fait, et il le regarde comme l'Esculape de ce temps. J'ai fait connaissance avec deux ou trois malades, qui valent bien des gens en santé. J'en ai trouvé un même avec qui j'ai étudié autrefois, et qui est fort galant homme. Ce ne sera pas une petite affaire pour moi que la prise des eaux, qui sont, dit-on, fort endormantes, et avec lesquelles néanmoins il faut absolument s'empêcher de dormir : ce sera un noviciat terrible; mais que ne ferait-on pas pour avoir de quoi contredire M. Charpentier[1]?

Je n'ai point encore eu de temps pour me mettre à l'étude, parce que j'ai été assez occupé des remèdes, pendant lesquels on m'a défendu surtout l'application : les eaux, dit-on, me donneront plus de loisir; et pourvu que je ne m'endorme point, on me laisse toute liberté de lire, et même de composer. Il y a ici un trésorier de la Sainte-Chapelle, grand ami de M. de Lamoignon, qui me vient voir fort souvent : il est homme de beaucoup d'esprit; et s'il n'a pas la main si prompte à répandre les bénédictions que le fameux M. de Coutances[2], il a, en récompense, beaucoup plus de lettres et beaucoup plus de solidité. Je suis toujours fort affligé de ne vous point voir; mais franchement le séjour de Bourbon ne m'a point paru, jusqu'à présent, si horrible que je me l'étais imaginé : j'ai un jardin pour me promener; et je m'étais préparé à une si grande inquiétude, que je n'en ai pas la moitié de ce que j'en croyais avoir. Celui qui doit porter cette lettre à Moulins me presse fort : c'est ce qui fait que je me hâte de vous dire que je n'ai jamais mieux conçu combien je vous aime que depuis notre triste séparation. Mes recommandations au cher M. Félix ; et je vous supplie, quand

[1] Il disputait souvent à l'Académie française contre M. Charpentier. (L. R.)
[2] Voyez le Lutrin, ch. I, v. 1.

même je l'aurais oublié dans quelqu'une de mes lettres, de supposer toujours que je vous ai parlé de lui, parce que mon cœur l'a fait, si ma main ne l'a pas écrit. Je vous embrasse de tout mon cœur.

LETTRE V.

RACINE A BOILEAU.

Paris, le 25 juillet 1687

Je commençais à m'ennuyer beaucoup de ne point recevoir de vos nouvelles, et je ne savais même que répondre à quantité de gens qui m'en demandaient. Le roi, il y a trois jours, me demanda à son dîner comment allait votre extinction de voix : je lui dis que vous étiez à Bourbon. Monsieur prit aussitôt la parole, et me fit là-dessus force questions, aussi bien que Madame[1], et vous fîtes l'entretien de plus de la moitié du dîner. Je me trouvai le lendemain sur le chemin de M. de Louvois, qui me parla aussi de vous, mais avec beaucoup de bonté, et me disant en propres mots qu'il était très-fâché que cela durât si longtemps. Je ne vous dis rien de mille autres qui me parlent tous les jours de vous; et quoique j'espère que vous retrouverez bientôt votre voix tout entière, vous n'en aurez jamais assez pour suffire à tous les remercîments que vous aurez à faire.

Je me suis laissé débaucher par M. Félix, pour aller demain avec le roi à Maintenon : c'est un voyage de quatre jours. M. de Termes nous mène dans son carrosse; et j'ai aussi débauché M. Hessein pour faire le quatrième. Il se

---

[1] Élisabeth-Charlotte de Bavière, mère du dernier duc d'Orléans, régent de France.

plaint toujours beaucoup de ses vapeurs, et je vois bien qu'il espère se soulager par quelque dispute de longue haleine[1]; mais je ne suis guère en état de lui donner contentement, me trouvant toujours assez incommodé de ma gorge dès que j'ai parlé un peu de suite. Cela va pourtant mieux que quand vous êtes parti; mais je ne suis pas encore hors d'affaire. Ce qui m'embarrase, c'est que M. Fagon, et plusieurs autres médecins très-habiles, m'avaient ordonné de boire beaucoup d'eau de Sainte-Reine, et des tisanes de chicorée : et j'ai trouvé chez M. Nicole un médecin qui me paraît fort sensé, qui m'a dit qu'il connaissait mon mal à fond; qu'il en a guéri plusieurs gens en sa vie, et que je ne guérirais jamais tant que je boirais de l'eau ou de la tisane; que le seul moyen de sortir d'affaire était de ne boire que pour la seule nécessité, et tout au plus pour détremper les aliments dans l'estomac. Il a appuyé cela de quelques raisonnements qui m'ont paru assez solides. Ce qui est arrivé de là, c'est que présentement je n'exécute ni son ordonnance ni celle de M. Fagon. Je ne me noie plus d'eau comme je faisais, je bois à ma soif; et vous jugez bien que par le temps qu'il fait on a toujours assez soif, c'est-à-dire, à vous parler franchement, que je me suis remis dans mon train de vie ordinaire, et je m'en trouve assez bien. Le même médecin m'a assuré que si les eaux de Bourbon ne vous guérissaient pas, il vous guérirait infailliblement. Il m'a cité l'exemple d'un chantre de Notre-Dame (je crois que c'était une basse) à qui un rhume avait fait perdre entièrement la voix depuis six mois, et il était sur le point de se retirer : le médecin que je vous dis l'entreprit, et avec une tisane d'une herbe qu'on appelle, je crois, *erysimum*, il le tira d'affaire en trois semaines; en telle sorte que non-seulement il parle, mais il chante très-bien, et a

---

[1] M. Hessein, leur ami commun, et frère de Mme de la Sablière, avait beaucoup d'esprit et de lettres; mais il aimait à disputer et à contredire. (L. R.)

la voix aussi forte qu'il l'ait jamais eue. Ce chantre a, dit-il, plus de quarante ans. J'ai conté la chose aux médecins de la cour : ils avouent que cette plante d'*erysimum* est très-bonne pour la poitrine; mais ils disent qu'ils ne lui croient pas la vertu que dit mon médecin. C'est le même qui a deviné le mal de M. Nicole : il s'appelle M. Morin[1], et il est à M{{lle}} de Guise. M. Fagon en fait un fort grand cas. J'espère que vous n'aurez pas besoin de lui; mais cela est toujours bon à savoir : et, si le malheur voulait que vos eaux ne fissent pas tout l'effet que vous souhaitez, voilà encore une assez bonne consolation que je vous donne. Je ne vous manderai point cette fois-ci d'autres nouvelles que celles qui regardent votre santé et la mienne. Je vous dirai seulement que j'ai encore mes deux chevaux sur la litière. J'ai, etc.

Suscription : A M. Despréaux, chez M. Prévôt, chirurgien à Bourbon.

LETTRE VI.

BOILEAU A RACINE.

Bourbon, le 29 juillet 1687.

Votre lettre m'a tiré d'un fort grand embarras ; car je doutais que vous eussiez reçu celle que je vous ai écrite, et dont la réponse est arrivée fort tard à Bourbon. Si la perte de ma voix ne m'avait fort guéri de la vanité, j'aurais été très-sensible à tout ce que vous m'avez mandé de l'honneur que m'a fait le plus grand prince de la terre, en vous demandant des nouvelles de ma santé : mais l'impuissance où ma mala-

---

[1] Il était de l'Académie des sciences. Son éloge est un des premiers de ceux qu'a faits M. de Fontenelle. (L. R.)

die me met de répondre par mon travail à toutes les bontés qu'il me témoigne, me fait un sujet de chagrin de ce qui devrait faire toute ma joie. Les eaux jusqu'ici m'ont fait un fort grand bien, suivant toutes les règles, puisque je les rends de reste, et qu'elles m'ont, pour ainsi dire, tout fait sortir du corps, exepté la maladie pour laquelle je les prends. M. Bourdier, mon médecin, soutient pourtant que j'ai la voix plus forte que quand je suis arrivé; et M. Baudière, mon apothicaire, qui est encore meilleur juge que lui, puisqu'il est sourd, prétend aussi la même chose : mais, pour moi, je suis persuadé qu'ils me flattent, ou plutôt qu'ils se flattent eux-mêmes; et, à ce que je puis reconnaître en moi, je tiens que les eaux me soulageront plutôt la difficulté de respirer que la difficulté de parler. Quoi qu'il en soit, j'irai jusqu'au bout, et je ne donnerai pas occasion à M. Fagon et à M. Félix de dire que je me suis impatienté. Au pis aller, nous essayerons cet hiver l'*erysimum :* mon médecin et mon apothicaire, à qui j'ai montré l'endroit de votre lettre où vous parlez de cette plante, ont témoigné tous deux en faire grand cas; mais M. Bourdier prétend qu'elle ne peut rendre la voix qu'à des gens qui ont le gosier attaqué, et non pas à un homme comme moi, qui a tous les muscles de la poitrine embarrassés. Peut-être que si j'avais le gosier malade, prétendrait-il que l'*erysimum* ne saurait guérir que ceux qui ont la poitrine attaquée. Le bon de l'affaire est qu'il persiste toujours dans la pensée que les eaux de Bourbon me rendront bientôt la voix : si cela arrive, ce sera à moi, mon cher monsieur, à vous consoler, puisque, de la manière dont vous me parlez de votre mal de gorge, je doute qu'il puisse être guéri sitôt, surtout si vous vous engagez en de long voyages avec M. Hessein. Mais laissez-moi faire, si la voix me revient, j'espère de vous soulager dans les disputes que vous aurez avec lui, sauf à la perdre une seconde fois pour vous rendre cet office. Je vous prie pourtant de lui faire bien des amitiés de ma part, et de lui faire entendre que ses contradictions me seront toujours beaucoup plus agréables que les complaisances et les applaudissements fades des amateurs de beaux esprits. Il s'est trouvé ici parmi les capucins un de ces amateurs qui a fait des vers à ma louange. J'admire ce que c'est que des hommes. *Vanitas, et omnia vanitas*[1]. Cette sentence ne m'a jamais paru si vraie qu'en fréquentant ces bons et crasseux pères. Je suis bien fâché que vous ne soyez point encore habitué à Auteuil, où

Ipsi te fontes ipsa hæc arbusta vocabant[2],

c'est-à-dire, où mes deux puits[3] et mes abricotiers vous appelaient.

Vous faites très-bien d'aller à Maintenon avec une compagnie aussi agréable que celle dont vous me parlez, puisque vous y trouverez votre utilité et votre plaisir. *Omne tulit punctum*, etc.

Je n'ai jamais pu deviner la critique que vous peut faire M. l'abbé Tallemant sur l'endroit de l'épitaphe que vous m'avez marqué. N'est-ce point qu'il prétend que ces termes, *il fut nommé*, semblent dire que le roi Louis XIII a tenu M. le Tellier sur les fonts de baptême; ou bien que c'est mal dit que le roi le choisit pour remplir la charge, etc., parce que c'est la charge qui a rempli M. le Tellier, et non pas M. le Tellier qui a rempli la charge : par la même raison que c'est la ville qui entoure les fossés, et non pas les fossés qui entourent la ville? C'est à vous à m'expliquer cette énigme.

Faites bien, je vous prie, mes baisemains au P. Bouhours et à tous nos amis, quand vous les rencontrerez ; mais surtout témoignez bien à M. Nicole la profonde vénération que j'ai pour son mérite et pour la simplicité de ses mœurs,

---

[1] « Vanité, et tout est vanité. » (*Eccles.*, cap. I, v. 2.)
[2] Virg., *Eclog. I.*
[3] Il n'avait pas d'autres eaux dans cette petite maison, dont il faisait ses délices. (L. R.)

encore plus admirable que son mérite. Vous ne me parlez point de l'épitaphe de Mlle de Lamoignon.

Voilà, ce me semble, une assez longue lettre pour un homme à qui on défend les longues applications, et qu'on presse d'ailleurs de donner cette lettre pour la porter à Moulins. J'ai appris par la gazette que M. l'abbé de Choisi était agréé à l'Académie. Voici encore une voix que je vous envoie pour lui, si les trente-neuf ne suffisent pas. Adieu, aimez-moi toujours, et croyez que je n'aime rien plus que vous. Je passe ici le temps, *sic ut quimus, quando ut volumus non possum*[1]. Adieu, encore une fois; dites à ma sœur et à M. Manchon[2] que je ne manquerai pas de leur écrire par la première commodité. J'ai écrit à M. Marchand.

LETTRE VII.

RACINE A BOILEAU.

Paris, 4 août 1687.

Je suis ravi des bonnes espérances que l'on continue de vous donner, et du soulagement que vous ressentez déjà à votre poitrine. Je ne doute pas que la difficulté de parler ne soit encore plus aisée à guérir que la difficulté de respirer. Je n'ai point encore vu M. Fagon depuis que j'ai reçu de vos nouvelles; oui bien M. Daquin, qui trouve fort étrange que vous ne vous soyez pas mis entre les mains de M. des Trapières : il est même bien en peine qui peut vous avoir adressé à M. Bourdier. Je jugeai à propos, tant il était en colère, de ne lui pas dire un mot de M. Fagon.

---

[1] « Comme nous pouvons, puisque je ne puis le passer comme nous voulons. »

[2] M. Manchon, beau-frère de Boileau.

J'ai fait le voyage de Maintenon, et je suis fort content des ouvrages que j'y ai vus; ils sont prodigieux, et dignes en vérité de la magnificence du roi. Il y en a encore, dit-on, pour deux ans. Les arcades qui doivent joindre les deux montagnes vis-à-vis Maintenon sont presque faites : il y en a quarante-huit; elles sont bâties pour l'éternité. Je voudrais qu'on eût autant d'eau à faire passer dessus qu'elles sont capables d'en porter. Il y a là plus de trente mille hommes qui travaillent, tous gens bien faits, et qui, si la guerre recommence, remueront plus volontiers la terre devant quelque place sur la frontière que dans les plaines de la Beauce.

J'eus l'honneur de voir Mme de Maintenon, avec qui je fus une bonne partie d'une après-dînée; et elle me témoigna même que ce temps-là ne lui avait point duré. Elle est toujours la même que vous l'avez vue, pleine d'esprit, de raison, de piété, et de beaucoup de bonté pour nous. Elle me demanda des nouvelles de notre travail : je lui dis que votre indisposition et la mienne, mon voyage à Luxembourg, et votre voyage à Bourbon, nous avaient un peu reculés, mais que nous ne perdions cependant pas notre temps[1].

A propos de Luxembourg, je viens de recevoir un plan et de la place et des attaques, et cela dans la dernière exactitude. Je viens aussi tout à l'heure de recevoir une lettre de Versailles, où l'on me mande une nouvelle fort surprenante et fort affligeante pour vous et pour moi : c'est la mort de notre ami M. de Saint-Laurent[2], qui a été emporté d'un seul accès de colique néphrétique, à quoi il n'avait jamais été sujet en sa vie. Je ne crois pas qu'excepté Madame, on en soit fort affligé au Palais-Royal : les voilà débarrassés d'un homme de bien.

Je laisse volontiers à la gazette à vous parler de M. l'abbé

---

[1] Ils ne le perdaient pas; mais les grands morceaux qu'ils avaient faits ont été brûlés dans l'incendie arrivé chez M. de Valaincourt. (L. R.)

[2] Homme d'une grande piété, précepteur du jeune duc de Chartres, depuis duc d'Orléans, régent. Une lettre suivante fera connaître les regrets du jeune prince, et sa douleur de cette mort. (L. R.)

de Choisi. Il fut reçu sans opposition[1]; il avait pris tous les devants qu'il fallait auprès des gens qui auraient pu lui faire de la peine. Il fera, le jour de Saint-Louis, sa harangue, qu'il m'a montrée : il y a quelques endroits d'esprit ; je lui ai fait ôter quelques fautes de jugement. M. Bergeret fera la réponse ; je crois qu'il y aura plus de jugement.

Je suis bien aise que vous n'ayez pas conçu la critique de M. l'abbé Tallemant; c'est signe qu'elle ne vaut rien. La critique tombait sur ces mots : *Il en commença les fonctions.* Il prétendait qu'il fallait dire nécessairement : *Il commença à en faire les fonctions.* Le P. Bouhours ne le devina point, non plus que vous ; et, quand je lui dis la difficulté, il s'en moqua. Je donnai l'épitaphe de Mlle de Lamoignon à M. de la Chapelle, en l'état que nous étions convenus à Montgeron ; je n'en ai pas ouï parler depuis.

M. Hessein n'a point changé : nous fûmes cinq jours ensemble. Il fut fort doux dans les quatre premiers jours, et eut beaucoup de complaisance pour M. de Termes, qui ne l'avait jamais vu, et qui était charmé de sa douceur. Le dernier jour, M. Hessein ne lui laissa pas passer un mot sans le contredire ; et même, quand il nous voyait fatigués de parler ou endormis, il avançait malicieusement quelque paradoxe, qu'il savait bien qu'on ne lui laisserait point passer. En un mot, il eut contentement; non-seulement on disputa, mais on se querella, et on se sépara sans avoir trop d'envie de se revoir de plus de huit jours. Il me sembla que M. de Termes avait toujours raison ; il lui sembla aussi la même chose de moi. M. Félix témoigna un peu plus de bonté pour M. Hessein, et aima mieux nous gronder tous que de se résoudre à le condamner. Voilà comment s'est passé le voyage. Mon mal de gorge est beaucoup diminué, Dieu merci ; mais il n'est pas encore fini : il me reste de temps en temps quelques âcretés vers la luette, mais cela ne

---

[1] A l'Académie française.

dure point. Quoi qu'il en soit, je n'y fais plus rien. Mes chevaux marcheront demain pour la première fois depuis votre départ; celui qui avait le farcin est, dit-on, entièrement guéri : je n'ose encore trop vous l'assurer. M. Marchand me vint voir, il y a trois jours, un peu fâché de ce que vous n'avez pas pris à Bourbon le logis qu'il vous avait dit. Il doit mener à Auteuil sa fille, qui est sortie de religion, pour lui faire prendre l'air. Cela ne m'empêchera pas d'y aller passer des après-dînées, et même d'y aller dîner avec lui. Adieu, mon cher monsieur; mandez-moi au plus tôt que vous parlez; c'est la meilleure nouvelle que je puisse recevoir en ma vie.

LETTRE VIII.

RACINE A BOILEAU.

Paris, 8 août 1687.

Mme Manchon[1] vint avant-hier me chercher, fort alarmée d'une lettre que vous lui avez écrite, et qui est en effet bien différente de celle que j'ai reçue de vous. J'aurais déjà été à Versailles pour entretenir M. Fagon; mais le roi est à Marly depuis quatre jours, et n'en reviendra que demain au soir : ainsi je n'irai qu'après-demain matin, et je vous manderai exactement tout ce qu'il m'aura dit. Cependant je me flatte que ce dégoût et cette lassitude dont vous vous plaignez n'auront point de suite, et que c'est seulement un effet que les eaux doivent produire, quand l'estomac n'y est pas encore accoutumé; que si elles continuent à vous faire mal, vous savez que tout le monde vous dit en partant qu'il fallait les quitter en ce cas, ou tout du moins les inter-

[1] Sœur de Boileau.

rompre. Si par malheur elles ne vous guérissent pas, il n'y a point lieu encore de vous décourager; et vous ne seriez pas le premier qui, n'ayant pas été guéri sur les lieux, s'est trouvé guéri étant de retour chez lui. En tout cas, le sirop d'*erysimum* n'est point assurément une vision. Dodart, à qui j'en parlai, il y a trois jours, me dit et m'assura en conscience que ce M. Morin qui m'a parlé de ce remède est sans doute le plus habile médecin qui soit dans Paris, et le moins charlatan. Il est constant que, pour moi, je me trouve infiniment mieux depuis que, par son conseil, j'ai renoncé à tout ce lavage d'eaux qu'on m'avait ordonnées, et qui m'avaient presque gâté entièrement l'estomac, sans me guérir mon mal de gorge. Je prierai aussi M. de Jussac d'écrire à madame sa femme, à Fontevrault, et de lui mander l'embarras de ce pauvre paralytique, qui était, sans vous, sur le pavé.

M. de Saint-Laurent est mort d'une colique de *miserere*, et non point d'un accès de néphrétique, comme je vous avais mandé. Sa mort a été fort chrétienne, et même aussi singulière que le reste de sa vie. Il ne confia qu'à M. de Chartres[1] qu'il se trouvait mal, et qu'il allait s'enfermer dans une chambre pour se reposer, conjurant instamment ce jeune prince de ne point dire où il était, parce qu'il ne voulait voir personne. En le quittant, il alla faire ses dévotions; c'était un dimanche, et on dit qu'il les faisait tous les dimanches : puis il s'enferma dans une chambre jusqu'à 3 heures après midi, que M. de Chartres, étant en inquiétude de sa santé, déclara où il était. Tancret y fut, qui le trouva tout habillé sur un lit, souffrant apparemment beaucoup, et néanmoins fort tranquille. Tancret ne lui trouva point de pouls; mais M. de Saint-Laurent lui dit que cela ne l'étonnât point, qu'il était vieux, et qu'il n'avait pas

___
[1] Depuis duc d'Orléans, et régent du royaume sous la minorité de Louis XV.

naturellement le pouls fort élevé. Il voulut être saigné, et il ne vint point de sang. Peu de temps après, il se mit sur son séant, puis dit à son valet de le pencher un peu sur son chevet; et aussitôt ses pieds se mirent à trépigner contre le plancher, et il expira dans le moment même. On trouva dans sa bourse un billet par lequel il déclarait où l'on trouverait son testament. Je crois qu'il donne tout son bien aux pauvres. Voilà comme il est mort; et voici ce qui fait, ce me semble, assez bien son éloge : vous savez qu'il n'avait presque point d'autres soins auprès de M. de Chartres que de l'empêcher de manger des friandises; qu'il l'empêchait le plus qu'il pouvait d'aller aux comédies et aux opéras; et il vous a conté lui-même toutes les rebuffades qu'il lui a fallu essuyer pour cela, et comment toute la maison de Monsieur était déchaînée contre lui, gouverneur, sous-précepteur, valets de chambre. Cependant on a été plus de deux jours sans oser apprendre sa mort à ce même M. de Chartres; et quand Monsieur enfin la lui a annoncée, il a jeté des cris effroyables, se jetant non point sur son lit, mais sur le lit de M. de Saint-Laurent, qui était encore dans sa chambre, et l'appelant à haute voix, comme s'il eût encore été en vie : tant la vertu, quand elle est vraie, a de force pour se faire aimer! Je suis assuré que cela vous fera plaisir, non-seulement pour la mémoire de M. de Saint-Laurent, mais même pour M. de Chartres. Dieu veuille qu'il persiste longtemps dans de pareils sentiments! Il me semble que je n'ai point d'autres nouvelles à vous mander.

M. le duc de Roannès est venu ce matin pour me parler de sa rivière, et pour me prier d'en parler. Je lui ai demandé s'il ne savait rien de nouveau; il m'a dit que non : et il faut bien, puisqu'il ne sait point de nouvelles, qu'il n'y en ait point, car il en sait toujours plus qu'il n'y en a. On dit seulement que M. de Lorraine a passé la Drave, et les Turcs la Save; ainsi il n'y a point de rivière qui les sépare : tant pis apparemment pour les Turcs; je les trouve merveilleusement accoutumés à être battus. La nouvelle qui fait ici le plus de bruit, c'est l'embarras des comédiens, qui sont obligés de déloger de la rue Guénégaud, à cause que messieurs de Sorbonne, en acceptant le collége des Quatre-Nations, ont demandé, pour première condition, qu'on les éloignât de ce collége. Ils ont déjà marchandé des places dans cinq ou six endroits; mais, partout où ils vont, c'est merveille d'entendre comme les curés crient. Le curé de Saint-Germain l'Auxerrois a déjà obtenu qu'ils ne seraient point à l'hôtel de Sourdis, parce que de leur théâtre on aurait entendu tout à plein les orgues, et de l'église on aurait parfaitement bien entendu les violons. Enfin ils en sont à la rue de Savoie, dans la paroisse de Saint-André. Le curé a été aussi au roi lui représenter qu'il n'y a tantôt plus dans sa paroisse que des auberges et des coquetiers; si les comédiens y viennent, que son église sera déserte. Les Grands-Augustins ont aussi été au roi; et le P. Lembrochons, provincial, a porté la parole : mais on prétend que les comédiens ont dit à Sa Majesté que ces mêmes Augustins qui ne veulent point les avoir pour voisins sont fort assidus spectateurs de la comédie, et qu'ils ont même voulu vendre à la troupe des maisons qui leur appartiennent dans la rue d'Anjou, pour y bâtir un théâtre, et que le marché serait déjà conclu si le lieu eût été plus commode. M. de Louvois a ordonné à M. de la Chapelle de lui envoyer le plan du lieu où ils veulent bâtir dans la rue de Savoie. Ainsi on attend ce que M. de Louvois décidera. Cependant l'alarme est grande dans le quartier; tous les bourgeois, qui sont gens de palais, trouvent fort étrange qu'on vienne leur embarrasser leurs rues. M. Billard[1] surtout, qui se trouvera vis-à-vis de la porte du parterre, crie fort haut; et, quand on lui a voulu dire qu'il en aurait plus de commodité pour s'aller divertir quelquefois, il a répondu fort tragiquement : *Je ne veux point me divertir*. Adieu, Monsieur : je fais moi-même ce que je puis pour vous

---

[1] Germain Billard, avocat renommé.

divertir, quoique j'aie le cœur fort triste depuis la lettre que vous avez écrite à madame votre sœur. Si vous croyez que je puisse vous être bon à quelque chose à Bourbon, n'en faites point de façon, mandez-le-moi ; je volerai pour vous aller voir.

LETTRE IX.

BOILEAU A RACINE.

Bourbon, le 9 août 1687.

Je vous demande pardon du gros paquet que je vous envoie : mais M. Bourdier, mon médecin, a cru qu'il était de son devoir d'écrire à M. Fagon sur ma maladie. Je lui ai dit qu'il fallait que M. Dodart vît aussi la chose ; ainsi nous sommes convenus de vous adresser sa relation. Je vous envoie un compliment pour M. de la Bruyère.

J'ai été sensiblement affligé de la mort de M. de Saint-Laurent. Franchement, notre siècle se dégarnit fort de gens de mérite et de vertu ; et, sans ceux qu'on a étouffés sous prétexte de jansénisme, en voilà un grand nombre que la mort a enlevés depuis peu. Je plains fort le pauvre M. de Sainctot. Je ne vous dirai point en quel état est ma poitrine, puisque mon médecin vous en écrit tout le détail ; ce que je puis vous dire, c'est que ma maladie est de ces sortes de choses *quæ non recipiunt magis et minus*[1], puisque je suis environ au même état que j'étais lorsque je suis arrivé. On me dit cependant toujours, comme à Paris, que cela reviendra ; et c'est ce qui me désespère, cela ne revenant point. Si je savais que je dusse être sans voix toute ma vie, je m'affligé-

---

[1] « Qui ne sont susceptibles ni de plus ni de moins. »

rais sans doute ; mais je prendrais ma résolution, et je serais peut-être moins malheureux que dans un état d'incertitude qui ne me permet pas de me fixer, et qui me laisse toujours comme un coupable qui attend le jugement de son procès. Je m'efforce cependant de traîner ici ma misérable vie du mieux que je puis, avec un abbé très-honnête homme qui est trésorier d'une sainte chapelle, mon médecin, et mon apothicaire. Je passe le temps avec eux à peu près comme don Quixotte le passait *en un lugar de la Mancha*[1], avec son curé, son barbier, et le bachelier Samson Carasco. J'ai aussi une servante ; il me manque une nièce : mais, de tous ces gens-là, celui qui joue le mieux son personnage, c'est moi, qui suis presque aussi fou que lui, et qui ne dirais guère moins de sottises, si je pouvais me faire entendre.

Je n'ai point été surpris de ce que vous m'avez mandé de M. Hessein : *Naturam expellas furca, tamen usque recurret*[2]. Il a d'ailleurs de très-bonnes qualités : mais, à mon avis, puisque je suis sur la citation de don Quixotte, il n'est pas mauvais de garder avec lui les mêmes mesures qu'avec Cardénio. Comme il veut toujours contredire, il ne serait pas mauvais de le mettre avec cet homme que vous savez de notre assemblée, qui ne dit jamais rien qu'on ne doive contredire[3] : ils seraient merveilleux ensemble.

J'ai déjà formé un plan pour l'année 1667[4], où je vois de quoi ouvrir un beau champ à l'esprit : mais, à ne vous rien déguiser, il ne faut pas que vous fassiez un grand fond sur moi, tant que j'aurai tous les matins à prendre douze verres d'eau, qu'il coûte encore plus à rendre qu'à avaler, et qui vous laissent tout étourdi, le reste du jour, sans qu'il vous

---

[1] « Dans un lieu de la Manche. »

[2] « Chassez le naturel avec une fourche, il reviendra toujours. »

[3] Charpentier.

[4] Il parle des travaux historiques dont ils étaient chargés, Racine et lui. (L. R.)

soit permis de sommeiller un moment. Je ferai pourtant du mieux que je pourrai, et j'espère que Dieu m'aidera.

Vous faites bien de cultiver Mme de Maintenon : jamais personne ne fut si digne qu'elle du poste qu'elle occupe, et c'est la seule vertu où je n'aie point encore remarqué de défaut. L'estime qu'elle a pour vous est une marque de son bon goût. Pour moi, je ne me compte pas au rang des choses vivantes.

« Vox quoque Mœrim
» Jam fugit ipsa : lupi Mœrim videre priores [1]. »

LETTRE X.

BOILEAU A RACINE.

Moulins, le 13 août 1687.

Mon médecin a jugé à propos de me laisser reposer deux jours; et j'ai pris ce temps pour venir voir Moulins, où j'arrivai hier au matin, et d'où je m'en dois retourner aujourd'hui au soir. C'est une ville très-marchande et très-peuplée, et qui n'est pas indigne d'avoir un trésorier de France comme vous[2]. Un M. de Chamblain, ami de M. l'abbé de Salles, qui y est venu avec moi, m'y donna hier à souper fort magnifiquement. Il se dit grand ami de M. de Poignant, et connaît fort votre nom, aussi bien que tout le monde de cette ville, qui s'honore fort d'avoir un magistrat de votre

---

[1] « Mœris a déjà même perdu la voix : les loups ont vu Mœris les premiers. » (VIRG., *Éclog. IX*.) Suivant un ancien proverbe rustique, quand le loup apercevait, le premier, un homme, cet homme devenait enroué.

[2] On sait que Racine avait été gratifié par Colbert d'une charge de trésorier de France au bureau des finances de Moulins.

force, et qui lui est si peu à charge. Je vous ai envoyé, par le dernier ordinaire, une très-longue déduction de ma maladie, que M. Bourdier, mon médecin, écrit à M. Fagon : ainsi vous en devez être instruit à l'heure qu'il est parfaitement. Je vous dirai pourtant que dans cette relation il ne parle point de la lassitude de jambes, et du peu d'appétit; si bien que tout le profit que j'ai fait jusqu'ici à boire des eaux, selon lui, consiste à un éclaircissement de teint, que le hâle du voyage m'avait jauni plutôt que ma maladie : car vous savez bien qu'en partant de Paris, je n'avais pas le visage trop mauvais; et je ne vois pas qu'à Moulins, où je suis, on me félicite fort présentement de mon embonpoint. Si j'ai écrit une lettre si triste à ma sœur, cela ne vient point de ce que je me sente beaucoup plus mal qu'à Paris, puisqu'à vous dire le vrai, tout le bien et tout le mal mis ensemble, je suis environ au même état que quand je partis; mais, dans le chagrin de ne point guérir, on a quelquefois des moments où la mélancolie redouble, et je lui ai écrit dans un de ces moments. Peut-être, dans une autre lettre, verra-t-elle que je ris. Le chagrin est comme une fièvre qui a ses redoublements et ses suspensions.

La mort de M. de Saint-Laurent est tout à fait édifiante : il me paraît qu'il a fini avec toute l'audace d'un philosophe et l'humilité d'un chrétien. Je suis persuadé qu'il y a des saints canonisés qui n'étaient pas plus saints que lui : on le verra un jour, selon toutes les apparences, dans les litanies. Mon embarras est seulement comment on l'appellera, et si on lui dira simplement saint Laurent, ou saint Saint-Laurent. Je n'admire pas seulement M. de Chartres, mais je l'aime, j'en suis fou. Je ne sais pas ce qu'il sera dans la suite; mais je sais bien que l'enfance d'Alexandre, ni de Constantin, n'a jamais promis de si grandes choses que la sienne; et on pourrait beaucoup plus justement faire de lui les prophéties que Virgile, à mon avis, a faites assez à la légère du fils de Pollion.

Dans le temps que je vous écris ceci, M. Amiot vient d'entrer dans ma chambre : il a précipité, dit-il, son retour à Bourbon pour me venir rendre service. Il m'a dit qu'il avait vu, avant que de partir, M. Fagon, et qu'ils persistaient l'un et l'autre dans la pensée d'un demi-bain, quoi qu'en puissent dire MM. Bourdier et Baudière : c'est une affaire qui se décidera demain à Bourbon. A vous dire le vrai, mon cher monsieur, c'est quelque chose d'assez fâcheux que de se voir ainsi le jouet d'une science très-conjecturale, et où l'un dit blanc, et l'autre noir : car les deux derniers ne soutiennent pas seulement que le bain n'est pas bon à mon mal, ils prétendent qu'il y va de la vie, et citent sur cela des exemples funestes. Mais enfin me voilà livré à la médecine, et il n'est plus temps de reculer. Ainsi ce que je demande à Dieu, ce n'est pas qu'il me rende la voix, mais qu'il me donne la vertu et la piété de M. de Saint-Laurent, ou de M. Nicole, ou même la vôtre, puisqu'avec cela on se moque des périls. S'il y a quelque malheur dont on se puisse réjouir, c'est, à mon avis, de celui des comédiens : si on continue à les traiter comme on fait, il faudra qu'ils s'aillent établir entre la Villette et la porte Saint-Martin; encore ne sais-je s'ils n'auront point sur les bras le curé de Saint-Laurent. Je vous ai une obligation infinie du soin que vous prenez d'entretenir un misérable comme moi. L'offre que vous me faites de venir à Bourbon est tout à fait héroïque et obligeante; mais il n'est pas nécessaire que vous veniez vous enterrer inutilement dans le plus vilain lieu du monde; et le chagrin que vous auriez infailliblement de vous y voir ne ferait qu'augmenter celui que j'ai d'y être. Vous m'êtes plus nécessaire à Paris qu'ici, et j'aime encore mieux ne vous point voir que vous voir triste et affligé. Adieu, mon cher monsieur. Mes recommandations à M. Félix, à M. de Termes, et à tous nos autres amis.

LETTRE XI.

RACINE A BOILEAU.

Paris, 13 août 1687.

Je ne vous écrirai aujourd'hui que deux mots : car, outre qu'il est extrêmement tard, je reviens chez moi pénétré de frayeur et de déplaisir. Je sors de chez le pauvre M. Hessein, que j'ai laissé à l'extrémité : je doute qu'à moins d'un miracle je le retrouve demain en vie. Je vous conterai sa maladie une autre fois, et je ne vous parlerai maintenant que de ce qui vous regarde. Vous êtes un peu cruel à mon égard, de me laisser si longtemps dans l'horrible inquiétude où vous avez bien dû juger que votre lettre à Mme Manchon me pouvait jeter. J'ai vu M. Fagon, qui, sur le récit que je lui ai fait de ce qui est dans cette lettre, a jugé qu'il fallait quitter sur-le-champ vos eaux. Il dit que leur effet naturel est d'ouvrir l'appétit, bien loin de l'ôter ; il croit même qu'à l'heure qu'il est vous les aurez interrompues, parce qu'on n'en prend jamais plus de vingt jours de suite. Si vous vous en êtes trouvé considérablement bien, il est d'avis qu'après les avoir laissées pour quelque temps, vous les recommenciez : si elles ne vous ont fait aucun bien, il croit qu'il les faut quitter entièrement. Le roi me demanda hier au soir si vous étiez revenu : je lui répondis que non, et que les eaux jusqu'ici ne vous avaient pas fort soulagé. Il me dit ces propres mots : « Il fera mieux de se remettre à son train de vie ordinaire ; la voix lui reviendra lorsqu'il y pensera le moins. » Tout le monde est charmé de la bonté que Sa Majesté a témoignée pour vous en parlant ainsi ; et tout le monde est d'avis que, pour votre santé, vous ferez bien de revenir. M. Félix est de cet avis : le premier médecin et M. Moreau en sont entièrement. M. du Tartre croit qu'absolument les eaux de Bourbon ne sont pas bonnes pour votre poitrine, et que vos lassitudes en sont une marque. Tout cela, mon cher monsieur, m'a donné une furieuse envie de vous voir de retour. On dit que vous trouverez de petits remèdes innocents qui vous rendront infailliblement la voix, et qu'elle reviendra d'elle-même quand vous ne feriez rien. M. le maréchal de Bellefonds m'enseigna hier un remède dont il dit qu'il a vu plusieurs gens guéris d'une extinction de voix : c'est de laisser fondre dans sa bouche un peu de myrrhe, la plus transparente qu'on puisse trouver; d'autres se sont guéris avec la simple eau de poulet, sans compter l'*erysimum* ; enfin, tout d'une voix, tout le monde vous conseille de revenir. Je n'ai jamais vu une santé plus généralement souhaitée que la vôtre. Venez donc, je vous en conjure; et, à moins que vous n'ayez déjà un commencement de voix qui vous donne des assurances que vous achèverez de guérir à Bourbon, ne perdez pas un moment de temps pour vous redonner à vos amis, et à moi surtout, qui suis inconsolable de vous voir si loin de moi, et d'être des semaines entières sans savoir si vous êtes en santé ou non. Plus je vois décroître le nombre de mes amis, plus je deviens sensible au peu qui m'en reste; et il me semble, à vous parler franchement, qu'il ne me reste plus que vous. Adieu; je crains de m'attendrir follement en m'arrêtant trop sur cette réflexion. Mme Manchon pense toutes les mêmes choses que moi, et est véritablement inquiète sur votre santé.

LETTRE XII.

RACINE A BOILEAU.

Paris, 17 août 1687.

J'allai hier au soir à Versailles, et j'y allai tout exprès pour voir M. Fagon, et lui donner la consultation de M. Bourdier. Je la lus auparavant avec M. Félix, et je la trouvai très-savante, dépeignant votre tempérament et votre mal en termes très-énergiques ; j'y croyais trouver en quelque page : *Numero Deus impare gaudet*[1]. M. Fagon me dit que du moment qu'il s'agissait de la vie, et qu'elle pouvait être en compromis, il s'étonnait qu'on mît en question si vous prendriez le demi-bain. Il en écrira à M. Bourdier, et cependant il m'a chargé de vous écrire au plus vite de ne point vous baigner, et même, si les eaux vous ont incommodé, de les quitter entièrement, et de vous en revenir. Je vous avais déjà mandé son avis là-dessus, et il persiste toujours. Tout le monde crie que vous devriez revenir, médecins, chirurgiens, hommes, femmes. Je vous avais mandé qu'il fallait un miracle pour sauver M. Hessein : il est sauvé, et c'est votre bon ami le quinquina qui a fait ce miracle. L'émétique l'avait mis à la mort : M. Fagon arriva fort à propos, qui, le croyant à demi mort, ordonna au plus vite le quinquina. Il est présentement sans fièvre : je l'ai même tantôt fait rire jusqu'à la convulsion, en lui montrant l'endroit de votre lettre où vous parlez du bachelier, du curé, et du barbier. Vous dites qu'il vous manque une nièce :

---

[1] « Les dieux aiment le nombre impair. »

voudriez-vous qu'on vous envoyât Mⁱˡᵉ Despréaux[1]? Je m'en vais ce soir à Marly. M. Félix a demandé permission au roi pour moi, et j'y demeurerai jusqu'à mercredi prochain.

M. le duc de Charost m'a tantôt demandé de vos nouvelles d'un ton de voix que je vous souhaiterais de tout mon cœur. Quantité de gens de nos amis sont malades, entre autres M. le duc de Chevreuse et M. de Chamlai; tous deux ont la fièvre double-tierce. M. de Chamlai a déjà pris le quinquina; M. de Chevreuse le prendra au premier jour. On ne voit à la cour que des gens qui ont le ventre plein de quinquina. Si cela ne vous excite pas à y revenir, je ne sais plus ce qui vous peut en donner envie. M. Hessein ne l'a point voulu prendre des apothicaires, mais de la propre main de Smith. J'ai vu ce Smith chez lui; il a le visage vermeil et boutonné, et a bien plus l'air d'un maître cabaretier que d'un médecin. M. Hessein dit qu'il n'a jamais rien bu de plus agréable, et qu'à chaque fois qu'il en prend, il sent la vie descendre dans son estomac. Adieu, mon cher monsieur : je commencerai et finirai toutes mes lettres en vous disant de vous hâter de revenir.

LETTRE XIII.

BOILEAU A RACINE.

Bourbon, ce 19 août 1687.

Vous pouvez juger, Monsieur, combien j'ai été frappé de la funeste nouvelle que vous m'avez mandée de notre pauvre ami[2]. En quelque état pitoyable néanmoins que vous l'ayez

---

[1] C'était une fille de Jérôme Boileau, le greffier, dont l'humeur acariâtre avait beaucoup tourmenté Boileau, lorsqu'il demeurait chez son frère.
[2] Hessein.

laissé, je ne saurais m'empêcher d'avoir toujours quelque rayon d'espérance tant que vous ne m'aurez point écrit *il est mort;* et je me flatte même qu'au premier ordinaire j'apprendrai qu'il est hors de danger. A dire le vrai, j'ai bon besoin de me flatter ainsi, surtout aujourd'hui que j'ai pris une médecine qui m'a fait tomber quatre fois en faiblesse, et qui m'a jeté dans un abattement dont même les plus agréables nouvelles ne seraient pas capables de me relever. Je vous avoue pourtant que, si quelque chose pouvait me rendre la santé et la joie, ce serait la bonté qu'a Sa Majesté de s'enquérir de moi toutes les fois que vous vous présentez devant lui. Il ne saurait guère rien arriver de plus glorieux, je ne dis pas à un misérable comme moi, mais à tout ce qu'il y a de gens plus considérables à la cour; et je gage qu'il y en a plus de vingt d'entre eux qui, à l'heure qu'il est, envient ma bonne fortune, et qui voudraient avoir perdu la voix, et même la parole, à ce prix. Je ne manquerai pas, avant qu'il soit peu, de profiter du bon avis qu'un si grand prince me donne, sauf à désobliger M. Bourdier, mon médecin, et M. Baudière, mon apothicaire, qui prétendent maintenir contre lui que les eaux de Bourbon sont admirables pour rendre la voix; mais je m'imagine qu'ils réussiront dans cette entreprise à peu près comme toutes les puissances de l'Europe ont réussi à lui empêcher de prendre Luxembourg, et tant d'autres villes. Pour moi, je suis persuadé qu'il fait bon suivre ses ordonnances, en fait même de médecine. J'accepte l'augure qu'il m'a donné en vous disant que la voix me reviendrait lorsque j'y penserais le moins. Un prince qui a exécuté tant de choses miraculeuses est vraisemblablement inspiré du ciel, et toutes les choses qu'il dit sont des oracles. D'ailleurs j'ai encore un remède à essayer, où j'ai grande espérance, qui est de me présenter à son passage dès que je serai de retour; car je crois que l'envie que j'aurai de lui témoigner ma joie et ma reconnaissance me fera trouver de la voix, et peut-être même des paroles éloquentes. Cependant je vous dirai que je suis aussi muet que jamais, quoique inondé d'eaux et de remèdes. Nous attendons la réponse de M. Fagon sur la relation que M. Bourdier lui a envoyée. Jusque-là je ne puis rien vous dire sur mon départ. On me fait toujours espérer ici une guérison prochaine; et nous devons tenter le demi-bain, supposé que M. Fagon persiste toujours dans l'opinion qu'il me peut être utile. Après cela je prendrai mon parti.

Vous ne sauriez croire combien je vous suis obligé de la tendresse que vous m'avez témoignée dans votre dernière lettre : les larmes m'en sont presque venues aux yeux; et quelque résolution que j'eusse faite de quitter le monde, supposé que la voix ne me revînt point, cela m'a entièrement fait changer d'avis : c'est-à-dire, en un mot, que je me sens capable de quitter toutes choses, hormis vous. Adieu, mon cher monsieur; excusez si je ne vous écris pas une plus longue lettre : franchement je suis fort abattu. Je n'ai point d'appétit; je traîne les jambes plutôt que je ne marche. Je n'oserais dormir, et je suis toujours accablé de sommeil. Je me flatte pourtant encore de l'espérance que les eaux de Bourbon me guériront. M. Amiot est homme d'esprit, et me rassure fort. Il se fait une affaire très-sérieuse de me guérir aussi bien que les autres médecins. Je n'ai jamais vu de gens si affectionnés à leur malade, et je crois qu'il n'y en a pas un d'entre eux qui ne donnât quelque chose de sa santé pour me rendre la mienne. Outre leur affection, il y va de leur intérêt, parce que ma maladie fait grand bruit dans Bourbon. Cependant ils ne sont point d'accord, et M. Bourdier lève toujours des yeux très-tristes au ciel quand on parle de bain. Quoi qu'il en soit, je leur suis obligé de leurs soins et de leur bonne volonté; et, quand vous m'écrirez, je vous prie de me dire quelque chose qui marque que je parle bien d'eux.

M. de la Chapelle m'a écrit une lettre fort obligeante, et m'envoie plusieurs inscriptions sur lesquelles il me prie de lui dire mon avis. Elles me paraissent toutes fort spirituelles ; mais je ne saurais pas lui mander, pour cette fois, ce que j'y trouve à redire ; ce sera pour le premier ordinaire. M. Boursault[1], que je croyais mort, me vint voir il y a cinq ou six jours, et m'apparut le soir assez subitement. Il me dit qu'il s'était détourné de trois grandes lieues du chemin de Montluçon, où il allait, et où il est habitué, pour avoir le bonheur de me saluer. Il me fit offre de toutes choses, d'argent, de commodités, de chevaux. Je lui répondis avec les mêmes honnêtetés, et voulus le retenir pour le lendemain à dîner ; mais il me dit qu'il était obligé de s'en aller dès le grand matin. Ainsi nous nous séparâmes amis à outrance. A propos d'amis, mes baisemains, je vous prie, à tous nos amis communs. Dites bien à M. Quinault que je lui suis infiniment obligé de son souvenir, et des choses obligeantes qu'il a écrites de moi à M. l'abbé de Sales. Vous pouvez l'assurer que je le compte présentement au rang de mes meilleurs amis[2], et de ceux dont j'estime le plus le cœur et l'esprit. Ne vous étonnez pas si vous recevez quelquefois mes lettres un peu tard, parce que la poste n'est point à Bourbon, et que souvent, faute de gens pour envoyer à Moulins, on perd un ordinaire. Au nom de Dieu, mandez-moi avant toutes choses des nouvelles de M. Hessein.

---

[1] Boursault, auteur comique.
[2] Cet endroit doit détromper ceux qui croient que Boileau a toujours été l'ennemi de Quinault. (L. R.)

LETTRE XIV.

BOILEAU A RACINE.

Bourbon, le 23 août 1687.

On me vient avertir que la poste est de ce soir à Bourbon. C'est ce qui fait que je prends la plume à l'heure qu'il est, c'est-à-dire à 10 heures du soir, qui est une heure fort extraordinaire aux malades de Bourbon, pour vous dire que, malgré les tragiques remontrances de M. Bourdier, je me suis mis aujourd'hui dans le demi-bain, par le conseil de M. Amiot, et même de M. des Trapières, que j'ai appelé au conseil. Je n'y ai été qu'une heure; cependant j'en suis sorti beaucoup en meilleur état que je n'y étais entré, c'est-à-dire la poitrine beaucoup plus dégagée, les jambes plus légères, l'esprit plus gai : et même mon laquais m'ayant demandé quelque chose, je lui ai répondu un *non* à pleine voix, qui l'a surpris lui-même, aussi bien qu'une servante qui était dans la chambre; et pour moi, j'ai cru l'avoir prononcé par enchantement. Il est vrai que je n'ai pu depuis rattraper ce ton-là : mais, comme vous voyez, Monsieur, c'en est assez pour me remettre le cœur au ventre, puisque c'est une preuve que ma voix n'est pas entièrement perdue, et que le bain m'est très-bon. Je m'en vais piquer de ce côté-là, et je vous manderai le succès. Je ne sais pas pourquoi M. Fagon a molli si aisément sur les objections très-superstitieuses de M. Bourdier. Il y a tantôt six mois que je n'ai eu de véritable joie que ce soir. Adieu, mon cher monsieur. Je dors en vous écrivant. Conservez-moi votre amitié, et croyez que, si je recouvre la voix, je l'emploierai à publier à toute la terre la reconnaissance que j'ai des bontés que vous avez pour moi, et qui ont encore accru de beaucoup la véritable estime et la sincère amitié que j'avais pour vous. J'ai été ravi, charmé, enchanté, du succès du quinquina; et ce qu'il a fait sur notre ami Hessein m'engage encore plus dans ses intérêts que la guérison de ma fièvre double-tierce.

LETTRE XV.

RACINE A BOILEAU.

aris, 24 août 1687.

Je vous dirai, avant toutes choses, que M. Hessein, excepté quelque petit reste de faiblesse, est entièrement hors d'affaire, et ne prendra plus que huit jours du quinquina, à moins qu'il n'en prenne pour son plaisir; car la chose devient à la mode, et on commencera bientôt, à la fin des repas, à le servir comme le café et le chocolat. L'autre jour à Marly, Monseigneur, après un fort grand déjeuner avec Mme la princesse de Conti et d'autres dames, en envoya quérir deux bouteilles chez les apothicaires du roi, et en but le premier un grand verre; ce qui fut suivi par toute la compagnie, qui, trois heures après, n'en dîna que mieux: il me semble même que cela leur avait donné un plus grand air de gaieté ce jour-là; et, à ce même dîner, je contai au roi votre embarras entre vos deux médecins, et la consultation très-savante de M. Bourdier. Le roi eut la bonté de me demander ce qu'on vous répondait là-dessus, et s'il y avait à délibérer. « Oh! pour moi, s'écria naturellement Mme la princesse de Conti, qui était à table à côté de Sa Majesté, j'aimerais mieux ne parler de trente ans que d'exposer ainsi ma vie pour recouvrer la parole. » Le roi, qui venait de faire la guerre à Monseigneur sur sa débauche de quinquina, lui demanda s'il ne voudrait point aussi tâter des eaux de Bourbon. Vous ne sauriez croire combien cette maison de Marly est agréable : la cour y est, ce me semble, tout autre qu'à Versailles. Il y a peu de gens, et le roi nomme tous ceux qui l'y doivent suivre. Ainsi tous ceux qui y sont, se trouvant fort honorés d'y être, y sont aussi de fort bonne humeur. Le roi même y est fort libre et fort caressant. On dirait qu'à Versailles il est tout entier aux affaires, et qu'à Marly il est tout à lui et à son plaisir. Il m'a fait l'honneur plusieurs fois de me parler, et j'en suis sorti à mon ordinaire, c'est-à-dire fort charmé de lui, et au désespoir contre moi : car je ne me trouve jamais si peu d'esprit que dans ces moments où j'aurais le plus d'envie d'en avoir.

Du reste, je suis devenu riche de bons mémoires. J'y ai entretenu tout à mon aise les gens qui pouvaient me dire le plus de choses de la campagne de Lille. J'eus même l'honneur de demander cinq ou six éclaircissements à M. de Louvois, qui me parla avec beaucoup de bonté. Vous savez sa manière, et comme toutes ses paroles sont pleines de droit sens et vont au fait. En un mot, j'en sortis très-savant et très-content. Il me dit que, tout autant de difficultés que nous aurions, il nous écouterait avec plaisir. Les questions que je lui fis regardaient Charleroi et Douai. J'étais en peine pourquoi on alla d'abord à Charleroi, et si on avait déjà nouvelle que les Espagnols l'eussent rasé : car, en voulant écrire, je me suis trouvé arrêté tout à coup, et par cette difficulté, et par beaucoup d'autres que je vous dirai. Vous ne me trouverez peut-être, à cause de cela, guère plus avancé que vous, c'est-à-dire beaucoup d'idées et peu d'écritures. Franchement je vous trouve fort à dire, et dans mon travail et dans mes plaisirs. Une heure de conversation m'était d'un grand secours pour l'un et d'un grand accroissement pour les autres.

Je viens de recevoir une lettre de vous. Je ne doute pas

que vous n'ayez présentement reçu celle où je vous mandais l'avis de M. Fagon ; et que M. Bourdier n'ait reçu des nouvelles de M. Fagon même, qui ne serviront pas peu à le confirmer dans son avis. Tout ce que vous m'écrivez de votre peu d'appétit et de votre abattement est très-considérable, et marque toujours de plus en plus que les eaux ne vous conviennent point. M. Fagon ne manquera pas de me répéter encore qu'il les faut quitter, et les quitter au plus vite ; car, je vous l'ai mandé, il prétend que leur effet naturel est d'ouvrir l'appétit et de rendre les forces. Quand elles font le contraire, il y faut renoncer. Je ne doute donc pas que vous ne vous remettiez bientôt en chemin pour revenir. Je suis persuadé comme vous que la joie de revoir un prince qui témoigne tant de bonté pour vous vous fera plus de bien que tous les remèdes. M. Roze m'avait déjà dit de vous mander de sa part qu'après Dieu le roi était le plus grand médecin du monde, et je fus même fort édifié que M. Roze voulût bien mettre Dieu avant le roi. Je commence à soupçonner qu'il pourrait bien être en effet dans la dévotion. M. Nicole a donné depuis deux jours au public deux tomes de *Réflexions sur les épîtres et sur les évangiles,* qui me semblent encore plus forts et plus édifiants que tout ce qu'il a fait. Je ne vous les envoie pas, parce que j'espère que vous serez bientôt de retour, et vous les trouverez infailliblement chez vous. Il n'a encore travaillé que sur la moitié des épîtres et des évangiles de l'année ; j'espère qu'il achèvera le reste, pourvu qu'il plaise à Dieu et au révérend P. de la Chaise de lui laisser encore un an de vie.

Il n'y a point de nouvelles de Hongrie que celles qui sont dans la gazette. M. de Lorraine, en passant la Drave, a fait, ce me semble, une entreprise de fort grand éclat, et fort inutile. Cette expédition a bien l'air de celle qu'on fit pour secourir Philisbourg. Il a trouvé au-delà de la rivière un bois, et au-delà de ce bois les ennemis retranchés jusqu'aux dents. M. de Termes est du nombre de ceux que je vous ai mandé qui avaient l'estomac farci de quinquina. Croyez-vous que le quinquina, qui vous a sauvé la vie, ne vous rendrait point la voix ? Il devrait du moins vous être plus favorable qu'à un autre, vous qui vous êtes enroué tant de fois à le louer. Les comédiens, qui vous font si peu de pitié, sont pourtant toujours sur le pavé ; et je crains comme vous qu'ils ne soient obligés de s'aller établir auprès des vignes de feu monsieur votre père. Ce serait un digne théâtre pour les œuvres de M. Pradon : j'allais ajouter de M. Boursault; mais je suis trop touché des honnêtetés que vous avez tout nouvellement reçues de lui. Je ferai tantôt à M. Quinault celles que vous me mandez de lui faire. Il me semble que vous avancez furieusement dans le chemin de la perfection. Voilà bien des gens à qui vous avez pardonné.

On m'a dit, chez Mme Manchon, que M. Marchand partait lundi prochain pour Bourbon. *Hui ! vereor ne quid Andria apportet mali*[1] ! Franchement j'appréhende un peu qu'il ne vous retienne. Il aime fort son plaisir. Cependant je suis assuré que M. Bourdier même vous dira de vous en aller. Le bien que les eaux vous pourraient faire est peut-être fait : elles auront mis votre poitrine en bon train. Les remèdes ne font pas toujours sur-le-champ leur plein effet, et mille gens qui étaient allés à Bourbon pour des faiblesses de jambes n'ont commencé à bien marcher que lorsqu'ils ont été de retour chez eux. Adieu, mon cher monsieur : vous me demandez pardon de m'avoir écrit une lettre trop courte, et vous avez raison de le demander ; et moi, je vous le demande d'en avoir écrit une trop longue, et j'ai peut-être aussi raison.

---

[1] « Hélas ! je crains que l'Andrienne n'apporte quelque mal. » (TERENT. *And.*, act. I sc. I.)

LETTRE XVI.

BOILEAU A RACINE.

Bourbon, le 28 août 1687.

Je ne m'étonne point, Monsieur, que Mme la princesse de Conti soit dans le sentiment où elle est. Quand elle aurait perdu la voix, il lui resterait encore un million de charmes pour se consoler de cette perte; et elle serait encore la plus parfaite chose que la nature ait produite depuis longtemps. Il n'en est pas ainsi d'un misérable qui a besoin de sa voix pour être souffert des hommes, et qui a quelquefois à disputer contre M. Charpentier. Quand ce ne serait que cette dernière raison, il doit risquer quelque chose; et la vie n'est pas d'un si grand prix qu'il ne la puisse hasarder, pour se mettre en état d'interrompre un tel parleur. J'ai donc tenté l'aventure du demi-bain avec toute l'audace imaginable : mes valets faisant lire leur frayeur sur leurs visages, et M. Bourdier s'étant retiré pour n'être point témoin d'une entreprise si téméraire. A vous dire vrai, cette aventure a été peu semblable à celle des maillotins dans don Quixotte, je veux dire qu'après bien des alarmes il s'est trouvé qu'il n'y avait qu'à rire, puisque non-seulement le bain ne m'a point augmenté la fluxion sur la poitrine, mais qu'il me l'a même fort soulagée, et que, s'il ne m'a rendu la voix, il m'a du moins en partie rendu la santé. Je ne l'ai encore essayé que quatre fois, et M. Amiot prétend le pousser jusqu'à dix. Après quoi, si la voix ne me revient, il m'assure qu'il me donnera mon congé. Je conçois un fort grand plaisir à vous revoir et à vous embrasser; mais vous ne sauriez croire pourtant ce qui se présente d'affreux à mon esprit, quand je songe qu'il me faudra peut-être repasser muet par ces mêmes hôtelleries, et revenir sans voix dans ces mêmes lieux où l'on m'avait tant de fois assuré que les eaux de Bourbon me guériraient infailliblement. Il n'y a que Dieu et vos consolations qui me puissent soutenir dans une si juste occasion de désespoir.

J'ai été fort frappé de l'agréable débauche de Monseigneur chez Mme la princesse de Conti : mais ne songe-t-il point à l'insulte qu'il a faite par là à tous messieurs de la Faculté? Passe pour avaler le quinquina sans avoir la fièvre : mais de le prendre sans s'être préalablement fait saigner et purger, c'est une chose qui crie vengeance, et il y a une espèce d'effronterie à ne se point trouver mal après un tel attentat contre toutes les règles de la médecine. Si Monseigneur et toute sa compagnie avaient avant tout pris une dose de séné dans quelque sirop convenable, cela lui aurait à la vérité coûté quelques tranchées, et l'aurait mis, lui et tous les autres, hors d'état de dîner ; mais il y aurait eu au moins quelques formes gardées, et M. Bachot[1] aurait trouvé le trait galant; au lieu que, de la manière dont la chose s'est faite, cela ne saurait jamais être approuvé que des gens de cour et du monde, et non point des véritables disciples d'Hippocrate, gens à barbe vénérable, et qui ne verront point assurément ce qu'il peut y avoir eu de plaisant à tout cela. Que si personne n'en a été malade, ils vous répondront qu'il y a eu du sortilége; et en effet, Monsieur, de la manière dont vous me peignez Marly, c'est un véritable lieu d'enchantement. Je ne doute point que les fées n'y habitent. En un mot, tout ce qui s'y dit et ce qui s'y fait me paraît enchanté, mais surtout les discours du maître du château ont quelque chose de fort ensorcelant et ont un charme qui se fait sentir jusqu'à Bourbon. De quelque pitoyable manière que vous m'ayez conté la disgrâce des comédiens, je n'ai pu m'empê-

---

[1] Apothicaire.

cher d'en rire. Mais, dites-moi, Monsieur, supposé qu'ils aillent habiter où je vous ai dit, croyez-vous qu'ils boivent du vin du cru? Ce ne serait pas une mauvaise pénitence à proposer à M. de Champmeslé, pour tant de bouteilles de vin de Champagne qu'il a bues, vous savez aux dépens de qui. Vous avez raison de dire qu'ils auront là un merveilleux théâtre pour jouer les pièces de M. Pradon; et d'ailleurs ils y auront une commodité, c'est que, quand le souffleur aura oublié d'apporter la copie de ses ouvrages, il en retrouvera infailliblement une bonne partie dans les précieux dépôts qu'on apporte tous les matins en cet endroit. M. Fagon n'a point écrit à M. Bourdier. Faites bien des compliments pour moi à M. Roze. Les gens de son tempérament sont fort dangereux ennemis; mais il n'y a point aussi de plus chauds amis, et je sais qu'il a de l'amitié pour moi. Je vous félicite des conversations fructueuses que vous avez eues avec M. de Louvois, d'autant plus que j'aurai part à votre récolte. Ne craignez point que M. Marchand m'arrête à Bourbon. Quelque amitié que j'aie pour lui, il n'entre point en balance avec vous, et l'Andrienne n'apportera aucun mal. Je meurs d'envie de voir les *Réflexions* de M. Nicole, et je m'imagine que c'est Dieu qui me prépare ce livre à Paris, pour me consoler de mon infortune. J'ai fort ri de la raillerie que vous me faites sur les gens à qui j'ai pardonné. Cependant savez-vous bien qu'il y a à cela plus de mérite que vous ne croyez, si le proverbe italien est véritable, que *Chi offende non pardona*[1]?

L'action de M. de Lorraine ne me paraît point si inutile qu'on se veut imaginer, puisque rien ne peut mieux confirmer l'assurance de ses troupes que de voir que les Turcs n'ont osé sortir de leurs retranchements, ni même donner sur son arrière-garde dans sa retraite; et il faut en effet que ce soient de grands coquins pour l'avoir ainsi laissé

---

[1] « On ne pardonne pas à ceux qu'on a offensés. »

repasser la Drave. Croyez-moi, ils seront battus; et la retraite de M. de Lorraine a plus de rapport à la retraite de César quand il décampa devant Pompée, qu'à l'affaire de Philisbourg. Quand vous verrez M. Hessein, faites-le ressouvenir que nous sommes frères en quinquina, puisqu'il nous a sauvé la vie à l'un et à l'autre. Vous pensez vous moquer; mais je ne sais pas si je n'en essayerai point pour le recouvrement de ma voix. Adieu, mon cher monsieur; aimez-moi toujours, et croyez qu'il n'y rien au monde que j'aime plus que vous. Je ne sais où vous vous êtes mis en tête que vous m'aviez écrit une longue lettre, car je n'en ai jamais trouvé une si courte.

LETTRE XVII.

BOILEAU A RACINE.

Bourbon, le 2 septembre 1687.

Ne vous étonnez pas, Monsieur, si vous ne recevez pas des réponses à vos lettres aussi promptement que peut-être vous souhaitez, parce que la poste est fort irrégulière à Bourbon, et qu'on ne sait pas trop bien quand il faut écrire. Je commence à songer à ma retraite. Voilà tantôt la dixième fois que je me baigne; et, à ne vous rien celer, ma voix est tout au même état que quand je suis arrivé. Le monosyllabe que j'ai prononcé n'a été qu'un effet de ces petits tons que vous savez qui m'échappent quelquefois quand j'ai beaucoup parlé, et mes valets ont été un peu trop prompts à crier miracle. La vérité est pourtant que le bain m'a renforcé les jambes, et fortifié la poitrine; mais, pour ma voix, ni le bain ni la boisson des eaux ne m'ont de rien servi. Il faut donc s'en aller de Bourbon aussi muet que j'y suis arrivé. Je ne saurais vous dire quand je partirai;

je prendrai brusquement mon parti, et Dieu veuille que le déplaisir ne me tue pas en chemin! Tout ce que je vous puis dire, c'est que jamais exilé n'a quitté son pays avec tant d'affliction que je retournerai au mien. Je vous dirai encore plus, c'est que, sans votre considération, je ne crois pas que j'eusse jamais revu Paris, où je ne conçois aucun autre plaisir que celui de vous revoir. Je suis bien fâché de la juste inquiétude que vous donne la fièvre de M. votre jeune fils[1]. J'espère que cela ne sera rien : mais, si quelque chose me fait craindre pour lui, c'est le nombre de bonnes qualités qu'il a, puisque je n'ai jamais vu d'enfant de son âge si accompli en toutes choses. M. Marchand est arrivé ici samedi. J'ai été fort aise de le voir; mais je ne tarderai guère à le quitter. Nous faisons notre ménage ensemble. Il est toujours aussi bon et aussi méchant homme que jamais. J'ai su par lui tout ce qu'il y a de mal à Bourbon, dont je ne savais pas un mot à son arrivée. Votre relation de l'affaire de Hongrie m'a fait un très-grand plaisir, et m'a fait comprendre en très-peu de mots ce que les plus longues relations ne m'auraient peut-être pas appris. Je l'ai débitée à tout Bourbon, où il n'y avait qu'une relation d'un commis de M. Jacques, où, après avoir parlé du grand vizir, on ajoutait entre autres choses, que *ledit vizir, voulant réparer le grief qui lui avait été fait*, etc. Tout le reste était de ce style. Adieu, mon cher monsieur; aimez-moi toujours, et croyez que vous êtes seul ma consolation.

Je vous écrirai en partant de Bourbon, et vous aurez de mes nouvelles en chemin. Je ne sais pas trop le parti que je prendrai à Paris. Tous mes livres sont à Auteuil, où je ne puis plus désormais aller les hivers. J'ai résolu de prendre un logement pour moi seul. Je suis las franchement d'entendre le tintamarre des nourrices et des servantes. Je n'ai qu'une chambre, et point de meubles au cloître. Tout ceci

---

[1] Jean-Baptiste Racine, fils aîné. Il avait alors près de neuf ans.

soit dit entre nous; mais cependant je vous prie de me mander votre avis. N'ayant pas de voix, il me faut du moins de la tranquillité. Je suis las de me sacrifier au plaisir et à la commodité d'autrui. Il n'est pas vrai que je ne puisse bien vivre et tenir seul mon ménage : ceux qui le croient se trompent grossièrement. D'ailleurs, je prétends désormais mener un genre de vie dont tout le monde ne s'accommodera pas. J'avais pris des mesures que j'aurais exécutées, si ma voix ne s'était point éteinte. Dieu ne l'a pas voulu. J'ai honte de moi-même, et je rougis des larmes que je répands en vous écrivant ces derniers mots.

LETTRE XVIII.

RACINE A BOILEAU.

Paris, 5 septembre 1687.

J'avais destiné cette après-dînée à vous écrire fort au long; mais

> Un cousin, abusant d'un fâcheux parentage[1],

est venu malheureusement me voir, et il ne fait que de sortir de chez moi. Je ne vous écris donc que pour vous dire que je reçus avant-hier une lettre de vous. Le P. Bouhours et le P. Rapin étaient dans mon cabinet quand je la reçus. Je leur en fis la lecture en la décachetant, et je leur fis un fort grand plaisir. Je regardais pourtant de loin, à mesure que je la lisais, s'il n'y avait rien dedans qui fût trop janséniste. Je vis vers la fin le nom de M. Nicole, et je sautai bravement, ou, pour mieux dire, lâchement, par-dessus. Je n'osai

---

[1] BOILEAU, *Épître à M. de Lamoignon*.

m'exposer à troubler la grande joie et même les éclats de rire que leur causèrent plusieurs choses fort plaisantes que vous me mandiez. Nous aurions été tous trois les plus contents du monde, si nous eussions trouvé à la fin de votre lettre que vous parliez à votre ordinaire, comme nous trouvions que vous écriviez avec le même esprit que vous avez toujours eu. Ils sont, je vous assure, tous deux fort de vos amis, et même de fort bonnes gens. Nous avions été le matin entendre le P. de Villiers, qui faisait l'oraison funèbre de M. le Prince, grand-père de M. le Prince d'aujourd'hui. Il y a joint les louanges du dernier mort, et il s'est enfoncé jusqu'au cou dans le combat de saint Antoine; Dieu sait combien judicieusement! En vérité il a beaucoup d'esprit; mais il aurait bien besoin de se laisser conduire. J'annonçai au P. Bouhours un nouveau livre qui excita fort sa curiosité; ce sont les *Remarques de M. de Vaugelas, avec les Notes de Thomas Corneille.* Cela est ainsi affiché dans Paris depuis quatre jours. Auriez-vous jamais cru voir ensemble M. de Vaugelas et M. de Corneille le jeune donnant des règles sur la langue?

J'eusse bien voulu vous pouvoir mander que M. de Louvois est guéri, en vous mandant qu'il a été malade; mais ma femme, qui revient de voir Mme de la Chapelle, m'apprend qu'il a encore de la fièvre. Elle était d'abord comme continue, et même assez grande; elle n'est présentement qu'intermittente; et c'est encore une des obligations que nous avons au quinquina. J'espère que je vous manderai lundi qu'il est absolument guéri. Outre l'intérêt du roi et celui du public, nous avons, vous et moi, un intérêt très-particulier à lui souhaiter une longue santé. On ne peut pas nous témoigner plus de bonté qu'il nous en témoigne; et vous ne sauriez croire avec quelle amitié il m'a toujours demandé de vos nouvelles. Bonsoir, mon cher monsieur. Je salue de tout mon cœur M. Marchand. Je vous écrirai plus au long lundi. Mon fils est guéri.

LETTRE XIX.

RACINE A BOILEAU.

Le 28.

Je suis fort touché des inquiétudes que vous montrez sur ma santé, et je vous demande pardon si j'ai été si longtemps sans vous faire réponse pour M. de Lamoignon. Ma santé est fort bonne, Dieu merci; mais je suis trop occupé à donner la dernière main à ma pièce d'*Athalie*, pour me rendre à l'honneur que veulent me faire Mme de Lamoignon et le P. de la Rue. Je vous serais bien obligé de m'obtenir que le récit fût remis à la semaine prochaine. Appuyez, je vous supplie, sur mon regret et sur mes respects. Je prendrais bien la liberté de leur écrire à tous deux; mais, en vérité, vous ferez la chose mieux que moi. Je vous demande encore pardon de toutes les peines que je vous donne, et suis bien entièrement à vous.

LETTRE XX.

BOILEAU A RACINE.

A Versailles, à 6 heures.

Le contre-temps de votre indisposition a été bien fâcheux; car, en arrivant à Versailles, j'ai joui d'une merveilleuse bonne fortune : j'ai été appelé dans la chambre de Mme de Maintenon pour voir jouer devant le roi, par les actrices de

Saint-Cyr, votre pièce d'*Athalie*. Quoique les élèves n'eussent que leurs habits ordinaires, tout a été le mieux du monde et a produit un grand effet. Le roi a témoigné être ravi, charmé, enchanté, ainsi que Mme de Maintenon. Pour moi, trouvez bon que je vous répète que vous n'avez pas fait de meilleur ouvrage. Adieu, mon cher monsieur; je suis fort pressé aujourd'hui. Si j'avais plus de loisir, je vous manderais plus au long certains détails, et vous rapporterais un mot charmant de M. de Chartres sur votre pièce, et qui a fait dire de grands biens de vous par le roi; mais je vous verrai vraisemblablement demain, et j'aime mieux attendre à vous dire cela de vive voix. Je suis votre très-humble et très-obéissant serviteur.

LETTRE XXI.

BOILEAU A RACINE.

Paris, le 25 mars 1691.

Je ne voyais proprement que vous pendant que vous étiez à Paris; et, depuis que vous n'y êtes plus, je ne vois plus, pour ainsi dire, personne. N'attendez donc pas que je vous rende nouvelles pour nouvelles, puisque je n'en sais aucune. D'ailleurs il n'est guère fait mention à Paris présentement que du siége de Mons, dont je ne crois pas vous devoir instruire. Les particularités que vous m'en avez mandées m'ont fait un fort grand plaisir. Je vous avoue pourtant que je ne saurais digérer que le roi s'expose comme il fait. C'est une mauvaise habitude qu'il a prise, dont il devrait se guérir; et cela ne s'accorde pas avec cette haute prudence qu'il fait paraître dans toutes ses autres actions. Est-il possible qu'un prince qui prend si bien ses mesures pour assiéger Mons en prenne si peu pour la conservation de sa propre personne ? Je sais bien qu'il a pour lui l'exemple des Alexandre et des César, qui s'exposaient de la sorte ; mais avaient-ils raison de le faire ? Je doute qu'il ait lu ce vers d'Horace :

« Decipit exemplar vitiis imitabile [1]. »

Je suis ravi d'apprendre que vous êtes dans un couvent, en même cellule que M. de Cavoie ; car, bien que le logement soit un peu étroit, je m'imagine qu'on n'y garde pas trop étroitement les règles, et qu'on n'y fait pas la lecture pendant le dîner, si ce n'est peut-être de lettres pareilles à la mienne. Je vous dis bien en partant que je ne vous plaignais plus, puisque vous faisiez le voyage avec un homme tel que lui, auprès duquel on trouve toutes sortes de commodités, et dont la compagnie pourrait consoler de toutes sortes d'incommodités. Et puis, je vois bien qu'à l'heure qu'il est vous êtes un soldat parfaitement aguerri contre les périls et contre la fatigue. Je vois bien, dis-je, que vous allez recouvrer votre honneur à Mons, et que toutes les mauvaises plaisanteries du voyage de Gand ne tomberont plus que sur moi. M. de Cavoie a déjà assez bien commencé à m'y préparer. Dieu veuille seulement que je les puisse entendre, au hasard même d' mal répondre. Mais, à ne vous rien celer, non-seulement mon mal ne finit point, mais je doute même qu'il guérisse. En récompense, me voilà fort bien guéri d'ambition et de vanité. Et, en vérité, je ne sais si cette guérison-là ne vaut pas bien l'autre, puisqu'à mesure que les honneurs et les biens me fuient, il me semble que la tranquillité me vient. J'ai été une fois à notre assemblée [2] depuis votre départ. M. de la

---

[1] « Le modèle séduit souvent par la facilité d'imiter ses défauts. » (*Epist.* xix, lib. I.)

[2] La petite académie, qui reçut l'année suivante le titre d'académie des inscriptions et médailles.

Chapelle ne manqua pas, comme vous vous le figurez bien, de proposer d'abord une médaille sur le siége de Mons ; et j'en imaginai une sur...

LETTRE XXII.

RACINE A BOILEAU.

Au camp devant Mons, 3 avril 1691.

On nous avait trop tôt mandé la prise de l'ouvrage à cornes : il ne fut attaqué, pour la première fois, qu'avant-hier ; encore fut-il abandonné un moment après par les grenadiers du régiment des Gardes, qui s'épouvantèrent mal à propos, et que leurs officiers ne purent retenir, même en leur présentant l'épée nue, comme pour les percer. Le lendemain, qui était hier, sur les 9 heures du matin, on recommença une autre attaque avec beaucoup plus de précaution que la précédente. On choisit pour cela huit compagnies de grenadiers, tant du régiment du Roi que d'autres régiments, qui tous méprisent fort les soldats des Gardes, qu'ils appellent des *Pierrots*. On commanda aussi cent cinquante mousquetaires des deux compagnies pour soutenir les grenadiers. L'attaque se fit avec une vigueur extraordinaire, et dura trois bons quarts d'heure ; car les ennemis se défendirent en fort braves gens, et quelques-uns d'entre eux se colletèrent même avec quelques-uns de nos officiers. Mais comment auraient-ils pu faire ? Pendant qu'ils étaient aux mains, tout notre canon tirait sans discontinuer sur les deux demi-lunes qui devaient les couvrir, et d'où, malgré cette tempête de canon, on ne laissa pourtant pas de faire un feu épouvantable. Nos bombes tombaient aussi à tous moments sur ces demi-lunes, et semblaient les renverser sens dessus dessous. Enfin nos gens demeurèrent les maîtres, et s'établirent de manière qu'on n'a pas même osé depuis les inquiéter. Nous y avons bien perdu deux cents hommes, entre autres huit ou dix mousquetaires, du nombre desquels était le fils de M. le prince de Courtenai, qui a été trouvé mort dans la palissade de la demi-lune; car quelques mousquetaires poussèrent jusque dans cette demi-lune, malgré la défense expresse de M. de Vauban et de M. de Maupertuis, croyant faire sans doute la même chose qu'à Valenciennes. Ils furent obligés de revenir fort vite sur leurs pas; et c'est là que la plupart furent tués ou blessés. Les grenadiers, à ce que dit M. de Maupertuis lui-même, ont été aussi braves que les mousquetaires. De huit capitaines, il y en a eu sept tués ou blessés. J'ai retenu cinq ou six actions ou paroles de simples grenadiers, dignes d'avoir place dans l'histoire; et je vous les dirai quand nous nous reverrons. M. de Chasteauvilain, fils de M. le grand trésorier de Pologne, était à tout et est un des hommes de l'armée le plus estimé. La Chesnaye a aussi fort bien fait. Je vous les nomme tous deux, parce que vous les connaissez particulièrement : mais je ne vous puis dire assez de bien du premier, qui joint beaucoup d'esprit à une fort grande valeur. Je voyais toute l'attaque fort à mon aise, d'un peu loin à la vérité; mais j'avais de fort bonnes lunettes, que je ne pouvais presque tenir fermes, tant le cœur me battait à voir tant de braves gens dans le péril. On fit une suspension pour retirer les morts de part et d'autre. On trouva de nos mousquetaires morts dans le chemin couvert de la demi-lune. Deux mousquetaires blessés s'étaient couchés parmi ces morts, de peur d'être achevés : ils se levèrent tout à coup sur leurs pieds, pour s'en revenir avec les morts qu'on remportait; mais les ennemis prétendirent qu'ayant été trouvés sur leur terrain, ils devaient demeurer prisonniers. Notre officier ne put en disconvenir; mais il voulut au moins donner de l'argent aux Espagnols, afin de faire traiter ces deux mousquetaires. Les Espagnols répondirent : « Ils seront mieux traités parmi nous que parmi vous, et nous avons de l'argent plus qu'il n'en faut pour nous et pour eux. » Le gouverneur fut un peu plus incivil; car M. de Luxembourg lui ayant envoyé une lettre par un tambour pour s'informer si le chevalier d'Estrades, qui s'est trouvé perdu, n'était point du nombre des prisonniers qui ont été faits dans ces deux actions, le gouverneur ne voulut ni lire la lettre, ni voir le tambour.

On a pris aujourd'hui deux manières de paysans qui étaient sortis de la ville avec des lettres pour M. de Castanaga. Ces lettres portaient que la place ne pouvait plus tenir que cinq ou six jours. En récompense, comme le roi regardait de la tranchée tirer nos batteries, un homme, qui apparemment était quelque officier ennemi déguisé en soldat avec un simple habit gris, est sorti, à la vue du roi, de notre tranchée, et, traversant jusqu'à une demi-lune des ennemis, s'est jeté dedans; et on a vu deux des ennemis venir au-devant de lui pour le recevoir. J'étais aussi dans la tranchée dans ce temps-là, et je l'ai conduit de l'œil jusque dans la demi-lûne. Tout le monde a été surpris au dernier point de son impudence; mais vraisemblablement il n'empêchera pas la place d'être prise dans cinq ou six jours. Toute la demi-lune est presque éboulée, et les remparts de ce côté-là ne tiennent plus à rien : on n'a jamais vu un tel feu d'artillerie. Quoique je vous dise que j'ai été dans la tranchée, n'allez pas croire que j'aie été dans aucun péril : les ennemis ne tiraient plus de ce côté-là; et nous étions tous, ou appuyés sur le parapet, ou debout sur le revers de la tranchée : mais j'ai couru d'autres périls, que je vous conterai en riant quand nous serons de retour.

Je suis, comme vous, tout consolé de la réception de Fontenelle. M. Roze paraît fâché de voir, dit-il, l'Académie *in pejus ruere*. Il vous fait ses baisemains avec des expressions très-fortes, à son ordinaire. M. de Cavoie, et quantité de nos communs amis, m'ont chargé aussi de vous en faire. Voilà, ce me semble, une assez longue lettre; mais j'ai les pieds chauds, et je n'ai guère de plus grand plaisir que de causer avec vous. Je crois que le nez a saigné au prince d'Orange, et il n'est tantôt plus fait mention de lui. Vous me ferez un extrême plaisir de m'écrire, quand cela vous fera aussi quelque plaisir. Je vous prie de faire mes baisemains à M. de la Chapelle. Ayez la bonté de mander à ma femme que vous avez reçu de mes nouvelles.

J'ai oublié de vous dire que, pendant que j'étais sur le mont Pagnotte à regarder l'attaque, le R. P. de la Chaise était dans la tranchée, et même fort près de l'attaque, pour la voir plus distinctement. J'en parlais hier soir à son frère, qui me dit tout naturellement : « Il se fera tuer un de ces jours. » Ne dites rien de cela à personne; car on croirait la chose inventée, et elle est très-vraie et très-sérieuse.

LETTRE XXIII.

RACINE A BOILEAU.

Versailles, ce mardi 8 avril 1692.

Mme de Maintenon m'a dit ce matin que le roi avait réglé notre pension à 4,000 francs pour moi, et à 2,000 francs pour vous : cela s'entend sans y comprendre notre pension de gens de lettres. Je l'ai fort remerciée pour vous et pour moi. Je viens aussi tout à l'heure de remercier le roi. Il m'a paru qu'il avait quelque peine qu'il y eût de la diminution; mais je lui ai dit que nous étions trop contents. J'ai plus appuyé encore sur vous que sur moi, et j'ai dit au roi que vous prendriez la liberté de lui écrire pour le remercier, n'osant pas lui venir donner la peine d'élever sa voix[1] pour vous parler. J'ai dit en propres paroles : « Sire, il a plus d'esprit que jamais, plus de zèle pour Votre Majesté, et plus d'envie de travailler pour votre gloire. » Vous voyez enfin que les choses ont été réglées comme vous l'avez souhaité vous-même. Je ne laisse pas d'avoir une vraie peine de ce qu'il semble que je gagne à cela plus que vous; mais, outre les dépenses et les fatigues des voyages, dont je suis assez aise que vous soyez délivré, je vous connais si noble et si plein d'amitié, que je suis assuré que vous souhaiteriez de bon cœur que je fusse encore mieux traité. Je serai très-content si vous l'êtes en effet. J'espère vous revoir bientôt. Je demeure ici pour voir de quelle manière la chose doit tourner : car on ne m'a point encore dit si c'est par un brevet, ou si c'est à l'ordinaire sur la cassette. Je suis entièrement à vous. Il n'y a rien de nouveau ici. On ne parle que du voyage, et tout le monde n'est occupé que de ses équipages.

Je vous conseille d'écrire quatre lignes au roi, et autant à M%me% de Maintenon, qui assurément s'intéresse toujours avec beaucoup d'amitié à tout ce qui vous touche. Envoyez-moi vos lettres par la poste ou par votre jardinier, comme vous le jugerez à propos.

---

[1] Boileau commençait à devenir un peu sourd. (L. R.)

LETTRE XXIV.

BOILEAU A RACINE.

Paris, 9 avril 1692.

Êtes-vous fou avec vos compliments? Ne savez-vous pas bien que c'est moi qui ai, pour ainsi dire, prescrit la chose de la manière qu'elle s'est faite? Et pouvez-vous douter que je ne sois parfaitement content d'une affaire où l'on m'accorde tout ce que je demande? Tout va le mieux du monde; et je suis encore plus réjoui pour vous que pour moi-même.

Je vous envoie deux lettres, que j'écris, suivant vos conseils, l'une au roi, l'autre à Mme de Maintenon. Je les ai écrites sans faire de brouillon, et je n'ai point ici de conseil : ainsi je vous prie d'examiner si elles sont en état d'être données, afin que je les réforme si vous ne les trouvez pas bien. Je vous les envoie pour cela toutes décachetées, et, supposé que vous jugiez à propos de les présenter, prenez la peine d'y mettre votre cachet. Je verrai aujourd'hui Mme Racine pour la féliciter. Je vous donne le bonjour, et suis tout à vous. Je ne reçus votre lettre qu'hier tout au soir, et je vous envoie mes trois lettres aujourd'hui, à 8 heures, par la poste. Voilà, ce me semble, une assez grande diligence pour le plus paresseux de tous les hommes.

LETTRE XXV.

RACINE A BOILEAU.

Versailles, 11 avril 1692.

Je vous renvoie vos deux lettres avec mes remarques, dont vous ferez tel usage qu'il vous plaira. Tâchez de me les renvoyer avant 6 heures, ou pour mieux dire, avant 5 heures et demie du soir, afin que je les puisse donner avant que le roi entre chez Mme de Maintenon. J'ai trouvé que *la trompette et les sourds* étaient trop joués[1], et qu'il ne fallait pas trop appuyer sur votre incommodité, moins encore chercher de l'esprit sur ce sujet. Du reste, les lettres seront fort bien, et il n'en faut pas davantage. Je m'assure que vous donnerez un meilleur tour aux choses que j'ai ajoutées. Je ne veux point faire attendre votre jardinier.

Je n'ai point encore de nouvelles de la manière dont notre affaire sera tournée. M. de Chevreuse veut que je laisse achever ce qu'il a commencé, et dit que nous nous en trouverons bien. Je vous conseille de lui écrire un mot à votre loisir. On ne peut pas avoir plus d'amitié qu'il en a pour vous.

---

[1] Boileau avait apparemment fait sur la surdité quelque plaisanterie qui ne plut pas à l'ami dont il faisait son juge. (L. R.)

LETTRE XXVI.

RACINE A BOILEAU.

Versailles, 11 avril 1692.

Vos deux lettres sont à merveille, et je les donnerai tantôt. M. de Pontchartrain oublia de parler hier, et ne peut parler que dimanche; mais j'en fus bien aise, parce que M. de Chevreuse aura le temps de le voir. M. de Pontchartrain me parla de notre autre pension, et de la *petite académie*, mais avec une bonté incroyable, en me disant que dans un autre temps il prétend bien faire d'autres choses pour vous et pour moi.

Je ne crois pas aller à Auteuil; ainsi ne m'y attendez point. Je ne crois pas même aller à Paris encore demain; et, en ce cas, je vous prie de tout mon cœur de faire bien mes excuses à M. de Pontchartrain, que j'ai une extrême impatience de revoir. Madame sa mère me demanda hier fort obligeamment si nous n'allions pas toujours chez lui; je lui dis que c'était bien notre dessein de recommencer à y aller.

J'envoie à Paris pour un volume de M. de Noailles, que mon laquais prétend avoir reporté chez lui, et qu'on n'y trouve point. Cela me désole. Je vous prie de lui dire si vous ne croyez point l'avoir chez vous. Je vous donne le bonjour.

LETTRE XXVII.

RACINE A BOILEAU.

Au camp de Gévries, 24 mai 1692.

Il faut que j'aime M. Vigan autant que je fais pour ne lui pas vouloir beaucoup de mal du contre-temps dont il a été cause. Si je n'avais pas eu des embarras tels que vous pouvez vous imaginer, je vous aurais été chercher à Auteuil. Je ne vous ai pas écrit pendant le chemin, parce que j'étais chagrin au dernier point d'un vilain clou qui m'est venu au menton, qui m'a fait de fort grandes douleurs, jusqu'à me donner la fièvre deux jours et deux nuits. Il est percé, Dieu merci, et il ne me reste plus qu'un emplâtre qui me défigure, et dont je me consolerais volontiers, sans toutes les questions importunes que cela m'attire à tout moment.

Le roi fit hier la revue de son armée et de celle de M. de Luxembourg. C'était assurément le plus grand spectacle qu'on ait vu depuis plusieurs siècles. Je ne me souviens point que les Romains en aient vu un tel, car leurs armées n'ont guère passé, ce me semble, quarante, ou tout au plus cinquante mille hommes; et il y avait hier six vingt mille hommes ensemble sur quatre lignes. Comptez qu'à la rigueur il n'y avait pas là-dessus trois mille hommes à rabattre. Je commençai à 11 heures du matin à marcher; j'allai toujours au grand pas de mon cheval, et je ne finis qu'à 8 heures du soir : enfin on était deux heures à aller d'un bout d'une ligne à l'autre. Mais, si on n'a jamais vu tant de troupes ensemble, assurez-vous que jamais on n'en a vu de si belles. Je vous rendrais un fort bon compte des deux lignes de l'armée du roi, et de la première de l'armée de M. de Luxembourg ; mais, quant à la seconde ligne, je ne vous en puis parler que sur la foi d'autrui. J'étais si las, si ébloui de voir briller des épées et des mousquets, si étourdi d'entendre des tambours, et des trompettes, et des timbales, qu'en vérité je me laissais conduire par mon cheval, sans plus avoir d'attention à rien ; et j'eusse voulu de tout mon cœur que tous les gens que je voyais eussent été chacun dans leur chaumière, ou dans leur maison, avec leurs femmes et leurs enfants ; et moi dans ma rue des Maçons, avec ma famille. Vous avez peut-être trouvé dans les poëmes épiques les revues d'armée fort longues et fort ennuyeuses ; mais celle-ci m'a paru tout autrement longue, et même, pardonnez-moi cette espèce de blasphème, plus lassante que celle de *la Pucelle.* J'étais, au retour, à peu près dans le même état que nous étions, vous et moi, dans la cour de l'abbaye Saint-Amand. A cela près, je ne fus jamais si charmé et si étonné que je le fus de voir une puissance si formidable. Vous jugez bien que tout cela nous prépare de belles matières. On m'a donné un ordre de bataille des deux armées. Je vous l'aurais volontiers envoyé ; mais il y en a ici mille copies, et je ne doute pas qu'il n'y en ait bientôt autant à Paris. Nous sommes ici campés le long de la Trouille, à 2 lieues de Mons. M. de Luxembourg est campé près de Binche, partie sur le ruisseau qui passe aux Estines, et partie sur la Haisne, où ce ruisseau tombe. Son armée est de soixante-six bataillons et de deux cent neuf escadrons ; celle du roi, de quarante-six bataillons et de quatre-vingt-dix escadrons. Vous voyez par là que celle de M. de Luxembourg occupait bien plus de terrain que celle du roi. Son quartier général, j'entends celui de M. de Luxembourg, est à Thieusies. Vous trouverez tous ces villages dans la carte. L'une et l'autre se mettent en marche demain. Je pourrai bien n'être pas en état de vous écrire de cinq ou six jours ; c'est pourquoi je vous écris aujourd'hui une si longue lettre. Ne trouvez point étrange le peu d'ordre que vous y trouverez : je vous écris au bout d'une table environnée de gens qui raisonnent de nouvelles, et qui veulent à tous moments que j'entre dans la conversation. Il vint hier de Bruxelles un rendu, qui dit que M. le prince d'Orange assemblait quelques troupes à Anderleck, qui en est à trois quarts de lieue. On demanda au rendu ce qu'on disait à Bruxelles. Il répondit qu'on y était fort en repos, parce qu'on était persuadé qu'il n'y avait à Mons qu'un camp volant; que le roi n'était point en Flandre, et que M. de Luxembourg était en Italie.

Je ne vous dis rien de la marine; vous êtes à la source, et nous ne savons qu'après vous. Vraisemblablement j'aurai bientôt de plus grandes choses à vous mander qu'une revue, quelque grande et quelque magnifique qu'elle ait été. M. de Cavoie vous baise les mains. Je ne sais ce que je ferais sans lui; il faudrait en vérité que je renonçasse aux voyages, et au plaisir de voir tout ce que je vois. M. de Luxembourg, dès le premier jour que nous arrivâmes, envoya dans notre écurie un des plus commodes chevaux de la sienne, pour m'en servir pendant la campagne. Vous n'avez jamais vu homme de cette bonté et de cette magnificence : il est encore plus à ses amis et plus aimable à la tête de sa formidable armée qu'il n'est à Paris et à Versailles. Je vous nommerais au contraire certaines gens qui ne sont pas reconnaissables dans ce pays-ci, et qui, tout embarrassés de la figure qu'ils y font, sont à peu près comme vous depeigniez le pauvre M. Jeannart quand il commençait une courante. Adieu, mon cher monsieur : voilà bien du verbiage; mais je vous écris au courant de ma plume, et me laisse entraîner au plaisir que j'ai de causer avec vous comme si j'étais dans vos allées d'Auteuil. Je vous prie de vous souvenir de moi dans la *petite académie*, et d'assurer M. de Pontchartrain de mes très-humbles respects. Faites aussi mille compliments pour moi à M. de la Chapelle. Je prévois qu'il y aura bientôt matière à des types plus magnifiques qu'il n'en a encore imaginé. Écrivez-moi le plus souvent que vous pourrez, et forcez votre paresse. Pendant que j'essuie de longues marches et des campements fort incommodes, serez-vous fort à plaindre quand vous n'aurez que la fatigue d'écrire des lettres bien à votre aise dans votre cabinet?

LETTRE XXVIII.

RACINE A BOILEAU.

Du camp de Gévries, le 22 mai 1692.

Comme j'étais fort interrompu hier en vous écrivant, je fis une grosse faute dans ma lettre, dont je ne m'aperçus que lorsqu'on l'eut portée à la poste. Au lieu de vous dire que le quartier principal de M. de Luxembourg était aux hautes Estines, je vous marquai qu'il était à Thieusies, qui est un village à plus de 3 ou 4 lieues de là, et où il devait aller camper en partant des Estines, à ce qu'on m'avait dit; on parlait même de cela autour de moi pendant que j'écrivais. J'ai donc cru que je vous ferais plaisir de vous détromper, et qu'il fallait mieux qu'il vous en coûtât un petit port de lettre que quelque grosse gageure où vous pourriez vous engager mal à propos, ou contre M. de la Chapelle, ou contre M. Hessein. J'ai surtout pâli quand j'ai songé au terrible inconvénient qui arriverait si ce dernier avait quelque avantage sur vous; car je me souviens du bois qu'il mettait à la droite opiniâtrément, malgré tous les serments et toute la raison de M. de Guilleragues, qui en pensa devenir fou. Dieu vous garde d'avoir jamais tort contre un tel homme! Je monte en carrosse pour aller à Mons, où M. de Vauban m'a promis de me faire voir les nouveaux ouvrages qu'il y a faits. J'y allai l'autre jour dans ce même dessein; mais je souffrais alors tant de mal, que je ne songeai qu'à m'en revenir au plus vite.

LETTRE XXIX.

RACINE A BOILEAU.

Au camp devant Namur, le 3 juin 1692.

J'ai été si troublé depuis huit jours de la petite vérole de mon fils, que j'appréhendais qui ne fût fort dangereuse, que je n'ai pas eu le courage de vous mander aucunes nouvelles. Le siége a bien avancé durant ce temps-là, et nous sommes à l'heure qu'il est au corps de la place. Il n'a point fallu pour cela détourner la Meuse, comme vous m'écrivez qu'on le disait à Paris, ce qui serait une étrange entreprise; on n'a pas même eu besoin d'appeler les mousquetaires, ni d'exposer beaucoup de braves gens. M. de Vauban, avec son canon et ses bombes, a fait lui seul toute l'expédition. Il a trouvé des hauteurs en-deçà et au-delà de la Meuse où il a placé ses batteries. Il a conduit sa principale tranchée dans un terrain assez resserré, entre des hauteurs et une espèce d'étang d'un côté, et la Meuse de l'autre. En trois jours il a poussé son travail jusqu'à un petit ruisseau qui coule au pied de la contrescarpe, et s'est rendu maître d'une petite contre-garde revêtue qui était en-deçà de la contrescarpe; et, de là, en moins de seize heures, a emporté tout le chemin couvert, qui était garni de plusieurs rangs de palissades, a comblé un fossé large de 10 toises et profond de 8 pieds, et s'est logé dans une demi-lune qui était au-devant de la courtine, entre un demi-bastion qui est sur le bord de la Meuse, à la gauche des assiégeants, et un bastion qui est à leur droite : en telle sorte que cette place si terrible, en un mot, Namur, a vu tous ses dehors emportés dans le peu de temps que je vous ai dit, sans qu'il en ait coûté au roi plus de trente hommes. Ne croyez pas pour cela qu'on ait eu affaire à des poltrons; tous ceux de nos gens qui ont été à ces attaques sont étonnés du courage des assiégés. Mais vous jugerez de l'effet terrible du canon et des bombes, quand je vous dirai, sur le rapport d'un officier espagnol qui fut pris hier dans les dehors, que notre artillerie leur a tué en deux jours douze cents hommes. Imaginez-vous trois batteries qui se croisent et qui tirent continuellement sur de pauvres gens qui sont vus d'en haut et de revers, et qui ne peuvent pas trouver un seul coin où ils soient en sûreté. On dit qu'on a trouvé les dehors tout pleins de corps dont le canon a emporté les têtes comme si on les avait coupées avec des sabres. Cela n'empêche pas que plusieurs de nos gens n'aient fait des actions de grande valeur. Les grenadiers du régiment des gardes françaises et ceux des gardes suisses se sont entre autres extrêmement distingués. On raconte plusieurs actions particulières, que je vous redirai quelque jour, et que vous entendrez avec plaisir : mais en voici une que je ne puis différer de vous dire, et que j'ai ouï conter au roi même. Un soldat du régiment des fusiliers, qui travaillait à la tranchée, y avait posé un gabion; un coup de canon vint, qui emporta son gabion : aussitôt il en alla poser à la même place un autre, qui fut sur-le-champ emporté par un autre coup de canon. Le soldat, sans rien dire, en prit un troisième, et l'alla poser; un troisième coup de canon emporta ce troisième gabion. Alors le soldat, rebuté, se tint en repos; mais son officier lui commanda de ne point laisser cet endroit sans gabion. Le soldat dit : « J'irai, mais j'y serai tué. » Il y alla, et, en posant son quatrième gabion, eut le bras fracassé d'un coup de canon. Il revint, soutenant son bras pendant avec l'autre bras, et se contenta de dire à son officier : « Je l'avais bien dit. » Il fallut lui couper le bras, qui ne tenait presque à rien. Il souffrit cela sans desserrer les dents, et, après l'opération, dit froidement : « Je suis donc hors d'état de travailler ; c'est maintenant au roi à me nourrir. » Je crois que vous me pardonnerez le peu d'ordre de cette narration ; mais assurez-vous qu'elle est fort vraie. M. de Cavoie me presse d'achever ma lettre. Je vous dirai donc en deux mots, pour l'achever, qu'apparemment la ville sera prise en deux jours. Il y a déjà une grande brèche au bastion ; et même un officier vient, dit-on, d'y monter avec deux ou trois soldats, et s'en est revenu parce qu'il n'était point suivi, et qu'il n'y avait encore aucun ordre pour cela. Vous jugez bien que ce bastion ne tiendra guère ; après quoi il n'y a plus que la vieille enceinte de la ville, où les assiégés ne nous attendront pas ; mais vraisemblablement la garnison laissera faire la capitulation aux bourgeois et se retirera dans le château, qui ne fait pas plus de peur à M. de Vauban que la ville. M. le prince d'Orange n'a point encore marché, et pourra bien marcher trop tard. Nous attendons avec impatience des nouvelles de la mer.

Je ne suis point surpris de tout ce que vous me mandez du gouverneur qui a fait déserter votre assemblée à son pupille[1]. J'ai ri de bon cœur de l'embarras où vous êtes sur le rang où vous devez placer M. de Richesource. Ce que vous dites des esprits médiocres est fort vrai, et m'a frappé, il y a longtemps, dans votre *Poétique*. M. de Cavoie vous fait mille baisemains, et M. Roze aussi, qui m'a confié les grands dégoûts qu'il avait de l'Académie, jusqu'à méditer même d'y faire retrancher les jetons, s'il n'était, dit-il, retenu par la charité. Croyez-vous que les jetons durent beaucoup, s'il ne tient qu'à la charité de M. Roze qu'ils ne soient retranchés ? Adieu, Monsieur. Je vous conseille d'écrire un mot à

---

[1] Le duc de Chartres, qui était fort assidu aux assemblées de l'Académie, et dont le marquis d'Arcy était le gouverneur.

M. le contrôleur général lui-même, pour le prier de vous faire mettre sur l'état de distribution ; et cela se fera aussitôt. Vous êtes pourtant en fort bonnes mains, puisque M. de Bie a promis de vous faire payer. C'est le plus honnête homme qui se soit jamais mêlé de finances. Mes compliments à M. de la Chapelle.

LETTRE XXX.

RACINE A BOILEAU.

Au camp près de Namur, 15 juin 1692.

Je ne vous ai point écrit sur l'attaque d'avant-hier : je suis accablé des lettres qu'il me faut écrire à des gens beaucoup moins raisonnables que vous, et à qui il faut faire des réponses bien malgré moi. Je crois que vous n'aurez pas manqué de relations. Ainsi, sans entrer dans des détails ennuyeux, je vous manderai succinctement ce qui m'a le plus frappé dans cette action. Comme la garnison est au moins de six mille hommes, le roi avait pris de fort grandes précautions pour ne pas manquer son entreprise. Il s'agissait de leur enlever une redoute et un retranchement de plus de 400 toises de long, d'où il sera fort facile de foudroyer le reste de leurs ouvrages, cette redoute étant au plus haut de la montagne, et par conséquent pouvant commander aux ouvrages à cornes qui couvrent le château de ce côté-là. Ainsi le roi, outre les sept bataillons de tranchée, avait commandé deux cents de ses mousquetaires, cent cinquante grenadiers à cheval, et quatorze compagnies d'autres grenadiers, avec mille ou douze cents travailleurs, pour le logement qu'on voulait faire; et pour mieux intimider les ennemis, il fit paraître tout à coup sur la hauteur la brigade de son régiment, qui est encore composée de six bataillons. Il était là en personne à la tête de son régiment, et donnait ses ordres à la demi-portée du mousquet. Il avait seulement devant lui trois gabions, que le comte de Fiesque, qui était son aide de camp de jour, avait fait poser pour le couvrir : mais ces gabions, presque tous pleins de pierres, étaient la plus dangereuse défense du monde; car un coup de canon qui eût donné dedans aurait fait un beau massacre de tous ceux qui étaient derrière. Néanmoins un de ces gabions sauva peut-être la vie au roi, ou à Monseigneur, ou à Monsieur, qui tous deux étaient à ses côtés; car il rompit le coup d'une balle de mousquet qui venait droit au roi, et qui, en se détournant un peu, ne fit qu'une contusion au bras de M. le comte de Toulouse, qui était, pour ainsi dire, dans les jambes du roi.

Mais, pour revenir à l'attaque, elle se fit dans un ordre merveilleux. Il n'y eut pas jusqu'aux mousquetaires qui ne firent pas un pas de plus qu'on ne leur avait commandé. A la vérité, M. de Maupertuis, qui marchait à leur tête, leur avait déclaré que, si quelqu'un osait passer devant lui, il le tuerait. Il n'y en eut qu'un seul qui, ayant osé désobéir et passer devant lui, il le porta par terre de deux coups de sa pertuisane, qui ne le blessèrent pourtant point. On a fort loué la sagesse de M. de Maupertuis; mais il faut vous dire aussi deux traits de M. de Vauban, que je suis assuré qui vous plairont. Comme il connaît la chaleur du soldat dans ces sortes d'attaques, il leur avait dit : « Mes enfants, on ne vous défend pas de poursuivre les ennemis quand ils s'enfuiront; mais je ne veux pas que vous alliez vous faire échiner mal à propos sur la contrescarpe de leurs autres ouvrages. Je retiens donc à mes côtés cinq tambours pour vous rappeler quand il sera temps. Dès que vous les entendrez, ne manquez pas de revenir chacun à vos postes. » Cela fut fait comme il l'avait concerté. Voilà pour la première précaution. Voici la seconde. Comme le retranchement qu'on attaquait avait un fort grand front, il fit mettre sur notre tranchée des espèces de jalons, vis-à-vis desquels chaque corps devait attaquer et se loger, pour éviter la confusion ; et la chose réussit à merveille. Les ennemis ne soutinrent point, et n'attendirent pas même nos gens : ils s'enfuirent après qu'ils eurent fait une seule décharge, et ne tirèrent plus que de leurs ouvrages à cornes. On en tua bien quatre ou cinq cents ; entre autres un capitaine espagnol, fils d'un grand d'Espagne, qu'on nomme le comte de Lémos. Celui qui le tua était un des grenadiers à cheval, nommé *Sans-Raison*. Voilà un vrai nom de grenadier. L'Espagnol lui demanda quartier, et lui promit 100 pistoles, lui montrant même sa bourse où il en avait 35. Le grenadier, qui venait de voir tuer le lieutenant de sa compagnie, qui était un fort brave homme, ne voulut point faire de quartier, et tua son Espagnol. Les ennemis envoyèrent demander le corps, qui leur fut rendu, et le grenadier *Sans-Raison* rendit aussi les 35 pistoles qu'il avait prises au mort, en disant : « Tenez, voilà son argent, dont je ne veux point ; les grenadiers ne mettent la main sur les gens que pour les tuer. » Vous ne trouverez point peut-être ces détails dans les relations que vous lirez ; et je m'assure que vous les aimerez bien autant qu'une supputation exacte du nom des bataillons, et de chaque compagnie des gens détachés, ce que M. l'abbé de Dangeau ne manquerait pas de rechercher très-curieusement.

Je vous ai parlé du lieutenant de la compagnie des grenadiers qui fut tué, et dont *Sans-Raison* vengea la mort. Vous ne serez peut-être pas fâché de savoir qu'on lui trouva un cilice sur le corps. Il était d'une piété singulière, et avait même fait ses dévotions le jour d'auparavant. Respecté de toute l'armée pour sa valeur accompagnée d'une douceur et d'une sagesse merveilleuses, le roi l'estimait beaucoup, et a dit, après sa mort, que c'était un homme qui pouvait prétendre à tout. Il s'appelait Roquevert. Croyez-vous que frère

Roquevert ne valait pas bien frère Muce? Et si M. de la Trappe l'avait connu, aurait-il mis, dans la vie de frère Muce, que les grenadiers font profession d'être les plus grands scélérats du monde? Effectivement on dit que dans cette compagnie il y a des gens fort réglés. Pour moi, je n'entends guère de messe dans le camp qui ne soit servie par quelque mousquetaire, et où il n'y en ait quelqu'un qui communie, et cela de la manière du monde la plus édifiante.

Je ne vous dis rien de la quantité de gens qui reçurent des coups de mousquet ou des contusions tout auprès du roi; tout le monde le sait, et je crois que tout le monde en frémit. M. le Duc était lieutenant général de jour, et y fit à la Condé, c'est tout dire. M. le Prince, dès qu'il vit que l'action allait commencer, ne put s'empêcher de courir à la tranchée et de se mettre à la tête de tout. En voilà bien assez pour un jour.

Je ne puis pourtant finir sans vous dire un mot de M. de Luxembourg. Il est toujours vis-à-vis des ennemis, la Méhaigne entre deux, qu'on ne croit pas qu'ils osent passer. On lui amena avant-hier un officier espagnol, qu'un de nos partis avait pris, et qui s'était fort bien battu. M. de Luxembourg, lui trouvant de l'esprit, lui dit: « Vous autres Espagnols, je sais que vous faites la guerre en honnêtes gens, et je la veux faire avec vous de même. » Ensuite il le fit dîner avec lui, puis lui fit voir toute son armée. Après quoi il le congédia, en lui disant: « Je vous rends votre liberté; allez trouver M. le prince d'Orange, et dites-lui ce que vous avez vu. » On a su aussi, par un rendu, qu'un de nos soldats s'étant allé rendre aux ennemis, le prince d'Orange lui demanda pourquoi il avait quitté l'armée de M. de Luxembourg: « C'est, dit le soldat, qu'on y meurt de faim; mais, avec tout cela, ne passez pas la rivière, car assurément ils vous battront. »

Le roi envoya hier six mille sacs d'avoine et cinq cents

bœufs à l'armée de M. de Luxembourg : et quoi qu'ait dit le déserteur, je vous puis assurer qu'on y est fort gai, et qu'il s'en faut bien qu'on y meure de faim. Le général a été trois jours sans monter à cheval, passant le jour à jouer dans sa tente.

Le roi a eu nouvelle aujourd'hui que le baron de Serclas, avec cinq ou six mille chevaux de l'armée du prince d'Orange, avait passé la Meuse à Huy, comme pour venir inquiéter le quartier de M. de Boufflers. Le roi prend ses mesures pour le bien recevoir.

Adieu, Monsieur. Je vous manderai une autre fois des nouvelles de la vie que je mène, puisque vous en voulez savoir. Faites, je vous prie, part de cette lettre à M. de la Chapelle, si vous trouvez qu'elle en vaille la peine. Vous me ferez même beaucoup de plaisir de l'envoyer à ma femme quand vous l'aurez lue; car je n'ai pas le temps de lui écrire, et cela pourra la réjouir, elle et mon fils.

On est fort content de M. de Bonrepaux. J'ai écrit à M. de Pontchartrain le fils, par le conseil de M. de la Chapelle. Une page de compliments m'a plus coûté cinq cents fois que les huit pages que je vous viens d'écrire. Adieu, Monsieur. Je vous envie bien votre beau temps d'Auteuil, car il fait ici le plus horrible temps du monde.

Je vous ai vu rire assez volontiers de ce que le vin fait quelquefois faire aux ivrognes. Hier un boulet de canon emporta la tête d'un de nos Suisses dans la tranchée. Un autre Suisse, son camarade, qui était auprès, se mit à rire de toute sa force en disant : « Oh ! oh ! cela est plaisant; il reviendra sans tête dans le camp. »

On a fait aujourd'hui trente prisonniers de l'armée du prince d'Orange, et ils ont été pris par un parti de M. de Luxembourg. Voici la disposition de l'armée des ennemis. M. de Bavière à la droite avec des Brandebourgs, et autres Allemands; M. de Valdeck est au corps de bataille avec les

Hollandais; et le prince d'Orange, avec les Anglais, est à la gauche.

J'oubliais de vous dire que, quand M. le comte de Toulouse reçut son coup de mousquet, on entendit le bruit de la balle : et le roi demanda si quelqu'un était blessé. « Il me semble, dit en souriant le jeune prince, que quelque chose m'a touché. » Cependant la contusion était assez grosse, et j'ai vu la marque de la balle sur le galon de la manche, qui était tout noirci, comme si le feu y avait passé. Adieu, Monsieur. Je ne saurais me résoudre à finir quand je suis avec vous.

En fermant ma lettre j'apprends que la présidente Barentin, qui avait épousé M. de Cormaillon, ingénieur, a été pillée par un parti de Charleroi. Ils ont pris ses chevaux de carrosse et sa cassette, et l'ont laissée dans le chemin à pied. Elle venait pour être auprès de son mari, qui avait été blessé. Il est mort.

LETTRE XXXI.

RACINE A BOILEAU.

Au camp, près de Namur, 24 juin 1692.

Je laisse à M. de Valincour le soin de vous écrire la prise du château neuf. Voici seulement quelques circonstances qu'il oubliera peut-être dans sa relation.

Ce château neuf est appelé autrement le fort Guillaume, parce que c'est le prince d'Orange qui ordonna, l'année passée, de le faire construire, et qui avança pour cela 10,000 écus de son argent. C'est un grand ouvrage à cornes, avec quelques redans dans le milieu de la courtine, selon que le terrain le demandait. Il est situé de telle sorte que plus on en approche, moins on le découvre; et, depuis huit ou dix jours que notre canon le battait, il n'y avait fait qu'une très-petite brèche à passer deux hommes, et il n'y avait pas une palissade du chemin couvert qui fût rompue. M. de Vauban a admiré lui-même la beauté de cet ouvrage. L'ingénieur qui l'a tracé, et qui a conduit tout ce qu'on y a fait, est un Hollandais nommé Coëhorn. Il s'était renfermé dedans pour le défendre et y avait même fait creuser sa fosse, disant qu'il s'y voulait enterrer. Il en sortit hier avec la garnison, blessé d'un éclat de bombe. M. de Vauban a eu la curiosité de le voir, et, après lui avoir donné beaucoup de louanges, lui a demandé s'il jugeait qu'on eût pu l'attaquer mieux qu'on a fait. L'autre fit réponse que, si on l'eût attaqué dans les formes ordinaires, et en conduisant une tranchée devant la courtine et les demi-bastions, il se serait encore défendu plus de quinze jours, et qu'il nous en aurait coûté bien du monde; mais que, de la manière dont on l'avait embrassé de toutes parts, il avait fallu se rendre. La vérité est que notre tranchée est quelque chose de prodigieux, embrassant à la fois plusieurs montagnes et plusieurs vallées avec une infinité de tours et de retours, autant presque qu'il y a de rues à Paris.

Les gens de la cour commençaient à s'ennuyer de voir si longtemps remuer la terre : mais enfin il s'est trouvé que, dès que nous avons attaqué la contrescarpe, les ennemis, qui craignaient d'être coupés, ont abandonné dans l'instant tout le chemin couvert; et, voyant dans leur ouvrage vingt de nos grenadiers qui avaient grimpé par un petit endroit où on ne pouvait monter qu'un à un, ils ont aussitôt battu la chamade. Ils étaient encore quinze cents hommes, tous gens bien faits s'il y en a au monde. Le principal officier qui les commandait, nommé M. de Wimberg, est âgé de près de quatre-vingts ans. Comme il était d'ailleurs fort incommodé des fatigues qu'il a souffertes depuis quinze jours, et qu'il ne pouvait plus marcher, il s'était fait porter sur la petite brèche que notre canon avait faite, résolu d'y mourir l'épée à la main. C'est lui qui a fait la capitulation, et il y a fait mettre qu'il lui serait permis d'entrer dans le vieux château, pour s'y défendre encore jusqu'à la fin du siége. Vous voyez par là à quelles gens nous avons affaire, et que l'art et les précautions de M. de Vauban ne sont pas inutiles pour épargner bien de braves gens qui s'iraient faire tuer mal à propos. C'était encore M. le Duc qui était lieutenant général de jour; et voici la troisième affaire qui passe par ses mains. Je voudrais que vous eussiez pu entendre de quelle manière aisée et même avec quel esprit il m'a bien voulu raconter une partie de ce que je vous mande; les réponses qu'il fit aux officiers qui le vinrent trouver pour capituler, et comme, en leur faisant mille honnêtetés, il ne laissait pas de les intimider. On a trouvé le chemin couvert tout plein de corps morts, sans tous ceux qui étaient à demi enterrés dans l'ouvrage. Nos bombes ne les laissaient pas respirer; ils voyaient sauter à tout moment en l'air leurs camarades, leurs valets, leur pain, leur vin; ils étaient si las de se jeter par terre, comme on fait quand il tombe une bombe, que les uns se tenaient debout, au hasard de ce qui en pourrait arriver; les autres avaient creusé de petites niches dans des retranchements qu'ils avaient faits dans le milieu de l'ouvrage, et s'y tenaient plaqués tout le jour. Ils n'avaient d'eau que celle d'un petit trou qu'ils avaient creusé en terre, et ont passé ainsi quinze jours entiers.

Le vieux château est composé de quatre autres forts, l'un derrière l'autre, et va toujours en s'étrécissant, en telle sorte que celui de ces forts qui est à l'extrémité de la montagne ne paraît pas pouvoir contenir trois cents hommes. Vous jugez bien quel fracas y feront nos bombes. Heureusement nous ne craignons pas d'en manquer sitôt. On en trouva hier chez les révérends pères jésuites de Namur douze cent soixante toutes chargées, avec leurs amorces. Les bons pères gardaient précieusement ce beau dépôt sans en rien dire, espérant vraisemblablement de le rendre aux Espagnols, au cas qu'on nous fît lever le siége. Ils paraissaient pourtant les plus contents du monde d'être au roi ; et ils me dirent à moi-même, d'un air riant et ouvert, qu'ils lui étaient trop obligés de les avoir délivrés de ces maudits protestants qui étaient en garnison à Namur, et qui avaient fait un prêche de leurs écoles. Le roi a envoyé le père recteur à Dôle : mais le P. de la Chaise dit lui-même que le roi est trop bon, et que les supérieurs de leur compagnie seront plus sévères que lui. Adieu, Monsieur ; ne me citez point. J'écrirai demain à M. de Milon, qui m'a mandé, comme vous, le crachement de sang de M. de la Chapelle. J'espère que cela n'aura point de suites ; je vous assure que j'en suis sensiblement affligé.

J'oubliais de vous dire que je vis passer les deux otages que ceux du dedans de l'ouvrage à cornes envoyaient au roi. L'un avait le bras en écharpe ; l'autre la mâchoire à demi emportée, avec la tête bandée d'une écharpe noire. Le dernier est un chevalier de Malte. Je vis aussi huit prisonniers qu'on amenait du chemin couvert ; ils faisaient horreur. L'un avait un coup de baïonnette dans le côté ; un autre un coup de mousquet dans la bouche : les six autres avaient le visage et les mains toutes brûlées du feu qui avait pris à la poudre qu'ils avaient dans leurs havresacs.

LETTRE XXXII.

RACINE A BOILEAU.

Fontainebleau, 3 octobre 1692.

Votre ancien laquais, dont j'ai oublié le nom, m'a fait grand plaisir ce matin en m'apprenant de vos nouvelles. A ce que je vois, vous êtes dans une fort grande solitude à Auteuil, et vous n'en partez point. Est-il possible que vous puissiez être si longtemps seul, et ne point faire du tout de vers? Je m'attends qu'à mon retour je trouverai votre *Satire des femmes* entièrement achevée. Pour moi, il s'en faut bien que je sois aussi solitaire que vous. M. de Cavoie a voulu encore à toute force que je logeasse chez lui, et il ne m'a pas été possible d'obtenir de lui que je fisse tendre un lit dans votre maison, où je n'aurais pas été si magnifiquement que chez lui; mais j'y aurais été plus tranquillement et avec plus de liberté.

Cependant elle n'a été marquée pour personne, au grand déplaisir de gens qui s'en étaient emparés les autres années. Notre ami M. Félix y a mis son carrosse et ses chevaux, et les miens n'y ont pas même trouvé place; mais tout cela s'est passé avec mon agrément et sous mon bon plaisir. J'ai mis mes chevaux à l'hôtel de Cavoie, qui en est tout proche. M. de Cavoie a permis aussi à M. de Bonrepaux de faire sa cuisine chez vous. Votre concierge, voyant que les chambres demeuraient vides, en a meublé quelqu'une, et l'a louée. On a mis sur la porte qu'elle était à vendre, et j'ai dit qu'on m'adressât ceux qui la viendraient voir: mais on ne m'a encore envoyé personne. Je soupçonne que le concierge, se trouvant fort bien d'y louer des chambres, serait assez aise que la maison ne se vendît point. J'ai conseillé à M. Félix de l'acheter, et je vois bien que je le ferai aller jusqu'à 4,000 francs. Je crois que vous ne feriez pas trop mal d'en tirer cet argent; et je crains que, si le voyage se passe sans que le marché soit conclu, M. Félix, ni personne, n'y songe plus jusqu'à l'autre année. Mandez-moi là-dessus vos sentiments : je ferai le reste.

On reçut hier de bonnes nouvelles d'Allemagne. M. le maréchal de Lorges ayant fait assiéger par un détachement de son armée une petite ville nommée Pforzheim, entre Philisbourg et Dourlach, les Allemands ont voulu s'avancer pour la secourir. Il a eu avis qu'un corps de quarante escadrons avait pris les devants, et n'était qu'à une lieue et demie de lui, ayant devant eux un ruisseau assez difficile à passer. La ville a été prise dès le premier jour, et cinq cents hommes qui étaient dedans ont été faits prisonniers de guerre.

Le lendemain M. de Lorges a marché avec toute son armée sur ces quarante escadrons que je vous ai dits, et a fait d'abord passer le ruisseau à seize de ses escadrons soutenus du reste de la cavalerie. Les ennemis, voyant qu'on allait à eux avec cette vigueur, s'en sont fuis à vau-de-route, abandonnant leurs tentes et leur bagage, qui a été pillé. On leur a pris deux pièces de canon, deux paires de timbales, et neuf étendards, quantité d'officiers, entre autres leur général, qui est oncle de M. de Wirtemberg, et administrateur de ce duché, un général-major de Bavière, et plus de treize cents cavaliers. Ils en ont eu près de neuf cents tués sur la place. Il ne nous en a coûté qu'un maréchal des logis, un cavalier, et six dragons. M. de Lorges a abandonné au pillage la ville de Pforzheim, et une autre petite ville auprès de laquelle étaient campés les ennemis. Ç'a été, comme vous voyez, une déroute; et il n'y a pas eu, à proprement parler, aucun coup de tiré de leur part : tout ce qu'on a pris et tué, ç'a été en les poursuivant.

Le prince d'Orange est parti pour la Hollande. Son armée s'est rapprochée de Gand, et apparemment se séparera bientôt. M. de Luxembourg me mande qu'il est en parfaite santé. Le roi se porte à merveille.

LETTRE XXXIII.

RACINE A BOILEAU.

Fontainebleau, 6 octobre 1692.

J'ai parlé à M. de Pontchartrain le conseiller, du garçon qui vous a servi; et M. le comte de Fiesque, à ma prière, lui en a parlé aussi. Il m'a dit qu'il ferait son possible pour le placer; mais qu'il prétendait que vous lui en écrivissiez vous-même, au lieu de lui faire écrire par un autre. Ainsi je vous conseille de forcer un peu votre paresse, et de m'envoyer une lettre pour lui, ou bien de lui écrire par la poste.

J'ai déjà fait naître à Mme de Maintenon une grande envie de voir de quelle manière vous parlez de Saint-Cyr. Elle a paru fort touchée de ce que vous aviez eu même la pensée d'en parler; et cela lui donne occasion de dire mille biens de vous.

Pour moi, j'ai une extrême impatience de voir ce que vous me dites que vous m'enverrez. Je n'en ferai part qu'à ceux que vous voudrez, à personne même si vous le souhaitez. Je crois pourtant qu'il sera très-bon que Mme de Maintenon voie ce que vous avez imaginé pour sa maison. Ne vous mettez pas en peine, je le lirai du ton qu'il faut, et je ne ferai point de tort à vos vers.

Je n'ai point vu M. Félix depuis que j'ai reçu votre lettre

Au cas que vous ne trouviez point les 5,000 francs, ce que je crois très-difficile, je vous conseille de louer votre maison; mais il faudra pour cela que je vous trouve des gens qui prennent soin de vous trouver des locataires : car je doute que ceux qui y logent soient bien propres à vous trouver des marchands, leur intérêt étant de demeurer seuls dans cette maison, et d'empêcher qu'on ne les en vienne déposséder.

Il n'y a ici aucune nouvelle. L'armée de M. de Luxembourg commence à se séparer, et la cavalerie entre dans des quartiers de fourrages. Quelques gens voulaient hier que le duc de Savoie pensât à assiéger Nice à l'aide des galères d'Espagne; mais le comte d'Estrées ne tardera guère à donner la chasse aux galères et aux vaisseaux espagnols, et doit arriver incessamment vers les côtes d'Italie. Le roi grossit de quarante bataillons son armée de Piémont pour l'année prochaine, et je ne doute pas qu'il ne tire une rude vengeance des pays de M. de Savoie.

Mon fils m'a écrit une assez jolie lettre sur le plaisir qu'il a eu de vous allez voir, et sur une conversation qu'il a eue avec vous. Je suis plus obligé que vous ne le sauriez dire de vouloir bien vous amuser avec lui. Le plaisir qu'il prend d'être avec vous me donne assez bonne opinion de lui; et s'il est jamais assez heureux pour vous entendre parler de temps en temps, je suis persuadé qu'avec l'admiration dont il est prévenu, cela lui fera le plus grand bien du monde. J'espère que cet hiver vous voudrez bien faire chez moi de petits dîners dont je prétends tirer tant d'avantages. M. de Cavoie vous fait ses compliments. J'appris hier la mort du pauvre abbé de Saint-Réal.

LETTRE XXXIV.

BOILEAU A RACINE, A FONTAINEBLEAU.

Auteuil, le 7 octobre 1692.

Je vous écrivis avant-hier si à la hâte que je ne sais si vous aurez bien conçu ce que je vous écrivais ; c'est ce qui m'oblige à vous récrire aujourd'hui. Mme Racine vient d'arriver chez moi, qui s'engage à vous faire tenir ma lettre. L'action de M. de Lorges est très-grande et très-belle ; et j'ai déjà reçu une lettre de M. l'abbé Renaudot, qui me mande que M. de Pontchartrain veut qu'on travaille au plus tôt à faire une médaille pour cette action. Je crois que cela occupe déjà fort M. de la Chapelle, mais pour moi, je crois qu'il sera assez à temps d'y penser vers la Saint-Martin.

Je ne saurais assez vous remercier du soin que vous prenez de notre maison de Fontainebleau. Je n'ai point encore vu sur cela personne de notre famille ; mais, autant que j'en puis juger, tout le monde trouvera assez mauvais que celui qui l'habite prétende en profiter à nos dépens. C'est une étrange chose qu'un bien en commun : chacun en laisse le soin à son compagnon ; ainsi personne n'y soigne, et il demeure au pillage.

Je vous mandais, le dernier jour, que j'ai travaillé à la *Satire des femmes* pendant huit jours : cela est véritable ; mais il est vrai aussi que ma fougue poétique est passée presque aussi vite qu'elle est venue, et que je n'y pense plus à l'heure qu'il est. Je crois que lorsque j'aurai tout amassé, il y aura bien cent vers nouveaux d'ajoutés ; mais je ne sais si je n'en ôterai pas bien vingt-cinq ou trente de la description du *lieutenant* et de la *lieutenante criminelle*. C'est un ouvrage qui me tue, par la multitude des transitions, qui sont, à mon sens, le plus difficile chef-d'œuvre de la poésie. Comme je m'imagine que vous avez quelque impatience d'en voir quelque chose, je veux bien vous en transcrire ici vingt ou trente vers; mais c'est à la charge que, foi d'honnête homme, vous ne les montrerez à âme vivante, parce que je veux être absolument maître d'en faire ce que je voudrai, et que d'ailleurs je ne sais s'ils sont encore en l'état où ils demeureront. Mais afin que vous en puissiez voir la suite, je vais vous mettre la fin de l'histoire de la *lieutenante*, de la manière que je l'ai achevée.

> Mais peut-être j'invente une fable frivole.
> [1] *Soutiens* donc tout Paris, qui, prenant la parole,
> Sur ce sujet encor de bons témoins pourvu,
> Tout prêt à le prouver, te dira : Je l'ai vu.
> Vingt ans j'ai vu ce couple, uni d'un même vice,
> A tous mes habitants montrer que l'avarice
> Peut faire dans les biens trouver la pauvreté,
> Et nous réduire à pis que la mendicité.
> *Deux* voleurs qui chez eux, pleins d'espérance, entrèrent,
> *Enfin un beau matin tous deux les massacrèrent :*
> Digne et funeste fruit du nœud le plus affreux
> Dont l'hymen ait uni jamais deux malheureux.
> Ce récit passe un peu l'ordinaire mesure;
> Mais un exemple enfin si digne de censure
> Peut-il dans la satire occuper moins de mots?
> Chacun sait son métier. Suivons notre propos.
> Nouveau prédicateur, aujourd'hui je l'avoue,
> *Vrai disciple*, ou pultôt singe de Bourdaloue,
> Je me plais à remplir mes sermons de portraits.
> En voilà déjà trois peints d'assez heureux traits :
> La louve, la coquette, et la parfaite avare.
> Il faut y joindre encor la revêche bizarre,

---

[1] Les mots qu'on a mis en italique sont ceux que l'auteur a supprimés à l'impression.

Qui sans cesse, d'un ton par la colère aigri,
Gronde, choque, dément, contredit un mari,
Qui dans tous ses discours par quolibets s'exprime,
A toujours dans la bouche un proverbe, une rime,
Et d'un roulement d'yeux aussitôt applaudit
Au mot aigrement fou qu'au hasard elle a dit.
Il n'est point de repos ni de paix avec elle :
Son mariage n'est qu'une longue querelle.
Laisse-t-elle un moment respirer son époux,
Ses valets sont d'abord l'objet de son courroux ;
Et, sur le ton grondeur, lorsqu'elle les harangue,
Il faut voir de quels mots elle enrichit la langue.
Ma plume ici, traçant ces mots par alphabet,
Pourrait d'un nouveau tome augmenter Richelet.
Tu crains peu d'essuyer cette étrange furie :
En trop bon lieu, dis-tu, ton épouse nourrie,
Jamais de tels discours ne te rendra martyr.
Mais, eût-elle sucé la raison dans Saint-Cyr,
Crois-tu que d'une fille humble, honnête, charmante,
L'hymen n'ait jamais fait de femme extravagante ?
Combien n'a-t-on point vu de *Philis* aux doux yeux,
Avant le mariage, anges si gracieux,
Tout à coup se changeant en bourgeoises sauvages,
Vrais démons, apporter l'enfer dans leurs ménages,
Et, découvrant l'orgueil de leurs rudes esprits,
Sous leur fontange altière asservir leurs maris ?

En voilà plus que je ne vous avais promis. Mandez-moi ce que vous y aurez trouvé de fautes plus grossières.

J'ai envoyé des pêches à Mme de Caylus, qui les a reçues, m'a-t-on dit, avec de grandes marques de joie. Je vous donne le bonsoir, et suis tout à vous.

LETTRE XXXV.

RACINE A BOILEAU.

Au Quesnoi, 30 mai 1693.

Le roi fait demain ses dévotions. Je parlai hier de M. le doyen[1] au P. de la Chaise; il me dit qu'il avait reçu votre lettre, me demanda des nouvelles de votre santé, et m'assura qu'il était fort de vos amis et de toute la famille. J'ai parlé ce matin à Mme de Maintenon, et lui ai même donné une lettre que je lui avais écrite sur ce sujet, la mieux tournée que j'aie pu, afin qu'elle la pût lire au roi. M. de Chamlai, de son côté, proteste qu'il a déjà fait merveilles, et qu'il a parlé de M. le doyen comme de l'homme du monde qu'il estimait le plus, et qui méritait le mieux les grâces de Sa Majesté. Il promet qu'il reviendra encore ce soir à la charge. Je l'ai échauffé de tout mon possible, et l'ai assuré de votre reconnaissance et de celle de M. le doyen et de MM. Dongois. Voilà, mon cher monsieur, où la chose en est. Le reste est entre les mains du bon Dieu, qui peut-être inspirera le roi en notre faveur. Nous en saurons demain davantage.

Quant à nos ordonnances, M. de Pontchartrain me promit qu'il nous les ferait payer aussitôt après le départ du roi. C'est à vous de faire vos sollicitations, soit par M. de Pontchartrain le fils, soit par M. l'abbé Bignon. Croyez-vous que vous fissiez mal d'aller vous-même une fois chez lui? Il est bien intentionné; la somme est petite : enfin on m'assure qu'il faut presser, et qu'il n'y a pas un moment à perdre.

---

[1] L'abbé Jacques Boileau, frère de Despréaux. (L. R.)

Quand vous aurez arraché cela de lui, il ne vous en voudra que plus de bien. Il faudrait aussi voir ou faire voir M. de Bie, qui est le meilleur homme du monde, et qui le ferait souvenir de vous quand il fera l'état de distribution.

Au reste, j'ai été obligé de dire ici, le mieux que j'ai pu, quelques-uns des vers de votre satire à M. le Prince. *Nosti hominem*[1]. Il ne parle plus d'autre chose, et il me les a redemandés plus de dix fois. M. le prince de Conti voudrait bien que vous m'envoyassiez l'histoire du lieutenant criminel, dont il est surtout charmé. M. le Prince et lui ne font que redire les deux vers : *La mule et les chevaux au marché*[2]. Je vous conseille de m'envoyer tout cet endroit, et quelques autres morceaux détachés, si vous pouvez : assurez-vous qu'ils ne sortiront point de mes mains. M. le Prince n'est pas moins touché de ce que j'ai pu retenir de votre ode. Je ne suis point surpris de la prière que M. de Pontchartrain le fils vous a faite en faveur de Fontenelle. Je savais bien qu'il avait beaucoup d'inclination pour lui : et c'est pour cela même que M. de la Loubère n'en a guère; mais enfin vous avez très-bien répondu, et pour peu que Fontenelle se reconnaisse, je vous conseillerais aussi de lui faire grâce : mais, à dire vrai, il est bien tard, et la stance a fait un furieux progrès[3].

[1] « Vous connaissez l'homme. »

[2] Les deux chevaux, la mule, au marché s'envolèrent ;
Deux grands laquais à jeun sur le soir s'en allèrent.

[3] Boileau se rendit aux instances de M. de Pontchartrain le fils, et supprima de l'*Ode sur la prise de Namur* la strophe suivante :

> Un torrent dans les prairies
> Roule à flots précipités ;
> Malherbe, dans ses furies,
> Marche à pas trop concertés.
> J'aime mieux, nouvel Icare,
> Dans les airs suivre Pindare,
> Tomber du ciel le plus haut,
> Que, loué de Fontenelle,
> Raser, timide hirondelle,
> La terre comme Perrault.

Je n'ai pas le temps d'écrire ce matin à M. de la Chapelle. Ayez la bonté de lui dire que tout ce qu'il a imaginé, et vous aussi, sur l'ordre de Saint-Louis, me paraît fort beau ; mais que, pour moi, je voudrais simplement mettre pour type la croix même de Saint-Louis, et la légende *Ordo militaris*, etc. Chercherons-nous toujours de l'esprit dans les choses qui en demandent le moins? Je vous écris tout ceci avec une rapidité épouvantable, de peur que la poste ne soit partie.

Il fait le plus beau temps du monde. Le roi, qui a une fluxion sur la gorge, se porte bien : ainsi nous serons bientôt en campagne. Je vous écrirai plus à loisir avant que de sortir du Quesnoi.

LETTRE XXXVI.

RACINE A BOILEAU.

Au Quesnoi, 31 mai au soir, 1693.

Vous verrez par la lettre que j'écris à M. l'abbé Dongois les obligations que vous avez à Sa Majesté. M. le doyen est chanoine de la Sainte-Chapelle, et est bien mieux encore que je n'avais demandé. Mme de Maintenon m'a chargé de vous faire bien ses baisemains. Elle mérite bien que vous lui fassiez quelque remercîment, ou du moins que vous fassiez d'elle une mention honorable qui la distingue de tout son sexe, comme en effet elle en est distinguée de toute manière.

Je suis content au dernier point de M. de Chamlai, et il

faut absolument que vous lui écriviez, aussi bien qu'au P. de la Chaise, qui a très-bien servi M. le doyen.

Tout le monde m'a chargé ici de vous faire ses compliments; entre autres M. de Cavoie et M. de Sérignan. M. le prince de Conti même m'a témoigné prendre beaucoup de part à votre joie.

Nous partons mardi pour aller camper sous Mons. Le roi se mettra à la tête de l'armée de M. de Boufflers; M. de Luxembourg, avec la sienne, nous côtoiera de fort près. Le roi envoie les dames à Maubeuge. Ainsi nous voilà à la veille des grandes nouvelles. Je vous donne le bonsoir et suis entièrement à vous.

Songez à nos ordonnances. Prenez aussi la peine de recommander à M. Dongois le petit Mercier, valet de chambre de Mme de Maintenon. Il voudrait avoir pour commissaire, pour la conclusion de son affaire, ou M. l'abbé Brunet, ou M. l'abbé Petit. Si cela se peut faire dans les règles, et sans blesser la conscience, il faudrait tâcher de lui faire avoir ce qu'il demande.

LETTRE XXXVII.

BOILEAU A RACINE.

1er juin 1693.

Je sors de notre assemblée des Inscriptions, où j'ai été principalement pour parler à M. de Tourreil; mais il ne s'y est point trouvé. Il s'était chargé de parler de nos ordonnances à M. de Pontchartrain le père, et il m'en devait rendre compte aujourd'hui. J'enverrai demain savoir s'il est malade, et pourquoi il n'est pas venu. Cependant M. l'abbé

Renaudot m'a promis aussi d'agir très-fortement auprès du même ministre. Cet abbé doit venir dîner jeudi avec moi à Auteuil, et me raconter tout ce qu'il aura fait; ainsi il ne se perdra point de temps.

Mme Racine me fit l'honneur de souper dimanche chez moi, avec toute votre petite et agréable famille. Cela se passa fort gaiement, mon rhume étant presque entièrement guéri. Je n'ai jamais vu une si belle journée. J'entretins fort M. votre fils, qui, à mon sens, croît toujours en mérite et en esprit. Il me montra une traduction qu'il a faite d'une harangue de Tite-Live, et j'en fus fort content. Je crois non-seulement qu'il sera habile pour les lettres, mais qu'il aura la conversation agréable, parce qu'en effet il pense beaucoup, et qu'il conçoit fort vivement tout ce qu'on lui dit. Je ne saurais trouver de termes assez forts pour vous remercier des mouvements que vous vous donnez pour M. le doyen de Sens; et, quand l'affaire ne réussirait point, je vous puis assurer que je n'oublierai jamais la sensible obligation que je vous ai.

Vous m'avez fort surpris en me mandant l'empressement qu'ont deux des plus grands princes de la terre pour voir des ouvrages que je n'ai pas achevés[1]. En vérité, mon cher monsieur, je tremble qu'ils se soient trop aisément laissé prévenir en ma faveur : car, pour vous dire sincèrement ce qui se passe en moi au sujet de ces derniers ouvrages, il y a des moments où je crois n'avoir rien fait de mieux; mais il y en a aussi beaucoup où je n'en suis point du tout content, et où je fais résolution de ne les jamais laisser imprimer. Oh! qu'heureux est M. Charpentier, qui, raillé, et mettons quelquefois bafoué sur les siens, se maintient toujours parfaitement tranquille, et demeure invinciblement persuadé de l'excellence de son esprit! Il a tantôt apporté à l'Académie une médaille de très-mauvais goût; et, avant que de la laisser

---

[1] La satire contre les femmes, et l'ode sur la prise de Namur.

lire, il a commencé par en faire l'éloge. Il s'est mis par avance en colère sur ce qu'on y trouverait à redire, déclarant pourtant que, quelques critiques qu'on y pût faire, il saurait bien ce qu'il devrait penser là-dessus, et qu'il n'en resterait pas moins convaincu qu'elle était parfaitement bonne. Il a en effet tenu parole; et, tout le monde l'ayant généralement désapprouvée, il a querellé tout le monde, il a rougi et s'est emporté : mais il s'en est allé satisfait de lui-même. Je n'ai point, je l'avoue, cette force d'âme; et si des gens un peu sensés s'opiniâtraient de dessein formé à blâmer la meilleure chose que j'ai écrite, je leur résisterais d'abord avec assez de chaleur; mais je sens bien que peu de temps après je conclurais contre moi, et que je me dégoûterais de mon ouvrage. Ne vous étonnez donc point si je ne vous envoie point encore par cet ordinaire les vers que vous me demandez, puisque je n'oserais presque me les présenter à moi-même sur le papier. Je vous dirai pourtant que j'ai en quelque sorte achevé l'*Ode sur Namur,* à quelques vers près, où je n'ai point encore attrapé l'expression que je cherche. Je vous l'enverrai un de ces jours; mais c'est à la charge que vous la tiendrez secrète, et que vous n'en lirez rien à personne que je ne l'aie entièrement corrigée sur vos avis.

Il n'est bruit ici que des grandes choses que le roi va faire; et, à vous dire le vrai, jamais commencement de campagne n'eut un meilleur air. J'ai bien vu dans les livres des exemples de grandes félicités; mais, au prix de la fortune du roi, à mon sens, tout est malheur. Ce qui m'embarrasse, c'est qu'ayant épuisé pour Namur toutes les hyperboles et toutes les hardiesses de notre langue, où trouverai-je des expressions pour le louer, s'il vient à faire quelque chose de plus grand que la prise de cette ville? Je sais bien ce que je ferai : je garderai le silence, et vous laisserai parler. C'est le meilleur parti que je puisse prendre, *Spectatus satis, et donatus jam rude,* etc. Je vous prie de bien témoigner à

M. de Chamlai combien je suis obligé des bons offices qu'il rend à mon frère; et je vois bien que la fortune n'est pas capable de l'aveugler, et qu'il voit toujours ses amis avec les mêmes yeux qu'auparavant. Adieu, mon cher monsieur; soyez bien persuadé que je vous aime et que je vous estime infiniment. Dans le temps que j'allais finir cette lettre, M. l'abbé Dongois est entré dans ma chambre avec le petit mot de lettre que vous écrivez à Mme Racine, et où vous mandez l'heureux, surprenant, incroyable succès de votre négociation[1]. Que vous dirai-je là-dessus? Cela demande une lettre tout entière que je vous écrirai demain. Cependant souvenez-vous de l'état de Pamphile à la fin de l'*Andrienne Nunc est quum me interfici patiar;* voilà à peu près mon état. Adieu encore un coup, mon cher, illustrissime, effectif, ou, puisque la passion permet quelquefois d'inventer des mots, mon effectissime ami.

LETTRE XXXVIII.

BOILEAU A RACINE, A L'ARMÉE.

Paris, ce 4 juin 1693.

Je vous écrivis hier au soir une assez longue lettre, et qui était toute remplie du chagrin que j'avais alors, causé par un tempérament sombre qui me dominait, et par un reste de maladie; mais je vous en écris une aujourd'hui toute pleine de la joie que m'a causée l'agréable nouvelle que j'ai

---

[1] Pour le frère de Boileau, doyen de Sens.

reçue. Je ne saurais vous exprimer l'allégresse qu'elle a excitée dans toute notre famille; elle a fait changer de caractère à tout le monde. M. Dongois le greffier est présentement un homme jovial et folâtre; M. l'abbé Dongois, un bouffon et un badin. Enfin il n'y a personne qui ne se signale par des témoignages extraordinaires de plaisir et de satisfaction, et par des louanges et des exclamations sans fin, sur votre bonté, votre générosité, votre amitié, etc. A mon sens néanmoins, celui qui doit être le plus satisfait, c'est vous; et le contentement que vous devez avoir en vous-même d'avoir obligé si efficacement dans cette affaire tant de personnes qui vous estiment et qui vous honorent depuis si longtemps, est un plaisir d'autant plus agréable qu'il ne procède que de la vertu, et que les âmes du commun ne sauraient ni se l'attirer ni le sentir. Tout ce que j'ai à vous prier maintenant, c'est de me mander les démarches que vous croyez qu'il faut que je fasse à l'égard du roi et du P. de la Chaise, et non-seulement s'il faut, mais à peu près ce qu'il faut que je leur écrive. M. le doyen de Sens ne sait encore rien de ce que l'on a fait pour lui. Jugez de sa surprise, quand il apprendra tout d'un coup le bien imprévu et excessif que vous lui avez fait. Ce que j'admire le plus, c'est la félicité de la circonstance, qui a fait que, demandant pour lui la moindre de toutes les chanoinies de la Sainte-Chapelle, nous lui avons obtenu la meilleure après celle de M. l'abbé d'Ense. *O factum bene!* Vous pouvez compter que vous aurez désormais en lui un homme qui disputera avec moi de zèle et d'amitié.

J'avais résolu de ne vous envoyer la suite de mon *Ode sur Namur* que quand je l'aurais mise en état de n'avoir plus besoin que de vos corrections. Mais en vérité vous m'avez fait trop de plaisir, pour ne pas satisfaire sur-le-champ la curiosité que vous avez peut-être conçue de la voir. Ce que je vous prie, c'est de ne la montrer à personne, et de ne la point épargner. J'y ai hasardé des choses fort neuves, jusqu'à parler de la plume blanche que le roi a sur son chapeau. Mais, à mon avis, pour trouver des expressions nouvelles en vers, il faut parler de choses qui n'aient point été dites en vers. Vous en jugerez, sauf à tout changer, si cela vous déplaît. L'ode sera de dix-huit stances[1]; cela fait cent quatre-vingts vers. Je ne croyais pas aller si loin. Voici ce que vous n'avez point vu; je vais le mettre sur l'autre feuillet.

IX.

Déployez toutes vos rages,
Princes, vents, peuples, frimats;
Ramassez tous vos nuages,
Rassemblez tous vos soldats.
Malgré vous Namur en poudre
S'en va tomber sous la foudre
Qui dompta Lille, Courtrai,
Gand, la *constante* Espagnole,
Luxembourg, Besançon, Dole,
Ypres, Mastricht, et Cambrai.

X.

Mes présages s'accomplissent,
Il commence à chanceler;
Je vois ces murs qui frémissent,
Déjà prêts à s'écrouler.
Mars en feu, qui les domine,
De loin souffle leur ruine;
Et les bombes dans les airs,
Allant chercher le tonnerre,
Semblent, tombant sur la terre,
Vouloir s'ouvrir les enfers.

---

[1] Boileau ayant supprimé la seconde stance par égard pour M. de Pontchartrain, ainsi qu'on l'a vu plus haut, son ode se trouva réduite à dix-sept stances. On a indiqué par des caractères italiques les corrections que l'auteur fit à son ode.

XI.

Approchez, troupes altières
Qu'unit un même devoir :
A couvert de *ces* rivières,
Venez, vous pouvez tout voir.
Contemplez bien ces approches ;
Voyez *détacher* ces roches,
Voyez ouvrir ce terrain,
Et dans les eaux, dans la flamme,
Louis à tous donnant l'âme,
Marcher *tranquille et serein*.

XII.

Voyez, dans cette tempête,
Partout se montrer aux yeux
La plume qui *ceint* sa tête
D'un cercle si glorieux.
A sa blancheur remarquable,
Toujours un sort favorable
S'attache dans les combats :
Et toujours avec la Gloire,
Mars *et sa sœur* la Victoire
Suivent cet astre à grands pas.

XIII.

Grands défenseurs de l'Espagne,
Accourez tous, il est temps.
Mais déjà vers la Méhagne
Je vois vos drapeaux flottants.
Jamais ses ondes craintives
N'ont vu sur leurs faibles rives
Tant de guerriers s'amasser.
Marchez donc, *troupe héroïque :*
Au-delà de ce Granique
Que tardez-vous d'avancer?

XIV.

Loin de fermer le passage
A vos nombreux bataillons,
Luxembourg a du rivage
Reculé ses pavillons.
Hé quoi! son aspect vous glace!
Où sont ces chefs pleins d'audace,
Jadis si prompts à marcher,
Qui devaient de la Tamise,
Et de la Drave soumise,
Jusqu'à Paris nous chercher?

XV.

Cependant l'effroi redouble
Sur les remparts de Namur :
Son gouverneur, qui se trouble,
S'enfuit sous son dernier mur.
Déjà, jusques à ses portes,
Je vois *nos fières* cohortes
S'ouvrir un large chemin :
Et sur des monceaux de piques,
De corps morts, de rocs, de briques,
Monter le sabre à la main.

XVI.

C'en est fait, je viens d'entendre,
Sur *les remparts* éperdus,
Battre un signal pour se rendre :
Le feu cesse; ils sont rendus.
Rappelez votre constance,
Fiers ennemis de la France;
Et désormais gracieux,
Allez à Liége, à Bruxelles,
Porter les humbles nouvelles
De Namur pris à vos yeux.

XVII.

Pour moi que Phébus anime
De ses transports les plus doux,
Rempli de ce dieu sublime,
Je vais, plus hardi que vous,
Montrer que sur le Parnasse,
Des bois fréquentés d'Horace,
Ma muse, *sur* son déclin,
Suit encor les avenues,
Et des sources inconnues
A l'auteur de Saint-Paulin.

Je vous demande pardon de la peine que vous aurez peut-être à déchiffrer tout ceci, que je vous ai écrit sur un papier qui boit. Je vous le récrirais bien; mais il est près de midi, et j'ai peur que la poste ne parte; ce sera pour une autre fois. Je vous embrasse de tout mon cœur.

LETTRE XXXIX.

BOILEAU A RACINE.

Paris, 16 juin 1693.

Je vous écrivis hier, avec toute la chaleur qu'inspire une méchante nouvelle, le refus que fait l'abbé de Paris de se démettre de sa chanoinie. Ainsi vous jugerez bien par ma lettre que ce ne sont pas, à l'heure qu'il est, des remercîments que je médite, puisque je suis même honteux de ceux que j'ai déjà faits. A vous dire le vrai, le contre-temps est fâcheux; et, quand je songe aux chagrins qu'il m'a déjà causés, je voudrais presque n'avoir jamais pensé à ce bénéfice pour mon frère : je n'aurais pas la douleur de voir que vous vous soyez peut-être donné tant de peine si inutilement. Ne croyez pas toutefois, quoi qu'il puisse arriver, que cela diminue en moi le sentiment des obligations que je vous ai. Je sens bien qu'il n'y a qu'une étoile bizarre et infortunée qui pût empêcher le succès d'une affaire si bien conduite, et où vous avez également signalé votre prudence et votre amitié.

Je vous ai mandé par ma dernière lettre ce que M. de Pontchartrain avait répondu à M. l'abbé Renaudot touchant nos ordonnances. Comme il a fait de la distinction entre les raisons que vous aviez de le presser, et celles que j'avais d'attendre, je m'en vais ce matin chez Mme Racine, et je lui conseillerai de porter votre ordonnance à M. de Bie, à part : je ne doute point qu'elle ne touche au plus tôt son argent. Pour moi, j'attendrai sans peine la commodité de M. de Pontchartrain : je n'ai rien qui me presse, et je vois bien que cela viendra. J'oubliai hier de vous mander que M. de Pontchartrain, en même temps qu'il parla de nos ordonnances à M. l'abbé Renaudot, le chargea de me féliciter de la chanoinie que Sa Majesté avait donnée à mon frère.

Je ne doute point, Monsieur, que vous ne soyez à la veille de quelque grand et heureux événement; et, si je ne me trompe, le roi va faire la plus triomphante campagne qu'il ait jamais faite. Il fera grand plaisir à M. de la Chapelle, qui, si nous l'en voulions croire, nous engagerait déjà à imaginer une médaille sur la prise de Bruxelles, dont je suis persuadé qu'il a déjà fait le type en lui-même. Vous m'avez fort réjoui de me mander la part qu'a Mme de Maintenon dans notre affaire. Je ne manquerai pas de me donner l'honneur de lui écrire; mais il faut auparavant que notre embarras soit éclairci, et que je sache s'il faut parler sur le ton gai ou sur le ton triste. Voici la quatrième lettre que vous devez avoir reçue de moi depuis six jours.

Trouvez bon que je vous prie encore ici de ne rien montrer à personne du fragment informe que je vous ai envoyé, et qui est tout plein des négligences d'un ouvrage qui n'est point encore digéré. Le mot *voir* y est répété partout jusqu'au dégoût. La stance, *Grands défenseurs de l'Espagne*, etc., rebat celle qui dit : *Approchez, troupes altières*, etc. Celle sur la plume blanche du roi est encore un peu en maillot, et je ne sais si je la laisserai avec *Mars et sa sœur la Victoire*. J'ai déjà retouché à tout cela ; mais je ne veux point l'achever que je n'aie reçu vos remarques, qui sûrement m'éclaireront encore l'esprit : après quoi je vous enverrai l'ouvrage complet. Mandez-moi si vous croyez que je doive parler de M. de Luxembourg. Vous n'ignorez pas combien notre maître est chatouilleux sur les gens qu'on associe à ses louanges. Cependant j'ai suivi mon inclination. Adieu, mon cher monsieur ; croyez qu'heureux ou malheureux, gratifié ou non gratifié, payé ou non payé, je serai toujours tout à vous.

LETTRE XL.

RACINE A BOILEAU.

Gemblours, 9 juin 1693.

J'avais commencé une grande lettre, où je prétendais vous dire mon sentiment sur quelques endroits des stances que vous m'avez envoyées ; mais, comme j'aurai le plaisir de vous revoir bientôt, puisque nous nous en retournons à Paris, j'aime mieux attendre à vous dire de vive voix tout ce que j'avais à vous mander. Je vous dirai seulement en un mot que les stances m'ont paru très-belles et très-dignes de celles qui les précèdent, à quelque peu de répétitions près, dont vous vous êtes aperçu vous-même.

Le roi fait un grand détachement de ses armées, et l'envoie en Allemagne avec Monseigneur. Il a jugé qu'il fallait profiter de ce côté-là d'un commencement de campagne qui paraît si favorable, d'autant plus que le prince d'Orange s'opiniâtrant à demeurer sous de grosses places et derrière des canaux et des rivières, la guerre aurait pu devenir ici fort lente, et peut-être moins utile que ce qu'on peut faire au-delà du Rhin.

Nous allons demain coucher à Namur. M. de Luxembourg demeure en ce pays-ci avec une armée capable non-seulement de faire tête aux ennemis, mais même de leur donner beaucoup d'embarras. Adieu, mon cher monsieur ; je me fais grand plaisir de vous embrasser bientôt.

M. de Chamlai a parlé depuis moi au P. de la Chaise, qui lui a dit les mêmes choses qu'il m'avait dites : que tout ira bien, et qu'il n'y a qu'à le laisser faire. M. de Chamlai n'a point encore reçu de vos nouvelles, mais il compte sur votre amitié. Tous les gens de mes amis qui connaissent le P. de la Chaise, et la manière dont s'est passée l'affaire de M. le doyen, m'assurent tous que nous devons avoir l'esprit en repos.

LETTRE XLI.

BOILEAU A RACINE.

Paris, 13 juin 1693.

Je ne suis revenu que ce matin d'Auteuil, où j'ai été passer durant quatre jours la mauvaise humeur que m'avait donnée le bizarre contre-temps qui nous est arrivé dans l'affaire de la chanoinie. J'ai reçu en arrivant à Paris votre dernière lettre, qui m'a fort consolé, aussi bien que celle que vous avez écrite à M. l'abbé Dongois.

J'ai été fort surpris d'apprendre que M. de Chamlai n'avait point encore reçu le compliment que je lui ai envoyé sur-le-champ, et qui a été porté à la poste en même temps que la lettre que j'ai écrite au R. P. de la Chaise. Je lui en écris un nouveau, afin qu'il ne me soupçonne pas de paresse dans une occasion où il m'a si bien marqué et sa bonté pour moi, et sa diligence à obliger mon frère; mais, de peur d'une nouvelle méprise, je vous l'envoie, ce compliment, empaqueté dans ma lettre, afin que vous le lui rendiez en main propre.

Je ne saurais vous exprimer la joie que j'ai du retour du roi. La nouvelle bonté que Sa Majesté m'a témoignée en accordant à mon frère le bénéfice que nous demandons, a encore augmenté le zèle et la passion très-sincère que j'ai pour elle. Je suis ravi de voir que sa sacrée personne ne sera point en danger cette campagne; et, gloire pour gloire, il me semble que les lauriers sont aussi bons à cueillir sur le Rhin et sur le Danube que sur l'Escaut et sur la Meuse. Je ne vous parle point du plaisir que j'aurai à vous embrasser plus tôt que je ne croyais; car cela s'en va sans dire.

Vous avez bien fait de ne me point envoyer par écrit vos remarques sur mes stances, et d'attendre à m'en entretenir que vous soyez de retour, puisque pour en bien juger, il faut que je vous aie communiqué auparavant les différentes manières dont je les puis tourner, et les retranchements ou les augmentations que j'y puis faire.

Je vous prie de bien témoigner au R. P. de la Chaise l'extrême reconnaissance que j'ai de toutes ses bontés. Nous devons encore aller lundi prochain, M. Dongois et moi, prendre Mme Racine, pour la mener avec nous chez M. de Bie, qui ne doit être revenu de la campagne que ce jour-là. J'ai fait ma sollicitation pour vous à M. l'abbé Bignon. Il m'a dit que c'était une chose un peu difficile, à l'heure qu'il est, d'être payé au trésor royal. Je lui ai représenté que vous étiez actuellement dans le service, et qu'ainsi vous étiez au même droit que les soldats et les autres officiers du roi. Il m'a avoué que je disais vrai, et s'est chargé d'en parler très-fortement à M. de Pontchartrain. Il me doit rendre réponse aujourd'hui à notre assemblée.

Adieu le type de M. de la Chapelle sur Bruxelles[1]. Il était pourtant imaginé fort heureusement et fort à propos; mais, à mon sens, les médailles prophétiques dépendent un peu du hasard, et ne sont pas toujours sûres de réussir. Nous voilà revenus à Heidelberg. Je propose pour mot, *Heidelberga deleta;* et nous verrons ce soir si on l'acceptera, ou les deux vers latins que propose M. Charpentier, et qu'il trouve d'un goût merveilleux pour la médaille. Les voici : *Servare potui, perdere si possim rogas*[2]. Or, comment cela vient à Heidelberg, c'est à vous à le deviner; car ni moi, ni même, je crois, M. Charpentier n'en savons rien.

Je ne vous parle presque point, comme vous voyez, de notre chagrin sur la chanoinie, parce que vos lettres m'ont rassuré, et que d'ailleurs il n'y a point de chagrin qui tienne contre le bonheur que vous me faites espérer de vous revoir bientôt ici de retour. Adieu, mon cher monsieur; aimez-moi toujours, et croyez qu'il n'y a personne qui vous honore et vous révère plus que moi.

---

[1] Cette ville n'avait point été prise.
[2] « J'ai pu la conserver; tu demandes si je puis la perdre. » Fragment de la *Médée* d'Ovide, cité par Quintilien, lib. VIII, cap. v.

LETTRE XLII.

BOILEAU A RACINE.

Paris, jeudi au soir, 18 juin 1693.

Je ne saurais, mon cher monsieur, vous exprimer ma surprise, et, quoique j'eusse les plus grandes espérances du monde, je ne laissais pas encore de me défier de la fortune de M. le doyen. C'est vous qui avez tout fait, puisque c'est à vous que nous devons l'heureuse protection de Mme de Maintenon. Tout mon embarras maintenant est de savoir comment je m'acquitterai de tant d'obligations que je vous ai. Je vous écris ceci de chez M. Dongois le greffier, qui est sincèrement transporté de joie aussi bien que toute notre famille; et, de l'humeur dont je vous connais, je suis sûr que vous seriez ravi vous-même de voir combien d'un seul coup vous avez fait d'heureux. Adieu, mon cher monsieur; croyez qu'il n'y a personne qui vous aime plus sincèrement, ni par plus de raisons, que moi. Témoignez bien à M. de Cavoie la joie que j'ai de sa joie, et à M. de Luxembourg mes profonds respects. Je vous donne le bonsoir, et suis, autant que je le dois, tout à vous.

Je viens d'envoyer chez Mme Racine.

LETTRE XLIII.

RACINE A BOILEAU.

Versailles, 9 juillet 1693.

Je vais aujourd'hui à Marly, où le roi demeurera près d'un mois; mais je ferai de temps en temps quelques voyages à Paris, et je choisirai les jours de *la petite académie*. Cependant je suis bien fâché que vous ne m'ayez pas donné votre ode : j'aurais peut-être trouvé quelque occasion de la lire au roi. Je vous conseille même de me l'envoyer. Il n'y a pas plus de 2 lieues d'Auteuil à Marly. Votre laquais n'aura qu'à me demander et me chercher dans l'appartement de M. Félix. Je vous prie de renvoyer mon fils à sa mère : j'appréhende que votre grande bonté ne vous coûte un peu trop d'incommodité. Je suis entièrement à vous.

LETTRE XLIV.

RACINE A BOILEAU.

Marly, 6 août au matin, 1693.

Je ferai vos présents ce matin[1]. Je ne sais pas bien encore quand je vous reverrai, parce qu'on attend à toute heure des nouvelles d'Allemagne. La victoire de M. de Luxembourg

---

[1] La distribution de l'*Ode sur Namur* qui venait d'être imprimée.

est bien plus grande que nous ne pensions, et nous n'en savions pas la moitié. Le roi reçoit tous les jours des lettres de Bruxelles et de mille autres endroits, par où il apprend que les ennemis n'avaient pas une troupe ensemble le lendemain de la bataille; presque toute l'infanterie qui restait avait jeté ses armes. Les troupes hollandaises se sont la plupart enfuies jusqu'en Hollande. Le prince d'Orange, qui pensa être pris après avoir fait des merveilles, coucha le soir, lui huitième, avec M. de Bavière, chez un curé près de Loo. Nous avons pris vingt-cinq ou trente drapeaux, cinquante-cinq étendards, soixante-seize pièces de canon, huit mortiers, neuf pontons, sans tout ce qui est tombé dans la rivière. Si nos chevaux, qui n'avaient point mangé depuis deux fois vingt-quatre heures, eussent pu marcher, il ne resterait pas un homme ensemble aux ennemis.

Tout en vous écrivant il me vient en pensée de vous envoyer deux lettres, une de Bruxelles, l'autre de Vilvorde, et un récit du combat général, qui me fut dicté hier au soir par M. d'Albergotti. Croyez que c'est comme si M. de Luxembourg l'avait dicté lui-même. Je ne sais si vous le pourrez lire; car en écrivant j'étais accablé de sommeil, à peu près comme était M. de Puimorin en écrivant ce bel arrêt sous M. Dongois[1]. Le roi est transporté de joie, et tous les ministres, de la grandeur de cette action.

Vous me feriez un fort grand plaisir, quand vous aurez lu tout cela, de l'envoyer bien cacheté, avec cette même lettre que je vous écris, à M. l'abbé Renaudot, afin qu'il ne tombe point dans l'inconvénient de l'année passée. Je suis assuré qu'il vous en aura obligation; ce ne sera que la peine de

---

[1] M. Dangois, étant obligé de passer la nuit à dresser le dispositif d'un arrêt d'ordre, le dictait à M. de Puimorin, frère de Boileau; et M. de Puimorin écrivait si promptement, que M. Dangois était étonné que ce jeune homme eût tant de dispositions pour la pratique. Après avoir dicté pendant deux heures, il voulut lire l'arrêt, et trouva que le jeune Puimorin n'avait écrit que le dernier mot de chaque phrase. (L. R.)

votre jardinier. Il pourra distribuer une partie des choses que je vous envoie en plusieurs articles, tantôt sous celui de Bruxelles, tantôt sous celui de Landefermé, où M. de Luxembourg campa le 31 juillet, à demi-lieue du champ de bataille, tantôt même sous l'article de Malines, ou de Vilvorde.

Il saura d'ailleurs les actions des principaux particuliers, comme, que M. de Chartres chargea trois ou quatre fois à la tête de divers escadrons, et fut débarrassé des ennemis, ayant blessé de sa main l'un d'eux qui le voulait emmener; le pauvre Vacoigne, tué à son côté; M. d'Arci, son gouverneur, tombé aux pieds de ses chevaux, le sien ayant été blessé; la Bertière, son sous-gouverneur, aussi blessé. M. le prince de Conti chargea aussi plusieurs fois, tantôt avec la cavalerie, tantôt avec l'infanterie, et regagna pour la troisième fois le fameux village de Nerwinde, qui donne le nom à la bataille, et reçut sur la tête un coup de sabre d'un des ennemis qu'il tua sur-le-champ. M. le Duc chargea de même, regagna la seconde fois le village à la tête de l'infanterie, et combattit encore à la tête de plusieurs escadrons de cavalerie. M. de Luxembourg était, dit-on, quelque chose de plus qu'humain, volant partout, et même s'opiniâtrant à continuer les attaques dans le temps que les plus braves étaient rebutés, menant en personne les bataillons et les escadrons à la charge. M. de Montmorency, son fils aîné, après avoir combattu plusieurs fois à la tête de sa brigade de cavalerie, reçut un coup de mousquet dans le temps qu'il se mettait au devant de son père pour le couvrir d'une décharge horrible que les ennemis firent sur lui. M. le comte de Luxe, son frère, a été blessé à la jambe; M. de la Roche-Guyon au pied, et tous les autres que sait M. l'abbé; M. le maréchal de Joyeuse blessé à la cuisse, et retournant au combat après sa blessure. M. le maréchal de Villeroi entra dans les lignes ou retranchements, à la tête de la maison du roi.

Nous avons quatorze cents prisonniers, entre lesquels cent soixante-cinq officiers, plusieurs officiers généraux dont on aura sans doute donné les noms. On croit le pauvre Ruvigni tué, on a ses étendards; et ce fut à la tête de son régiment de Français que le prince d'Orange chargea nos escadrons, en renversa quelques-uns, et enfin fut renversé lui-même. Le lieutenant-colonel de ce régiment, qui fut pris, dit à ceux qui le prenaient, en leur montrant de loin le prince d'Orange : « Tenez, Messieurs, voilà celui qu'il vous fallait prendre. » Je conjure M. l'abbé Renaudot, quand il aura fait son usage de tout ceci, de bien recacheter et cette lettre et mes mémoires, et de les envoyer chez moi.

Voici encore quelques particularités. Plusieurs généraux des ennemis étaient d'avis de repasser d'abord la rivière. Le prince d'Orange ne voulut pas ; l'électeur de Bavière dit qu'il fallait au contraire rompre tous les ponts, et qu'ils tenaient à ce coup les Français. Le lendemain du combat M. de Luxembourg a envoyé à Tirlemont, où il était resté plusieurs officiers ennemis blessés, entre autres le comte de Solms, général de l'infanterie, qui s'est fait couper la jambe. M. de Luxembourg, au lieu de les faire transporter en cet état, s'est contenté de leur parole, et leur a fait offrir toutes sortes de rafraîchissements. « Quelle nation est la vôtre! s'écria le comte de Solms, en parlant au chevalier du Rozel : vous vous battez comme des lions, et vous traitez les vaincus comme s'ils étaient vos meilleurs amis. » Les ennemis commencent à publier que la poudre leur manqua tout à coup, voulant par là excuser leur défaite. Ils ont tiré plus de neuf mille coups de canon, et nous quelque cinq ou six mille.

Je fais mille compliments à M. l'abbé Renaudot, et j'exciterai ce matin M. de Croissy à empêcher, s'il peut, le malheureux *Mercure galant* de défigurer notre victoire.

Il y avait 7 lieues du camp dont M. de Luxembourg partit, jusqu'à Nerwinde. Les ennemis avaient cinquante-cinq bataillons et cent soixante escadrons.

LETTRE XLV.

RACINE A BOILEAU.

1693.

Denys d'Halicarnasse, pour montrer que la beauté du style consiste principalement dans l'arrangement des mots, cite un endroit de l'*Odyssée* où Ulysse et Eumée étant sur le point de se mettre à table pour déjeuner, Télémaque arrive tout à coup dans la maison d'Eumée : les chiens, qui le sentent approcher, n'aboient point, mais remuent la queue; ce qui fait voir à Ulysse que c'est quelqu'un de connaissance qui est sur le point d'entrer. Denys d'Halicarnasse, ayant rapporté tout cet endroit, fait cette réflexion, que ce n'est point le choix des mots qui en fait l'agrément, la plupart de ceux qui y sont employés étant, dit-il, très-vils et très-bas, εὐτελεςάτων τε καὶ ταπεινοτάτων, mots qui sont tous les jours dans la bouche des moindres laboureurs et des moindres artisans, mais qui ne laissent pas de charmer par la manière dont le poëte a eu soin de les arranger. En lisant cet endroit, je me suis souvenu que dans une de vos nouvelles remarques vous avancez que jamais on n'a dit qu'Homère ait employé un seul mot bas. C'est à vous de voir si cette remarque de Denys d'Halicarnasse n'est point contraire à la vôtre, et s'il n'est point à craindre qu'on ne vienne vous chicaner là-dessus. Prenez la peine de lire toute la réflexion de Denys d'Halicarnasse, qui m'a paru très-belle et merveilleusement exprimée; c'est dans son traité περὶ συνθέσεως ὀνομάτων [1], à la troisième page.

---

[1] « Traité de l'arrangement des mots. »

J'ai fait réflexion aussi qu'au lieu de dire que le mot d'*âne* est en grec un mot très-noble, vous pourriez vous contenter de dire que c'est un mot *qui n'a rien de bas*, et qui est comme celui de cerf, de cheval, de brebis, etc. ; ce *très-noble* me paraît un peu trop fort.

Tout ce traité de Denys d'Halicarnasse, dont je viens de vous parler, et que je relus hier tout entier avec un grand plaisir, me fit souvenir de l'extrême impertinence de M. Perrault, qui avance que le tour des paroles ne fait rien pour l'éloquence, et qu'on ne doit regarder qu'au sens; et c'est pourquoi il prétend qu'on peut mieux juger d'un auteur par son traducteur, quelque mauvais qu'il soit, que par la lecture de l'auteur même. Je ne me souviens point que vous ayez relevé cette extravagance, qui vous donnerait pourtant beau jeu pour le tourner en ridicule.

Pour le mot de μισγεῖσθαι, qui signifie quelquefois coucher avec une femme ou avec un homme, et souvent converser simplement, voici des exemples tirés de l'Écriture. Dieu dit à Jérusalem, dans Ézéchiel : *Congregabo tibi amatores tuos cum quibus commista es*, etc. : ἐπεμίγης. Dans le prophète Daniel, les deux vieillards, racontant comme ils ont surpris Suzanne en adultère, disent, parlant d'elle et du jeune homme qu'ils prétendent qui était avec elle : *Vidimus eos pariter commisceri*. Ils disent aussi à Suzanne : *Assentire nobis, et commiscere nobiscum*. Voilà *commisceri* dans le premier sens. Voici des exemples du second sens. Saint Paul dit aux Corinthiens : *Ne commisceamini fornicariis*; συνμήγυσαι. « N'ayez point de commerce avec les fornicateurs. » Et, expliquant ce qu'il a voulu dire par là, il dit qu'il n'entend point parler des fornicateurs qui sont parmi les gentils; « autrement, ajoute-t-il, il faudrait renoncer à vivre avec les hommes; mais, quand je vous ai mandé de n'avoir point de commerce avec les fornicateurs, *non commisceri*, j'ai entendu parler de ceux qui se pourraient trouver parmi les fidèles; et non-seulement avec les fornicateurs, mais encore avec les avares et les usurpateurs du bien d'autrui, etc. » Il en est de même du mot *cognoscere*, qui se trouve dans ces deux sens en mille endroits de l'Écriture.

Encore un coup, je me passerais de la fausse érudition de Tussanus[1], qui est trop clairement démentie par l'endroit des servantes de Pénélope. M. Perrault ne peut-il pas avoir quelque ami grec qui lui fournisse des mémoires?

LETTRE XLVI.

RACINE A BOILEAU.

Fontainebleau, 28 septembre 1694.

Je suppose que vous êtes de retour de votre voyage, afin que vous puissiez bientôt m'envoyer vos avis sur un nouveau cantique que j'ai fait depuis que je suis ici, et que je ne crois pas qui soit suivi d'aucun autre. Ceux que Moreau a mis en musique ont extrêmement plu. Il est ici, et le roi doit les lui entendre chanter au premier jour. Prenez la peine de lire le cinquième chapitre de *la Sagesse*, d'où ces derniers vers ont été tirés : je ne les donnerai point qu'ils n'aient passé par vos mains; mais vous me ferez plaisir de me les renvoyer le plus tôt que vous pourrez. Je voudrais bien qu'on ne m'eût point engagé dans un embarras de cette nature; mais j'espère m'en tirer en substituant à ma place ce M. Bardou que vous avez vu à Paris.

Vous savez bien sans doute que les Allemands ont repassé le Rhin, et même avec quelque espèce de honte. On dit

---

[1] Jacques Toussaint, professeur de langue.

qu'on leur a tué ou pris sept à huit cents hommes, et qu'ils ont abandonné trois pièces de canon.

Il est venu une lettre à Madame, par laquelle on lui mande que le Rhin s'était débordé tout à coup, et que près de quatre mille Allemands ont été noyés; mais, au moment que je vous écris, le roi n'a point encore reçu de confirmation de cette nouvelle.

On dit que milord Barclay est devant Calais pour le bombarder : M. le maréchal de Villeroi s'est jeté dedans. Voilà toutes les nouvelles de la guerre. Si vous voulez, je vous en dirai d'autres de moindre conséquence.

M. de Tourreil est venu ici présenter le dictionnaire de l'Académie au roi et à la reine d'Angleterre, à Monseigneur, et aux ministres. Il a partout accompagné son présent d'un compliment : et on m'a assuré qu'il avait très-bien réussi partout. Pendant qu'on présentait ainsi le dictionnaire de l'Académie, j'ai appris que Léers, libraire d'Amsterdam, avait aussi présenté au roi et aux ministres une nouvelle édition du dictionnaire de Furetière, qui a été très-bien reçue. C'est M. de Crossy et M. de Pomponne qui ont présenté Léers au roi. Cela a paru un assez bizarre contretemps pour le dictionnaire de l'Académie, qui me paraît n'avoir pas tant de partisans que l'autre. J'avais dit plusieurs fois à M. Thierry qu'il aurait dû faire quelques pas pour ce dernier dictionnaire; et il ne lui aurait pas été difficile d'en avoir le privilège, peut-être même il ne le serait pas encore : ne parlez qu'à lui seul de ce que je vous mande là-dessus.

On commence à dire que le voyage de Fontainebleau pourra être abrégé de huit ou dix jours, à cause que le roi y est fort incommodé de la goutte. Il en est au lit depuis trois ou quatre jours; il ne souffre pas pourtant beaucoup, Dieu merci, et il n'est arrêté au lit que par la faiblesse qu'il a encore aux jambes.

Il me paraît, par les lettres de ma femme, que mon fils a grande envie de vous aller voir à Auteuil. J'en serai fort aise, pourvu qu'il ne vous embarrasse point du tout. Je prendrai en même temps la liberté de vous prier de tout mon cœur de l'exhorter à travailler sérieusement, et à se mettre en état de vivre en honnête homme. Je voudrais bien qu'il n'eût pas l'esprit autant dissipé qu'il l'a par l'envie démesurée qu'il témoigne de voir des opéras et des comédies. Je prendrai là-dessus vos avis quand j'aurai l'honneur de vous voir; et cependant je vous supplie de ne lui pas témoigner le moins du monde que je vous aie fait aucune mention de lui. Je vous demande pardon de toutes les peines que je vous donne, et suis entièrement à vous.

LETTRE XLVII.

RACINE A BOILEAU.

Fontainebleau, 3 octobre 1694.

Je vous suis bien obligé de la promptitude avec laquelle vous m'avez fait réponse. Comme je suppose que vous n'avez pas perdu les vers que je vous ai envoyés, je vais vous dire mon sentiment sur vos difficultés, et en même temps vous dire plusieurs changements que j'avais déjà faits moi-même; car vous savez qu'un homme qui compose fait souvent son thème en plusieurs façons.

> Quand, par une fin soudaine,
> Détrompés d'une ombre vaine
> Qui passe et ne revient plus...

J'ai choisi ce tour, parce qu'il est conforme au texte, qui parle de la fin imprévue des réprouvés; et je voudrais bien que cela fût bon, et que vous pussiez passer et approuver *par une fin soudaine,* qui dit précisément la même chose. Voici comme j'avais mis d'abord :

> Quand déchus d'un bien frivole
> Qui comme l'ombre s'envole.
> Et ne revient jamais plus...

Mais ce *jamais* me paraît un peu mis pour remplir le vers; au lieu que *qui passe et ne revient plus* me semble assez plein et assez vif. D'ailleurs j'ai mis à la troisième stance *pour trouver un bien fragile,* et c'est la même chose que *un bien frivole.* Ainsi tâchez de vous accoutumer à la première manière, ou trouvez quelque autre chose qui vous satisfasse. Dans la seconde stance,

> Misérables que nous sommes,
> Où s'égaraient nos esprits !

infortunés m'était venu le premier; mais le mot de *misérables,* que j'ai employé dans *Phèdre,* à qui je l'ai mis dans la bouche, et que l'on a trouvé assez bien, m'a paru avoir de la force en le mettant aussi dans la bouche des réprouvés, qui s'humilient et se condamnent d'eux-mêmes. Pour le second vers, j'avais mis

> Diront-ils avec des cris....

mais j'ai cru qu'on pouvait leur faire tenir tout ce discours sans mettre *diront-ils,* et qu'il suffisait de mettre à la fin *ainsi d'une voix plaintive,* et le reste, par où on fait entendre que tout ce qui précède est le discours des réprouvés. Je crois qu'il y en a des exemples dans les odes d'Horace.

> Et voilà que triomphants....

Je me suis laissé entraîner au texte, *Ecce quomodo com-*

putati sunt inter filios Dei[1]! et j'ai cru que ce tour marquait mieux la passion ; car j'aurais pu mettre *et maintenant triomphants!* etc. Dans la troisième stance,

> Qui nous montrait la carrière
> De la bienheureuse paix.

On dit *la carrière de la gloire, la carrière de l'honneur*; on dit même *la carrière de la vertu*. Voyez si l'on ne pourrait pas dire de même *la carrière de la bienheureuse paix*. Du reste, je ne devine pas comment je le pourrais mieux dire. Il reste la quatrième stance. J'avais d'abord mis le mot de *repentance;* mais, outre qu'on ne dirait pas bien les remords de la repentance, au lieu qu'on dit les remords de la pénitence, ce mot de *pénitence*, en le joignant avec *tardive*, est assez consacré dans la langue de l'Écriture, *sero pœnitentiam agentes*. On dit *la pénitence d'Antiochus*, pour dire *une pénitence tardive et inutile;* on dit aussi dans ce sens *la pénitence des damnés*. Pour la fin de cette stance, je l'avais changée deux heures après que ma lettre fut partie. Voici la stance entière :

> Ainsi d'une voix plaintive
> Exprimera ses remords
> La pénitence tardive
> Des inconsolables morts.
> Ce qui faisait leurs délices,
> Seigneur, fera leurs supplices ;
> Et, par une égale loi,
> Les saints trouveront des charmes
> Dans le souvenir des larmes
> Qu'ils versent ici pour toi.

Je vous conjure de m'envoyer votre sentiment sur tout ceci. J'ai dit franchement que j'attendais votre critique avant que

---

[1] « Cependant les voilà élevés au rang des enfants de Dieu! » (*De Sapient.*, cap. v, v. 6.)

de donner mes vers au musicien; et je l'ai dit à Mme de Maintenon, qui a pris de là occasion de me parler de vous avec beaucoup d'amitié.

Le roi a entendu chanter les deux autres cantiques, et a été fort content de M. Moreau, à qui nous espérons que cela pourra faire du bien.

Il n'y a ici rien de nouveau. Le roi a toujours la goutte, et en est au lit. Une partie des princes sont revenus de l'armée; les autres arriveront demain ou après-demain.

Je vous félicite du beau temps que nous avons ici : car je crois que vous l'avez aussi à Auteuil, et que vous en jouissez plus tranquillement que nous ne faisons.

La harangue de M. l'abbé Boileau[1] a été trouvée très-mauvaise en ce pays-ci. M. de Niert prétend que Richesource en est mort de douleur. Je ne sais pas si la douleur est bien vraie, mais la mort est très-véritable.

Je suis en peine de la santé de M. Nicole. Vous m'obligeriez de me mander si vous en avez eu des nouvelles. M. le duc de Chevreuse s'informa fort de votre santé, hier et ce matin. J'ai eu une lettre de Mme la comtesse de Gramont, et j'ai opinion qu'elle croit avoir à se plaindre de ne pas recevoir de vos lettres.

Je suis, Monsieur, bien entièrement à vous.

---

[1] Charles Boileau-Bontemps, abbé de Baulieu, membre de l'Académie française, prédicateur. Il ne faut pas le confondre avec l'abbé Jacques Boileau, frère de Boileau-Despréaux.

LETTRE XLVIII.

RACINE A BOILEAU.

Compiègne, 4 mai 1695.

M. Desgranges m'a dit qu'il avait fait signer hier nos ordonnances, et qu'on les ferait viser par le roi après-demain; qu'ensuite il les enverrait à M. Dongois, de qui vous les pourrez retirer. Je vous prie de garder la mienne jusqu'à mon retour. Il n'y a point ici de nouvelles. Quelques gens veulent que le siége de Casal soit levé; mais la chose est fort douteuse, et on n'en sait rien de certain.

Six armateurs de Saint-Malo ont pris dix-sept vaisseaux d'une flotte marchande des ennemis, et un vaisseau de guerre de soixante pièces de canon. Le roi est en parfaite santé, et ses troupes merveilleuses.

Quelque horreur que vous ayez pour les méchants vers, je vous exhorte à lire *Judith*[1], et surtout la préface, dont je vous prie de me mander votre sentiment. Jamais je n'ai rien vu de si méprisé que tout cela l'est en ce pays-ci; et toutes vos prédictions sont accomplies. Adieu, Monsieur, je suis entièrement à vous. Je crains de m'être trompé en vous disant qu'on enverrait nos ordonnances à M. Dongois, et je crois que c'est à M. de Bie, chez qui M. Desgranges m'a dit que M. Dongois n'aurait qu'à envoyer samedi prochain.

---

[1] Tragédie de Boyer.

LETTRE XLIX.

RACINE A BOILEAU.

Versailles, 4 avril 1696.

Je suis très-obligé au P. Bouhours de toutes les honnêtetés qu'il vous a prié de me faire de sa part, et de la part de sa compagnie. Je n'avais point encore entendu parler de la harangue de leur régent de troisième; et comme ma conscience ne me reprochait rien à l'égard des jésuites, je vous avoue que j'ai été un peu surpris d'apprendre que l'on m'eût déclaré la guerre chez eux. Vraisemblablement ce bon régent est du nombre de ceux qui m'ont très-faussement attribué la traduction du *Santolius pœnitens*[1]; et il s'est cru engagé d'honneur à me rendre injures pour injures. Si j'étais capable de lui vouloir quelque mal, et de me réjouir de la forte réprimande que le P. Bouhours dit qu'on lui a faite, ce serait sans doute pour m'avoir soupçonné d'être l'auteur d'un pareil ouvrage; car, pour mes tragédies, je les abandonne volontiers à sa critique; il y a longtemps que Dieu m'a fait la grâce d'être assez peu sensible au bien et au mal que l'on en peut dire, et de ne me mettre en peine que du compte que j'aurai à lui en rendre quelque jour.

Ainsi, Monsieur, vous pouvez assurer le P. Bouhours, et tous les jésuites de votre connaissance, que, bien loin d'être fâché contre le régent qui a tant déclamé contre mes pièces de théâtre, peu s'en faut que je ne le remercie d'avoir

---

[1] La traduction en vers français du *Santolius pœnitens* était de Boivin, et la pièce latine de M. Rollin.

prêché une si bonne morale dans leur collége, et d'avoir donné lieu à sa compagnie de marquer tant de chaleur pour mes intérêts; et qu'enfin quand l'offense qu'il m'a voulu faire serait plus grande, je l'oublierais avec la même facilité, en considération de tant d'autres pères dont j'honore le mérite, et surtout en considération du R. P. de la Chaise, qui me témoigne tous les jours mille bontés, et à qui je sacrifierais bien d'autres injures. Je suis, etc.

LETTRE L.

BOILEAU A RACINE.

Auteuil, mercredi 1697.

Je crois que vous serez bien aise d'être instruit de ce qui s'est passé dans la visite que nous avons, suivant votre conseil, rendue ce matin, mon frère le docteur de Sorbonne et moi, au R. P. de la Chaise. Nous sommes arrivés chez lui sur les 9 heures; et sitôt qu'on lui a dit notre nom, il nous a fait entrer. Il nous a reçus avec beaucoup d'agrément, m'a interrogé fort obligeamment sur l'état de ma santé, et a paru fort content de ce que je lui ai dit que mon incommodité n'augmentait point. Ensuite il a fait apporter des chaises, s'est mis tout proche de moi, afin que je le pusse mieux entendre, et aussitôt entrant en matière, m'a dit que vous lui aviez lu un ouvrage de ma façon, où il y avait beaucoup de bonnes choses, mais que la matière que j'y traitais était une matière fort délicate et qui demandait beaucoup de savoir; qu'il avait autrefois enseigné la théologie, et qu'ainsi il devait être instruit de cette matière à fond; qu'il fallait faire une grande différence de l'amour *affectif* d'avec l'amour *effectif;* que ce dernier était absolument nécessaire, et entrait dans l'attrition; au lieu que l'amour affectif venait de la contrition parfaite, et qu'ainsi il justifiait par lui-même le pécheur, mais que l'amour effectif n'avait d'effet qu'avec l'absolution du prêtre. Enfin il nous a débité en très-bons termes tout ce que beaucoup d'habiles auteurs scolastiques ont écrit sur ce sujet, sans pourtant dire, comme quelques-uns d'eux, que l'amour de Dieu, absolument parlant, n'est point nécessaire pour la justification du pécheur. Mon frère applaudissait à chaque mot qu'il disait, paraissant être enchanté de sa doctrine, et encore plus de sa manière de l'énoncer. Pour moi, je suis demeuré dans le silence. Enfin, lorsqu'il a cessé de parler, je lui ai dit que j'avais été fort surpris qu'on m'eût prêté des charités auprès de lui et qu'on lui eût donné à entendre que j'avais fait un ouvrage contre les jésuites : ajoutant que ce serait une chose bien étrange, si soutenir qu'on doit aimer Dieu s'appelait écrire contre les jésuites; que mon frère avait apporté avec lui vingt passages de dix ou douze de leurs plus fameux écrivains, qui soutenaient, en termes beaucoup plus forts que ceux de mon épître, que pour être justifié il faut indispensablement aimer Dieu; qu'enfin j'avais si peu songé à écrire contre les jésuites, que les premiers à qui j'avais lu mon ouvrage, c'était six jésuites des plus célèbres. qui m'avaient tous dit qu'un chrétien ne pouvait pas avoir d'autres sentiments sur l'amour de Dieu que ceux que j'énonçais dans mes vers. J'ai ajouté ensuite que depuis peu j'avais eu l'honneur de réciter mon ouvrage à Mgr l'archevêque de Paris et à Mgr l'évêque de Meaux, qui en avaient tous deux paru, pour ainsi dire, transportés; qu'avec tout cela néanmoins, si Sa Révérence croyait mon ouvrage périlleux, je venais présentement pour le lui lire, afin qu'il m'instruisît de mes fautes. Enfin je lui ai fait le même compliment que je fis à Mgr l'archevêque lorsque j'eus l'honneur de le lui réciter, qui était que je ne venais pas pour être loué, mais pour être jugé; que je le priais donc de me prêter une vive attention, et de trouver bon que je lui répétasse beaucoup d'endroits. Il a fort approuvé ma proposition, et je lui ai lu mon épître très-posément, jetant au reste dans ma lecture toute la force et tout l'agrément que j'ai pu. J'oubliais de vous avertir que je lui ai auparavant dit encore une particularité qui l'a assez agréablement surpris, c'est à savoir, que je prétendais n'avoir proprement fait autre chose dans mon ouvrage que mettre en vers la doctrine qu'il venait de nous débiter; et l'ai assuré que j'étais persuadé que lui-même n'en disconviendrait pas. Mais, pour en revenir au récit de ma pièce, croiriez-vous, Monsieur, que la chose est arrivée comme je l'avais prophétisé, et qu'à la réserve de deux petits scrupules qu'il vous a dits et qu'il nous a répétés, qui lui étaient venus au sujet de ma hardiesse à traiter en vers une matière si délicate, il n'a fait d'ailleurs que s'écrier : « *Pulchre! bene! recte!* Cela est vrai, cela est indubitable; voilà qui est merveilleux; il faut lire cela au roi; répétez-moi encore cet endroit. Est-ce là ce que M. Racine m'a lu? » Il a été surtout extrêmement frappé de ces vers que vous lui aviez passés, et que je lui ai récités avec toute l'énergie dont je suis capable :

> Cependant on ne voit que docteurs, même austères,
> Qui, les semant partout, s'en vont pieusement
> De toute piété saper le fondement, etc.

Il est vrai que je me suis heureusement avisé d'insérer dans mon épître huit vers que vous n'avez point approuvés, et que mon frère juge très à propos de rétablir. Les voici; c'est ensuite de ce vers :

Oui dites-vous? Allez, vous l'aimez, croyez-moi.

> Qui fait exactement ce que ma loi commande
> A pour moi, dit ce Dieu, l'amour que je demande.
> Faites-le donc; et, sûr qu'il nous veut sauver tous,
> Ne vous alarmez point pour quelques vains dégoûts

> Qu'en sa ferveur souvent la plus sainte âme éprouve.
> Marchez, courez à lui : qui le cherche le trouve;
> Et plus de votre cœur il paraît s'écarter,
> Plus par vos actions songez à l'arrêter.

Il m'a fait redire trois fois ces huit vers. Mais je ne saurais vous exprimer avec quelle joie, quels éclats de rire il a entendu la prosopopée de la fin. En un mot j'ai si bien échauffé le révérend père, que, sans une visite que dans ce temps-là M. son frère lui est venu rendre, il ne nous laissait point partir que je ne lui eusse récité aussi les deux autres nouvelles épîtres de ma façon que vous avez lues au roi. Encore ne nous a-t-il laissés partir qu'à la charge que nous l'irions voir à sa maison de campagne, et il s'est chargé de nous faire avertir du jour où nous l'y pourrions trouver seul. Vous voyez donc, Monsieur, que si je ne suis pas bon poëte, il faut que je sois bon récitateur.

Après avoir quitté le P. de la Chaise, nous avons été voir le P. Gaillard, à qui j'ai aussi, comme vous pouvez penser, récité l'épître. Je ne vous dirai point les louanges excessives qu'il m'a données. Il m'a traité d'homme inspiré de Dieu, et il m'a dit qu'il n'y avait que des coquins qui pussent contredire mon opinion. Je l'ai fait ressouvenir du petit théologien avec qui j'eus une prise devant lui chez M. de Lamoignon. Il m'a dit que ce théologien était le dernier des hommes; que si sa société avait été fâchée, ce n'était pas de mon ouvrage, mais de ce que des gens osaient dire que cet ouvrage était fait contre les jésuites. Je vous écris tout ceci à 10 heures du soir, au courant de la plume. Je vous prie de retirer la copie que vous avez mise entre les mains de Mme de Maintenon, afin que je lui en donne une autre où l'ouvrage soit dans l'état où il doit demeurer. Je vous embrasse de tout mon cœur, et suis tout à vous.

LETTRE LI.

RACINE A BOILEAU.

Fontainebleau, 8 octobre 1697.

Je vous demande pardon si j'ai été si longtemps sans vous faire réponse; mais j'ai voulu avant toutes choses prendre un temps favorable pour recommander M. Manchon à M. de Barbézieux. Je l'ai fait; et il m'a fort assuré qu'il ferait son possible pour me témoigner la considération qu'il avait pour vous et pour moi. Il m'a paru que le nom de M. Manchon lui était assez inconnu, et je me suis rappelé alors qu'il avait un autre nom dont je ne me souvenais point du tout. J'ai eu recours à M. de la Chapelle, qui m'a fait un mémoire que je présenterai à M. de Barbézieux dès que je le verrai. Je lui ai dit que M. l'abbé de Louvois voudrait bien joindre ses prières aux nôtres, et je crois qu'il n'y aura point de mal qu'il lui en écrive un mot.

Je suis bien aise que vous ayez donné votre épître à M. de Meaux, et que M. de Paris soit disposé à vous donner une approbation authentique. Vous serez surpris quand je vous dirai que je n'ai point encore rencontré M. de Meaux, quoiqu'il soit ici; mais je ne vais guère aux heures où il va chez le roi, c'est-à-dire au lever et au coucher : d'ailleurs la pluie presque continuelle empêche qu'on ne se promène dans les cours et dans les jardins, qui sont les endroits où l'on a coutume de se rencontrer. Je sais seulement qu'il a présenté au roi l'ordonnance de M. l'archevêque de Reims contre les jésuites : elle m'a paru très-forte, et il y explique très-nettement la doctrine de Molina avant de la condamner. Voilà, ce me semble, un rude coup pour les jésuites. Il y a bien des gens qui commencent à croire que leur crédit est fort baissé, puisqu'on les attaque si ouvertement. Au lieu que c'était à eux qu'on donnait autrefois les priviléges pour écrire tout ce qu'ils voulaient, ils sont maintenant réduits à ne se défendre que par de petits libelles anonymes, pendant que les censures des évêques pleuvent de tous côtés sur eux. Votre épître ne contribuera pas à les consoler; et il me semble que vous n'avez rien perdu pour attendre, et qu'elle paraîtra fort à propos.

On a eu nouvelle aujourd'hui que M. le prince de Conti était arrivé en Pologne; mais on n'en sait pas davantage, n'y ayant point encore de courrier qui soit venu de sa part. M. l'abbé Renaudot vous en dira plus que je ne saurais vous en écrire.

Je n'ai pas fort avancé le mémoire dont vous me parlez. Je crains même d'être entré dans des détails qui l'allongeront bien plus que je ne croyais. D'ailleurs vous savez la dissipation de ce pays-ci.

Pour m'achever, j'ai ma seconde fille à Melun, qui prendra l'habit dans huit jours. J'ai fait deux voyages pour essayer de la détourner de cette résolution, ou du moins pour obtenir d'elle qu'elle différât encore six mois; mais je l'ai trouvée inébranlable. Je souhaite qu'elle se trouve aussi heureuse dans ce nouvel état qu'elle a eu d'empressement pour y entrer. M. l'archevêque de Sens s'est offert de venir faire la cérémonie, et je n'ai pas osé refusé un tel honneur. J'ai écrit à M. l'abbé Boileau pour le prier d'y prêcher, et il a l'honnêteté de vouloir bien partir exprès de Versailles en poste pour me donner cette satisfaction. Vous jugez que tout cela cause assez d'embarras à un homme qui s'embarrasse aussi aisément que moi. Plaignez-moi un peu dans votre profond loisir d'Auteuil, et excusez si je n'ai pas été plus exact à vous mander des nouvelles. La paix en a fourni d'assez considérables, et qui nous donneront assez de matière pour nous entretenir, quand j'aurai l'honneur de vous revoir. Ce sera au plus tard dans quinze jours, car je partirai deux ou trois jours avant le départ du roi. Je suis entièrement à vous.

LETTRE LII.

RACINE A BOILEAU.

Paris, lundi 20 janvier 1698.

J'ai reçu une lettre de la mère abbesse de Port-Royal, qui me charge de vous faire mille remercîments de vos épîtres, que je lui ai envoyées de votre part. On y est charmé et de l'épître de l'*Amour de Dieu*, et de la manière dont vous parlez de M. Arnauld : on voudrait même que ces épîtres fussent imprimées en plus petit volume. Ma fille aînée, à qui je les ai aussi envoyées, a été transportée de joie de ce que vous vous souvenez encore d'elle. Je pars dans ce moment pour Versailles, d'où je ne reviendrai que samedi. J'ai laissé à ma femme ma quittance pour recevoir ma pension d'homme de lettres. Je vous prie de l'avertir du jour que vous irez chez M. Gruyn. Elle vous ira prendre et vous mènera dans son carrosse. J'ai eu des nouvelles de mon fils par M. l'archevêque de Cambrai, qui me mande qu'il l'a vu à Cambrai jeudi dernier, et qu'il a été fort content de l'entretien qu'il a eu avec lui. Je suis à vous de tout mon cœur.

FIN DES LETTRES DE RACINE ET DE BOILEAU.

LETTRES DE RACINE

A SON FILS.

LETTRES DE RACINE

A SON FILS [1].

LETTRE PREMIÈRE.

A Fontainebleau, 24 septembre 1691.

Mon cher fils, vous me faites plaisir de me mander des nouvelles : mais prenez garde de ne les pas prendre dans la gazette de Hollande ; car, outre que nous les avons comme vous, vous y pourriez apprendre certains termes qui ne valent rien, comme celui de *recruter*, dont vous vous servez ; au lieu de quoi il faut dire *faire des recrues*. Mandez-moi des nouvelles de vos promenades, et de celles de la santé de vos sœurs. Il est bon de diversifier un peu, et de ne vous pas jeter toujours sur l'Irlande et sur l'Allemagne.

Dites à M. Willart[2] que j'ai reçu son paquet, et que j'ai lu avec beaucoup de plaisir l'écrit qu'il m'envoie. Faites-lui-en bien des remercîments pour moi. S'il vous demande des nouvelles de ce pays-ci, vous lui direz que le combat de M. de Luxembourg a été bien plus considérable qu'on ne le croyait d'abord. Les ennemis ont laissé mille trois cents

---

[1] Jean-Baptiste Racine, à qui ces lettres sont adressées, était l'aîné des enfants de Racine. Il était né le 10 novembre 1678, et mourut le 31 janvier 1747, sans avoir été marié.

[2] Germain Willart était un ami de Racine.

morts sur la place, et plus de cinq cents prisonniers, parmi lesquels ont compte près de cent officiers. On leur a pris aussi trente-six étendards, et ils avouent eux-mêmes qu'ils ont encore plus de deux mille blessés dans leur armée. Cette victoire est fort glorieuse, mais nous y avons eu environ huit ou neuf cents tant morts que blessés. La maison du roi a fait des choses incroyables, n'ayant jamais chargé qu'à coups d'épée les ennemis, qui étaient toujours plus de trois contre un. On dit que chaque cavalier est revenu avec son épée sanglante jusqu'à la garde.

On dit que le pape a la fièvre. M. le cardinal le Camus a eu de lui une audience qui a duré plus de trois heures : on dit même que le pape lui a ordonné de demeurer encore quelques jours à Rome, et lui a demandé un mémoire des principales choses que ce cardinal lui a dites dans son audience.

On a appris ce matin que M. de Boufflers avait battu aussi l'arrière-garde d'un corps d'Allemands, qui était auprès de Dinan; mais on ne leur a tué que quelque soixante ou quatre-vingts hommes, parce qu'ils ont pris la fuite de bonne heure, et qu'ils n'ont osé engager le combat.

Dites à votre mère que je la prie de m'excuser si je ne lui écris point, parce qu'il est fort tard, et qu'il faut que j'écrive encore à M. de la Chapelle. Je suis bien fâché de l'état où est son cocher. M. du Tartre[1], à qui j'en ai parlé, dit que, son mal n'étant pas une dyssenterie, les remèdes d'Helvétius[2] n'y feront rien; mais Helvétius est en réputation, même pour les fièvres, et il va partout comme les autres médecins. Mon genou m'a fait assez de mal ces jours passés, et je crois que le froid en a été cause. Il ne m'a fait aucun mal aujourd'hui, et j'espère que cela ira toujours en diminuant. J'approuve tout ce que votre mère a fait chez

---

[1] L'un des chirurgiens ordinaires du roi.
[2] Médecin hollandais, grand-père de l'auteur de l'*Esprit*.

Mme Rondelle[1]. On ne parle plus de deuil, ni que la reine d'Espagne soit en péril; ainsi elle peut faire habiller votre sœur comme il lui plaira. Écrivez-moi toujours, mais que cela n'empêche pas votre chère mère de m'écrire, car je serais trop fâché de ne point recevoir de ses lettres. Adieu, mon cher enfant, embrassez-la pour moi, et faites mes baisemains à vos sœurs. Saluez aussi M. Willart de ma part.

LETTRE II.

Au camp devant Namur, le 31 mai 1692.

Vous aurez pu voir, mon cher enfant, par les lettres que j'écris à votre mère, combien je suis touché de votre maladie[2], et la peine extrême que je ressens de n'être pas auprès de vous pour vous consoler. Je vois que vous prenez avec beaucoup de patience le mal que Dieu vous envoie, et que vous êtes fort exact à faire tout ce qu'on vous dit : il est extrêmement important pour vous de ne vous point impatienter. J'espère qu'avec la grâce de Dieu il ne vous en arrivera aucun accident. C'est une maladie dont peu de personnes sont exemptes; et il vaut mieux en être attaqué à votre âge qu'à un âge plus avancé. J'aurai une sensible joie de recevoir de vos lettres; mais ne m'écrivez que quand vous serez entièrement hors de danger, parce que vous ne pourriez écrire sans mettre vos bras à l'air, et vous refroidir. Quand je ne serai plus en inquiétude de votre mal, je vous écrirai des nouvelles du siége de Namur. Il y a lieu d'espérer

---

[1] Marchande chez laquelle Mme Racine avait acheté des étoffes pour habiller son fils.
[2] Mon frère avait alors la petite vérole. (L. R.)

que la place se rendra bientôt ; et je m'en réjouis d'autant plus que cela pourra me mettre en état de vous revoir bientôt après. M. de Cavoie prend grand intérêt à votre mal, et voudrait bien vous soulager. Je suis fort obligé à M. Chapelier[1] de tout le soin qu'il prend de vous. Adieu, mon cher fils : offrez bien au bon Dieu tout le mal que vous souffrez, et remettez-vous entièrement à sa sainte volonté. Assurez-vous qu'on ne peut vous aimer plus que je vous aime, et que j'ai une fort grande impatience de vous embrasser.

Suscription : Pour mon cher fils Racine.

LETTRE III.

Au camp devant Namur, le 10 juin 1692.

Vous pouvez juger, par toutes les inquiétudes que m'a causées votre maladie, combien j'ai de joie de votre guérison. Vous avez beaucoup de grâces à rendre à Dieu de ce qu'il a permis qu'il ne vous soit arrivé aucun fâcheux accident, et que la fluxion qui vous était tombée sur les yeux n'ait point eu de suite. Je loue extrêmement la reconnaissance que vous témoignez pour tous les soins que votre mère a pris de vous. J'espère que vous ne les oublierez jamais, et que vous vous acquitterez de toutes les obligations que vous lui avez, par beaucoup de soumission à tout ce qu'elle désirera de vous. Votre lettre m'a fait beaucoup de plaisir ; elle est fort sagement écrite, et c'était la meilleure et

---

[1] C'était un ecclésiastique qui servait de précepteur au jeune Racine.

la plus agréable marque que vous me pussiez donner de votre guérison. Mais ne vous pressez pas encore de retourner à l'étude; je vous conseille de ne lire que des choses qui vous fassent plaisir sans vous donner trop de peine, jusqu'à ce que le médecin qui vous a traité vous donne permission de recommencer votre travail. Faites bien des amitiés pour moi à M. Chapelier, et faites en sorte qu'il ne se repente point de toutes les peines qu'il a prises pour vous. J'espère que j'aurai bientôt le plaisir de vous revoir, et que la reddition du château de Namur suivra de près celle de la ville. Adieu, mon cher fils. Faites bien mes compliments à vos sœurs : je ne sais pourtant si on leur permet de vous rendre visite; je crois que ce ne sera pas sitôt : réservez donc à leur faire mes compliments quand vous serez en état de les voir.

Suscription : A mon fils Racine.

LETTRE IV.

Fontainebleau, le 4 octobre 1692.

Je suis fort content de votre lettre, et vous me rendez un très-bon compte de votre étude et de votre conversation avec M. Despréaux. Il serait bien à souhaiter pour vous que vous pussiez être souvent en si bonne compagnie, et vous en pourriez retirer un grand avantage, pourvu qu'avec un homme tel que M. Despréaux, vous eussiez plus de soin d'écouter que de parler. Je suis assez satisfait de votre version; mais je ne puis guère juger si elle est bien fidèle, n'ayant apporté ici que le premier tome des *Lettres à Atticus*[1], au lieu du

---

[1] C'était son livre favori et le compagnon de ses voyages. (L. R.)

second que je pensais avoir apporté : je ne sais même si je ne l'ai point perdu ; car j'étais comme assuré de l'avoir ici parmi mes livres. Pour plus grande sûreté, choisissez dans quelqu'un des six premiers livres la première lettre que vous voudrez traduire : mais surtout choisissez-en une qui ne soi pas sèche comme celle que vous avez prise, où il n'est presque parlé que d'affaires d'intérêt. Il y en a tant de belles sur l'état où était alors la république, et sur les choses de conséquence qui se passaient à Rome ! Vous ne lirez guère d'ouvrage qui soit plus utile pour vous former l'esprit et le jugement ; mais surtout je vous conseille de ne jamais traiter injurieusement un homme aussi digne d'être respecté de tous les siècles que Cicéron. Il ne vous convient point à votre âge, ni même à personne, de lui donner ce vilain nom de poltron. Souvenez-vous toute votre vie de ce passage de Quintilien, qui était lui-même un grand personnage : *Ille se profecisse sciat cui Cicero valde placebit*[1]. Ainsi vous auriez mieux fait de dire simplement de lui qu'il n'était pas aussi brave ou aussi intrépide que Caton. Je vous dirai même que, si vous aviez bien lu la vie de Cicéron dans Plutarque, vous auriez vu qu'il mourut en fort brave homme, et qu'apparemment il n'aurait pas fait tant de lamentations que vous si M. Carméline lui eût nettoyé les dents. Adieu, mon cher fils. Faites mes baisemains à M. Chapelier, et faites souvenir votre mère qu'il faut entretenir un peu d'eau dans mon cabinet, de peur que les souris ne ravagent mes livres. Quand vous m'écrirez, vous pourrez vous dispenser de toutes ces cérémonies de *votre très-humble serviteur*. Je connais même assez votre écriture sans que vous soyez obligé de mettre votre nom.

Suscription : A mon fils Racine, à Paris.

---

[1] Quintilien, lib. X, cap. I. — Boileau a appliqué aux poëmes d'Homère ce que Quintilien avait dit des écrits de Cicéron :

C'est avoir profité que de savoir s'y plaire.
(*Art poét.*, ch. III.)

LETTRE V.

Fontainebleau, le 5 octobre 1692.

La relation que vous m'avez envoyée m'a beaucoup diverti, et je vous sais bon gré d'avoir songé à la copier pour m'en faire part! Elle n'est pourtant pas exacte en beaucoup de choses, mais il ne laisse pas d'y en avoir beaucoup de vraies, et qui sont écrites avec une fort grande ingénuité. Je l'ai montrée à M. de Montmorency et à M. de Chevreuse. Ce dernier, qui est capitaine des chevau-légers, voudrait bien savoir le nom du chevau-léger qui l'a écrite, et vous me ferez plaisir de le demander à M. Willart, à qui vous ferez aussi mille compliments de ma part. Je suis toujours étonné qu'on vous montre en rhétorique les Fables de Phèdre, qui semble une lecture plus proportionnée à des gens moins avancés. Il faut pourtant s'en fier à M. Rollin[1], qui a beaucoup de jugement et de capacité. On ne trouve les Fables de M. de la Fontaine que chez M. Thierry ou chez M. Barbin. Cela m'embarrasse un peu, parce que j'ai peur qu'ils ne veuillent pas prendre de mon argent. Je voudrais que vous en pussiez emprunter à quelqu'un jusqu'à mon retour. Je crois que M. Despréaux les a, et il vous les prêterait volontiers, ou bien votre mère pourrait aller avec vous sans façon chez M. Thierry et les lui demander en les lui payant. Adieu, mon cher fils. Dites à vos sœurs que je suis fort aise qu'elles se souviennent de moi, et qu'elles souhaitent de me revoir. Je les exhorte à bien servir Dieu, et vous surtout, afin que, pendant cette année

---

[1] L'auteur du *Traité des études*.

de rhétorique que vous commencez, il vous soutienne et vous fasse la grâce de vous avancer de plus en plus dans sa connaissance et dans son amour. Croyez-moi, c'est là ce qu'il y a de plus solide au monde : tout le reste est bien frivole.

LETTRE VI.

A Fontainebleau, le 9 octobre 1692.

Je voulais presque me donner la peine de corriger les fautes de votre version, et vous la renvoyer en l'état où il faudrait qu'elle fût ; mais j'ai trouvé que cela me prendrait trop de temps à cause de la quantité d'endroits où vous n'avez pas attrapé le sens. Je vois bien que ces *Épitres*[1] sont encore trop difficiles pour vous, parce que, pour les bien entendre, il faut posséder parfaitement l'histoire de ces temps-là, et que vous ne la savez point. Ainsi je trouverais plus à propos que vous me fissiez à votre loisir une version de cette bataille de Trasimène, dont vous avez été si charmé, à commencer par la description de l'endroit où elle se donna. Ne vous pressez point, et tournez la chose le plus naturellement que vous pourrez. J'approuve fort vos promenades d'Auteuil, et vous m'en rendez un fort bon compte ; mais faites bien concevoir à M. Despréaux combien vous êtes reconnaissant de la bonté qu'il a de se rabaisser à s'entretenir avec vous. Vous pouvez prendre Voiture parmi mes livres, si cela vous fait plaisir ; mais il faut un grand choix pour lire ses lettres, dont il y en a plusieurs qui ne vous feraient pas grand plaisir. J'aimerais bien autant que, si

[1] Celles de Cicéron à Atticus.

vous vouliez lire quelque livre français, vous prissiez la traduction d'Hérodote, qui est fort divertissant, et qui vous apprendrait la plus ancienne histoire qui soit parmi les hommes, après l'Écriture sainte. Il me semble qu'à votre âge il ne faut pas voltiger de lecture en lecture ; ce qui ne servirait qu'à vous dissiper l'esprit et à vous embarrasser la mémoire. Nous verrons cela plus à fond quand je serai de retour à Paris. Adieu, mon cher fils. Faites mes baisemains à vos sœurs.

LETTRE VII.

Au camp de Thieusies, le 3 juin 1693.

Vous me faites plaisir de me rendre compte des lectures que vous faites ; mais je vous exhorte à ne pas donner toute votre attention aux poëtes français. Songez qu'ils ne doivent servir qu'à votre récréation, et non pas à faire votre véritable étude. Ainsi je souhaiterais que vous prissiez quelquefois plaisir à m'entretenir d'Homère, de Quintilien, et des autres auteurs de cette nature. Quant à votre épigramme, je voudrais que vous ne l'eussiez point faite. Outre qu'elle est assez médiocre, je ne saurais trop vous recommander de ne vous point laisser aller à la tentation de faire des vers français, qui ne serviraient qu'à vous dissiper l'esprit ; surtout il n'en faut faire contre personne.

M. Despréaux a un talent qui lui est particulier, et qui ne doit point vous servir d'exemple ni à vous ni à qui que ce soit. Il n'a pas seulement reçu du ciel un génie merveilleux pour la satire, mais il a encore avec cela un jugement excellent, qui lui fait discerner ce qu'il faut louer et ce qu'il faut reprendre. S'il a la bonté de vouloir s'amuser avec vous, c'est une des grandes félicités qui vous puisse arriver, et je vous conseille d'en bien profiter en l'écoutant beaucoup, et en décidant peu avec lui. Je vous dirai aussi que vous me feriez plaisir de vous attacher à votre écriture. Je veux croire que vous avez écrit fort vite les deux lettres que j'ai reçues de vous, car le caractère en paraît beaucoup négligé. Que tout ce que je vous dis ne vous chagrine point; car du reste je suis très-content de vous, et je ne vous donne ces petits avis que pour vous exciter à faire de votre mieux en toutes choses. Votre mère vous fera part des nouvelles que je lui mande. Adieu, mon cher fils. Je ne sais pas bien si je serai en état d'écrire ni à vous ni à personne de plus de quatre jours; mais continuez à me mander de vos nouvelles. Parlez-moi aussi un peu de vos sœurs, que vous me ferez plaisir d'embrasser pour moi. Je suis tout à vous.

Suscription : Pour mon fils Racine.

LETTRE VIII.

A Fontainebleau, le 1er octobre 1693.

J'ai reçu encore une de vos lettres, qui m'a fait beaucoup de plaisir. M. Despréaux a raison d'appréhender que vous ne perdiez un peu le goût des belles-lettres pendant votre cours de philosophie; mais ce qui me rassure, c'est la résolution où je vous vois de vous en rafraîchir souvent la mémoire par la lecture des meilleurs auteurs. D'ailleurs, vous étudiez sous un régent qui a lui-même beaucoup de lecture et d'érudition[1]. Je contribuerai de mon côté à vous faire ressouvenir de tout ce que vous avez lu, et je me ferai un plaisir de m'en entretenir souvent avec vous.

Je vis hier vos deux sœurs à Melun, et je fus fort content d'elles. Votre sœur aînée se plaint de vous, et elle a raison. Elle dit qu'il y a plus de quatre mois qu'elle n'a reçu de vos nouvelles. Il me semble que vous devriez un peu mieux répondre à l'amitié sincère que je lui vois pour vous. Une lettre vous coûte-t-elle tant à écrire? Quand vous devriez ne l'entretenir que de ses petites sœurs, vous lui feriez le plus grand plaisir du monde. Vous avez raison de me plaindre du déplaisir que j'ai de voir souffrir si longtemps un des meilleurs amis que j'aie au monde[2]. J'espère qu'à la fin, ou a nature, ou les remèdes, lui donneront quelque soulagement. J'ai déjà la consolation d'entendre dire à ses médecins qu'ils ne voient rien à craindre pour sa vie, sans quoi je vous avoue que je serais inconsolable.

Comme vous êtes curieux de nouvelles, je voudrais en avoir beaucoup de considérables à vous mander. Je n'en sais que deux jusqu'ici, qui doivent faire beaucoup de plaisir. L'une est la prise presque certaine de Charleroi; l'autre est a levée du siège de Belgrade, car il ne durera guère plus de quatre ou cinq jours. Quand je dis que cette nouvelle doit faire plaisir, ce n'est pas qu'à parler bien chrétiennement on doive se réjouir des avantages des infidèles; mais l'animosité des Allemands est si grande contre nous, qu'on est presque bligé de remercier Dieu de leurs mauvais succès, afin qu'ils soient forcés de faire leur paix avec nous, et de consentir au repos de la chrétienté plutôt que de s'accommoder avec

---

[1] Le célèbre Edme Pourchot, qui fit faire de grands progrès aux écoles de philosophie. Il était ami particulier de Racine, de Boileau et de Fénelon.

[2] M. Nicole. (L. R.)

les Turcs. Adieu, mon cher fils. Je vous écris tout ceci fort à la hâte.

Écrivez-moi très-souvent, afin de me donner lieu de vous répondre; ce que je ferai une autre fois plus à loisir. On attend au premier jour des nouvelles d'un combat en Italie[1].

LETTRE IX.

Fontainebleau, 14 octobre 1693.

Je ne saurais m'empêcher de vous dire, mon cher fils, que je suis très-content de tout ce que votre mère m'écrit de vous. Je vois par ses lettres que vous êtes fort attaché à bien faire, mais surtout que vous craignez Dieu, et que vous prenez du plaisir à le servir. C'est la plus grande satisfaction que je puisse recevoir, et en même temps la meilleure fortune que je vous puisse souhaiter. J'espère que plus vous irez en avant, plus vous trouverez qu'il n'y a de véritable bonheur que celui-là. J'approuve la manière dont vous distribuez votre temps et vos études; je voudrais seulement qu'aux jours que vous n'allez point au collège, vous puissiez relire de votre Cicéron, et vous rafraîchir la mémoire des plus beaux endroits, ou d'Horace, ou de Virgile, ces auteurs étant fort propres à vous accoutumer à penser et à écrire avec justesse et avec netteté.

Vous direz à votre mère que le pauvre M. de Ségur a eu la jambe coupée, ayant eu le pied emporté d'un coup de canon. Sa femme, qui l'avait épousé pour sa bonne mine, a employé la meilleure partie de son bien à lui acheter une

---

[1] Victoire remportée à la Marsaille par Catinat, sur le duc de Savoie.

charge ; et dès la première année il lui en coûte une jambe. Il y a eu un fort grand nombre de ses camarades qui ont été tués ou blessés, je dis des officiers de la gendarmerie ; mais, en récompense, la victoire a été fort grande, et on en apprend tous les jours de nouvelles circonstances très-avantageuses. On fait monter la perte des ennemis à près de dix mille morts, et à plus de deux mille prisonniers. Il reste à souhaiter que cette victoire soit suivie de la prise de quelque place qui nous mette en état de prendre des quartiers en Italie, comme la victoire de Flandre est suivie de la prise de Charleroi, qui ferme et assure entièrement nos frontières de ce côté-là. L'impuissance où s'est trouvé M. le prince d'Orange de secourir une place si importante, marque bien la grandeur de sa défaite et de la perte qu'y firent les alliés. Le roi reçut hier la nouvelle que les assiégés avaient battu la chamade dimanche dernier, à 7 heures du matin. Ils auraient pu se défendre encore huit ou dix jours, à cause de la difficulté qu'on trouvait à faire des mines sous les bastions et sous la courtine ; mais ils étaient réduits à dix-huit cents hommes, de près de quatre mille qu'ils étaient. M. de Castille même, qu'on avait mis au-dessus du gouverneur pour commander dans la place, était blessé. Ainsi ils se sont rendus, et ont fait grand plaisir à notre cavalerie, qui commençait à pâtir beaucoup. Vous pouvez lire ces nouvelles à M. Despréaux, au cas que vous l'alliez voir, car je ne sais si je pourrai lui écrire aujourd'hui, à cause de la quantité de lettres que j'ai à écrire.

J'ai vu les drapeaux et les étendards qu'a envoyés M. de Catinat, et je vous conseille de les aller voir avec votre mère quand on les portera à Notre-Dame. Il y a cent deux drapeaux et quatre étendards seulement ; ce qui marque que la cavalerie ennemie n'a pas fait beaucoup de résistance, et a de bonne heure abandonné l'infanterie, laquelle a presque été toute taillée en pièces. Il y avait des bataillons entiers d'Espagnols qui se jetaient à genoux pour demander quartier, et on l'accordait à quelques-uns d'eux; au lieu qu'on n'en faisait point du tout aux Allemands, parce qu'ils avaient menacé de n'en point faire.

Il me semble que, dans une de vos lettres, vous me demandiez la permission de faire présent d'une *Athalie* à un chartreux. Vous le pouvez faire sans difficulté. Je suis seulement fâché de ne m'être pas souvenu plus tôt de vous en parler.

Le roi partira de demain en huit jours pour aller à Choisi, où il doit coucher deux nuits. Pour moi, j'irai ce jour-là tout droit à Paris; et j'espère que ce sera avec M. de Cavoie, qui commence à se mieux porter, et à qui M. Félix promet une prochaine guérison. Madame sa femme dit que c'est votre mère qui l'a guéri avec le remède de tête de mouton qu'elle lui a enseigné, et dont Mme de Cavoie, qui avait aussi un commencement de dyssenterie, s'est fort bien trouvée. Je viens d'apprendre que M. du Tartre avait une grosse fièvre. Il a eu en tête de demander la chambre où M. Moreau est mort d'une fièvre maligne. Je fis ce que je pus pour l'empêcher d'y mettre son lit, mais je ne le persuadai point. Je craindrais qu'il n'eût gagné la même fièvre. Faites bien des amitiés pour moi à votre mère, et dites-lui que cette lettre est pour elle aussi bien que pour vous. Faites aussi mes baisemains à vos sœurs. M. l'archevêque de Sens a perdu M. son frère à la bataille, et je crois que M. Chapelier vous l'aura dit.

LETTRE X.

A Fontainebleau, le 24 septembre 1691.

Je vous suis obligé du soin que vous avez pris de faire faire toutes les choses que je vous avais recommandées. Je suis en peine de la santé de M. Nicole, et vous me ferez plaisir d'y envoyer de ma part, et de me mander de ses nouvelles. J'espère retourner à Melun lundi ou mardi avec M. l'archevêque de Sens en attendant que j'y aille avec M. Félix. Je croyais avoir fait mettre dans mon coffre un livre que j'ai été fort fâché de n'y avoir point trouvé. Ce sont les *Psaumes latins de Vatable*, à deux colonnes et avec des notes, in-8°, qui sont à la tablette où je mets d'ordinaire mon diurnal. Je vous prie de les chercher et de les empaqueter bien proprement dans du papier, et d'envoyer savoir par le cocher si M. l'abbé de Saillans vient à Fontainebleau bientôt. Au cas qu'il y vienne, il faudrait l'envoyer prier de vouloir mettre ce livre dans son paquet; sinon il faudra prier M. Sconin de les donner au valet de chambre de M. le duc de Chevreuse, qui viendra peut-être ici dans peu de jours.

On a eu aujourd'hui nouvelle que les Anglais avaient voulu faire jouer quelques machines contre le port de Dunkerque, mais qu'on avait fait sauter en l'air ces machines avec une perte des hommes qui étaient dessus. Les Allemands ont passé le Rhin, et font quelques ravages en Alsace; mais il y a apparence qu'on les fera bientôt repasser. J'écrirai demain à votre mère. Faites-lui mes compliments et à vos sœurs. Adieu, mon cher fils. Je vous donne le bonsoir, et suis entièrement à vous. Faites aussi mes baisemains à M. de

Grimarest. Je n'ai pas encore pu parler de son affaire, mais je ne l'oublie point.

Suscription : A M. Racine le jeune, rue du Marais, faubourg Saint-Germain, à Paris.

LETTRE XI.

A Fontainebleau, le 3 octobre 1694.

Je vous adresse une lettre pour M. Despréaux, que je prie votre mère de lui envoyer le plus tôt qu'elle pourra. Il m'a déjà fait réponse à celle que je lui écrivis il y a trois jours, et il me mande en même temps que vous n'avez pu vous rencontrer, parce qu'il était à Paris quand vous l'avez été chercher à Auteuil. Je vous prie de dire à M. de Grimarest que j'ai lu son mémoire à M. le chancelier, qui a fait réponse qu'il avait déjà ouï parler de cette affaire, mais que M. Cousin avait opinion qu'on ne pouvait rien faire de bon ni d'utile au public de ce projet. Ainsi on m'a dit qu'il faudrait lui faire parler encore par des gens qui eussent plus d'autorité sur son esprit. Je verrai là-dessus M. de Harlay.

Il me paraît, par votre lettre, que vous portez un peu d'envie à Mlle de la Chapelle de ce qu'elle a lu plus de comédies et plus de romans que vous. Je vous dirai avec la sincérité avec laquelle je suis obligé de vous parler, que j'ai un extrême chagrin que vous fassiez tant de cas de toutes ces niaiseries, qui ne doivent servir tout au plus qu'à délasser quelquefois l'esprit, mais qui ne devraient point vous tenir autant à cœur qu'elles font. Vous êtes engagé dans des études très-sérieuses qui doivent attirer votre principale attention, et pendant que vous y êtes engagé et que nous payons des maîtres pour vous en instruire, vous devez éviter tout ce qui peut dissiper votre esprit et vous détourner de votre étude. Non-seulement votre conscience et la religion vous y obligent, mais vous-même devez avoir assez de considération pour moi et assez d'égard pour vous conformer un peu à mes sentiments pendant que vous êtes dans un âge où vous devez vous laisser conduire.

Je ne dis pas que vous ne lisiez quelquefois des choses qui puissent vous divertir l'esprit, et vous voyez que je vous ai mis moi-même entre les mains assez de livres français capables de vous amuser; mais je serais inconsolable si ces sortes de livres vous inspiraient du dégoût pour des lectures plus utiles, et surtout pour les livres de piété et de morale, dont vous ne parlez jamais, et pour lesquels il semble que vous n'ayez plus aucun goût, quoique vous soyez témoin du véritable plaisir que j'y prends préférablement à toute autre chose. Croyez-moi, quand vous saurez parler de comédies et de romans, vous n'en serez guère plus avancé pour le monde, et ce ne sera point par cet endroit-là que vous serez le plus estimé. Je remets à vous en parler plus au long et plus particulièrement quand je vous reverrai, et vous me ferez plaisir alors de me parler à cœur ouvert là-dessus, et de ne vous point cacher de moi. Vous jugez bien que je ne cherche pas à vous chagriner, et que je n'ai autre dessein que de contribuer à vous rendre l'esprit solide, et à vous mettre en état de ne me point faire de déshonneur quand vous viendrez à paraître dans le monde. Je vous assure qu'après mon salut, c'est la chose dont je suis le plus occupé. Ne regardez point tout ce que je vous dis comme une réprimande, mais comme les avis d'un père qui vous aime tendrement, et qui ne songe qu'à vous donner des marques de son amitié. Écrivez-moi le plus souvent que vous pourrez, et faites mes compliments à votre mère. Il n'y a ici aucune nouvelle, sinon que le roi a toujours la goutte, et que tous les princes reviennent de l'armée de Flandre.

LETTRE XII.

A Paris, ce samedi 2 mai 1695.

Je vous envoie ce soir le petit carrosse pour vous amener demain dîner avec nous. Vous y trouverez M. Despréaux, qui y doit dîner aussi. Plût à Dieu que M. Vigan pût être de la partie! Mais j'espère le voir mardi au soir, qui est le jour que je vous remènerai à Versailles. J'ai fait mettre un petit placet dans le carrosse, afin que Henri revienne avec vous. Dites-lui qu'il aille ce soir de ma part chez Mme d'Heudicourt, pour savoir des nouvelles de sa santé. Elle loge au-dessus de l'appartement de feu Mme de Barbesieux, au bout de la galerie de Monsieur. Je voudrais aussi qu'il allât avec le cocher visiter mon appartement, et y porter les hardes que j'y envoie. Adieu, mon cher fils. Faites mes compliments à M. et à Mme Vigan.

LETTRE XIII.

A Paris, ce 3 juin 1695.

C'est tout de bon que nous partons aujourd'hui pour notre voyage de Picardie[1]. Comme je serai quinze jours sans vous voir, et que vous êtes continuellement présent à mon esprit,

---

[1] Il allait à Montdidier, la patrie de ma mère. Toutes les lettres suivantes ont été écrites à mon frère, reçu en survivance de la charge de gentilhomme ordinaire. (L. R.)

je ne puis m'empêcher de vous répéter encore deux ou trois choses que je crois très-importantes pour votre conduite.

La première, c'est d'être extrêmement circonspect dans vos paroles, et d'éviter avec grand soin la réputation d'être un parleur, qui est la plus méchante réputation qu'un jeune homme puisse avoir dans le pays où vous êtes. La seconde est d'avoir une extrême docilité pour les avis de M. et Mme Vigan, qui vous aiment comme leur enfant.

J'ai oublié de vous recommander d'être fort exact aux heures de leurs repas, et de ne faire jamais attendre après vous. Ainsi ajustez si bien vos promenades et vos récréations, que vous ne leur soyez jamais à charge.

N'oubliez point vos études, et cultivez continuellement votre mémoire, qui a grand besoin d'être exercée. Je vous demanderai compte à mon retour de vos lectures, et surtout de l'histoire de France, dont je vous demanderai à voir vos extraits.

Vous savez ce que je vous ai dit des opéras et des comédies qu'on dit que l'on doit jouer à Marly. Il est très-important pour vous et pour moi-même qu'on ne vous y voie point, d'autant plus que vous êtes présentement à Versailles pour y faire vos exercices, et non point pour assister à toutes ces sortes de divertissements. Le roi et toute la cour savent le scrupule que je me fais d'y aller, et ils auraient très-méchante opinion de vous si, à l'âge que vous avez, vous aviez si peu d'égard pour moi et pour mes sentiments. Je devais, avant toutes choses, vous recommander de songer toujours à votre salut, et de ne perdre point l'amour que je vous ai vu pour la religion. Le plus grand déplaisir qui puisse m'arriver au monde, c'est s'il me revenait que vous êtes un indévot, et que Dieu vous est devenu indifférent. Je vous prie de recevoir cet avis avec la même amitié que je vous le donne.

Je vous conseille d'aller quelquefois savoir des nouvelles de M. de Cavoie, à qui vous ne pouvez ignorer que je suis si attaché. Quand vous verrez M. Félix le père, faites-lui bien mes compliments, et demandez-lui s'il n'a rien à me mander au sujet de mon logement; il entendra ce que cela veut dire, et vous me ferez savoir sa réponse sans en rien dire à personne. Voyez aussi M. de Valincour, et priez-le de ma part de se souvenir de M. Sconin. Écrivez-moi jusqu'à jeudi prochain, c'est-à-dire que vous pourrez nous écrire une ou deux fois pour nous mander les nouvelles que vous saurez : cela fera plaisir à votre oncle de Montdidier. Payez le port jusqu'à Paris. Mais passé jeudi, ne m'adressez plus vos lettres qu'à Paris même; car j'espère partir de Montdidier de dimanche en huit jours. Adieu, mon cher fils. Faites bien mes compliments à M. et à Mme Vigan, et à M. Félix le fils. N'oubliez pas aussi de les faire à M. de Sérignan, qui me témoigne bien de l'amitié pour vous. Demandez-lui s'il ne sait point de nouvelles que vous me puissiez mander.

Suscription : A M. Racine le jeune, gentilhomme ordinaire du roi, chez M. Vigan, à la petite écurie, à Versailles.

LETTRE XIV.

A Montdidier, le 9 juin 1695.

Votre lettre nous a fait ici un très-grand plaisir; et quoiqu'elle ne nous ait pas appris beaucoup de nouvelles, elle nous a du moins fait juger qu'il n'y avait pas un mot de vrai de toutes celles qu'on débite dans ce pays-ci. C'est une plaisante chose que les provinces : tout le monde y est nouvelliste dès le berceau, et vous n'y rencontrez que gens qui débitent gravement et affirmativement les plus sottes choses du monde.

Je suis bien honteux que Mme d'Heudicourt vous ait prévenu, et que vous ne l'eussiez pas encore été saluer chez elle. J'apprends tout présentement, par une lettre de Dufresne, qu'on a apporté de sa part au logis une demi-douzaine de jambons. Ne manquez pas, au nom de Dieu, d'aller chez elle, et de lui en faire mes très-humbles remercîments. Je lui écrirais bien volontiers, mais j'espère partir demain, ou tout au plus tard après-demain; et dès que je serai à Paris, je me rendrai à Versailles pour l'aller remercier de toutes ses bontés. Et d'ailleurs, que lui pourrais-je mander de ce pays-ci, à quoi elle pût prendre intérêt? Pour vous, qui devez vous y intéresser davantage, je vous dirai que je suis très-content des dames de Variville, et que Babet[1] a une grande impatience d'entrer chez elles. Votre sœur aînée a trouvé ici une compagnie dont elle est charmée et avec raison : c'est sa cousine de Romanet, qui est très-aimable, très-jolie, et très-bien élevée. Nous allons cette après-dînée à Griviller. J'ai fait tous mes comptes avec mon fermier, et j'ai renouvelé bail avec lui. Voilà des nouvelles telles que l'on peut vous en mander de ce pays-ci. J'espère que je recevrai encore une lettre de vous avant que de partir; car si nous partons demain, ce ne sera que l'après-dînée. On fait pourtant tout ce qu'on peut pour nous retenir ici.

Je vous sais un très-bon gré des égards que vous avez pour moi au sujet des opéras et des comédies; mais vous voulez bien que je vous dise que ma joie serait complète si le bon Dieu entrait un peu dans vos considérations. Je sais bien que vous ne seriez pas déshonoré devant les hommes en y allant; mais ne comptez-vous pour rien de vous désho-

---

[1] Élisabeth, la troisième des filles de Racine. Elle fit profession au couvent de Notre-Dame de Variville, dans l'année qui suivit la mort de son père. (L. R.)

LETTRE XVI.

A Paris, le 26 octobre 1696.

Je ne vous écris qu'un mot pour vous dire que je vous enverrai le petit carrosse samedi prochain pour vous amener ici l'après-dînée, afin que vous passiez les fêtes avec nous. Mon dessein est de vous ramener le jour des Morts au matin, parce que j'espère aller l'après-dînée à Marly. M. de Cavoie a la bonté de vouloir visiter mon nouvel appartement pour voir comme on l'a accommodé, et pour prier M. Lefèvre d'y ajuster ce qu'on aura mal fait. Ainsi ne manquez pas de vous trouver samedi prochain à son lever chez lui, sur les 8 heures et demie, avec la clef de l'appartement, et de bien observer ce qu'il vous dira pour me le redire. Au cas que M. Danet vous presse de lui abandonner la petite écurie, vous demanderez conseil à M. de Cavoie, et vous ferez ce qu'il vous conseillera. Ce ne serait pas un grand malheur que d'être obligé d'ôter le peu de meubles qu'il y a dans la chambre de la petite écurie, et de les porter dans l'une des deux chambres du château. Henri n'aura qu'à revenir avec vous, et on mettra un tabouret dans le carrosse. Je vous donne le bonsoir, et suis tout à vous. Faites bien mes compliments à M. et Mme Vigan. Je meurs d'envie d'avoir l'honneur de les voir, et de les remercier de toutes les peines qu'ils prennent pour vous. Je voulais aller moi-même samedi à Versailles, mais M. de Cavoie m'a dit qu'il n'était pas besoin que j'y allasse, et qu'il se chargeait de tout voir, de tout examiner.

Suscription : A M. Racine le jeune, gentilhomme ordinaire du roi, à la petite écurie, à Versailles.

LETTRE XVII.

A Paris, ce dimanche au soir, 23 décembre 1696.

Votre mère m'écrivit mardi dernier à Versailles, et m'envoya la lettre de ma sœur, que je vous avais dit que j'attendais avec beaucoup d'impatience. J'envoyai, comme vous savez, à la poste de Versailles mercredi matin, et votre Henri me vint dire qu'il n'y avait rien pour moi. Je vous prie d'y renvoyer ou d'y aller vous-même, et de vous plaindre un peu de ce qu'on a gardé si longtemps ce paquet sans vous le donner; car vous m'aviez dit qu'on portait à vos tables les lettres qui sont pour ceux qui y mangent. Quoi qu'il en soit, renvoyez-moi le paquet de ma femme dès qu'on vous l'aura rendu. Toute la famille se porte bien. Votre petit frère[1] est tombé ce matin la tête dans le feu, et sans votre mère qui l'a relevé sur-le-champ, il aurait eu le visage tout perdu. Il en a été quitte pour une brûlure qu'il s'est faite à la gorge, laquelle a appuyé contre un chenet tout brûlant. Nous sommes bien obligés de remercier le bon Dieu de ce qu'il ne s'est pas fait plus de mal. Votre sœur se prépare toujours à entrer aux Carmélites samedi prochain, et le grand froid, ni tout ce que je lui ai pu dire, ne l'ont pu persuader de différer au moins jusqu'à un autre temps. La petite Mlle de Frescheville est à l'extrémité, et peut-être même est-elle morte à l'heure qu'il est. Vous voyez par là que notre heure est bien incertaine, et que le plus sûr

[1] Louis Racine, alors âgé de quatre ans.

est d'y penser le plus sérieusement et le plus souvent qu'on peut. J'espère être dimanche prochain à Versailles : ma femme aura soin de vous envoyer du linge à dentelle ce jour-là. Je vous donne le bonsoir.

LETTRE XVIII.

A Paris, ce vendredi au soir, 5 avril 1697.

J'ai reçu deux lettres de vous : l'une où vous me rendez compte de plusieurs choses que je vous avais recommandées, et l'autre d'hier au soir, où vous m'avertissez, de la part de Mme de Noailles, d'aller trouver M. l'archevêque. J'ai été sur-le-champ pour avoir l'honneur de lui parler; mais il est à Conflans, et on m'a dit que je ne pourrais le voir que demain matin après sa messe. Mon dessein est d'aller dimanche au soir ou lundi matin à Versailles, pour revenir avec vous à Paris le lundi même ou le lendemain. Je viens d'envoyer demander chez M. de Cavoie s'il ne vient point demain à Paris comme il me l'avait dit, et j'ai une grande impatience de le voir.

Le sermon du P. de la Rue fait ici un fort grand bruit aussi bien qu'au pays où vous êtes, et l'on dit qu'il a parlé avec beaucoup de véhémence contre les opinions nouvelles du quiétisme; mais on ne m'a rien pu dire du précis de ce sermon, et j'ai grande envie de voir quelqu'un qui l'ait entendu. L'amitié qu'avait pour moi M. de Cambrai ne me permet pas d'être indifférent sur ce qui le regarde, et je souhaiterais de tout mon cœur qu'un prélat de cette vertu et de ce mérite n'eût point fait un livre qui lui attire tant de chagrin.

Si par hasard vous voyez l'abbé de Coislin, dites-lui qu'on m'a apporté de sa part une très-belle *Semaine sainte*, et que j'ai beaucoup d'impatience d'être à Versailles pour lui en faire mes très-humbles remercîments. Il est tous les jours à la messe du roi, et vous pourrez le voir à la sortie de la chapelle.

J'ai vu votre sœur, dont on est très-content aux Carmélites, et qui témoigne toujours une grande envie de s'y consacrer à Dieu. Votre sœur Nanette nous accable tous les jours de lettres, pour nous obliger de consentir à la laisser entrer au noviciat. J'ai bien des grâces à rendre à Dieu d'avoir inspiré à vos sœurs tant de ferveur pour son service, et un si grand désir de se sauver. Je voudrais de tout mon cœur que de tels exemples vous touchassent assez pour vous donner envie d'être bon chrétien. Voici un temps[1] où vous voulez bien que je vous exhorte, par toute la tendresse que j'ai pour vous, à faire quelques réflexions un peu sérieuses sur la nécessité qu'il y a de travailler à son salut, à quelque état que l'on soit appelé. Votre mère, aussi bien que vos sœurs et votre petit frère, aurait beaucoup de joie de vous revoir. Bonsoir, mon cher fils.

LETTRE XIX.

A Paris, le 8 juin 1697.

J'avais prié M. Félix de vous faire dire par son laquais que je n'irais point à Port-Royal, et qu'ainsi je ne passerais point par Versailles. Je fus assez chagrin de ne vous pas trouver le jour où j'y allai; mais je me doutai que vous seriez à Moulineau ou en visite chez M. de Castigny. Je

---

[1] On était dans la semaine sainte.

savais déjà qu'on vous avait donné une lettre à faire ; mais je saurais volontiers si on a été content de la manière dont vous l'avez faite.

On m'avait déjà dit la nouvelle de la prise d'Ath, et j'en ai beaucoup de joie. Vous me ferez plaisir de me mander tout ce que vous apprendrez de nouveau. Voici un temps assez vif, et où il peut arriver à toute heure des nouvelles importantes. Vous me ferez aussi plaisir d'aller trouver M. Moreau à l'issue de son dîner, et de le faire souvenir de la prière que je lui ai faite de vouloir s'informer du détail de la charge de M. Desormes, dont je lui ai confié que M. le Verrier était sur le point de traiter. Je m'emploie d'autant plus volontiers pour M. le Verrier, que M. Félix m'a fort assuré qu'il ne pensait plus du tout à cette charge. Cependant ne dites à personne ni que M. le Verrier y pense, ni que je vous aie écrit là-dessus ; et, si M. Moreau vous donne quelque éclaircissement par écrit, ayez soin de me l'envoyer.

Il se pourrait fort bien que je vous irais voir mercred matin ; car j'ai quelque envie de mener votre mère et vos sœurs à Port-Royal pour y être à la procession de l'octave, et pour revenir le lendemain. Elles sont toutes en fort bonne santé, Dieu merci, et vous font leurs compliments. J'allai hier aux Carmélites avec votre sœur voir la nouvelle prieure, qui n'est point Mme de la Vallière, comme M. de Castigny l'a cru, mais la mère du Saint-Esprit, fille de feu M. le Bout, conseiller de la grand'chambre, ci-devant maîtresse des novices. Je vous exhorte à aller faire un peu votre cour à Mme la comtesse de Gramont et à Mme la duchesse de Noailles, qui ont l'une et l'autre beaucoup de bonté pour vous. Adieu, mon cher fils. Envoyez à M. de Castigny la lettre que je lui ai écrite. Je ne puis m'empêcher de vous dire qu'il m'écrit sur votre sujet avec toute l'amitié possible.

LETTRE XX.

A Paris, ce mardi 9 juillet 1697.

Votre cousin, qui va partir tout à l'heure, vous rendra cette lettre que j'écris à M. Bontems, pour le prier de demander pour moi d'aller à Marly. Rendez-la-lui le plus tôt que vous pourrez; car il n'y a pas de temps à perdre. Je n'étais pas trop assuré que le roi allât à Marly cette semaine, M. de Cavoie, que je croyais bien informé, m'ayant dit qu'on n'y allait que la semaine qui vient. Au cas qu'on n'y aille point en effet cette semaine, vous n'avez que faire de rendre ma lettre. Je n'en serai pas moins demain à 9 heures et demie à Versailles, pour aller présenter votre cousin à M. Dufresnoy. Montrez-lui, s'il vous plaît, la chambre et la pension que vous lui avez trouvée, et faites-lui bien des amitiés. Je vous donne le bonsoir.

LETTRE XXI.

A Marly, le 15 juillet 1697.

Votre mère vous a écrit une lettre que l'on m'a apportée ici, par laquelle elle vous mandait qu'à cause des grandes pluies qu'il a fait, et qui peuvent avoir gâté les chemins, elle ne sera que mercredi matin à Versailles. M. Bourdelot m'a fort surpris ce matin quand il m'a dit que M. d'Héricourt attendait aujourd'hui votre mère à dîner. C'est une grande négligence à vous de ne l'avoir pas prié de ne nous point attendre, comme je vous en avais chargé quand je partis de Versailles. Je vous donne le bonjour. Il n'y a rien ici de nouveau depuis la prise du chemin couvert de Barcelone.

Suscription : A M. Racine le fils, au-dessus de l'appartement de Mme de Ventadour, près de celui de M. de Busca, à Versailles.

LETTRE XXII.

Marly, le samedi matin, 20 juillet 1697.

Je vous prie, mon cher fils, dès que vous aurez reçu ma lettre, de faire porter à Port-Royal celle que j'écris à votre tante, ou par Henri, ou par quelque homme qui vous paraisse sûr. Je crois qu'il vaudrait mieux que Henri la portât. Il n'a qu'à louer quelque bidet pour faire ce petit voyage. Je serai lundi matin à Versailles, et je vous ramènerai à Paris. Je vous donne le bonjour.

LETTRE XXIII.

A Paris, ce 26 janvier 1698.

Vraisemblablement vous aviez pris des Mémoires de M. de Cély[1], pour avoir fait une course aussi extraordinaire que celle que vous avez faite. J'avais été fort en peine les premiers jours de votre voyage, dans la peur où j'étais que, par trop d'envie d'aller vite, il ne vous fût arrivé quelque accident; mais quand j'appris, par votre lettre de Mons, que vous n'étiez parti qu'à 9 heures de Cambrai, et que vous tiriez vanité d'avoir fait une si grande journée, je vis bien qu'il fallait se reposer sur vous de la conservation de votre personne. Surtout votre long séjour à Bruxelles, et toutes les visites que vous y avez faites, méritent que vous en donniez une relation au public. Je ne doute pas même que vous n'y ayez été à l'Opéra avec la dépêche du roi dans votre poche. Vous rejetez la faute de tout sur M. Bombarde, comme si, en arrivant à Bruxelles, vous n'aviez pas dû courir d'abord chez lui, et ne vous point coucher que vous n'eussiez fait vos affaires pour être en état de partir le lendemain de bon matin. Je ne sais pas ce que dira là-dessus M. de Bonrepaux; mais je sais bien que vous avez bon besoin de réparer, par une conduite sage à la Haye, la conduite peu sensée que vous avez eue dans votre voyage. Pour moi, je vous avoue que j'appréhende de retourner à la cour, et surtout de paraître devant M. de Torcy, à qui vous jugez bien que je n'oserai pas demander d'ordonnance

---

[1] La négligence de M. de Cély était passée en proverbe.

pour votre voyage, n'étant pas juste que le roi paie la curiosité que vous avez eue de voir les chanoinesses de Mons et la cour de Bruxelles. Vous ne me dites pas un mot de M. Robert, chanoine à Mons, pour qui vous aviez une lettre, et qui vous aurait donné le moyen de voir à Bruxelles un homme[1] pour qui vous savez que j'ai un très-grand respect. Vous ne me parlez point non plus de nos deux plénipotentiaires pour qui vous aviez une dépêche. Cependant je ne comprends pas par quel enchantement vous auriez pu ne les pas rencontrer entre Mons et Bruxelles.

Comme je vous dis franchement ma pensée sur le mal, je veux bien vous la dire aussi sur le bien. M. l'archevêque de Cambrai paraît très-content de vous, et vous m'avez fait plaisir de m'écrire le détail des bons traitements que vous avez reçus de lui, dont il ne m'avait pas mandé un mot, témoignant même du déplaisir de ne vous avoir pas assez bien fait les honneurs de son palais brûlé.

Cela m'oblige de lui écrire une nouvelle lettre de remercîment. Vous trouverez dans les ballots de M. l'ambassadeur un étui où il y a deux chapeaux pour vous, un castor fin et un demi-castor, et vous y trouverez aussi une paire de souliers des frères[2]. Votre mère vous avertit qu'ayant examiné ce qu'elle doit à Henri, elle a trouvé qu'elle ne lui doit plus que 20 francs, sur quoi il faut en donner 14 au cocher. Vous devez savoir que vous ne lui donnez que 10 francs de gages par mois, et c'est à vous de ne lui rien avancer mal à propos. Mon oncle Racine est mort depuis votre départ, et nous en porterons le deuil trois mois; mais comme vous êtes si loin d'ici, cela ne fait pas une loi pour vous. J'enverrai par M. Pierret les papiers que vous savez pour M. l'ambassadeur, et mes tragédies pour M. son neveu. Au

---

[1] Le célèbre Pasquier Quesnel.
[2] Il existait dans Paris, à cette époque (1698), deux communautés des frères cordonniers, et une des frères tailleurs d'habits.

nom de Dieu, faites un peu plus de réflexion sur votre conduite, et défiez-vous sur toutes choses d'une certaine fantaisie qui vous porte toujours à satisfaire votre propre volonté au hasard de tout ce qui en peut arriver. Vos sœurs vous font bien des compliments, et surtout Nanette. Mandez-moi de vos nouvelles le plus souvent que vous pourrez.

Suscription : A M. Racine, gentilhomme ordinaire du roi, chez M. l'ambassadeur de France, à la Haye.

LETTRE XXIV.

A Paris, le 31 janvier 1698.

Votre mère et toute la famille a eu une grande joie d'apprendre que vous étiez arrivé en bonne santé. Je n'ai point encore été à la cour depuis que vous êtes parti, mais j'espère d'y aller demain. Je crains toujours de paraître devant M. de Torcy, de peur qu'il ne me fasse des plaisanteries sur la lenteur de votre course; mais il faut me résoudre à les essuyer, et lui faire espérer qu'une autre fois vous ferez plus de diligence si l'on veut bien vous confier à l'avenir quelque chose dont on soit pressé d'avoir des nouvelles. Je vois que M. de Bonrepaux a pris tout cela avec sa bonté ordinaire, et qu'il tâche même de vous excuser. Du reste, vos lettres nous font beaucoup de plaisir, et je serai bien aise d'en recevoir souvent. Je vous écrirai plus au long à mon retour de Marly, me trouvant aujourd'hui accablé d'affaires au sujet de l'argent qu'il faut que je donne pour ma taxe. Faites mille compliments pour moi à M. de Bonac. J'ai donné à M. Pierret mes œuvres pour les lui porter.

LETTRE XXV.

A Marly, le 5 février 1698.

Il est juste que je vous fasse part de ma satisfaction, comme je vous ai fait souffrir de mes inquiétudes. Non-seulement M. de Torcy n'a point pris en mal votre séjour à Bruxelles, mais il a même approuvé tout ce que vous y avez fait, et a été bien aise que vous ayez fait la révérence à M. de Bavière. Vous ne devez point trouver étrange que, vous aimant comme je fais, je sois si facile à m'alarmer sur toutes les choses qui ont de l'air d'une faute, et qui pourraient faire tort à la bonne opinion que je souhaite qu'on ait de vous. On m'a donné pour vous une ordonnance de voyage : j'irai la recevoir quand je serai à Paris, et je vous en tiendrai bon compte. Mandez-moi bien franchement tous vos besoins.

J'approuve au dernier point les sentiments où vous êtes sur toutes les bontés de M. de Bonrepaux, et la résolution que vous avez prise de n'en point abuser. Faites bien mes compliments à M. de Bonac, et témoignez-lui ma reconnaissance pour l'amitié dont il vous honore : son extrême honnêteté est un beau modèle pour vous; et je ne saurais assez louer Dieu de vous avoir procuré des amis de ce mérite. Vous avez eu quelque raison d'attribuer l'heureux succès de votre voyage, par un si mauvais temps, aux prières que l'on a faites pour vous. Je compte les miennes pour rien : mais votre mère et vos petites sœurs priaient tous les jours Dieu qu'il vous préservât de tout accident; et on faisait la même chose à Port-Royal. Il avait couru un bruit, qui aura peut-être été jusqu'à vous, qu'on avait permission de recevoir des novices dans cette maison ; mais il n'en est rien, et les choses sont toujours au même état. Je doute que votre sœur puisse y demeurer longtemps, à cause de ses fréquentes migraines, et à cause qu'il y a si peu d'apparence qu'elle y puisse rester pour toute sa vie. Vous avez ici des amis qui ne vous oublient point, et qui me demandent souvent de vos nouvelles, entre autres le petit M. Quentin, M. d'Estouy, et M. de Saint-Gilles.

Je ne sais si vous savez que M. Corneille notre confrère[1] est mort. Il s'était confié à un charlatan qui lui donnait des drogues pour lui dissoudre sa pierre. Ces drogues lui ont mis le feu dans la vessie. La fièvre l'a pris et il est mort. Sa famille demande sa charge pour son petit-cousin, fils de ce brave M. de Marsilly qui fut tué à Leuze, et qui avait épousé la fille de Thomas Corneille. Le jour me manque, et je suis paresseux d'allumer de la bougie. Vous ne sauriez m'écrire trop souvent si vous avez envie de me faire plaisir. Vos lettres me semblent très-naturellement écrites ; et plus vous en écrirez, plus aussi vous y aurez de facilité. Adieu, mon cher fils. J'ai laissé votre mère en bonne santé. Vous ne sauriez trop lui faire d'amitiés dans vos lettres ; car elle mérite que vous l'aimiez, et que vous lui en donniez des marques. M. de Torcy m'a appris que vous étiez dans la gazette de Hollande : si je l'avais su, je l'aurais fait acheter pour la lire à vos petites sœurs, qui vous croiraient devenu un homme de conséquence. J'ai lu à M. le maréchal de Noailles votre dernière lettre où vous témoignez tant de reconnaissance pour les bons traitements que vous avez reçus de M. le prince et de Mme la princesse de Stienheuse. J'ai prié aussi M. de Bournonville et M. le comte d'Ayen de les remercier.

---

[1] Gentilhomme ordinaire du roi. Il était de la famille du grand Corneille.

LETTRE XXVI.

A Paris, ce 13 février 1698.

Je crois que vous aurez été content de ma dernière lettre et de la réparation que je vous y faisais de tout le chagrin que je puis vous avoir donné sur votre voyage. J'ai reçu votre ordonnance au trésor royal; mais, quelques instances que M. de Chamlai, que j'avais mené avec moi, ait pu faire à M. de Turménies, je n'en ai jamais pu tirer que 900 francs : on prétend même que c'est beaucoup, et que M. de Turménies a fait au-delà de ce qu'il pouvait faire. Nous vous tiendrons compte de cette somme, et vous n'aurez qu'à prier M. l'ambassadeur de vous donner l'argent dont vous aurez besoin; j'aurai soin, de mon côté, de le rendre en ce pays-ci aux gens à qui il me mandera de le donner. On me conseille d'en user ainsi, à cause qu'il y aurait trop à perdre sur le change et sur les espèces. On croit tous les jours ici être à la veille d'un décri, et cela cause le plus grand désordre du monde, les marchands ne voulant presque rien vendre, ou vendant extrêmement cher. On dit pourtant que le décri pourrait bien n'arriver pas sitôt, à cause de la foule de gens qui portent tous les jours des sommes immenses au trésor royal, où il y a, à ce qu'on dit, près de 60 millions. Je ne vous parle que sur le bruit public, car je n'en ai par moi-même aucune connaissance. Je porterai demain matin les 10,000 francs qui me restent à payer de ma taxe, et ces 10,000 francs me sont prêtés par M. Galloys. Nous avons remboursé Mme Quinault; ainsi je suis quitte de ce côté-là : mais vous jugez bien que cela nous resserre beaucoup dans nos affaires, et qu'il faut que nous vivions d'économie pour quelque temps. J'espère que vous nous aiderez un peu en cela, et que vous ne songerez pas à nous faire des dépenses inutiles, tandis que nous nous retranchons souvent le nécessaire.

Vous êtes extrêmement obligé à M. de Bonac de tout le bien qu'il mande ici de vous; et tout ce que j'ai à souhaiter, c'est que vous souteniez la bonne opinion qu'il a conçue de vous. Vous me ferez un extrême plaisir de lui demander pour moi quelque place dans son amitié, et de lui bien témoigner combien je suis sensible à toutes ses bontés. Je crois qu'il n'est pas besoin de vous exhorter à n'en point abuser; je vous ai toujours vu une grande appréhension d'être à charge à personne, et c'est une des choses qui me plaisaient le plus en vous.

J'ai trouvé à Versailles un tiroir tout plein de livres, dont une partie était à moi, et l'autre vous appartient; je vous les souhaiterais tous à la Haye, à la réserve de deux ou trois, qui, en vérité, ne valent pas la reliure que vous leur avez donnée. Votre mère a reçu une grande lettre de votre sœur aînée, qui était fort en peine de vous, et qui nous prie instamment de la laisser où elle est[1]. Cependant il n'y a guère d'apparence de l'y laisser plus longtemps: la pauvre enfant me fait beaucoup de compassion par le grand attachement qu'elle a conçu pour une maison dont les portes vraisemblablement ne s'ouvriront pas sitôt. Votre sœur Nanette est tombée ces jours passés, et s'était fait un grand mal à un genou; mais elle se porte bien, Dieu merci.

Il me paraît, par votre dernière lettre, que vous avez beaucoup d'occupation, et que vous étiez fort aise d'en avoir. C'est la meilleure nouvelle que vous me puissiez mander; et je serai à la joie de mon cœur quand je verrai que vous prenez plaisir à vous instruire et à vous rendre capable

---

[1] A Port-Royal des champs.

de profiter des bontés que l'on pourra avoir pour vous. Adieu, mon cher fils; écrivez-moi toutes les fois que cela ne vous détournera point de quelque meilleure occupation. Votre mère serait curieuse de savoir ce qui vous est resté de tout ce qu'elle vous avait donné pour votre voyage. Elle est en peine aussi de savoir si vous avez pris le deuil. J'ai payé aujourd'hui à M. Pierret deux tours de plume qu'il vous a achetés. Mandez-moi si vous êtes content de Henri, et s'il se gouverne bien dans ce pays-là. M. Despréaux me demande toujours de vos nouvelles, et témoigne beaucoup d'amitié pour vous.

LETTRE XXVII.

A Paris, ce 24 février 1698.

Je me trouvai si accablé d'affaires vendredi dernier, que je ne pus trouver le temps de vous écrire; mais je n'en ai guère davantage aujourd'hui. J'ai attendu si tard à commencer ma lettre, qu'il faut que je la fasse fort courte si je veux qu'elle parte aujourd'hui. Je n'ai point encore vu M. l'abbé de Châteauneuf; mais il me revient de plusieurs endroits qu'il parle très-obligeamment de vous, et qu'il est surtout très-édifié de la résolution où vous êtes de bien employer votre temps auprès de M. l'ambassadeur. Il a dit à M. Dacier que le premier livre que vous aviez acheté en Hollande c'était *Homère*, et que vous preniez grand plaisir à le relire. Cela vous fit beaucoup d'honneur dans notre petite académie, où M. Dacier dit cette nouvelle, et cela donna sujet à M. Despréaux de s'étendre sur vos louanges, c'est-à-dire sur les espérances qu'il a conçues de vous; car vous savez que

Cicéron dit que, dans un homme de votre âge, on ne peut guère louer que l'espérance. Mais l'homme du monde à qui vous êtes le plus obligé, c'est M. de Bonac; il parle de vous, dans toutes ses lettres, comme si vous aviez l'honneur d'être son frère. Je vous estime d'autant plus heureux de cette bonne opinion qu'il a conçue de vous, que lui-même est ici en réputation d'être un des plus aimables et des plus honnêtes hommes du monde. Tous ceux qui l'ont vu en Danemark ou à la Haye sont revenus charmés de sa politesse et de son esprit. Voilà de bons exemples que vous avez devant vous, et vous n'avez qu'à imiter ce que vous voyez.

Je lus à M. Despréaux votre dernière lettre comme il était au logis; il en fut très-content, et trouva que vous écriviez très-naturellement. Je lui montrai l'endroit de votre lettre où vous disiez que vous parliez souvent de lui à M. l'ambassadeur; et comme il est fort bon homme, cela l'attendrit beaucoup, et lui fit dire de grands biens et de M. l'ambassadeur et de vous.

M. le comte d'Ayen à été fort mal d'une assez grande fluxion sur la poitrine; il est mieux présentement, n'ayant plus de fièvre; mais Mme sa mère me dit hier au soir, chez M. de Cavoie, qu'il était toujours enrhumé. Elle me fit beaucoup de compliments de la part de Mme de Stienheuse, qui lui mandait qu'elle était bien fâchée que vous n'eussiez pas fait un plus long séjour à Bruxelles. Pour moi, je ne me plains plus qu'il ait été ni trop long ni trop court; mais je voudrais seulement que vous y eussiez vu en passant un homme qui était du moins aussi digne de votre curiosité que tout ce que vous y avez vu.

La mort de M. Dufresnoy embarrasse beaucoup votre cousin, M. de Barbesieux ayant fait réponse à M. de Cavoie, qui le lui avait recommandé, qu'il n'y avait plus assez d'affaires dans ce bureau pour occuper tous ceux qui y étaient.

Je vis, il y a huit jours, votre sœur à Port-Royal, d'où j'avais résolu de la ramener; mais il me fut impossible de lui persuader de revenir. Elle prétend avoir tout de bon renoncé au monde; et que si l'on ne reçoit personne à Port-Royal, elle s'ira réfugier aux carmélites, ou dans un autre couvent, si les carmélites ne veulent point d'elle. Tout ce que je puis vous dire, c'est qu'on est très-content d'elle à Port-Royal ; et j'en reviens très-content et très-édifié moi-même. Elle me demanda fort de vos nouvelles, et me dit qu'on avait bien prié Dieu pour vous dans la maison. Adieu. Votre mère vous salue.

LETTRE XXVIII.

A Paris, le 27 février 1698.

Je n'écris point à M. l'ambassadeur par cet ordinaire, parce que je lui écrirai plus au long et plus sûrement par M. Pierret, qui part après-demain pour l'aller trouver. Cependant vous lui diriez une chose qu'il sait peut-être déjà, c'est que le roi a enfin récompensé les plénipotentiaires, que tout le monde regardait presque comme des gens disgraciés. Il a donné la charge de secrétaire du cabinet à M. de Callières, à condition que M. de Callières donnera sur cette charge 50,000 francs à M. de Cressy, et 15,000 à l'abbé Morel. Ce sont 65,000 livres dont le roi donne un brevet de retenue à M. de Callières. Sa Majesté donne encore à M. de Cressy, pour son fils, la charge de gentilhomme ordinaire vacante par la mort du pauvre M. Corneille, et donne à M. de Harlay 5,000 livres de rente, au denier dix-huit, sur l'hôtel de ville. Voilà toutes les nouvelles de la cour. M. de Cavoie eut encore hier quelque ressentiment de son mal ; mais cela n'a pas eu de suite, et il espère d'être en état d'aller à Versailles un peu après Pâques. Il n'a pourtant point trop d'empressement d'y retourner, et il se gouvernera suivant l'état où il trouvera sa santé. Nous nous plaignons tous les jours ensemble de ce que M. de Bonrepaux n'est point ici, et il y a mille occasions où nous serions bien heureux si nous pouvions nous entretenir avec lui.

J'ai donné à M. Pierret pour vous 11 louis d'or et demi vieux faisant 140 livres 17 sous, et je les lui ai donnés, parce qu'il m'a dit qu'il n'y avait rien à perdre dessus, et qu'ils valaient en Hollande 12 l. 5 sous comme ici. Je vous prie d'en être le meilleur ménager que vous pourrez, et de vous souvenir que vous n'êtes point le fils d'un traitant ni d'un premier valet de garde-robe. M. Quentin, qui, comme vous savez, est le plus pauvre des quatre, a marié sa fille à un jeune homme extrêmement riche, qui est neveu de M. l'Huillier, et qui achète la charge de maître d'hôtel ordinaire de Mme de Bourgogne. C'est le même qui avait voulu acheter la charge de premier valet de garde-robe qu'avait M. Félix; mais j'ai oublié son nom. Mme Félix a été extrêmement malade; mais je la crois hors de péril. M. de Montargis, que je vis l'autre jour, me dit que M. Bombarde vous avait donné 30 pistoles d'Espagne. Vous avez eu tort de ne m'en rien mander, car je ne lui avais donné que 300 francs; mais vraisemblablement vous croyez qu'il n'est pas du grand air de parler de ces bagatelles, non plus que de nous mander combien il vous restait d'argent de votre voyage. Nous autres bonnes gens de famille, nous allons plus simplement, et nous croyons que bien savoir son compte n'est pas au dessous d'un honnête homme. Votre mère, qui est toujours portée à bien penser de vous, croit que vous l'informerez de toutes choses, et que cela fera en partie le sujet des lettres que vous lui promettez de lui écrire. Sérieusement, vous me ferez plaisir de paraître un peu appliqué à vos petites affaires.

M. Despréaux a dîné aujourd'hui au logis, et nous lui avons fait très-bonne chère, grâce à un fort grand brochet et une belle carpe qu'on nous a envoyés de Port-Royal. M. Despréaux venait de toucher sa pension, et de porter chez M. Caillet 10,000 francs pour se faire 550 livres de rente sur la ville. Demain M. de Valincour viendra encore dîner au logis avec M. Despréaux. Vous jugez bien que cela ne se passera pas sans boire la santé de M. l'ambassadeur et la vôtre. J'ai été un peu incommodé ces jours passés ; mais cela n'a pas eu de suites, Dieu merci, et nous sommes tous en bonne santé. M. Pierret m'a conté que M. de la Clausure avait été douze jours à venir ici de la Haye en poste, et m'a fait là-dessus un grand éloge de votre diligence. Dans la vérité, je suis fort content de vous, et vous le seriez aussi beaucoup de votre mère et de moi si vous saviez avec quelle tendresse nous parlons souvent de vous. Songez que notre ambition est fort bornée du côté de la fortune, et que la chose que nous demandons de meilleur cœur au bon Dieu, c'est qu'il vous fasse la grâce d'être homme de bien, et d'avoir une conduite qui réponde à l'éducation que nous avons tâché de vous donner.

Votre cousin de Romanet est ici, assez affligé de n'avoir plus d'emploi ; car nous n'espérons guère que M. de Barbesieux le continue dans celui qu'il avait. Il en a renvoyé deux ou trois autres, dont l'un était neveu de M. Vallet, disant qu'il n'y a pas maintenant assez d'affaires dans le bureau de M. Dufresnoy pour occuper tant de gens. Votre oncle en aura beaucoup de chagrin. Il nous mande que sa santé ne se rétablit point, et je doute qu'il aille encore fort loin. Votre sœur Nanette vous avait écrit une grande lettre pleine d'amitiés, mais elle aurait trop grossi mon paquet. J'irai dans deux ou trois jours à Versailles pour demander d'aller à Marly, où l'on va mercredi prochain. Faites mille compliments pour moi à M. l'ambassadeur et à M. de Bonac. Adieu mon cher fils. Il me semble qu'il y a longtemps que je n'ai reçu de vos nouvelles.

LETTRE XXIX.

A Paris, le 10 mars 1698.

Votre mère est fort contente du détail que vous lui mandez de vos affaires, et est fort affligée que vous ayez tant perdu sur les espèces. Cela vous montre qu'il vaut mieux que M. l'ambassadeur vous fasse donner l'argent dont vous aurez besoin, et je le rendrai ici aux gens à qui il lui plaira que je le rende. Je ne sais si je vous ai mandé que j'ai donné à M. Pierret pour vous 11 louis d'or et demi vieux, faisant en tout 140 livres 17 sous 6 deniers. Il m'a assuré qu'il n'y aurait rien à perdre pour vous. Ne vous laissez manquer de rien, et croyez que j'approuverai tout ce que M. l'ambassadeur approuvera. Il me mande qu'il est content de vous : c'est la meilleure nouvelle qu'il me puisse mander, et la chose du monde qui peut le plus contribuer à me rendre heureux. Ce que vous me mandez des Carthaginois m'a fort étonné; mais songez que les lettres peuvent être vues, et qu'il faut écrire avec beaucoup de précaution sur certains sujets.

M. Félix le fils se plaint fort de ce que vous ne lui écrivez point; le commerce des lettres étant aussi cher qu'il est, vous ferez aussi sagement de ne vous pas ruiner les uns les autres.

Votre mère se porte bien. Madelon et Lionval[1] sont un peu incommodés, et je ne sais s'il ne faudra point leur faire

---

[1] Noms que, dans l'intérieur de la famille, on donnait à Madeleine et Louis Racine.

rompre carême. J'en étais assez d'avis, mais votre mère croit que cela n'est pas nécessaire. Comme le temps de Pâques approche, vous voulez bien que je songe un peu à vous, et que je vous recommande aussi d'y songer. Vous ne m'avez encore rien mandé de la chapelle de M. l'ambassadeur. Je sais combien il est attentif aux choses de la religion, et qu'il s'en fait une affaire capitale. Est-ce des prêtres séculiers par qui il la fait desservir, ou bien sont-ce des religieux? Je vous conjure de prendre en bonne part les avis que je vous donne là-dessus, et de vous souvenir que, comme je n'ai rien plus à cœur que de me sauver, je ne puis avoir de véritable joie si vous négligiez une affaire si importante, et la seule proprement à laquelle nous devrions tous travailler. On m'a dit qu'il fallait absolument que votre sœur aînée revînt avec nous, et j'irai au plus tard la semaine de Pâques pour la ramener. Ce sera une rude séparation pour elle et pour ces saintes filles, qui étaient ravies de l'avoir, et sont fort contentes d'elle. Nanette vous fait ses compliments dans toutes ses lettres. Votre cousin de Romanet n'a point d'autre parti à prendre que de s'en retourner à Montdidier, M. de Barbesieux s'étant mis en tête de ne point prendre de surnuméraires dans le bureau de M. Dufresnoy, et n'y ayant point de place dans tous les autres bureaux. M. Begon m'a promis qu'il m'avertirait quand il en aurait, mais ce ne sera pas sitôt apparemment. Je plains fort votre cousin, qui avait bonne envie de travailler, et dont M. Dufresnoy était content au dernier point.

Milord Portland fit hier son entrée. Tout Paris y était; mais il me semble qu'on ne parle que de la magnificence de M. de Boufflers, qui l'accompagnait, et point du tout de celle du milord. C'est M. de Maisons qui l'accompagnera quand il fera son entrée à Versailles.

Je mande à M. l'ambassadeur que vous lui montrerez un endroit de Virgile où Nisus se plaint à Énée qu'il ne le récompensait point, lui qui avait fait des merveilles, et qu'il récompense des gens qui ont été vaincus. Cherchez cet endroit; je suis assuré que vous le trouverez fort beau. Assurez M. de Bonac du grand intérêt que je prends à tout le bien qu'on nous dit ici de lui. On dit des merveilles de son extrême politesse, de sa sagesse et de son esprit. Votre mère vous embrasse, et se repose sur moi du soin de vous écrire de ses nouvelles.

LETTRE XXX.

A Paris, le 16 mars 1698.

Je m'étonne que vous n'ayez pas eu le temps de m'écrire un mot par les deux courriers que M. l'ambassadeur a envoyés coup sur coup, et qui sont venus tous deux m'apprendre de vos nouvelles. Ils me disent que vous êtes très-content, et que vous travaillez beaucoup. Je ne puis vous dire assez combien cela me fait de plaisir; mais pendant que vous êtes dans un lieu où vous vous plaisez, et où vous êtes dans la meilleure compagnie du monde, votre pauvre sœur aînée est dans les larmes et dans la plus grande affliction où elle ait été de sa vie. C'est tout de bon qu'il faut qu'elle se sépare de sa chère tante et des saintes filles avec qui elle s'estimait si heureuse de servir Dieu. Mais quelque instance que je lui aie pu faire pour l'obliger de revenir avec nous, elle a résolu de ne remettre jamais le pied au logis; elle prétend, au sortir de Port-Royal, s'aller enfermer dans Gif, qui est une abbaye très-régulière à 2 petites lieues de Port-Royal, et attendre là ce que deviendra cette sainte maison, résolue d'y rentrer si Dieu permet qu'elle se rétablisse, ou se faire religieuse à Gif quand elle perdra l'espérance de retourner à Port-Royal. Elle m'a écrit là-dessus des lettres qui m'ont troublé et déchiré au dernier point, et je m'assure que vous en seriez attendri vous-même. La pauvre enfant a eu jusqu'ici bien des peines, et a été bien traversée dans le dessein qu'elle a de se donner à Dieu. Je ne sais quand il permettra qu'elle mène une vie un peu plus calme et plus heureuse. Elle était charmée d'être à Port-Royal, et toute la maison était aussi très-contente d'elle. Il faut se soumettre aux volontés de Dieu. Je ne suis guère en état de vous entretenir sur d'autres matières, et j'ai même eu mille peines à achever la lettre que j'ai écrite à M. de Bonrepaux. Je pars demain pour aller à Port-Royal, et pour régler toutes choses avec ma tante, afin qu'elle écrive à Gif, et que je prenne mes mesures pour y mener votre sœur aussitôt après Pâques. De là j'irai coucher à Versailles, pour aller mercredi à Marly.

Je ne doute pas que vous n'ayez été fort aise du mariage de M. le comte d'Ayen, et que vous ne lui écriviez au plus tôt pour lui en témoigner votre joie. Il me témoigne toujours beaucoup d'amitié pour vous. Le voilà présentement le plus riche seigneur de la cour. Le roi donne à Mlle d'Aubigné 800,000 francs, outre 100,000 francs en pierreries. Mme de Maintenon assure aussi à sa nièce 600,000 francs après sa mort. On donne à M. le comte d'Ayen les survivances des gouvernements de Berri et de Roussillon, sans compter des pensions qu'on leur donnera encore. M. le maréchal de Noailles assure 45,000 francs de rente à M. son fils, et lui en donne présentement 18,000. Voilà, Dieu merci, de grands biens; mais ce que j'estime plus que tout cela, c'est qu'il est fort sage et très-digne de la grande fortune qu'on lui fait. Adieu, mon cher fils. Votre mère vous écrira par le second courrier de M. l'ambassadeur. Écrivez-moi souvent, et priez M. l'ambassadeur de vouloir vous avertir une heure ou deux heures avant le départ de ses courriers, quand il sera obligé d'en envoyer. Quand vous n'écririez que dix ou douze lignes, cela me fera toujours beaucoup de plaisir. Lionval a été un peu malade, et est encore un peu faible. Vos petites sœurs sont en bonne santé. Je vous prie de faire mille compliments pour moi à M. de Bonac, et de l'assurer de toute la reconnaissance que j'ai pour l'amitié dont il vous honore. Je l'en remercierai moi-même à la première occasion, et lorsque j'aurai l'esprit un peu plus tranquille que je ne l'ai.

LETTRE XXXI.

(COMMENCÉE PAR MADAME RACINE.)

Ce 24 mars 1698.

Je me sers de l'occasion du courrier de M. Bonrepaux pour vous témoigner, mon fils, la joie que j'ai de l'application qu'il nous semble que vous vous donnez au travail, pour profiter des instructions que M. l'ambassadeur veut bien vous donner. Votre père m'en paraît fort content. Soyez persuadé que vous ne lui sauriez faire plus de plaisir, et à moi aussi, que de vous remplir l'esprit de choses propres à vous faire exercer votre charge avec l'estime des honnêtes gens.

Votre père a été voir votre sœur, qu'il n'a pas trouvée en assez bonne santé pour la laisser aller dans une autre maison que celle où elle est. Si elle est obligée d'en sortir, il faudra bien qu'elle se résigne à revenir avec nous se rétablir. Le parti qu'elle doit prendre ne sera décidé que dans quelques jours. Vous me manderez à votre loisir si la toile et la dentelle que vous avez achetées pour vos chemises est plus fine que celle que vous avez emportée d'ici. Votre oncle est d'une santé fort mauvaise présentement, les eaux de Bourbon ne lui ayant point donné de soulagement. Depuis peu de jours Mme de Romanet mande à ses enfants qu'il est au lit pour un mal qui lui est venu à la jambe. Il m'a paru bien fâché de n'avoir pas su quand vous avez passé à Roye, pour vous y aller embrasser. M. de Sérignan attend toujours l'occasion de pouvoir parler à M. de Barbesieux, pour faire rentrer votre cousin dans la place qu'il avait. Je crois que c'est bien en vain, et que mon neveu ferait tout aussi bien de s'en retourner chez lui; mais cela chagrine votre oncle.

Lionval est toujours incommodé. J'ai envoyé aujourd'hui chez Helvétius, pour le lui mettre entre les mains. Le pauvre petit vous fait bien ses compliments, et promet bien qu'il n'ira pas à la comédie comme vous. Nanette vous fait mille compliments par les lettres qu'elle écrit, et Babet est ravie d'avoir pour maîtresse Mme de Ronval. Les petites vous embrassent.

Pour parler de quelque chose plus sérieux, par la lettre que vous m'avez écrite, vous me demandez de prier Dieu pour vous. Vous pouvez être persuadé que, si mes prières étaient bonnes à quelque chose, vous seriez bientôt un parfait chrétien, ne souhaitant rien avec plus d'ardeur que votre salut. Mais, mon fils, songez, dans ce saint temps, que les pères et mères ont beau prier le Seigneur pour leurs enfants, qu'il faut que les enfants n'oublient pas l'éducation qu'on a tâché de leur donner. Songez, mon fils, que vous êtes chrétien, et à quoi vous oblige cette qualité. Ce sera le comble de ma joie de vous voir dans cette disposition, et je l'espère de la grâce du Seigneur.

Quand il viendra quelque courrier, mandez-moi un peu de petits détails de vos passe-temps et des nouvelles de Henri; s'il est bien content, et fait bien son devoir. Adieu, mon fils. Je vous embrasse. Soyez persuadé que je suis tout à vous.

(DE LA MAIN DE RACINE.)

Je n'ajoute qu'un mot à la lettre de votre mère, pour vous dire que j'approuve au dernier point le conseil qu'on vous a donné d'apprendre l'allemand, et les raisons solides dont M. l'ambassadeur s'est servi pour vous le persuader. J'en ai dit un mot à M. de Torcy, qui vous y exhorte de son côté, et qui croit que cela vous sera extrêmement utile. Je vous écrirai plus au long au premier jour. Le valet de chambre m'a prié instamment d'envoyer mon paquet, le plus tôt que je pourrais, chez Mme Pierret. Continuez à vous occuper, et songez que tout ce que j'apprends de vous fait la plus grande consolation que je puisse avoir. Il ne tient pas à M. de Bonac que vous ne passiez pour un fort habile homme, et vous lui avez des obligations infinies. Assurez-le de ma reconnaissance et de l'extrême envie que j'ai de me trouver entre lui et vous avec M. l'ambassadeur. Je crois que je profiterais moi-même beaucoup en si bonne compagnie. Tous vos amis de la cour me demandent toujours de vos nouvelles.

LETTRE XXXII.

A Paris, le lundi de Pâques, 31 mars 1698.

J'ai lu avec beaucoup de plaisir tout ce que vous m'avez mandé de la manière édifiante dont le service se fait dans la chapelle de M. l'ambassadeur, et sur les dispositions où vous étiez de bien employer ce saint temps, dont voilà déjà une partie de passé. Je vous assure que vous auriez encore pensé plus sérieusement que vous ne faites peut-être sur l'incertitude de la mort et le peu que c'est que la vie, si vous aviez eu le triste spectacle que nous venons d'avoir, votre mère et moi cette après-dînée. La pauvre Fanchon[1] s'était beaucoup plainte de maux de tête tout le matin. Elle avait pourtant été à confesse à Saint-André. En dînant, ses maux de tête l'ont reprise, et on a été obligé de la faire mettre sur son lit. Sur les 3 heures, comme je prenais mon livre pour aller à vêpres, j'ai demandé de ses nouvelles. Votre mère, qui la venait de quitter, m'a dit qu'elle lui trouvait un peu de fièvre. J'ai été pour lui tâter le pouls; je l'ai trouvée renversée sur son lit, la tête qui lui traînait à terre, le visage tout bleu et tout bouffi, sans la moindre connaissance, avec une quantité horrible d'eaux qui l'étouffaient, et qui faisaient un bruit effroyable dans sa gorge : enfin une vraie apoplexie. J'ai fait un grand cri, et je l'ai prise dans mes bras : mais sa tête et tout son corps n'étaient plus que comme un sac mouillé; ses yeux étaient tout renversés dans sa tête : un moment plus tard elle était morte. Votre mère est venue tout éperdue, et lui a jeté deux ou trois poignées de sel dans la bouche, en lui ouvrant les dents par force : on l'a baignée d'esprit-de-vin et de vinaigre; mais elle a été plus d'une grande demi-heure entre nos bras dans le même état que je vous ai représenté, et nous n'attendions que le moment qu'elle allait étouffer. Nous avions vite envoyé chez M. Maréchal et chez M. du Tartre; mais personne n'était au logis. A la fin, à force de la tourmenter et de lui faire avaler par force, tantôt du vin, tantôt du sel, elle a vomi une quantité épouvantable d'eaux qui lui étaient tombées du cerveau dans la poitrine. Elle a pourtant été deux heures entières sans revenir à elle, et il n'y a qu'une heure à peu près que la connaissance lui est revenue. Elle m'a entendu dire à votre mère que

---

[1] Jeanne-Nicole-Françoise, la quatrième des filles de Racine.

j'allais vous écrire, et elle m'a prié de vous faire bien ses compliments : c'est en quelque sorte la première marque de connaissance qu'elle nous a donnée. Elle ne se souvient de rien de tout ce qui lui est arrivé; mais, à cela près, je la crois entièrement hors de péril. Je m'assure que vous auriez été aussi ému que nous l'avons tous été. Madelon en est encore tout effrayée, et a bien pleuré sa sœur, qu'elle croyait morte.

Je vais demain coucher à Port-Royal, d'où j'espère ramener votre sœur aînée après-demain. Ce sera encore un autre spectacle fort triste pour moi, et il y aura bien des larmes versées à cette séparation. Nous avons jugé que, ne pouvant rester à Port-Royal, elle n'avait d'autre parti à prendre qu'à revenir avec nous, sans aller de couvent en couvent. Du moins elle aura le temps de rétablir sa santé, qui s'est encore fort affaiblie par les austérités qu'elle a faites ce carême, et elle s'examinera à loisir sur le parti qu'elle doit embrasser. Nous lui avons préparé la chambre où couchait votre petit frère, qui couchera dans votre grande chambre avec sa mie.

Vos lettres me font toujours un extrême plaisir, et même à M. Despréaux, à qui je les montre quelquefois, et qui continue à m'assurer que j'aurai beaucoup de satisfaction de vous, et que vous ferez des merveilles.

Votre Henri a mandé à mon cocher qu'il n'était pas content des 40 écus que nous lui donnons, et il le prie de lui faire savoir ma réponse. Il dit pour ses raisons que le vin est fort cher en Hollande. Vous jugez bien de quelle manière j'ai reçu cette demande. Je vous conseille de lui parler comme il mérite, et de ne pas faire plus de cas d'une pareille proposition que j'en fais moi-même. Ni je ne suis en état d'augmenter ses gages, ni je ne crois point ses services assez considérables pour les augmenter. Du reste, ne vous laissez manquer de rien : mandez-moi tous vos besoins, et croyez qu'on ne peut pas vous aimer plus tendrement que je fais. Votre mère vous embrasse. Faites en sorte que M. de Bonac me donne toujours beaucoup de part dans son amitié.

LETTRE XXXIII.

A Paris, le 14 avril 1698.

Je prends beaucoup de part au plaisir que vous aurez d'accompagner M. l'ambassadeur dans la maison de campagne que vous dites qu'il est sur le point de prendre, et j'ai été fort content de la description que vous me faites de ces sortes de maisons. J'ai montré votre lettre à Mme la comtesse de Gramont, qui s'intéresse beaucoup aux moindres choses qui regardent M. l'ambassadeur, et qui vous estime bien heureux d'être en si bonne compagnie. M. le comte d'Ayen m'a dit que vous lui aviez écrit, et qu'il vous avait fait réponse. Il m'a paru très-content de votre compliment. Il était un peu indisposé quand je partis avant-hier de Marly.

Votre sœur commence à se raccoutumer avec nous, mais non pas avec le monde, dont elle paraît toujours fort dégoûtée. Elle prend un fort grand soin de ses petites sœurs et de son petit frère, et elle fait tout cela de la meilleure grâce du monde. Votre mère est très-édifiée d'elle, et en reçoit un fort grand soulagement. Il a fallu bien des combats pour la faire résoudre à porter des habits fort simples et fort modestes qu'elle a retrouvés dans son armoire, et il a fallu au moins lui promettre qu'on ne l'obligerait jamais à porter ni or ni argent sur elle. Ou je me trompe, ou vous n'êtes pas tout à fait dans ces mêmes sentiments, et vous traitez peut-être de grande faiblesse d'esprit cette aversion qu'elle témoigne pour les ajustements et pour la parure, j'ajouterai même pour la dorure. Mais que cette petite réflexion que je fais ne vous effraye point; je sais aussi bien compatir à la petite vanité des jeunes gens, comme je sais admirer la modestie de votre sœur. J'ai même prié M. l'ambassadeur de vous faire avancer ce qui vous sera nécessaire pour un habit dès que vous en aurez besoin, et je m'abandonne sans aucune répugnance à tout ce qu'il jugera à propos que vous fassiez là-dessus.

J'ai été charmé de l'éloge que vous me faites de M. de Bonac, et de la noble émulation qu'il me semble que son exemple vous inspire. Mme la comtesse de Gramont, en lisant cet endroit de votre lettre, m'a dit qu'elle n'était point surprise qu'il fût devenu un si galant homme, et qu'elle lui avait toujours trouvé un grand fonds d'esprit et une politesse merveilleuse. Ayez bien soin de lui témoigner combien je l'honore, et combien je souhaite qu'il me compte au nombre de ses serviteurs.

Je n'ai mandé qu'un mot de la santé de M. de Cavoie à M. l'ambassadeur; mais je vais vous en instruire plus en détail, afin que vous l'en instruisiez. M. de Cavoie sent toujours les mêmes douleurs. Il avait commencé à prendre les eaux de Forges, qu'il faisait venir à Paris; mais il a fallu les quitter fort vite, parce que les douleurs s'étaient augmentées très-considérablement. Il a même résolu de quitter tous les remèdes, et d'attendre que le beau temps le remette dans son état naturel. Heureusement il n'a aucun autre accident qui doive lui faire peur; il n'a ni fièvre ni dégoût; il dort fort bien; il a même assez bon visage, quoique la diète très-exacte qu'il observe depuis cinq mois l'ait assez maigri. Tout son mal, c'est qu'il ne peut être longtemps debout, et qu'il est obligé de s'asseoir dès qu'il a fait le tour de son jardin. Il s'en ira à Luciennes dès qu'il fera beau, et se contentera d'aller se montrer de temps en temps au roi quand la cour sera à Marly. Le roi même lui a fait conseiller de prendre ce parti, et témoigne beaucoup d'envie de le revoir.

Votre petit frère est fort enrhumé, aussi bien que Madelon ; ils ne font tous deux que tousser. Fanchon est assez bien, et ne se ressent plus de son accident, que M. Fagon appelle un catarrhe suffocant. Il nous a conseillé de lui donner de l'émétique; mais on ne peut venir à bout de lui faire rien prendre. Votre mère et votre sœur se portent fort bien, et vous font leurs compliments.

Vous trouverez des ratures au bas de cette page, qui vous surprendront; mais quand j'ai commencé ma lettre, je ne m'étais pas aperçu de ces quatre lignes par où j'avais commencé celle que j'écrivais à M. de Bonrepaux, à qui je me suis résolu d'écrire sur de plus grand papier. M. Quentin et plusieurs autres de vos amis me demandent souvent de vos nouvelles. M. Despréaux vous fait aussi ses compliments. Il est à la joie de son cœur depuis qu'il a vu son *Amour de Dieu* imprimé avec de grands éloges dans une réponse qu'on a faite au P. Daniel, qui avait écrit contre les *Lettres provinciales*. Il avait voulu s'établir à Auteuil; mais il s'était trop pressé, et le retour du vilain temps l'a fait revenir plus vite qu'il n'y était allé. On m'a dit mille biens de plusieurs ecclésiastiques très-vertueux qui sont en Hollande avec M. l'évêque de Sébaste, dont on m'a parlé aussi avec beaucoup d'estime. Si vous aviez envie d'en connaître quelqu'un, ou si même M. l'ambassadeur avait la même envie, on leur ferait écrire de l'aller voir et de lui offrir leurs services. Je vous donne seulement cet avis, afin que vous en fassiez l'usage que vous jugerez à propos. C'est une grande consolation de trouver des gens de bien, et de pouvoir quelquefois s'entretenir avec eux des choses du salut, surtout dans un pays où l'on est si dissipé par les divertissements et les affaires. Du reste, j'apprends avec beaucoup de plaisir que vous ne voyez que les mêmes gens que voit M. l'ambassadeur. Je vous avoue que si vous fréquentiez d'autres compagnies que les siennes, je serais dans de très-grandes inquiétudes. Adieu, mon cher fils. Soyez persuadé de mon extrême amitié pour vous et de celle de votre mère.

LETTRE XXXIV.

A Paris, le 25 avril 1698.

J'ai été fort incommodé depuis la dernière lettre que je vous ai écrite, ayant eu plusieurs petits maux dont il n'y en avait pas un seul dangereux, mais qui étaient tous assez douloureux pour m'empêcher de dormir la nuit, et de m'appliquer durant le jour. Ces maux étaient premièrement un fort grand rhume dans le cerveau, un rhumatisme dans le dos, et une petite érysipèle ou érésipèle sur le ventre, que j'ai encore, et qui m'inquiète beaucoup de temps en temps par les cuissons qu'elle me cause. Cela a donné occasion à votre mère et à mes meilleurs amis de m'insulter sur la paresse que j'avais depuis si longtemps à me faire des remèdes. J'en ai déjà commencé quelques-uns, et je crois qu'il faudra me purger au moins deux fois dans la semaine qui vient. Vos deux petites sœurs prenaient hier médecine pendant qu'on était après me saigner, et il fallut que votre mère me quittât pour aller forcer Fanchon à avaler sa médecine. Elle a toujours été un peu incommodée depuis le catarrhe que je vous ai mandé qu'elle avait eu. Je lui lus votre lettre, et elle fut même fort touchée de l'intérêt que vous preniez à sa maladie, et du soin que vous preniez de lui donner des conseils de si loin. Elle ne fait plus autre chose depuis ce temps-là que de se moucher, et fait un bruit comme si elle voulait que vous l'entendissiez, et que vous vissiez combien elle fait cas de vos conseils. Votre sœur aînée a été fort incommodée aussi de sa migraine; à cela près, elle est d'une humeur fort douce, et j'ai tout sujet d'être édifié de sa conduite et de sa grande piété; mais elle est toujours fort farouche pour le monde. Elle pensa hier rompre en visière à un neveu de Mme le Challeux, qui lui faisait entendre, par manière de civilité, qu'il la trouvait bien faite; et je fus obligé même, quand nous fûmes seuls, de lui en faire une petite réprimande. Elle voudrait ne bouger de sa chambre et ne voir personne. Du reste, elle est assez gaie avec nous, et prend soin de ses petites sœurs et de son petit frère. Mais voilà assez vous parlez de notre ménage. Je crois que vous n'aurez pas été fort affligé d'apprendre que Rousseau, l'huissier de la chambre, a été mis à la Bastille, et qu'on lui a ordonné de se défaire de sa charge. Je crois même que tous ses confrères seront assez aises d'être délivrés de lui. Pour moi, il ne me saluait plus, et avait toujours envie de me fermer la porte au nez lorsque je venais chez le roi. Avec tout cela, je le plaindrais, si un homme aussi insolent, et qui cherchait volontiers la haine de tous les honnêtes gens, pouvait mériter quelque pitié. Il y a eu une autre catastrophe qui a fait bien plus de bruit que celle-là, et c'est celle de M. l'abbé de Coadlec, un Breton, qui n'était, pour ainsi dire, connu de personne, et que le roi avait nommé évêque de Poitiers. Je ne doute pas que vous n'ayez fort entendu parler de cette affaire, qui a été très-fâcheuse, non-seulement pour cet évêque de deux jours, mais bien plus pour le P. de la Chaise, son protecteur, qui a eu le déplaisir de voir défaire son ouvrage d'une manière qui a tant fait de scandale. Mais, comme on aura mandé tout ce détail à M. l'ambassadeur, je ne vous en dirai pas davantage.

Dès que j'apprendrai que M. l'abbé de Polignac est à Paris, au cas qu'il vienne, je ne manquerai pas de l'aller chercher.

Je n'ai pu encore rencontrer M. l'abbé de Châteauneuf, que j'ai pourtant grande envie de voir. Assurez bien M. le comte d'Auvergne de mes respects et de ma reconnaissance infinie pour toutes les bontés dont il vous honore et moi aussi. On nous faisait espérer que nous le reverrions bientôt. Votre mère vous embrasse. Faites toujours mille compliments pour moi à M. de Bonac, qui est, de toutes les compagnies que vous voyez, celle que je vous envie le plus.

LETTRE XXXV.

A Paris, le 2 mai 1698.

Votre mère et moi nous approuvons entièrement tout ce que vous avez pensé sur votre habit, et nous souhaitons même qu'on ait déjà commencé à y travailler, afin que vous l'ayez pour l'entrée de M. l'ambassadeur. Vous n'avez qu'à le prier de vous faire donner l'argent dont vous croyez avoir besoin, tant pour l'habit que pour les autres choses que vous jugerez nécessaires. J'ai fort approuvé votre conduite sur les ecclésiastiques dont je vous avais parlé, et tout cet endroit de votre lettre m'a fait beaucoup de plaisir. Vous m'en ferez beaucoup aussi de répondre de votre mieux à leurs honnêtetés, et de leur rendre tous les petits services qui dépendront de vous. Il peut même arriver des occasions où vous ne serez pas fâché de vous adresser à eux pour les choses qui regardent votre salut, quand vous serez assez heureux pour y songer sérieusement. Il ne se peut rien de plus sage que la conduite de M. l'ambassadeur à leur égard. Il a un frère dont on me disait des merveilles, il y a fort peu de temps; on ne l'appelle que le saint solitaire : il a même des relations avec un très-saint et très-savant ecclésiastique, qui n'est pas loin du pays où vous êtes. Je suis sûr que M. l'ambassadeur, avec tous les honneurs qui l'environnent, envie souvent de bon cœur le calme et la félicité de M. son frère.

M. Despréaux recevra avec joie vos lettres quand vous lui écrirez; mais je vous conseille de me les adresser, de peur que le prix qui lui en coûterait ne diminue beaucoup le prix même de tout ce que vous lui pourriez mander. N'appréhendez point de m'ennuyer par la longueur de vos lettres; elles me font un extrême plaisir, et nous sont d'une très-grande consolation à votre mère et à moi, et même à toutes vos sœurs, qui les écoutent avec une merveilleuse attention, en attendant l'endroit où vous ferez mention d'elles.

Il y aura demain trois semaines que je ne suis sorti de Paris, et je pourrais bien y en demeurer encore autant, à cause de cette espèce de petite érésipèle que j'ai, et des médecines qu'il faudra prendre quand je ne l'aurai plus. Vous ne sauriez croire combien je me plais dans cette espèce de retraite, et avec quelle ardeur je demande au bon Dieu que vous soyez en état de vous passer de mes petits secours, afin que je commence un peu à me reposer, et à mener une vie conforme à mon âge et même à mon inclination. M. Despréaux m'a tenu très-bonne compagnie. Il est présentement établi à Auteuil, où nous l'irons voir quelquefois quand le temps sera plus doux, et que je pourrai prendre l'air sans m'incommoder. Je vais souvent voir M. de Cavoie, qui n'est qu'à deux pas de chez moi, et ce sont presque les seules visites que je fasse.

Toutes vos sœurs sont en très-bonne santé, aussi bien celles qui sont au logis que celles de Melun et de Variville, qui témoignent l'une et l'autre une grande ferveur pour achever de se consacrer à Dieu. Babet m'écrit les plus jolies lettres du monde et les plus vives, sans beaucoup d'ordre, comme vous pourrez croire, mais entièrement conformes au caractère que vous lui connaissez. Elle nous demande avec grand soin de vos nouvelles. M. Boileau, frère de M. Despréaux, vit Nanette, il y a huit jours, et la trouva d'une gaieté extraordinaire. Votre sœur aînée est toujours un peu sujette à ses migraines. Adieu, mon cher fils. Je vous écrirai plus au long une autre fois. J'ai si mal dormi la nuit dernière, que je n'ai pas la tête bien libre ni assez reposée pour écrire davantage. Mille compliments à M. de Bonac. N'ayez surtout aucune inquiétude sur ma santé, qui au fond est très-bonne.

LETTRE XXXVI.

A Paris, le 16 mai 1698.

Votre relation du voyage que vous avez fait à Amsterdam m'a fait un très-grand plaisir. Je ne pus m'empêcher de la lire, chez M. le Verrier, à M. de Valincour et à M. Despréaux, qui m'ont fort assuré qu'elle les avait divertis. Je me gardai bien, en la lisant, de leur lire l'étrange mot de *tentatif*[1], que vous avez appris de quelque Hollandais, et qui les aurait beaucoup étonnés. Du reste, je pouvais tout lire en sûreté, et il n'y avait rien qui ne fût selon la langue et selon la raison. Tous ces messieurs vous font bien des compliments. M. Despréaux assure fort qu'il n'aura point de regret au port que lui pourront coûter vos lettres; mais je crois que vous ferez aussi bien d'attendre quelque bonne commodité pour lui écrire. Votre mère est fort touchée du souvenir que vous avez d'elle. Elle serait assez aise d'avoir votre beurre; mais elle craint également, et de vous donner de l'embarras, et d'être embarrassée pour recevoir votre pré-

[1] Mot depuis adopté par l'Académie.

sent, qui se perdrait peut-être ou qui se gâterait en chemin.

M. de Rost m'a fait l'honneur de me venir voir. J'allai pour lui rendre sa visite, mais je ne le trouvai point, et il revint chez moi dès le lendemain. Je l'ai trouvé tel que vous me l'avez mandé, c'est-à-dire un très-galant homme, de beaucoup d'esprit, et parlant parfaitement bien sur les belles-lettres et sur toutes sortes de sujets. Il m'apprit avant-hier que la Champmeslé[1] était à l'extrémité, de quoi il me parut très-affligé; mais ce qui est le plus affligeant, c'est de quoi il ne se soucie guère apparemment, je veux dire l'obstination avec laquelle cette pauvre malheureuse refuse de renoncer à la comédie, ayant déclaré, à ce qu'on m'a dit, qu'elle trouvait très-glorieux pour elle de mourir comédienne. Il faut espérer que, quand elle verra la mort de plus près, elle changera de langage, comme font d'ordinaire la plupart de ces gens qui font tant les fiers quand ils se portent bien. Ce fut Mme de Caylus qui m'apprit hier cette particularité, dont elle était effrayée, et qu'elle a sue, comme je crois, de M. le curé de Saint-Sulpice.

Je rencontrai l'autre jour M. du Boulay, l'un de nos camarades, qui me pria de vous bien faire ses compliments. On m'a dit que son fils, qui est dans les mousquetaires, avait eu une affaire assez bizarre avec M. de Villacerf le fils, qui, le prenant pour un de ses meilleurs amis, lui donna, en badinant, un coup de pied dans le derrière, puis, s'étant aperçu de son erreur, lui en fit beaucoup d'excuses. Mais le mousquetaire, sans se payer de ses raisons, prit le temps que M. de Villacerf avait le dos tourné, et lui donna aussi un coup de pied de toute sa force; après quoi il le pria de l'excuser, disant qu'il l'avait pris aussi pour un de ses amis. L'action a paru fort étrange à tout le monde. M. de Maupertuis ou M. de Vins a fait mettre le mousquetaire en prison;

---

[1] Lorsque Racine écrivait cette lettre, la Champmeslé était morte. Cette actrice mourut le 15 mai 1698.

mais M. de Boufflers accommoda promptement les deux parties. M. du Boulay se trouve parent de Mme Quintin, à ce qu'on dit, et cette parenté ne lui a pas été infructueuse en cette occasion. Tout cela s'était passé sur le petit degré de Versailles, par où le roi remonte quand il revient de la chasse.

Je fais toujours résolution de vous écrire de longues lettres; mais je m'y prends toujours trop tard, et il faut que je finisse malgré moi. J'aurai le soin de bien remercier pour vous M. le comte d'Ayen : ayez celui de bien m'acquitter envers M. le comte d'Auvergne et envers M. de Bonac, de tout ce que je leur dois pour les bontés qu'ils ont pour moi. Adieu, mon cher fils. Je me porte bien, Dieu merci, et toute la famille. Faites aussi bien des remercîments à M. de l'Estang, pour l'honneur qu'il me fait de songer encore que je suis au monde.

LETTRE XXXVII.

Versailles, 5 juin 1698.

J'étais si accablé d'affaires lundi dernier, que je ne pus trouver le temps d'écrire ni à M. l'ambassadeur ni à vous. J'arrivai avant-hier en ce pays-ci, et j'y appris, en arrivant, que le roi avait chassé M. l'abbé de Langeron, M. l'abbé de Beaumont, neveu de M. de Cambrai, et MM. du Puis et de l'Échelle[1]. La querelle de M. de Cambrai est cause de tout ce remue-ménage. On a déjà remplacé les deux abbés depuis que j'ai écrit à M. l'ambassadeur, et on a mis en leur place

---

[1] Ces quatre personnes étaient attachées à la maison du duc de Bourgogne; ils furent enveloppés dans la disgrâce de Fénelon.

un M. l'abbé Lefèvre, que je ne connais point, et le recteur de l'Université, nommé M. Vittement, qui fit une fort belle harangue au roi sur la paix. M. de Puységur est nommé pour un des gentilshommes de la manche; je ne sais pas l'autre. Je ne puis vous cacher l'obligation que vous avez à M. le maréchal de Noailles. Il avait songé à vous, et en avait même parlé : mais vous voyez bien, par le choix de M. de Puységur, que M. le duc de Bourgogne n'étant plus un enfant, on veut mettre auprès de lui des gens d'une expérience consommée, surtout pour la guerre; d'autant plus que ce sera ce prince qui commandera l'armée qu'on assemble pour le camp de Compiègne, et que M. de Puységur y exercera son emploi ordinaire de maréchal des logis de l'armée. Tout le monde a trouvé ce choix du roi très-sage, et vous ne devez pas douter qu'on ne lui donne un collègue aussi avancé en âge et aussi expérimenté que lui. Mais vous voyez du moins que vous avez ici des protecteurs qui ne vous oublient point, et que, si vous voulez continuer à travailler et à vous mettre en bonne réputation, l'on ne manquera point de vous mettre en œuvre dans les occasions. Vous ne me parlez plus de l'étude que vous aviez commencée de la langue allemande. Vous voulez bien que je vous dise que j'appréhende un peu cette facilité avec laquelle vous embrassez de bons desseins, mais avec laquelle aussi vous vous en dégoûtez quelquefois. Les belles-lettres, où vous avez toujours pris assez de plaisir, ont un certain charme qui fait trouver beaucoup de sécheresse dans les autres études. Mais c'est pour cela même qu'il faut vous opiniâtrer contre le penchant que vous avez à ne faire que les choses qui vous plaisent. Vous avez un grand modèle devant vos yeux, je veux dire M. l'ambassadeur, et je ne saurais trop vous exhorter à vous former là-dessus le plus que vous pourrez. Je sais qu'il y a beaucoup de sujets de distraction et de dissipation à la Haye, mais je vous crois l'esprit maintenant trop solide pour vous laisser détourner de votre travail et des occupations que M. l'ambassadeur veut bien vous donner : autrement il vaudrait mieux vous en revenir, et n'être point à charge au meilleur ami que j'aie au monde.

Je vous dis tout ceci, non point que j'aie aucun sujet d'inquiétude sur vous, étant au contraire très-content de ce qui m'en revient et surtout des bons témoignages que M. l'ambassadeur veut bien en rendre; mais, comme je veille continuellement à tout ce qui pourrait vous faire plaisir, j'ai pris cette occasion de vous exciter à faire de votre part tout ce qui peut faciliter les vues que mes amis pourront avoir pour vous. M. de Torcy a toujours les mêmes bontés pour moi, et la même intention de vous en donner des marques. Je suis chargé de beaucoup de compliments de tous vos petits amis de ce pays-ci ; je dis petits amis, en comparaison des protecteurs dont je viens de vous parler. Je vous crois d'assez bon naturel pour avoir été fort touché de la mort de M. Mignon, à qui vous aviez beaucoup d'obligation. J'ai laissé votre mère et toute la famille en bonne santé, excepté que votre sœur est encore bien sujette à sa migraine. Je crains bien que la pauvre fille ne puisse pas accomplir les grands desseins qu'elle s'était mis dans la tête, et je ne serai point du tout surpris quand il faudra que nous prenions d'autres vues pour elle. Je remercie de tout mon cœur M. de Bonac de la continuation de son souvenir pour moi, et de son amitié pour vous. Votre mère vous remercie de votre beurre, et craint toujours de vous faire de l'embarras.

LETTRE XXXVIII.

A Paris, le 16 juin 1698.

On m'envoya à Marly la lettre que vous m'écriviez d'Aix-la-Chapelle. J'y ai vu avec beaucoup de plaisir la description que vous y faisiez des singularités de cette ville, et surtout de la procession où Charlemagne assista avec de si belles cérémonies. Je vous crois maintenant de retour au lieu de votre résidence, et je m'attends que je recevrai bientôt de vos nouvelles et de celles de M. l'ambassadeur, qui me néglige un peu depuis quelque temps.

J'arrivai avant-hier de Marly, et j'ai retrouvé toute la famille en bonne santé. Il m'a paru que votre sœur aînée reprenait assez volontiers les petits ajustements auxquels elle avait si fièrement renoncé, et j'ai lieu de croire que sa vocation à la religion pourrait bien s'en aller avec celle que vous aviez eue autrefois pour être chartreux. Je n'en suis point du tout surpris, connaissant l'inconstance des jeunes gens, et le peu de fond qu'il y a à faire sur leurs résolutions, surtout quand elles sont si violentes et si fort au-dessus de leur portée. Il n'en est pas ainsi de votre sœur qui est à Melun. Comme l'ordre qu'elle a embrassé est beaucoup plus doux, sa vocation sera aussi plus durable. Toutes ses lettres marquent une grande persévérance, et elle paraît même s'impatienter beaucoup des quatre mois que son noviciat doit encore durer. Babet paraît aussi souhaiter avec beaucoup de ferveur que son temps vienne pour se consacrer à Dieu. Toute la maison où elle est l'aime tendrement, et toutes les lettres que nous en recevons ne parlent que de son zèle et de sa sagesse. On dit qu'elle est fort jolie de sa personne, et qu'elle est même beaucoup crue. Mais vous jugez bien que nous ne la laisserons pas s'engager légèrement, et sans être bien assurés d'une véritable vocation. Vous jugez bien aussi que tout cela n'est pas un petit embarras pour votre mère et pour moi, et que des enfants, quand ils sont venus à cet âge, ne donnent pas peu d'occupation. Je vous dirai très-sincèrement que ce qui nous console quelquefois dans nos inquiétudes, c'est d'apprendre que vous avez envie de bien faire, et que vous vous appliquez sérieusement à vous instruire des choses qui peuvent convenir à votre état et aux vues que l'on peut avoir pour vous. Songez toujours que notre fortune est très-médiocre, et que vous devez beaucoup plus compter sur votre travail que sur une succession qui sera fort partagée. Je voudrais avoir pu mieux faire; je commence à être d'un âge où ma plus grande application doit être pour mon salut. Ces pensées vous paraîtront peut-être un peu sérieuses; mais vous savez que j'en suis occupé depuis fort longtemps. Comme vous avez de la raison, j'ai cru même vous devoir parler avec cette franchise à l'occasion de votre sœur, qu'il faut maintenant songer à établir[1]. Mais enfin nous espérons que Dieu, qui ne nous a point abandonnés jusqu'ici, continuera à nous assister et à prendre soin de nous, surtout si vous ne l'abandonnez pas vous-même, et si votre plaisir ne l'emporte point sur les bons sentiments qu'on a tâché de vous inspirer. Adieu, mon cher fils. Je vous écrirai une autre fois plus au long. Votre mère vous embrasse de tout son cœur. Ne vous laissez manquer de rien de ce qui vous est nécessaire.

---

[1] Elle le fut en effet peu de temps après. C'est la seule des filles de Racine qui ait été mariée.

LETTRE XXXIX.

A Paris, le 23 juin 1698.

Votre mère s'est fort attendrie à la lecture de votre dernière lettre, où vous mandiez qu'une de vos plus grandes consolations était de recevoir de nos nouvelles. Elle est très-contente de ces marques de votre bon naturel ; mais je puis vous assurer qu'en cela vous nous rendez bien justice, et que les lettres que nous recevons de vous font toute la joie de la famille, depuis le plus grand jusqu'au plus petit. Ils m'ont tous prié aujourd'hui de vous faire leurs compliments, et votre sœur aînée comme les autres. La pauvre fille me fait assez de pitié par l'incertitude que je vois dans ses résolutions, tantôt à Dieu, tantôt au monde, et craignant également de s'engager de façon ou d'autre. Du reste, elle est fort douce, et votre mère est très-contente de la manière dont elle se conduit envers elle. Madelon a eu ces jours passés une petite vérole volante, qui n'aura pas de suites pour elle. Dieu veuille que les autres ne s'en ressentent pas ! Je crains surtout pour le petit Lionval, qui pourrait bien en être pris tout de bon. Il est très-joli, apprend bien, et, quoique fort éveillé, ne nous donne pas la moindre peine.

J'allai, il y a trois jours, dîner à Auteuil, où se trouvèrent M. le marquis de la Salle, M. Félix, et M. Boudin. M. de Termes y vint aussi, et amena le nouveau musicien M. Destouches, qui fait encore un autre opéra pour Fontainebleau. Après le dîner, il chanta plusieurs endroits de cet opéra, dont ces messieurs parurent fort charmés, et surtout M. Despréaux, qui prétendait les entendre fort distinctement, et qui raisonna fort, à son ordinaire, sur la musique. Le musicien fut fort étonné que je n'eusse point entendu son dernier opéra. M. Despréaux lui en voulut dire les raisons, qui l'étonnèrent encore davantage, et peut-être ne le satisfirent pas beaucoup.

La plupart de ces messieurs me demandèrent fort obligeamment de vos nouvelles, et je leur dis que vous étiez l'homme du monde le plus content. Ils n'eurent pas de peine à le croire, connaissant l'ambassadeur comme ils font, et le regardant tout à la fois comme le plus aimable et le plus habile homme qui soit au monde. M. Despréaux leur dit combien il avait de plaisir à lire les lettres que vous m'écriviez, et les assura que vous seriez un jour très-digne d'être aimé de tous mes amis. Vous savez que les poëtes se piquent d'être prophètes; mais ce n'est que dans l'enthousiasme de leur poésie qu'ils le sont; et M. Despréaux leur parlait en prose. Ses prédictions ne laissèrent pas néanmoins de me faire plaisir et de flatter un peu la tendresse paternelle. C'est à vous, mon cher fils, à ne pas faire passer M. Despréaux pour un faux prophète. Je vous l'ai dit plusieurs fois, vous êtes à la source du bon sens, et de toutes les belles connaissances pour le monde et pour les affaires.

J'aurais une joie sensible de voir la maison de campagne dont vous faites tant de récit, et d'y manger avec vous des groseilles de Hollande. Ces groseilles ont bien fait ouvrir les oreilles à vos petites sœurs et à votre mère elle-même, qui les aime fort, comme vous savez. Je ne saurais m'empêcher de vous dire qu'à chaque chose d'un peu bon que l'on nous sert sur la table, il lui échappe toujours de dire : « Racine mangerait volontiers d'une telle chose. » Je n'ai jamais vu en vérité une si bonne mère, ni si digne que vous fassiez votre possible pour reconnaître son amitié. Au moment où je vous écris ceci, vos deux petites sœurs me viennent apporter un bouquet pour ma fête, qui sera demain, et qui sera aussi la vôtre. Trouverez-vous bon que je vous fasse souvenir que ce même saint Jean, qui est votre patron, est aussi invoqué par l'Église comme le patron des gens qui sont en voyage, et qu'elle lui adresse pour eux une prière qui est dans l'*Itinéraire,* et que j'ai dite plusieurs fois à votre intention? Adieu, mon cher fils. Faites mille amitiés pour moi à M. de Bonac, et assurez M. l'ambassadeur du respect et de la reconnaissance que ma femme et toute ma famille ont pour lui.

LETTRE XL.

A Paris, le 7 juillet 1698.

S'il fait un si beau temps à la Haye qu'il fait ici depuis dix jours, je vous tiens le plus heureux homme du monde dans votre maison de campagne. Je suis ravi du bon emploi que vous avez résolu d'y faire de votre temps, et je puis vous assurer que M. de Torcy ne laissera pas échapper les occasions de vous rendre de bons offices. Comme il estime extrêmement M. l'ambassadeur, il ajoutera une foi entière aux bons témoignages qu'il lui rendra de vous. Je lui ai lu votre dernière lettre, aussi bien qu'à M. le maréchal de Noailles. Ils ont été charmés et effrayés de la description que vous y faites du grand travail et de l'application continuelle de M. l'ambassadeur. Je lisais, ou, pour mieux dire, je relisais ces jours passés pour la centième fois les épîtres de Cicéron à ses amis. Je voudrais qu'à vos heures perdues vous en puissiez lire quelques-unes avec M. l'ambassadeur : je suis assuré qu'elles seraient extrêmement de son goût, d'autant plus que, sans le flatter, je ne vois personne qui ait mieux attrapé que lui ce genre d'écrire les lettres, également propre à parler sérieusement et solidement des grandes

affaires, et à badiner agréablement sur les petites choses.
Croyez que, dans ce dernier genre, Voiture est beaucoup
au-dessous de l'un et de l'autre. Lisez par exemple, les
épîtres *ad Trebatium, ad Marium, ad Papyrium Pœtum*, et
d'autres que je vous marquerai quand vous voudrez. Lisez
même celle de Cœlius à Cicéron : vous serez étonné d'y voir
un homme aussi vif et aussi élégant que Cicéron même;
mais il faudrait pour cela que vous eussiez pu vous familiariser ces lettres par la connaissance de l'histoire de ces
temps-là, à quoi les *Vies* de Plutarque vous pourraient
aider beaucoup. Je vous conseille de faire la dépense d'acheter l'édition de ces épîtres par Grævius, imprimées en Hollande, in-8°, depuis dix à douze ans. Cette lecture est excellente pour un homme qui veut écrire des lettres soit d'affaires,
soit de choses moins sérieuses.

J'irai demain coucher à Auteuil, et j'y attendrai le lendemain à souper votre mère avec sa famille, et avec celle de
M. de Castigny. Votre sœur est au lit à l'heure qu'il est, et
a une fort grande migraine. La pauvre fille en est souvent
attaquée, et n'est pas dix jours de suite sans s'en ressentir.
Elle est rentrée dans sa première ferveur pour la piété; mais
je crains qu'elle ne pousse les choses trop loin : cela est
cause même de cette petite inégalité qui se trouve dans ses
sentiments, les choses violentes n'étant pas de nature à durer
longtemps. Le petit Lionval n'a pas manqué de gagner la
petite vérole; mais elle est si légère qu'il n'a pas même
gardé le lit, et qu'il ne s'en lève tous les jours que plus
matin. Comme il faisait extrêmement chaud, on n'a pas
pris de grandes précautions pour l'empêcher de prendre l'air,
et il est déjà presque entièrement hors d'affaire.

Je ferai de petits reproches à M. Despréaux de ce qu'il n'a
pas envoyé à M. l'ambassadeur sa dernière édition. Vous
jugez bien qu'il la lui enverra fort vite, et vous n'avez qu'à
me mander par quelle voie on la lui pourra faire tenir. Votre
mère est très-édifiée de la modestie de votre habit; mais

nous ne vous prescrivons rien là-dessus, et c'est à vous de faire ce qui vous convient et ce qui est du goût de M. l'ambasdeur : surtout ne lui soyez point à charge, et mandez-nous à qui il faudra que nous donnions l'argent dont vous avez besoin. Quand je témoigne à tous mes amis les obligations que vous avez à M. de Bonrepaux, je n'oublie pas de leur marquer celles que vous avez à M. de Bonac, et combien je vous trouve heureux d'être en si bonne compagnie.

LETTRE XLI.

A Paris, le 24 juillet 1698.

Ce fut pour moi une apparition agréable de voir entrer M. de Bonac dans mon cabinet, jeudi dernier de grand matin; mais ma joie se changea bientôt en chagrin, quand je le vis résolu à ne point loger chez moi, et à refuser la petite chambre de mon cabinet, que ma femme et moi le priâmes très-instamment d'accepter. Nous recommençâmes nos instances le lendemain, et je le menaçai même de vous mander de loger à l'auberge à la Haye, et il était tout prêt de m'accorder le plaisir que je lui demandais; mais M. Dusson interposa son autorité en nous disant que nous étions trop loin du quartier de M. de Torcy, qui est aussi le sien, et qu'il fallait que lui et M. son neveu fussent toujours ensemble, et sussent à point nommé quand M. de Torcy arriverait à Paris, pour l'aller trouver toutes les fois qu'il y viendrait. Il a bien fallu me payer malgré moi de ces raisons, et vous pouvez vous assurer que ma femme en a été du moins aussi chagrine que moi. Vous savez comme elle est reconnaissante, et comme elle a le cœur fait. Il n'y a chose au monde qu'elle ne fît pour marquer à M. de Bonrepaux le ressentiment qu'elle a de toutes les bontés qu'il a pour vous. Elle est charmée comme moi de M. de Bonac, et de toutes ses manières pleines d'honnêteté et de politesse. Elle sera au comble de sa joie si vous pouvez parvenir à lui ressembler, et si vous rapportez en ce pays-ci l'air et les manières qu'elle admire en lui. Il nous donne de grandes espérances sur votre sujet, et vous êtes fort heureux d'avoir en lui un ami si plein de bonne volonté pour vous. S'il ne vous flatte point, et si les témoignages qu'il vous rend sont bien sincères, nous avons de grandes grâces à rendre au bon Dieu, et nous espérons que vous nous serez d'une grande consolation. Il nous assure que vous aimez le travail, que vous ne vous dissipez point, et que la promenade et la lecture sont vos plus grands divertissements, et surtout la conversation de M. l'ambassadeur, que vous avez bien raison de préférer à tous les plaisirs du monde : du moins je l'ai toujours trouvée telle, et non-seulement moi, mais tout ce qu'il y a ici de personnes de meilleur esprit et de meilleur goût.

Je n'ai osé lui demander si vous pensiez un peu au bon Dieu, et j'ai eu peur que la réponse ne fût pas telle que je l'aurais souhaitée ; mais enfin je veux me flatter que, faisant votre possible pour devenir un parfait honnête homme, vous concevrez qu'on ne le peut être sans rendre à Dieu ce qu'on lui doit. Vous connaissez la religion : je puis même dire que vous la connaissez belle et noble comme elle est, et il n'est pas possible que vous ne l'aimiez. Pardonnez si je vous mets quelquefois sur ce chapitre : vous savez combien il me tient à cœur, et je vous puis assurer que plus je vais en avant, plus je trouve qu'il n'y a rien de si doux au monde que le repos de la conscience, et de regarder Dieu comme un père qui ne nous manquera pas dans tous nos besoins. M. Despréaux, que vous aimez tant, est plus que jamais dans ces sentiments, surtout depuis qu'il a fait son *Amour de Dieu* ;

et je vous puis assurer qu'il est très-bien persuadé lui-même des vérités dont il a voulu persuader les autres. Vous trouvez quelquefois mes lettres trop courtes; mais je crains bien que vous ne trouviez celle-ci trop longue. Nous vous écrirons ma femme et moi, et peut-être M. Despréaux même, par M. de Bonac. M. de Torcy m'a dit avec plaisir tous les témoignages avantageux que M. l'ambassadeur lui a rendus de vous, et il s'en souviendra en temps et lieu.

LETTRE XLII.

A Paris, le 24 juillet 1698.

M. de Bonac vous dira plus de nouvelles que je ne vous en puis écrire, et même des nôtres, nous ayant fait l'honneur de nous voir souvent, et de dîner quelquefois avec la petite famille. Il vous pourra dire qu'elle est fort gaie, à la réserve de votre sœur, qui fut fort triste le dernier jour qu'il dîna chez nous; mais elle était alors si accablée de sa migraine, qu'elle se jeta dans son lit dès qu'il fut sorti, et y demeura jusqu'au lendemain sans boire ni manger. Je la plains fort d'y être si sujette; cela est même cause de toutes les irrésolutions où elle est sur l'état qu'elle doit embrasser. Je fais mon possible pour la réjouir; mais nous menons une vie si retirée, qu'elle ne peut guère trouver de divertissements avec nous. Elle prétend qu'elle ne se soucie point de voir le monde, et elle n'a guère d'autre plaisir que dans la lecture, n'étant que fort peu sensible à tout le reste. Le temps de la profession de Nanette s'avance fort, et il n'y a plus que trois mois jusque-là. Nanette a grande impatience que ce temps-là arrive. Babet témoigne aussi une grande envie de demeurer à Variville. Votre cousin le mousquetaire, qui l'a été voir il y a trois jours, en revenant de Montdidier, l'a trouvée fort grande et fort jolie. On est toujours charmé d'elle dans cette maison; mais nous avons résolu de ne l'y plus laisser qu'un an, après quoi nous la reprendrons avec nous pour bien examiner sa vocation. Pour Fanchon, il lui tarde beaucoup qu'elle ne soit à Melun avec sa sœur Nanette, et elle ne parle d'autre chose. Sa petite sœur n'a pas les mêmes impatiences de nous quitter, et me paraît avoir beaucoup de goût pour le monde[1]. Elle raisonne sur toutes choses avec un esprit qui vous surprendrait, et est fort railleuse; de quoi je lui fais souvent la guerre. Je prétends mettre votre petit frère, l'année qui vient, avec M. Rollin, à qui M. l'archevêque a confié les petits MM. de Noailles. M. Rollin a pris un logement au collége de Laon, près de Sainte-Geneviève, dans le pays latin. Il a pris aussi quelques autres jeunes enfants. M. d'Ernoton, notre voisin, y voulait mettre son petit-fils le chevalier, et on en était convenu de part et d'autre : mais, quand ce vint au fait et au prendre, on a trouvé ce petit garçon trop éveillé pour le mettre avec les autres; de quoi M. d'Ernoton a été fort offensé.

Il faut maintenant vous parler de vos amis. M. Félix le fils est tel que vous l'avez laissé, attendant sans aucune impatience qu'on le marie. M. son père lui veut donner la fille de M. de Montargis, à qui on donne 50,000 écus; mais Mme Félix s'y oppose tête baissée, et pleure dès qu'on lui en parle. Elle a pris, je ne sais pourquoi, cette alliance en aversion; et cela jette un peu de froideur dans le ménage. Tous vos confrères les ordinaires du roi me demandent souvent de vos nouvelles, aussi bien que plusieurs officiers des gardes, entre autres M. Pétau, et tous ces messieurs

---

[1] Elle n'avait alors que dix ans, et elle a, dans l'âge de la raison, bien méprisé le monde. Elle ne voulut ni se faire religieuse ni se marier, et est morte à cinquante-cinq ans, après avoir toujours vécu dans la retraite et les œuvres de piété. (L. R.)

témoignent beaucoup d'amitié pour vous. M. de Saint-Gilles s'informe aussi très-souvent de votre santé. Il n'y a que M. Binet qui me paraît fort majestueux. Je ne sais si c'est par indifférence ou par timidité.

M. de Bonac vous pourra dire combien M. Despréaux lui témoigna d'amitié pour vous; mais il attend que vous lui écriviez le premier. Il est heureux comme un roi dans sa solitude, ou plutôt dans son hôtellerie d'Auteuil. Je l'appelle ainsi parce qu'il n'y a point de jour où il n'y ait quelque nouvel écot, et souvent deux ou trois qui ne se connaissent pas trop les uns les autres. Il est heureux de s'accommoder ainsi de tout le monde. Pour moi, j'aurais cent fois vendu la maison.

Pour nouvelles académiques, je vous dirai que le pauvre Boyer mourut avant-hier, âgé de quatre-vingt-trois ou quatre-vingt-quatre ans, à ce qu'on dit. On prétend qu'il a fait plus de cinq cent mille vers en sa vie, et je le crois, parce qu'il ne faisait autre chose. Si c'était la mode de brûler les morts, comme parmi les Romains, on aurait pu lui faire les mêmes funérailles qu'à ce Cassius Parmensis à qui il ne fallut d'autre bûcher que ses propres ouvrages, dont on fit un fort bon feu. Le pauvre M. Boyer est mort fort chrétiennement : sur quoi je vous dirai en passant que je dois réparation à la mémoire de la Champmeslé, qui mourut aussi avec d'assez bons sentiments, après avoir renoncé à la comédie, très-repentante de sa vie passée, mais surtout fort affligée de mourir; du moins M. Despréaux me l'a dit ainsi, l'ayant appris du curé d'Auteuil, qui l'assista à la mort; car elle est morte à Auteuil, dans la maison d'un maître à danser, où elle était venue prendre l'air. Je crois que c'est M. l'abbé Genest qui aura la place de M. Boyer : il ne fait pas tant de vers que lui, mais il les fait beaucoup meilleurs.

Je ne crois pas que je fasse le voyage de Compiègne, ayant vu assez de troupes et de campements en ma vie pour n'être pas tenté d'aller voir celui-là. Je me réserverai pour le voyage de Fontainebleau, et me reposerai cependant dans ma famille, où je me plais plus que je n'ai jamais fait. M. de Torcy me paraît très-plein de bonté pour vous, et je suis persuadé qu'il vous en donnera des marques. Dès que le temps sera venu de vous proposer pour quelque chose, M. de Noailles, M. de Beauvilliers même, seront ravis de s'employer pour vous dans les occasions ; et vous jugez bien que je ne négligerai point ces occasions lorsqu'elles arriveront, n'y ayant plus rien qui me retienne à la cour que la pensée de vous mettre en état de n'y plus avoir besoin de moi. Votre mère, qui a vu la lettre que votre sœur vous écrit, dit qu'elle vous y parle des affaires de votre conscience ; vous pouvez compter qu'elle l'a fait de son chef, et plutôt pour vous faire apparemment la guerre que pour autre chose.

M. de Bonac a bien voulu se charger pour vous de trente louis neufs, valant 420 livres, que nous l'avons prié de vous donner. Je voulais en donner quarante, sur la grande idée qu'il nous a donnée de votre bonne économie ; mais votre mère a modéré la somme, et a cru que c'était assez de trente. Nous avons résolu de donner 4,000 francs à votre sœur Nanette, avec une pension viagère de 200 francs. Elle n'en sait encore rien, ni son couvent non plus : mais M. l'archevêque de Sens, à qui j'en ai fait confidence, m'a dit que cela était magnifique, et m'a répondu que l'on serait content de moi ; il s'opposerait même si je donnais davantage.

Ma santé est assez bonne, Dieu merci, et les grandes chaleurs m'ont entièrement ôté mon rhume ; mais ces mêmes chaleurs m'ont souvent jeté dans de fort grands abattements, et je sens bien que le temps approche où il faut un peu songer à la retraite ; mais je vous ai tant prêché dans ma dernière lettre, que je crains de recommencer dans celle-ci. Vous trouverez donc bon que je la finisse en vous disant que je suis très-content de vous. Si j'ai quelque chose à vous recommander particulièrement, c'est de faire tout de votre mieux pour vous rendre agréable à M. l'ambassadeur, et pour contribuer à sa consolation dans les moments où il est accablé de travail. Je mettrai sur mon compte toutes les complaisances que vous aurez pour lui, et je vous exhorte à avoir pour lui le même attachement que vous auriez pour moi, avec cette différence qu'il y a mille fois plus à profiter et à apprendre avec lui qu'avec moi.

J'ai reconnu en vous une qualité que j'estime fort : c'est que vous entendez très-bien raillerie quand d'autres que moi vous font la guerre sur vos petits défauts. Mais ce n'est pas assez de souffrir en galant homme les petites plaisanteries qu'on vous peut faire, il faut même les mettre à profit. Si j'osais vous citer mon exemple, je vous dirais qu'une des choses qui m'a fait le plus de bien, c'est d'avoir passé ma jeunesse avec une société de gens qui se disaient assez volontiers leurs vérités, et qui ne s'épargnaient guère les uns les autres sur leurs défauts; et j'avais assez de soin de me corriger de ceux qu'on trouvait en moi, qui étaient en fort grand nombre, et qui auraient pu me rendre assez difficile pour le commerce du monde. Adieu, mon cher fils. Écrivez-moi toujours le plus souvent que vous pourrez.

J'oubliais à vous dire que j'appréhende que vous ne soyez un trop grand acheteur de livres. Outre que la multitude ne sert qu'à dissiper et à faire voltiger de connaissances en connaissances, souvent assez inutiles, vous prendriez même l'habitude de vous laisser tenter de tout ce que vous trouveriez. Je me souviens toujours d'un passage des Offices de Cicéron, que M. Nicole me citait souvent pour me détourner de la fantaisie d'acheter des livres : *Non esse emacem, vectigal est.* « C'est un grand revenu que de n'aimer point à acheter. » Mais le mot d'*emacem* est très-beau, et a un grand sens. Votre tante de Port-Royal prie bien Dieu pour vous, et est fort aise de savoir que vous aimez à vous occuper. Elle m'a dit de vous faire ses compliments. Assurez de mes respects M. le comte d'Auvergne, et ne lui laissez pas ignorer la reconnaissance que j'ai de toutes les bontés qu'il a pour vous et pour moi.

Je m'imagine que vous ouvrirez de fort grands yeux quand vous verrez pour la première fois le roi d'Angleterre. Je sais combien les grands hommes excitent votre attention et votre curiosité. Je m'attends que vous me rendrez bon compte de ce que vous aurez vu.

Le 27 juillet.

Depuis cette lettre écrite, j'en ai reçu une de vous, où vous me mandez l'accident qui vous est arrivé. Vous avez beaucoup à remercier Dieu d'en être échappé à si bon marché; mais en même temps cet accident vous doit faire souvenir de deux choses : l'une, d'être plus circonspect que vous n'êtes, d'autant plus qu'ayant la vue basse, vous êtes obligé plus qu'un autre à ne rien faire avec précipitation; et l'autre, qu'il faut être toujours en état de n'être point surpris parmi tous les accidents qui nous peuvent arriver quand nous y pensons le moins.

Pour votre habit, je suis fâché qu'il soit fait, et l'on vous envoie une veste qui aurait pu vous faire honneur; mais elle ne sera pas perdue. Vous ne demandiez que 200 francs, en quoi je loue votre retenue; M. de Bonac vous en porte plus de 400. Quand vous en aurez besoin, j'aurai recours à M. de Montargis, avec qui il n'y aura pas tant à perdre qu'avec le banquier dont vous parlez.

Vous avez bien de l'obligation à M. de Bonac de tout le bien qu'il a dit ici de vous. Il n'aurait pas plus d'amitié pour son propre frère qu'il ne paraît en avoir pour vous. Je ne doute pas que vous ne lui rendiez la pareille.

Votre mère vient de Saint-Sulpice, où elle a rendu le pain bénit. Si vous n'étiez pas si loin, elle vous aurait envoyé de la brioche; mais M. de Bonac en mangera pour vous.

LETTRE XLIII.

A Paris, le 1er août 1698.

Je vous écris seulement quatre lignes, à l'occasion d'un des courriers de M. de Bonrepaux, qui part aujourd'hui. La dernière lettre que vous avez reçue de moi était si longue que vous ne trouverez pas mauvais que celle-ci soit fort courte. J'ai été bien aise d'apprendre que l'entrée de M. l'ambassadeur était reculée; ainsi vous aurez le temps de vous parer de la veste que votre mère vous a envoyée. Il ne s'est rien passé de nouveau depuis le départ de M. de Bonac, que la querelle que M. le grand prieur a voulu avoir avec M. le prince de Conti à Meudon. M. le grand prieur s'est tenu offensé de quelques paroles très-peu offensantes que M. le prince de Conti avait dites; et le lendemain, sans qu'il fût question de rien, il le vint aborder dans la cour de Meudon, le chapeau sur la tête et enfoncé jusqu'aux yeux, et lui parla comme s'il voulait tirer raison de lui des paroles qu'il lui avait dites. M. le prince de Conti le fit souvenir du respect qu'il lui devait; M. le grand prieur répondit qu'il ne lui en devait point. M. le prince de Conti lui parla avec toute la hauteur et en même temps avec toute la sagesse dont il est capable. Comme il y avait là beaucoup de gens, cela n'eut point alors d'autre suite; mais Monseigneur, qui sut la chose un moment après, et qui se sentit fort irrité contre M. le grand prieur, envoya M. le marquis de Gèvres pour en donner avis au roi; et le roi sur-le-champ envoya chercher M. de Pontchartrain, à qui il donna ses ordres pour envoyer M. le grand prieur à la Bastille. Cette nouvelle a fait un fort grand bruit; et je ne doute pas que M. l'ambassadeur, à qui on l'aura mandée plus au long, ne vous en apprenne plus de particularités. Tout le monde loue M. le prince de Conti, et plaint M. de Vendôme, qui sera vraisemblablement très-affligé de cette aventure.

Votre mère et toute la petite famille vous fait ses compliments. Votre sœur demande conseil à tous ses directeurs sur le parti qu'elle doit prendre, ou du monde, ou de la religion; mais vous jugez bien que, quand on demande de semblables conseils, c'est qu'on est déjà déterminé. Nous cherchons très-sérieusement votre mère et moi, à la bien établir; mais cela ne se trouve pas du jour au lendemain. A cela près, elle ne nous fait aucune peine, et elle se conduit avec nous avec beaucoup de douceur et de modestie. Adieu, mon cher fils. Je n'ai autre chose à vous recommander, sinon de continuer à faire comme on m'assure que vous faites.

J'ai résolu de ne point aller à Compiègne, où je n'aurais guère le temps de faire ma cour. Le roi sera toujours à cheval, et je n'y serais jamais. M. le comte d'Ayen est pourtant bien fâché que je n'aille pas voir son régiment, qui sera fort magnifique. On me demande souvent de vos nouvelles. Quand vous écrirez à M. Félix le fils, ne lui parlez pas de l'affaire de M. de Montargis. Je vous exhorte à écrire à M. Despréaux par la première occasion que vous trouverez.

LETTRE XLIV.

A Paris, le 18 août 1698.

J'avais résolu d'écrire vendredi dernier à M. l'ambassadeur et à vous, mais il se trouva que c'était le jour de l'Assomption, et vous savez qu'en pareils jours, un père de famille comme moi est trop occupé, surtout le matin, pour avoir le temps d'écrire des lettres. Votre mère est fort aise que vous soyez content de la veste qu'elle vous a envoyée. Si elle avait su la couleur de votre habit, elle vous aurait acheté une étoffe qui vous aurait mieux convenu ; mais vous dites fort bien que cette étoffe ne vous sera pas inutile, et vous servira pour un autre habit. Votre mère vous remercie de la bonne volonté que vous avez de lui apporter une robe de chambre quand vous viendrez en ce pays-ci ; mais elle ne veut point d'étoffe d'or.

On nous manda avant-hier de Melun que votre sœur Nanette avait une grosse fièvre continue avec des redoublements. Nous en attendons des nouvelles avec beaucoup d'inquiétude, et votre mère a résolu d'y aller elle-même au premier jour. Vous voyez qu'avec une si grosse famille on n'est pas sans embarras, et qu'on n'a pas trop le temps de respirer, une affaire succédant presque toujours à une autre, sans compter la douleur de voir souffrir les personnes qu'on aime.

Je fis vos compliments à M. Despréaux, et je lui montrai la lettre où vous me mandiez le bon accueil que vous a fait le roi d'Angleterre. Je suis fort obligé à M. l'ambassadeur, et de vous avoir assuré ce bon traitement, et d'en avoir bien voulu rendre compte au roi. M. de Torcy me promit de se servir même de cette occasion pour vous rendre de bons offices. M. Despréaux est fort content de tout ce que vous écrivez du roi d'Angleterre. Vous voulez bien que je vous dise en passant que, quand je lui lis quelqu'une de vos lettres, j'ai soin d'en retrancher les mots d'*ici*, de *là*, de *ci*, que vous répétez jusqu'à sept ou huit fois dans une page. Ce sont de petites négligences qu'il faut éviter, et qui sont même aisées à éviter. Du reste, nous sommes très-contents de la manière naturelle dont vous écrivez, et du bon compte que vous rendez de tout ce que vous avez vu.

M. de Torcy me montra le livre du *Pur amour*[1], que M. l'ambassadeur lui a envoyé ; mais il ne put me le prêter,

---

[1] C'était un ouvrage qui venait de paraître en Hollande en faveur du quiétisme.

parce qu'il avait dessein de le faire voir à M. de Noailles. Cette affaire va toujours fort lentement à Rome, et on ne croit pas qu'elle soit encore jugée de deux mois.

M. de Bonac est trop bon d'être si content de nous ; j'aurais bien voulu faire mieux pour lui témoigner toute l'estime que j'ai pour lui, laquelle est beaucoup augmentée depuis que j'ai eu l'honneur de l'entretenir à fond, et que j'ai découvert non-seulement toute la netteté et toute la solidité de son esprit, mais encore la bonté de son cœur, et la sensibilité qu'il a pour ses amis.

Je mande à M. l'ambassadeur que je n'irai point à Compiègne, et que je me réserve pour Fontainebleau ; ainsi j'aurai tout le temps de vous écrire, et il ne se passera point de semaine que vous n'ayez de nos nouvelles.

Vous ne m'avez rien mandé de M. de Tallard. A-t-il logé chez M. l'ambassadeur? Comment est-on content de lui? On m'a dit qu'il logerait à Utrecht pendant que le roi d'Angleterre sera à Loo. Faites bien des amitiés au fils de milord Montaigu. Je vous conseille même d'écrire au milord son père si M. l'ambassadeur le juge à propos, et de le remercier des honnêtetés qu'il vous a fait faire par son fils. Vous lui en pourrez mander tout le bien que vous m'en dites. Je lui ferai aussi réponse au premier jour. Adieu, mon cher fils.

LETTRE XLV.

A Paris le 31 août 1698.

J'avais déjà vu dans la gazette toutes les magnificences de M. l'ambassadeur ; mais je n'ai pas laissé de prendre un grand plaisir au récit que vous m'en avez fait. J'ai tremblé pour vous de toutes ces santés qu'il vous a fallu boire, et je m'imagine que, malgré toutes vos précautions, vous n'êtes pas sorti de table avec la tête aussi libre que vous y étiez entré. Nous vîmes, il y a huit jours, une autre entrée, ma femme, votre sœur, et moi, bien malgré nous. C'était celle des ambassadeurs de Hollande, que nous trouvâmes dans la rue Saint-Antoine lorsque nous y pensions le moins, et il nous fallut arrêter, pendant plus de deux heures, dans un même endroit. Les carrosses et les livrées me parurent fort belles; mais je vois bien par votre récit et par celui de la gazette de Hollande, que votre entrée était tout autrement superbe que celle-ci.

1er septembre, 5 heures du matin.

J'avais hier commencé cette lettre dans le dessein de la faire plus longue; mais M. Boileau le doyen me vint prendre pour aller à Auteuil voir M. Despréaux, qui avait eu un accès de fièvre. Un autre accès le reprit pendant que nous étions chez lui; mais comme ce n'est qu'une fièvre intermittente et fort légère, il s'en tirera aisément par le quinquina, auquel il a, comme vous savez, grande dévotion. Pour moi, je vais dans ce moment me remettre dans mon lit pour prendre médecine. Votre mère et tout le monde vous salue. Votre sœur Nanette se porte mieux, et a été reçue par sa communauté à faire profession dans deux mois; ce qui la console de tous ses maux. Adieu, mon cher fils. Je vous écrirai plus au long la première fois.

L'abbé Genest a été élu à l'Académie à la place de Boyer. Votre cousin l'abbé Dupin a eu des voix pour lui, et pourra l'être une autre fois, de quoi il a grande envie. J'ai donné ma voix à l'abbé Genest, à qui j'étais engagé.

LETTRE XLVI.

A Paris, le 12 septembre 1698.

Je ne vous écris qu'un mot pour vous dire seulement des nouvelles de ma santé et de celle de toute la famille. J'ai encore été un peu incommodé de ma colique depuis le dernier billet que je vous ai écrit; mais n'en soyez point en peine : j'ai tout sujet de croire que ce n'est rien, et que les purgations emporteront toutes ces petites incommodités. Le mal est qu'il me survient toujours quelque affaire qui m'ôte le loisir de penser bien sérieusement à ma santé.

Votre mère revint hier au soir de Melun, où elle a laissé votre sœur Nanette parfaitement guérie, et très-aise d'avoir été admise à la profession, par toute la communauté, avec des agréments incroyables. Cette cérémonie se fera vers la fin d'octobre, pendant le voyage de Fontainebleau. Nous lui donnons 5,000 francs en argent et 200 livres de pension viagère. Nous pensions ne donner en argent que 4,000 francs; mais votre tante[1] a si bien chicané, qu'il nous en coûtera 5,000, tant pour lui bâtir et meubler une cellule que pour d'autres petites choses qui iront au moins à 1,000 francs; sans compter les dépenses que le voyage et la cérémonie nous coûteront.

Nous songeons aussi à marier votre sœur, et si une affaire dont on nous a parlé réussit, cela se pourra faire cet hiver, sinon nous attendrons quelque autre occasion. Elle est fort tranquille là-dessus, et n'a ni vanité ni ambition, et j'ai tout lieu d'être content d'elle.

---

[1] L'abbesse de Port-Royal des champs.

J'ai pensé vous marier vous-même sans que vous en sussiez rien, et il s'en est peu fallu que la chose n'ait été engagée; mais quand c'est venu au fait et au prendre, je n'ai point trouvé l'affaire aussi avantageuse qu'elle paraissait : elle le pourra être dans vingt ans, et cependant vous auriez eu un peu à souffrir, et vous n'auriez pas été fort à votre aise. Je n'aurais pourtant rien fait sans prendre avis de M. l'ambassadeur et sans avoir votre approbation. Ceux de mes amis que j'ai consultés m'ont dit que c'était vous rompre le cou, et empêcher peut-être votre fortune, que de vous marier si jeune, en vous donnant un établissement si médiocre, quoiqu'il y eût des espérances de retour dans vingt ans, comme je vous ai dit. Je ne vous aurais même rien mandé de tout cela, si ce n'était que j'ai voulu vous faire voir combien je songe à vous. Je tâcherai de faire en sorte que vous soyez content de nous, et nous vous aiderons en tout ce que nous pourrons. C'est à vous de votre côté à vous aider aussi vous-même, en continuant à vous appliquer sérieusement, et en donnant à M. l'ambassadeur toute la satisfaction que vous pourrez. Je vous manderai une autre fois, pour vous divertir, le détail de l'affaire qu'on m'avait proposée. Tout ce que je vous puis dire, c'est que vous ne connaissez point la personne dont il s'agissait, et que vous ne l'avez jamais vue. C'est même une des raisons qui m'a fait aller bride en main, puisqu'il est juste que votre goût soit aussi consulté. Adieu, mon cher fils. J'ai été témoin dans tout cela de l'extrême amitié que votre mère a pour vous, et vous ne sauriez en avoir trop de reconnaissance. Faites bien des compliments pour moi à M. l'ambassadeur. Je ne lui écris point aujourd'hui, et j'attends à lundi prochain. Je suis toujours convaincu de plus en plus que ses affaires iront bien. M. de Cavoie sera ici de retour lundi prochain : on dit qu'il s'est fort bien trouvé des eaux. Je vis hier Mme la comtesse de Gramont et Mme de Caylus, qui y avaient dîné. J'étais aussi invité à ce dîner;

mais j'avais eu la colique toute la nuit, et je n'y allai que l'après-dînée.

Vous n'êtes pas le seul à qui il arrive des aventures. Votre mère et votre sœur me vinrent chercher, il y a huit jours, à Auteuil, où j'avais dîné. Un orage épouvantable les prit comme elles étaient sur la chaussée. La grêle, le vent et les éclairs firent une telle peur aux chevaux que le cocher n'en était plus maître. Votre sœur, qui se crut perdue, ouvrit la portière, et se jeta à bas sans savoir ce qu'elle faisait. Le vent et la grêle la jetèrent par terre, et la firent si bien rouler, qu'elle allait être jetée à bas de la chaussée, sans mon laquais qui courut après, et qui la retint. On la remit dans le carrosse toute trempée et tout effrayée. Elle arriva à Auteuil dans ce bel état. M. Despréaux fit vite allumer un grand feu; Mlle de Frescheville lui prêta une chemise et un habit; M. le Verrier lui donna de la reine d'Hongrie; nous la ramenâmes à Paris à la lueur des éclairs, malgré M. Despréaux qui voulait la retenir. Elle se mit au lit en arrivant, et y dormit douze heures durant; après quoi elle se trouva en très-bonne santé. Il a fallu lui acheter d'autres jupes, et c'est là tout le plus grand mal de son aventure. Adieu, mon cher fils. Je ne vous mande point de nouvelles; M. Dusson m'a dit qu'il manderait tout ce qu'il en sait. Mille amitiés à M. de Bonac.

LETTRE XLVII.

A Paris, 19 septembre 1698.

J'ai enfin rompu entièrement, avec l'avis de tous mes meilleurs amis, le mariage qu'on m'avait proposé pour vous. On vous aurait donné une fille avec 84,000 francs; elle en a autant ou environ à espérer après la mort de père et de mère : mais ils sont encore jeunes tous deux, et peuvent au moins vivre une vingtaine d'années; l'un ou l'autre même pourrait se remarier; ainsi vous couriez risque de n'avoir très-longtemps que 4,000 livres de rentes, chargé peut-être de huit ou dix enfants avant que vous eussiez trente ans. Vous n'auriez pu avoir ni chevaux ni équipage : les habits et la nourriture auraient tout absorbé. Cela vous détournait des espérances que vous pourriez assez justement avoir par votre travail, et par l'amitié dont M. de Torcy et dont M. de Bonrepaux vous honorent. Ajoutez à cela l'humeur de la fille, qu'on dit qui aime le faste, le monde, et tous les divertissements du monde, et qui vous aurait peut-être mis au désespoir par beaucoup de contrariétés. Tout ce que je vous puis dire, c'est que des personnes fort raisonnables, et qui nous aiment, nous ont embrassés très-cordialement, ma femme et moi, quand elles ont su que je m'étais débarrassé de cette affaire. J'ai tout lieu de croire qu'en vous faisant part du peu de bien et du revenu que Dieu nous a donné, vous serez cent fois plus heureux et plus en état de vous avancer que vous ne l'auriez été. Je ne vous nomme point les personnes qui m'avaient fait cette proposition; vous ne les connaissez guère que de nom; je vous prie même de ne les point deviner : je ne dois jamais manquer de reconnaissance pour la bonne volonté qu'ils m'ont témoignée en cette occasion. Votre mère a été dans tous les mêmes sentiments que moi; elle doutait même que vous eussiez voulu entrer dans cette affaire, parce qu'elle vous a souvent entendu dire que vous vouliez travailler à votre fortune avant que de songer à vous marier. Soyez bien persuadé que nous ne vous laisserons manquer de rien, et que je suis dans la disposition de faire pour vous, étant garçon, les mêmes choses que je prétendais faire en vous mariant. Ainsi abandonnez-vous à Dieu premièrement, à qui je vous exhorte de vous attacher plus que jamais; et, après lui, reposez-vous sur l'amitié que nous avons pour vous, qui augmente tous les jours beaucoup par la persuasion où nous sommes de vos bonnes inclinations, et de l'envie que vous avez de vous occuper et de vivre en honnête homme.

Votre mère mena hier à la foire toute la petite famille. Le petit Lionval eut belle peur de l'éléphant, et fit des cris effroyables quand il le vit qui mettait sa trompe dans la poche du laquais qui le tenait par la main. Les petites filles ont été plus hardies, et sont revenues chargées de poupées dont elles sont charmées. Fanchon a été un peu malade ces jours passés; votre sœur aînée est en bonne santé. Pour moi, je ne suis pas entièrement hors de mes coliques, et je diffère pourtant toujours à me purger.

Je ne sais point ce que c'est que l'*Histoire du jansénisme*, dont vous me parlez, ni si c'est pour ou contre les gens que nous estimons; mais je vous conseille de ne témoigner aucune curiosité là-dessus, afin qu'on ne puisse pas vous nommer en rien. Quand la chose sera imprimée, je prierai M. de Torcy d'en faire venir quelques exemplaires.

Vous voulez bien que je vous fasse une petite critique sur un mot de votre dernière lettre. *Il en a agi avec toute la politesse du monde;* il faut dire : *il en a usé.* On ne dit point *il en a bien agi*, et c'est une mauvaise façon de parler. Adieu, mon cher fils. Votre mère et tout le monde vous saluent. Mes compliments à M. de Bonac.

LETTRE XLVIII.

A Paris, le 3 octobre 1698.

J'ai la tête si épuisée de tout le sang qu'on m'a tiré depuis cinq ou six jours, que je laisse à ma femme le soin de vous écrire de mes nouvelles. Ne soyez cependant en aucune inquiétude pour ma santé; elle est, Dieu merci, beaucoup meilleure, et j'espère être en état d'aller dans huit jours à Fontainebleau. Vous savez ma sincérité, et d'ailleurs je n'ai aucune raison de vous déguiser l'état où je suis. Faites bien mes compliments à M. l'ambassadeur et à M. de Bonac. Soyez tranquille, et songez un peu au bon Dieu.

(MADAME RACINE CONTINUE.)

La colique de votre père s'était beaucoup augmentée avec des douleurs insupportables, avec de la fièvre qui était continue, quoiqu'elle ne fût pas considérable. Il a fallu tout de bon se mettre au lit; l'on a été obligé de saigner votre père deux fois, et faire d'autres remèdes dont il n'est pas tout à fait dehors. Le principal est qu'il a eu une bonne nuit, et qu'il est ce matin sans fièvre, et qu'il ne lui reste plus de sa colique qu'une douleur dans le côté droit, quand on y touche ou que votre père s'agite.

Votre père est fort content des réflexions que vous faites dans vos lettres au sujet de l'établissement que nous avons été sur le point de vous donner. Votre tante de Port-Royal en a été aussi fort satisfaite; mais, par votre seconde lettre, il nous a paru que le bien que cette fille vous apportait avait fait un peu trop d'impression sur votre esprit, et que vous n'aviez pas assez pensé sur ce que votre père vous avait mandé de l'humeur de la personne dont il s'agissait. Je vois bien, mon fils, que vous ne savez pas de quelle importance cela est pour le repos de la vie. C'est pourtant la seule raison qui nous a fait rompre. Pour moi, j'avais encore une raison qui me tenait bien au cœur, c'est que la demoiselle était rousse. Au reste, ne croyez point que nous ayons appréhendé de nous incommoder; cela ne nous est pas tombé dans l'esprit, et d'ailleurs il ne nous en coûtait guère plus qu'il nous en coûtera pour vous faire subsister. Votre père est si content de vous qu'il fera toutes choses afin que vous soyez content de lui, pourvu que vous soyez honnête homme, et que vous viviez d'une manière qui réponde à l'éducation que nous avons tâché de vous donner.

Votre père est bien fâché de la nécessité où vous nous marquez être de prendre la perruque ; il remet cette affaire au conseil que vous donnera M. l'ambassadeur. Quand votre père sera en bonne santé, il enverra querir M. Marguery[1] pour vous faire une perruque selon que vous souhaitez. Mme la comtesse de Gramont est bien fâchée pour vous que vous perdiez l'agrément que vous donnaient vos cheveux.

J'ai été à Melun, comme votre père a pu vous le mander. J'ai trouvé Nanette fort bien rétablie et bien contente. Elle a souhaité que je lui meublasse sa cellule ; ce que j'ai fait. Votre sœur lui a envoyé son bréviaire ; il lui conviendra mieux qu'à elle, qui apparemment choisit un état où elle n'aura pas de bréviaire à dire. Vous avez oublié que vous lui devez une réponse ; elle ne vous en fait pas moins ses compliments, ainsi que les petites et Lionval. M. Willart a été voir Babet ; il dit qu'elle est presque aussi grande que votre sœur. Elle dit toujours qu'elle ne veut point revenir avec nous.

J'ai pris la plume à votre père pour vous écrire, parce qu'il est dans son lit ; il a voulu seulement commencer cette lettre, afin que vous ne vous figurassiez point qu'il est plus mal qu'il est. Adieu, mon cher fils. J'espère qu'au premier ordinaire votre père sera en état de vous écrire tout à fait. Songez à Dieu, et à gagner le ciel.

---

[1] Perruquier fort en vogue.

LETTRE XLIX.

(COMMENCÉE PAR MADAME RACINE.)

Je vous écris, mon cher fils, auprès de votre père, qui le voulait faire lui-même : je l'en ai empêché, parce qu'il est fort fatigué de l'émétique qu'on lui a fait prendre, et qui a eu tout le succès qu'on en pouvait espérer, de manière que les médecins disent qu'il n'y a plus qu'à se tenir en repos, n'ayant plus rien à craindre. N'ayez point d'inquiétude sur lui : la sienne est que vous ne preniez quelque parti précipité qui vous détournerait de vos occupations, et ne lui serait d'aucun soulagement. Il espère vous écrire vendredi, et à M. l'ambassadeur, dont il s'ennuie de ne point recevoir de nouvelles. On conseille fort à votre père de prendre ici des eaux de Saint-Amand, en attendant le printemps, où il ira les prendre sur les lieux avec M. Félix. Je les accompagnerais, et ce serait une joie parfaite si le temps de M. l'ambassadeur se trouvait d'accord avec le nôtre, croyant bien qu'il vous y amènerait avec lui. M. Finot prétend fort bien connaître le tempérament de M. l'ambassadeur ; il dit qu'autant il a mal fait d'aller à Aix-la-Chapelle, autant il est absolument nécessaire qu'il aille, dès le premier beau temps, à Saint-Amand. Il se prépare à écrire là-dessus à M. Fagon.

(RACINE CONTINUE.)

J'embrasse de tout mon cœur M. l'ambassadeur. Quoiqu'il ne soit nullement nécessaire que vous me veniez voir, si néanmoins M. l'ambassadeur avait, dans cette occasion, quelque dépêche un peu importante à faire porter au roi, il se pourrait faire que M. l'ambassadeur tournerait la chose d'une telle manière que Sa Majesté ne trouverait pas hors de raison qu'il vous en eût chargé. Dites-lui seulement ce que je vous mande, et laissez-le faire. Adieu, mon cher fils. J'ai bien songé à vous, et suis fort aise que nous soyons encore en état de nous voir, s'il plaît à Dieu.

(MADAME RACINE REPREND.)

Ne vous étonnez pas si l'écriture de votre père n'est pas bonne : il est dans son lit; sans cela, il écrirait à l'ordinaire. Adieu, mon fils. Je vous embrasse, et suis tout à vous.

Ce 6 octobre, jour de saint Bruno, votre ancien patron [1].

LETTRE L.

(COMMENCÉE PAR MADAME RACINE.)

A Paris, le 13 octobre 1698.

Votre père et moi sommes en peine de votre santé et de celle de M. l'ambassadeur, y ayant quinze jours que nous n'avons reçu de vos nouvelles. Votre père croit que vous aurez été à Amsterdam; il croit aussi quelquefois que vous avez pris le parti de venir faire un tour ici : mais il serait fâché que vous eussiez pris cette résolution sur la lettre que je vous ai écrite, puisque les médecins le croient sans péril; ils disent seulement que sa maladie pourra être longue. Il conserve toujours une petite fièvre; mais la douleur de côté est beaucoup diminuée. Nous avons passé hier une partie de

[1] Le jeune Racine avait songé à se faire chartreux.

l'après-dînée sur la terrasse à nous promener; ainsi vous voyez que votre père est en meilleure disposition. Pour le voyage de Fontainebleau, il n'y faut plus songer. La profession de votre sœur nous embarrasse; mais il faudra bien qu'elle souffre avec patience ce retardement. Vos sœurs vous font mille amitiés. Je vous prie de témoigner à M. l'ambassadeur la peine où nous sommes de ne point recevoir de ses nouvelles, en l'assurant de ma reconnaissance de toutes les bontés qu'il a pour vous. Faites mes compliments à M. de Bonac, et me croyez, mon fils, tout à vous.

(RACINE CONTINUE.)

Je me porte beaucoup mieux, Dieu merci. J'espère vous écrire, par le premier ordinaire, une longue lettre, qui vous dédommagera de toutes celles que je ne vous ai point écrites. Je suis fort surpris de votre long silence et de celui de M. l'ambassadeur; peu s'en faut que je ne vous croie tous plus malades que je ne l'ai été. Adieu, mon cher fils; je suis tout à vous.

LETTRE LI.

A Paris, le 24 octobre 1698.

Enfin, mon cher fils, je suis, Dieu merci, absolument sans fièvre depuis cinq ou six jours. On m'a déjà purgé une fois, et je m'en suis bien trouvé, et j'espère que je n'ai plus qu'une médecine à essuyer. J'ai pourtant la tête encore bien faible; la saison n'est pas fort propre pour les convalescents, et ils ont d'ordinaire beaucoup de peine en ces temps-ci à se rétablir. Ma maladie a été considérable; mais vous pouvez compter que je ne vous ai point trompé, et que lorsque je vous ai mandé qu'elle était sans péril, c'est que, dans ces temps-là, on m'assurait qu'elle l'était en effet. Je suis fort aise que vous n'ayez point fait de voyage en ce pays-ci ; il aurait été fort inutile, vous aurait coûté beaucoup, et vous aurait détourné du train où vous êtes de vous occuper sous les yeux de M. l'ambassadeur. Je souhaiterais de bon cœur que sa santé fût aussitôt rétablie que la mienne. J'espère que nous pourrons nous trouver lui et moi à Saint-Amand le printemps prochain ; car on a en tête que ces eaux-là me sont très-bonnes, aussi bien qu'à lui. M. de Cavoie s'en est trouvé à merveille, et on me mande qu'il ne s'est jamais porté si bien qu'il fait, et qu'il a repris non-seulement toute sa santé, mais même toute sa gaieté. Il se conduit pourtant avec une fort grande sagesse, fait sa cour fort sobrement, et ne mange presque jamais hors de chez lui.

La profession de votre sœur Nanette a été retardée, de quoi elle a été fort affligée. Elle a mieux aimé pourtant retarder, et que je fusse en état d'y assister. Je lui ai mandé que ce serait pour la première semaine du mois de novembre, c'est-à-dire immédiatement après la Toussaint. Je serai alors si près de Fontainebleau, que d'autres que moi seraient peut-être tentés d'y aller ; mais j'assisterai seulement à la profession de votre sœur, et reviendrai dès le lendemain coucher à Paris.

Votre mère est en bonne santé, Dieu merci, quoiqu'elle ait pris bien de la peine après moi pendant ma maladie. Il n'y eut jamais de garde si vigilante ni si adroite, avec cette différence que tout ce qu'elle faisait partait du fond du cœur, et faisait toute ma consolation. C'en est une fort grande pour moi que vous connaissiez tout le mérite d'une si bonne mère ; et je suis persuadé que, quand je n'y serai plus, elle retrouvera en vous toute l'amitié et toute la reconnaissance qu'elle trouve maintenant en moi. M. de Valincour et M. l'abbé Renaudot m'ont tenu la meilleure compagnie du monde ; je vous les nomme entre autres, parce qu'ils n'ont presque bougé de ma chambre. M. Despréaux ne m'a point abandonné dans les grands périls; mais quand l'occasion a été moins vive, il a été bien vite retrouver son cher Auteuil, et j'ai trouvé cela très-raisonnable, n'étant pas juste qu'il perdît la belle saison autour d'un convalescent qui n'avait pas même la voix assez forte pour l'entretenir longtemps. Du reste, il n'y a pas un meilleur ami, ni un meilleur homme au monde. Faites mille compliments pour moi à M. l'ambassadeur et à M. de Bonac. Je leur suis bien obligé de l'intérêt qu'ils ont pris à ma maladie. Je suis aussi fort touché de toutes les inquiétudes qu'elles vous a causées; et cela ne contribue pas peu à augmenter la tendresse que j'ai eue pour vous toute ma vie. Je vous manderai une autre fois des nouvelles.

LETTRE LII.

A Paris, le dernier octobre 1698.

Vous pouvez vous assurer, mon cher fils, que ma santé est, Dieu merci, en train de se rétablir entièrement. J'ai été purgé avant-hier pour la dernière fois, et mes médecins ont pris congé de moi, en me recommandant néanmoins une très-grande diète pendant quelque temps, et beaucoup de règle dans mes repas pour toute ma vie; ce qui ne me sera pas fort difficile à observer : je ne crains seulement que les tables de la cour; mais je suis trop heureux d'avoir un prétexte d'éviter les grands repas, auxquels aussi bien je ne prends pas un fort grand plaisir depuis quelque temps. J'ai résolu même d'être à Paris le plus souvent que je pourrai, non-seulement pour y avoir soin de ma santé, mais pour n'être point dans cette horrible dissipation où l'on ne peut éviter d'être à la cour. Nous partirons mardi qui vient pour Melun, votre mère, votre sœur aînée et moi, pour la profession de ma chère fille Nanette, que je ne veux pas faire languir davantage. Nous ne menons ni les deux petites ni Lionval. Les chemins sont horribles à cause des pluies continuelles. Je prendrai même des chevaux de louage qui me mèneront jusqu'à Essonne, où je trouverai mes chevaux qui me mèneront de là jusqu'à Melun. M. l'archevêque de Sens veut absolument faire la cérémonie. J'aurais bien autant aimé qu'il eût donné cette commission au bon M. Chapelier : cela nous aurait épargné bien de l'embarras et de la dépense. M. l'abbé Boileau-Bontemps a voulu aussi, malgré toutes mes instances, y venir prêcher, et cela avec toute l'amitié et l'honnêteté possibles. Nous ne serons que trois jours à Melun. La cérémonie se fera apparemment le jeudi, et nous en repartirons le vendredi.

Nous allâmes l'autre jour prendre l'air à Auteuil, et nous y dînâmes avec toute la petite famille, que M. Despréaux régala le mieux du monde ; ensuite il mena Lionval et Madelon dans le bois de Boulogne, badinant avec eux et disant qu'il voulait les mener perdre. Il n'entendait pas un mot de ce que ces pauvres enfants lui disaient. Enfin la compagnie l'alla rejoindre, et cette compagnie c'était ma femme avec sa fille, M. et Mlle de Frescheville, qui avaient aussi dîné avec nous. La mère se trouvait fort incommodée ; ce sont les meilleures gens du monde. J'avais été à Auteuil par ordonnance des médecins ; j'y serais retourné plus d'une fois si le temps eût été plus supportable. M. Hessein voulait aussi y venir. Il prétend que toutes ses vapeurs lui sont revenues plus fortes que jamais, et qu'elles n'avaient été que suspendues par les eaux de Saint-Amand. L'air de Paris surtout lui est mortel, à ce qu'il dit ; en quoi il est bien différent de moi, et il ne respire que quand il en est dehors. Il a un procès assez bizarre contre un conseiller de la Cour des aides, dont les chevaux, ayant pris le frein aux dents, vinrent donner tête baissée dans le carrosse de Mme Hessein, qui marchait fort paisiblement sans s'attendre à un tel accident. Le choc fut si violent que le timon du conseiller entra dans le poitrail d'un des chevaux de M. Hessein, et le perça de part en part, en telle sorte que tous ses boyaux sortirent, et que le pauvre cheval mourut au bout d'une heure. M. Hessein a fait assigner le conseiller, et ne doute pas qu'il ne le fasse condamner à payer son cheval. Faites part de cette aventure à M. l'ambassadeur, et dites-lui qu'il se garde bien d'en plaisanter avec M. Hessein; car il prend la chose fort tragiquement.

J'ai été fort touché de la mort du pauvre M. Bort; je connaissais son mérite de réputation : il suffit de dire qu'il avait été dressé par M. l'ambassadeur.

Votre mère et toute la famille vous saluent. M. de Cavoie a fait rétablir votre cousin chez M. de Barbesieux.

LETTRE LIII.

A Paris, le 10 novembre 1698.

Nous revînmes de Melun vendredi dernier, et j'en suis revenu fort fatigué. J'avais cru que l'air me fortifierait; mais je crois que l'ébranlement du carrosse m'a beaucoup incommodé. Je ne laisse pourtant pas d'aller et de venir, et les médecins m'assurent que tout ira bien, pourvu que je sois exact à la diète qu'ils m'ont ordonnée; et je l'observe avec une attention incroyable. Je voudrais avoir le temps aujourd'hui de vous rendre compte du détail de la profession de votre sœur; mais, sans la flatter, vous pouvez compter que c'est un ange. Son esprit et son jugement sont extrêmement formés : elle a une mémoire prodigieuse, et aime passionnément les bons livres. Mais ce qui est de plus charmant en elle, c'est une douceur et une égalité d'esprit merveilleuses. Votre mère et votre sœur aînée ont extrêmement pleuré, et pour moi je n'ai cessé de sangloter, et je crois même que cela n'a pas peu contribué à déranger ma faible santé. Nous n'avions point mené les petites ni Lionval à cause des mauvais chemins. Votre sœur aînée est revenue avec des agitations incroyables, portant grande envie à la joie et au bonheur de sa sœur, et déplorant son propre malheur de ce qu'elle n'a pas la force de l'imiter.

Je suis bien fâché que mon voyage m'ait privé jusqu'ici du plaisir de voir M. de Bonac; mais je l'attends tous les jours. Tout ce que je vous puis dire par avance, c'est que vous lui avez des obligations incroyables. Mme la comtesse de Gramont m'a dit qu'il lui avait dit mille biens de vous, et qu'il ne tarissait point sur ce chapitre. C'est à vous de répondre à des témoignages si avantageux, et de justifier le bon goût de M. de Bonac, qui est lui-même ici dans une approbation générale. Mme la comtesse est charmée de lui. Je ne vous écris pas davantage; je serai plus long quand j'aurai entretenu M. de Bonac.

J'enverrai cet après-dînée chez M. Marguery. Ne vous chagrinez point contre moi si je ne l'ai pas fait plus tôt. En vérité je n'étais pas en état de songer à mes affaires les plus pressées. Votre sœur Nanette, présentement la mère de Sainte-Scolastique, vous embrasse aussi de tout son cœur. C'est à pareil jour que demain que vous fûtes baptisé, et que vous fîtes un serment solennel à Jésus-Christ de le servir de tout votre cœur.

LETTRE LIV.

A Paris, le 17 novembre 1698.

Je crois qu'il n'est pas besoin que j'écrive à M. l'ambassadeur pour lui témoigner l'extrême plaisir que je me fais d'avoir bientôt l'honneur de le voir. Ma joie sera complète, puisqu'il a la bonté de vous amener avec lui. Dites-lui qu'il me ferait le plus sensible plaisir du monde, si dans le peu de séjour qu'il fera à Paris, il voulait loger chez nous. Nous trouverons moyen de le mettre fort tranquillement et fort commodément ; et du moins je ne perdrai pas un seul des moments que je pourrai le voir et l'entretenir. Vous ne trouverez pas encore ma santé parfaitement rétablie, à cause d'une dureté qui m'est restée au côté droit[1] ; mais les médecins m'assurent que je ne dois pas m'en inquiéter, et qu'en observant une diète fort exacte, cela se dissipera peu à peu. Comme je ne suis guère en état de faire de longs voyages à la cour, vous jugez bien que vous viendrez fort à propos pour me tenir compagnie. Je ne vous empêcherai pourtant pas d'aller faire votre cour, et de voir vos amis.

Je vous adresse une lettre de M. Hessein pour Mme Meissois ; il vous sera fort obligé si vous la lui faites tenir bien sûrement.

Je n'avais pas besoin de l'exemple de Mme la comtesse

---

[1] Cette dureté provenait d'une inflammation qui se formait dans le foie, et qui se convertit en abcès Les remèdes n'ayant pu déterminer l'ouverture extérieure de l'abcès, on tenta une incision ; mais cette opération n'eut aucun succès, et le malade mourut trois jours après l'avoir subie.

d'Auvergne pour me modérer sur le thé, et j'avais déjà résolu d'en user fort sobrement ; ainsi ne m'en apportez point. J'ai dit à M. de Bonac que vous me feriez plaisir de m'apporter seulement de bonne flanelle, vraie angleterre, de quoi me faire deux camisoles ; cela ne grossira pas beaucoup votre paquet.

Si M. l'ambassadeur fait quelque cas de ces *Mémoires* dont vous parlez *sur la paix de Riswick*, vous pouvez me les acheter. Si j'étais assez heureux pour le voir et l'entretenir souvent, je n'aurais pas grand besoin d'autres mémoires pour l'histoire du roi. Il la sait mieux que tous les ambassadeurs et tous les ministres ensemble, et je fais un grand fond sur les instructions qu'il m'a promis de me donner.

Toute la famille est dans la joie depuis qu'elle sait qu'elle vous reverra bientôt. Vous ne sauriez trop remercier M. de Bonac : il me revient de tous côtés qu'il a parlé de vous de la manière du monde la plus avantageuse. Je suis bien affligé qu'il parte sans que j'aie l'honneur de l'embrasser ; mais j'en perds toute espérance, son valet étant venu dire au logis que, comme il arriverait extrêmement tard de Versailles, et qu'il partirait demain de fort grand matin, il ne voulait pas m'incommoder. J'ai autant à me louer de sa discrétion qu'à me louer de ses bontés. Il laisse en ce pays-ci tout le monde charmé de son esprit, de sa sagesse, et de ses manières aimables au dernier point. Adieu encore, mon cher fils. Tâchez, au nom de Dieu, d'obtenir de M. l'ambassadeur qu'il vienne descendre au logis.

LETTRE. LV.

A Paris, le 30 janvier 1699.

Comme vous pourriez être en peine de ma santé, j'ai cru vous en devoir mander des nouvelles. Elle est beaucoup meilleure depuis que vous êtes parti[1], et ma tumeur est considérablement diminuée. Je n'en ressens presque aucune incommodité. J'ai même été promener cette après-dînée aux Tuileries avec votre mère, croyant que l'air me fortifierait; mais à peine j'y ai été une demi-heure, qu'il m'a pris dans le dos un point insupportable qui m'a obligé de revenir au logis. Je vois bien qu'il faut prendre patience sur cela, en attendant le beau temps.

Nous passâmes avant-hier l'après-dînée chez votre sœur[2]. Elle est toujours fort gaie et fort contente, et vous garde de très-bon chocolat, dont elle me fit goûter.

Je suis ravi que M. de Bonrepaux se porte mieux. Faites-lui bien mes compliments, aussi bien qu'à M. de Cavoie et à M. Félix. Je savais que M. le Verrier doit donner à dîner à M. le comte d'Ayen; mais on ne m'a point encore dit le jour, ni à M. Despréaux. Je serais bien plus curieux de savoir si M. le comte d'Ayen songe en effet à m'envoyer les deux juments qu'il a promis de m'envoyer. Je m'y suis tellement attendu, que j'avais déjà dit à mon cocher de me chercher un marchand pour mes chevaux. Faites-moi savoir de vos nouvelles quand vous en aurez le loisir. Je ne crois

---

[1] Jean-Baptiste Racine était de retour de la Haye depuis la fin de novembre 1698. Il venait de partir pour Versailles.
[2] Celle qui était religieuse à Melun.

point aller à Versailles avant le voyage de Marly, c'est-à-dire dans toute la semaine qui vient. Je crains de me morfondre sur le chemin, et je crois avoir besoin de me ménager encore quelque temps, afin d'être en état d'y faire un plus long séjour. Adieu, mon cher fils. Votre mère vous embrasse, et s'attend de vous revoir quand le roi ira à Marly.

Je vous conseille d'aller un peu faire votre cour à Mme la comtesse de Gramont, qui vous recevra avec beaucoup de bonté.

Suscription : A M. Racine le fils, gentilhomme ordinaire du roi, à Versailles.

FIN DES LETTRES DE RACINE A SON FILS.

LETTRES DE RACINE

A DIVERSES PERSONNES.

LETTRES DE RACINE

A DIVERSES PERSONNES.

LETTRE PREMIÈRE.

A M. LE PRINCE HENRI-JULES DE BOURBON-CONDÉ.

Monseigneur,

C'est avec une extrême reconnaissance que j'ai reçu encore, au commencement de cette année, la grâce que Votre Altesse sérénissime m'accorde si libéralement tous les ans. Cette grâce m'est d'autant plus chère, que je la regarde comme une suite de la protection glorieuse dont vous m'avez honoré en tant de rencontres, et qui a toujours fait ma plus grande ambition. Aussi, en conservant précieusement les quittances du droit annuel dont vous avez bien voulu me gratifier, j'ai bien moins en vue d'assurer ma charge à mes enfants que de leur procurer un des plus beaux titres que je leur puisse laisser, je veux dire les marques de la protection de Votre Altesse sérénissime. Je n'ose en dire davantage; car j'ai éprouvé plus d'une fois que les remercîments vous fatiguent presque autant que les louanges. Je suis, avec un profond respect,

    Monseigneur,

     de Votre Altesse sérénissime,

Le très-humble, très-obéissant, et très-fidèle serviteur,

          RACINE.

LETTRE II.

AU MÊME [1].

J'ai parcouru tout ce que les anciens auteurs ont dit de la déesse Isis, et je ne trouve point qu'elle ait été adorée en aucun pays sous la figure d'une vache, mais seulement sous la figure d'une grande femme tout couverte d'un grand voile de différentes couleurs, et ayant au front deux cornes en forme de croissant. Les uns disent que c'était la Lune, les autres Cérès, d'autres la Terre, et quelques autres cette même Io qui fut changée en vache par Jupiter.

Mais voici ce que je trouve du dieu Apis, qui sera, ce me semble, beaucoup plus propre à entrer dans les ornements d'une ménagerie. Ce dieu était, dit-on, le même qu'Osiris, c'est-à-dire ou le mari, ou le fils de la déesse Isis. Non-seulement il était représenté par un jeune taureau, mais les Égyptiens adoraient en effet, sous le nom d'Apis, un jeune taureau bien buvant et bien mangeant, et ils avaient soin d'en substituer toujours un autre à la place de celui qui mourait. On ne le laissait guère vivre que jusqu'à l'âge d'environ huit ans, après quoi ils le noyaient dans une certaine fontaine; et alors tout le peuple prenait le deuil, pleurant et faisant de grandes lamentations pour la mort de leur dieu, jusqu'à ce qu'on l'eût retrouvé. On était quelquefois assez longtemps à le chercher. Il fallait qu'il fût noir par tout le corps, excepté une tache blanche de figure carrée

---

[1] M. le Prince se proposait de décorer la ménagerie de Chantilly de quelque ouvrage de peinture ou de sculpture. Il avait communiqué ses idées à Racine, et lui avait demandé un mémoire sur ce sujet.

au milieu du front, et une autre petite tache blanche au flanc droit, faite en forme de croissant. Quand les prêtres l'avaient trouvé, ils en donnaient avis au peuple de Memphis; car c'était principalement en cette ville que le dieu Apis était adoré. Alors on allait en grande cérémonie au-devant de ce nouveau dieu, et c'est cette espèce de procession qui pourrait fournir de sujet à un assez beau tableau.

Cent prêtres marchaient habillés de robes de lin, ayant tous la tête rase et étant couronnés de chapeaux de fleurs, portant à la main, les uns un encensoir, les autres un sistre : c'était une espèce de tambour de basque. Il y avait aussi une troupe de jeunes enfants, habillés de lin, qui dansaient et chantaient des cantiques ; grand nombre de joueurs de flûtes, et de gens qui portaient à manger pour Apis dans des corbeilles ; et de cette sorte on amenait le dieu jusqu'à la porte de son temple, ou, pour mieux dire, il y avait deux petits temples tout environnés de colonnes par dehors, et aux portes, des sphinx à la manière des Égyptiens. On le laissait entrer dans celui de ces deux temples qu'il voulait, et on fondait même sur son choix de grandes conjectures ou de bonheur ou de malheur pour l'avenir. Il y avait auprès de ces deux temples un puits, d'où l'on tirait de l'eau pour sa boisson ; car on ne lui laissait jamais boire de l'eau du Nil. On consultait même ce plaisant dieu, et voici comme on s'y prenait. On lui présentait à manger : s'il en prenait, c'était une réponse très-favorable ; tout au contraire, s'il n'en prenait point. On remarqua même, dit-on, qu'il refusa à manger de la main de Germanicus, et ce prince mourut à deux mois de là.

Tous les ans on lui amenait, à certain jour, une jeune génisse, qui avait aussi ses marques particulières ; et cela se faisait encore avec de grandes cérémonies.

Voilà, Monseigneur, le petit mémoire que Votre Altesse sérénissime me demanda il y a trois jours. Je me tiendrai infiniment glorieux toutes les fois qu'elle voudra bien m'honorer de ses ordres, et m'employer dans toutes les choses qui pourront le moins du monde contribuer à son plaisir. Je suis avec un profond respect,

De Votre Altesse sérénissime, etc.

LETTRE III.

A MADAME RACINE.

A Cateau-Cambrésis, le jour de l'Ascension, 15 mai 1692.

J'avais commencé à vous écrire hier au soir à Saint-Quentin; mais je fus averti que la poste était partie dès midi; ainsi je n'achevai point. Je viens de recevoir vos lettres, qui m'ont fait un fort grand plaisir. Je me porte bien, Dieu merci. Les garçons de M. Poche m'ont piqué mon petit cheval en deux endroits en le ferrant, dont je suis fort en colère contre eux et avec raison. Heureusement M. de Cavoie mène avec lui un maréchal qui en a pris soin, et on m'assure que ce ne sera rien. Nous allons demain au Quesnoy, où on laissera les dames, et après demain au camp près de Mons. L'herbe est bien courte, et je crois que les chevaux ne trouveront pas beaucoup de fourrage. Le blé est fort renchéri à Saint-Quentin : le setier, qui ne valait que vingt sous, en vaut soixante-six. C'est à peu près la même mesure qu'à Montdidier. Votre fermier sera riche, et devrait bien vous donner de l'argent, puisque vous ne l'avez point pressé de vendre son blé lorsqu'il était à bon marché. Écrivez-en à votre frère.

Le roi eut hier des nouvelles de sa flotte : elle est sortie de Brest du 9 mai. On la croit maintenant à la Hogue, en

Normandie, et le roi d'Angleterre embarqué. On mande de Hollande que le prince d'Orange voit bien que c'est tout de bon qu'on va faire une descente, et qu'il paraît étonné. Il a envoyé en Angleterre le comte de Portland, son favori, a contremandé trois régiments prêts à s'embarquer pour la Hollande, et on dit qu'il pourrait bien repasser lui-même en Angleterre. M. de Bavière est fort inquiet de la maladie du prince Clément, son frère, qui est, dit-on, à l'extrémité. Il le sera bien davantage dans quatre jours, lorsqu'il verra entrer dans les Pays-Bas plus de cent trente mille hommes. Le roi est dans la meilleure santé du monde. Il a eu nouvelle aujourd'hui que M. le comte d'Estrées avait brûlé ou coulé à fond quatorze vaisseaux marchands anglais sur les côtes d'Espagne, et deux vaisseaux de guerre qui les escortaient. Cela le console, avec raison, de la perte de deux vaisseaux de l'escadre du même comte d'Estrées, qui ont péri par la tempête. Voilà d'heureux commencements : il faut espérer que Dieu continuera de se déclarer pour nous. Faites part de ces nouvelles à M. Despréaux, à qui je n'ai pas le temps d'écrire aujourd'hui.

J'ai rencontré aujourd'hui M. Dodart pour la première fois. Il dit qu'il a été et qu'il est encore mal logé; mais il se porte à merveille. M. du Tartre se trémousse à son ordinaire, et a une grande épée à son côté avec un nœud magnifique; il a tout à fait l'air d'un capitaine. Adieu, mon cher cœur. Embrasse tes enfants pour moi. Exhorte ton fils à bien étudier et à servir Dieu. Je suis parti fort content de lui; j'espère que je le serai encore plus à mon retour. Écris-moi souvent, ou lui. Adieu, encore un coup.

Suscription : A Mme Racine, rue des Maçons, proche la Sorbonne, à Paris.

LETTRE IV.

A MADAME RACINE.

Au Quesnoy, le 16 mars.

Je vous écrivis hier de Cateau-Cambrésis; nous sommes arrivés à nos quartiers, et, comme je vous le mandais, nous partons demain pour le camp devant Mons.

Les dames qu'on laisse ici ont témoigné le désir de suivre le roi au camp; ce qui a beaucoup réjoui Sa Majesté. On vient d'amener au roi deux manières de paysans, qui étaient sortis de Mons avec des lettres de l'ennemi. Ces lettres portent que la ville peut tenir plusieurs mois contre les forces du roi, mais cela est peu vraisemblable, et la campagne ne sera point longue.

Écrivez à votre frère touchant votre fermier. Adieu, mon cher cœur; embrasse tes enfants pour moi, et donne-moi souvent des nouvelles de notre fils. Qu'il travaille et se mette en état de vivre en honnête homme. Adieu, à demain.

LETTRE V.

A M. DE BONREPAUX[1].

A Paris, ce 28 juillet 1693.

Mon absence hors de cette ville est cause que je ne vous ai point écrit depuis dix jours. Il s'est pourtant passé

---

[1] Il était alors ambassadeur extraordinaire en Danemark.

beaucoup de choses très-dignes de vous être mandées. M. de Luxembourg, après avoir battu un corps de cinq mille chevaux commandé par le comte de Tilly, a mis le siége devant Huy, dont il a pris la ville et le château en trois jours; et de là a marché au prince d'Orange, avec lequel il est peut-être aux mains à l'heure qu'il est.

Monseigneur a passé le Rhin, et, s'étant mis à la tête d'une armée de plus de soixante-six mille hommes, a marché droit au prince de Bade, en intention de le chercher partout pour le combattre, et de l'attaquer même dans ses retranchements, s'il prend le parti de se retrancher. Mais ce qui a le plus réjoui tout le public, c'est la déroute de la flotte de Hollande et d'Angleterre, qui est tombée, au cap de Saint-Vincent, entre les mains de M. de Tourville. J'entretins hier son courrier, qui est le chevalier de Saint-Pierre, frère du comte de Saint-Pierre, lequel fut cassé il y a deux ans. Je vous dirai, en passant, qu'on trouve que M. de Tourville a fait fort honnêtement d'envoyer dans cette occasion le chevalier de Saint-Pierre, et on espère que la bonne nouvelle dont il est chargé fera peut-être rétablir son frère. Quoi qu'il en soit, la flotte qu'on appelle de Smyrne a donné tout droit dans l'embuscade. Le vice-amiral Rook, qui l'escortait, d'aussi loin qu'il a découvert notre armée navale, a pris la fuite, et il a été impossible de le joindre. Il avait pourtant vingt-six ou vingt-sept vaisseaux de guerre. Les pauvres marchands, se voyant abandonnés, ont fait ce qu'ils ont pu pour se sauver. Les uns se sont échoués à la côte de Lagos, les autres sous les murailles de Cadix, et il y en a eu quelque trente-six qui ont trouvé moyen d'entrer dans le port. On leur a brûlé ou coulé à fond quarante-cinq navires marchands, et deux de guerre, et on leur a pris deux bons vaisseaux de guerre hollandais tout neufs de soixante-six pièces de canon et vingt-cinq navires marchands, sans compter deux vaisseaux génois, qui étaient chargés pour des marchands d'Amsterdam, et dont le chevalier de Saint-

Pierre, qui est venu dessus jusqu'à Roses, estime la charge au moins 600,000 écus. On ne doute pas qu'une perte si considérable n'excite de grandes clameurs contre le prince d'Orange, qui avait toujours assuré les alliés que nous ne mettrions cette année à la mer que pour nous enfuir et nous empêcher d'être brûlés. Le chevalier de Saint-Pierre a rencontré le comte d'Estrées à peu près à la hauteur de Malque[1], et prêt à entrer dans le détroit. Le roi a été très-aise de cette nouvelle, que l'on a sue d'abord par un courrier du duc de Gramont, et par des lettres des marchands. On parle fort ici des mouvements qui se font au pays où vous êtes, et il paraît qu'on en est fort content par avance. Nous soupâmes hier, M. de Cavoie et moi, chez madame... (*Le reste manque.*)

LETTRE VI.

A MADEMOISELLE RIVIÈRE[2].

A Paris, le 10 janvier 1697.

Votre dernière lettre, ma chère sœur, ne m'est parvenue que depuis quelques jours. J'étais à Versailles quand elle est arrivée ici, et ma femme, qui savait que j'attendais de vos nouvelles avec impatience, crut ne pouvoir mieux faire que de me l'adresser où j'étais; mais elle ne me fut point rendue, par la négligence des commis de la poste, et il fallut la faire revenir ici; ce qui me causa un retard de quinze jours. J'approuve tout ce que vous avez fait, et je vous en remercie. D'après tout le bien qui m'a été dit du jeune homme

---

[1] Malaga.
[2] Sœur de Racine mariée à M. Rivière.

qui recherche la petite Mouflard, je verrai avec plaisir ce mariage, et je leur donnerai pour mon présent de noce une somme de 100 francs; c'est tout ce que je puis faire. Vous savez que notre famille est fort étendue, et que j'ai un assez bon nombre de parents à aider de temps en temps; ce qui me force à être réservé sur ce que je donne, afin de ne manquer à aucun d'eux quand il aura recours à moi dans l'occasion. D'ailleurs l'état où sont présentement mes affaires me prescrit une sévère économie, à cause de tout l'argent que je dois encore pour ma charge. Je dois surtout 6,000 livres qui ne portent point d'intérêt, et l'honnêteté veut que je les rende le plus tôt que je pourrai, pour n'être pas à charge à mes amis. J'espère que dans un autre temps je serai moins pressé, et alors je pourrai faire encore quelque petit présent à ma cousine.

Le cousin Henri est venu ici, fait comme un misérable, et a dit à ma femme, en présence de tous nos domestiques, qu'il était mon cousin. Vous savez comme je ne renie point mes parents, et comme je tâche à les soulager; mais j'avoue qu'il est un peu rude qu'un homme qui s'est mis en cet état par ses débauches et par sa mauvaise conduite vienne ici nous faire rougir de sa gueuserie. Je lui parlai comme il le méritait, et lui dis que vous ne le laisseriez manquer de rien s'il en valait la peine, mais qu'il buvait tout ce que vous aviez la charité de lui donner. Je ne laissai pas de lui donner quelque chose pour s'en retourner. Je vous prie aussi de l'assister tout doucement, mais comme si cela venait de vous. Je sacrifierai volontiers quelque chose par mois pour le tirer de la nécessité. Je vous recommande toujours la pauvre Marguerite[1], à qui je veux continuer de donner par mois comme j'ai toujours fait. Si vous croyez que ma cousine des Fossés ait besoin de quelque secours extraordinaire, donnez-lui ce que vous jugerez à propos.

[1] C'était la nourrice de Racine.

Je ne sais si je vous ai mandé que ma chère fille aînée était entrée aux Carmélites : il m'en a coûté beaucoup de larmes ; mais elle a voulu absolument suivre la résolution qu'elle avait prise. C'était de tous nos enfants celle que j'ai toujours le plus aimée, et dont je recevais le plus de consolation. Il n'y avait rien de pareil à l'amitié qu'elle me témoignait. Je l'ai été voir plusieurs fois ; elle est charmée de la vie qu'elle mène dans ce monastère, quoique cette vie soit fort austère, et toute la maison est charmée d'elle. Elle est infiniment plus gaie qu'elle n'a jamais été, mais il faut bien croire que Dieu la veut dans cette maison, puisqu'il fait qu'elle y trouve tant de plaisir. Adieu, ma chère sœur. Ne manquez pas de me tenir parole, et de m'employer dans toutes les choses où vous aurez besoin de moi.

Suscription : A Mlle Rivière, à la Ferté-Milon.

LETTRE VII.

A LA MÊME.

A Paris, le 16 janvier 1697.

Je vous écris, ma chère sœur, pour une affaire où vous pouvez avoir intérêt aussi bien que moi, et sur laquelle je vous supplie de m'éclaircir le plus tôt que vous pourrez. Vous savez qu'il y a un édit qui oblige tous ceux qui ont ou qui veulent avoir des armoiries sur leur vaisselle ou ailleurs, de donner pour cela une somme qui va tout au plus à 25 francs, et de déclarer quelles sont leurs armoiries. Je sais que celles de notre famille sont un *rat* et un *cygne,* dont j'avais seulement gardé le cygne, parce que le rat me choquait ; mais je ne sais point quelles sont les couleurs du chevron sur lequel grimpe le rat, ni les couleurs aussi de tout le fond de l'écusson, et vous me ferez un grand plaisir de m'en instruire. Je crois que vous trouverez nos armes peintes aux vitres de la maison que mon grand-père fit bâtir, et qu'il vendit à M. de la Clef. J'ai ouï dire aussi à mon oncle Racine qu'elles étaient peintes aux vitres de quelque église. Priez M. Rivière de ma part de s'en mettre en peine, et de demander à mon oncle ce qu'il en sait; et de mon côté je vous manderai le parti que j'aurai pris là-dessus. J'ai aussi quelque souvenir d'avoir ouï dire que feu notre grand-père avait fait un procès au peintre qui avait peint les vitres de sa maison, à cause que ce peintre, au lieu d'un rat, avait peint un sanglier. Je voudrais bien que ce fût en effet un sanglier, ou la hure d'un sanglier, qui fût à la place de ce vilain rat. J'attends de vos nouvelles pour me déterminer et pour porter mon argent; ce que je suis obligé de faire le plus tôt que je pourrai.

J'approuve fort qu'on fasse son possible pour sortir d'affaire avec le fils de M. Regnaud, et on ne saurait trop tôt finir avec lui, pourvu qu'il nous fasse voir nos sûretés en traitant avec lui. Je suis bien fâché de l'argent qu'on vous a encore nouvellement fait payer au grenier à sel. Il faut espérer que la paix, qu'on croit qui se fera bientôt, mettra fin à toutes ces taxes qui reviennent si souvent.

Je crains que ce ne soit pas assez de 40 francs par mois pour cette pauvre cousine des Fossés. J'en passerai par où vous voudrez, pourvu que vous preniez la peine de m'avertir quand vous n'aurez plus d'argent à moi. Ma femme et nos enfants saluent de tout leur cœur M. Rivière et ma nièce, et vous font mille compliments. Quand le mariage de la petite Mouflard sera conclu, je donnerai très-volontiers les 100 francs que j'ai promis. Adieu, ma chère sœur. Je suis entièrement à vous. Votre petit neveu est fort joli et bien éveillé.

LETTRE VIII.

A MADEMOISELLE RIVIÈRE, EN SA MAISON A LA FERTÉ-MILON.

A Paris, ce 27 février.

M. Rivière vous aura dit, ma chère sœur, tous les soins que je prends pour vous faire rétablir, et l'expédient qu'on m'avait proposé pour lui, qui lui serait bien plus avantageux que la charge qu'il avait. J'ai reçu ce matin une lettre de M. l'intendant, qui est au désespoir de n'avoir pas seulement su que M. Rivière m'appartient le moins du monde. Il se trouve d'assez grandes difficultés pour la chose que j'ai entreprise, et je ne vous puis pas en dire les raisons, de peur que ma lettre ne soit vue de quelque autre que de vous. Cependant si cette affaire-là ne réussit pas, je vois de grandes apparences de faire rétablir M. Rivière à la Ferté-Milon. M. l'intendant en fait son affaire; car outre l'amitié qu'il a pour moi, il me mande que ce M. Gressier, qu'on a fait contrôleur, est un banqueroutier qui n'a payé ni prêt ni paulette, et qui n'a été ni reçu ni installé. Il me mande qu'il a su tout cela de M. Vitart et de M. Regnaud, et qu'il leur a ordonné de s'opposer à l'enregistrement. De là l'affaire sera portée au conseil et renvoyée à M. l'intendant, qui fera supprimer ce Gressier, et rétablir M. Rivière. J'aurai soin en ce cas que M. Rivière soit rétabli dans sa charge de grènetier. M. l'intendant me mande aussi que M. Rivière a été supprimé comme contrôleur alternatif, et qu'il a appris de moi qu'il était grènetier ancien. J'ai vite fait partir un laquais pour avertir de tout M. le contrôleur général, en attendant que je sois habillé de deuil pour y aller après-demain. Ainsi, ma chère sœur, je crois que vous pouvez avoir l'esprit en repos. Vos affaires, s'il plaît à Dieu, iront bien. Du moins vous pourrez vous assurer que je n'ai jamais eu rien si fort à cœur. Il me paraît par la lettre de M. l'intendant que mon cousin Vitart n'a point tant de tort que je pensais, puisqu'il a été lui-même le trouver pour lui donner avis de tout cela. Ainsi ne vous brouillez point. Au contraire, que M. Rivière le père et M. Regnaud se hâtent de faire leur opposition à l'enregistrement comme il leur a ordonné. M. l'intendant me mande qu'il a songé à me faire plaisir en faisant conserver mon oncle Racine. Jugez ce qu'il aurait fait pour vous. On ne peut pas avoir plus de torts que vous en avez, vous et M. Rivière, de ne m'avoir pas averti qu'on allait à M. l'intendant. Cependant ayez soin de ne vous point chagriner, et de n'avoir point de querelle avec personne surtout. J'aurai soin de vos intérêts. Que M. Rivière me mande tout ce qu'il sait. Adieu, ma chère sœur.

LETTRE IX.

A MADEMOISELLE RIVIÈRE.

A Paris, ce 16 août.

Je ne vous écris qu'un mot par Mme de Passy, pour vous prier, ma chère sœur, de ne me point envoyer d'argent pour le surtout de M. Rivière, que je lui enverrai la semaine prochaine. J'en ai besoin dans le pays où vous êtes. Donnez quatre ou cinq pistoles, selon que vous le jugerez à propos, à cette des Fossés que vous dites fort âgée et fort incommodée avec son mari. Est-ce la fille qui fut mariée à Neuilly, il y a deux ans, qui est maintenant venue? Mandez-le-moi;

car si elle est dans le besoin, je tâcherai encore de l'assister. Je vous enverrai de l'argent tant que vous en jugerez à propos. Je me repose sur vous de tout cela. J'espère que les affaires du grenier à sel seront bientôt terminées. On dit que cela est au greffe du conseil. Adieu, ma chère sœur. Je suis tout à vous.

LETTRE X.

A MADAME DE MAINTENON.

A Paris, le 3.

Je vous suis bien reconnaissant de la promptitude et de la bonté avec lesquelles vous m'avez, Madame, fait l'honneur de me répondre. Mon *Esther* est maintenant terminée, et j'en ai revu l'ensemble d'après vos conseils, et j'ai fait de moi-même plusieurs changements qui donnent plus de vivacité à la marche de la pièce. Le tour que j'ai choisi pour la fin du prologue est conforme aux observations du roi. M. Boileau-Despréaux m'a beaucoup encouragé à laisser maintenant le dernier acte tel qu'il est. Pour moi, Madame, je ne regarderai l'*Esther* comme entièrement achevée que lorsque j'aurai eu votre sentiment définitif et votre critique. Je vous conjure de m'envoyer vos ordres pour un dernier récit. Je suis, Madame, avec un profond respect, votre très-humble et très-obéissant serviteur.

LETTRE XI.

A LA MÊME.

4 mars 1698.

J'avais pris la liberté de vous écrire, Madame, au sujet de la taxe qui a si fort dérangé mes petites affaires ; mais n'étant pas content de ma lettre, j'avais simplement dressé un mémoire, dans le dessein de vous faire supplier de le présenter à Sa Majesté. M. le maréchal de Noailles s'offrit généreusement de vous le remettre entre les mains, et, n'ayant pu trouver l'occasion de vous parler, le donna à M. l'archevêque, qui peut vous dire si je lui en avais seulement ouvert la bouche, et si depuis deux mois j'avais même eu l'honneur de le voir. Au bout de quelques jours, comme je n'avais aucune nouvelle de ce mémoire, je priai Mme la comtesse de Gramont, qui allait avec vous à Saint-Germain, de vous demander si le roi l'avait lu, et si vous aviez eu quelque réponse favorable. Voilà, Madame, tout naturellement comment je me suis conduit dans cette affaire. Mais j'apprends que j'en ai une autre bien plus terrible sur les bras, et qu'on m'a fait passer pour janséniste dans l'esprit du roi. Je vous avoue que, lorsque je faisais tant chanter dans *Esther*,

> Rois, chassez la calomnie,

je ne m'attendais guère que je serais moi-même un jour attaqué par la calomnie. Je sais que, dans l'idée du roi, un janséniste est tout ensemble un homme de cabale et un homme rebelle à l'Église.

Ayez la bonté de vous souvenir, Madame, combien de fois vous avez dit que la meilleure qualité que vous trouviez en moi, c'était une soumission d'enfant pour tout ce que l'Église croit et ordonne, même dans les plus petites choses. J'ai fait, par votre ordre, près de trois mille vers sur des sujets de piété, j'y ai parlé assurément de l'abondance de mon cœur, et j'y ai mis tous les sentiments dont j'étais le plus rempli. Vous est-il jamais revenu qu'on y eût trouvé un seul endroit qui approchât de l'erreur et de tout ce qui s'appelle jansénisme? Pour la cabale, qui est-ce qui n'en peut point être accusé si on en accuse un homme aussi dévoué au roi que je le suis, un homme qui passe sa vie à penser au roi, à s'informer des grandes actions du roi, et à inspirer aux autres les sentiments d'amour et d'admiration qu'il a pour le roi? J'ose dire que les grands seigneurs m'ont bien plus recherché que je ne les recherchais moi-même; mais, dans quelque compagnie que je me sois trouvé, Dieu m'a fait la grâce de ne rougir jamais ni du roi ni de l'Évangile. Il y a des témoins encore vivants qui pourraient vous dire avec quel zèle on m'a vu souvent combattre de petits chagrins qui naissent quelquefois dans l'esprit des gens que le roi a le plus comblés de ses grâces. Hé quoi, Madame! avec quelle conscience pourrai-je déposer à la postérité que ce grand prince n'admettait point les faux rapports contre les personnes qui lui étaient le plus inconnues, s'il faut que je fasse moi-même une si triste expérience du contraire?

Mais je sais ce qui a pu donner lieu à une accusation si injuste. J'ai une tante qui est supérieure de Port-Royal, et à laquelle je crois avoir des obligations infinies. C'est elle qui m'apprit à connaître Dieu dès mon enfance, et c'est elle aussi dont Dieu s'est servi pour me tirer de l'égarement et des misères où j'ai été engagé pendant quinze années. J'appris, il y a près de deux ans, qu'on l'avait accusée de désobéissance, comme si elle avait reçu des religieuses contre la défense qu'on a faite d'en recevoir dans cette maison. J'appris même qu'on parlait d'ôter à ces pauvres filles le peu qu'elles ont de bien, pour subvenir aux folles dépenses de l'abbesse de Port-Royal de Paris. Pouvais-je, sans être le dernier des hommes, lui refuser mes petits secours dans cette nécessité? Mais à qui est-ce, Madame, que je m'adressai pour la secourir? J'allai trouver le P. de la Chaise, et lui représentai tout ce que je connaissais de l'état de cette maison, tant pour le temporel que pour le spirituel. Je n'ose pas croire que je l'aie persuadé; mais il parut très-content de ma franchise, et m'assura, en m'embrassant, qu'il serait toute sa vie mon serviteur et mon ami. Heureusement j'ai vu confirmer le témoignage que je leur avais rendu par celui du grand vicaire de M. l'archevêque, par celui de deux religieux bénédictins qui furent envoyés pour visiter cette maison, et dont l'un était supérieur de Port-Royal de Paris, et enfin par celui des confesseurs extraordinaires qu'on leur a donnés, tous gens aussi éloignés du jansénisme que le ciel l'est de la terre. Ils en sont tous revenus en disant, les uns, qu'ils avaient vu des religieuses qui vivaient comme des anges; les autres, qu'ils venaient de voir le sanctuaire de la religion. M. l'archevêque, qui a voulu connaître les choses par lui-même, n'a pas caché qu'il n'avait point de filles dans son diocèse ni plus régulières ni plus soumises à son autorité. Voilà tout mon jansénisme. J'ai parlé comme ces docteurs de Sorbonne, comme ces religieux, et enfin comme mon archevêque. Du reste, je puis vous protester devant Dieu que je ne connais ni ne fréquente aucun homme qui soit suspect de la moindre nouveauté. Je passe ma vie le plus retiré que je puis dans ma famille, et ne suis pour ainsi dire dans le monde que lorsque je suis à Marly. Je vous assure, Madame, que l'état où je me trouve est très-digne de la compassion que je vous ai toujours vue pour les malheureux. Je suis privé de l'honneur de vous voir; je n'ose presque plus compter sur votre protection, qui est pourtant la seule que j'aie tâché de mériter. Je cherchais du moins ma consolation dans mon travail; mais jugez quelle amertume doit jeter sur ce travail la pensée que ce même grand prince dont je suis continuellement occupé me regarde peut-être comme un homme plus digne de sa colère que de ses bontés.

Je suis, avec un profond respect, votre très-humble et très-obéissant serviteur.

LETTRE XII.

A LA MÈRE AGNÈS DE SAINTE-THÈCLE RACINE, SA TANTE,

ABBESSE DE PORT-ROYAL DES CHAMPS.

A Paris, le 9 novembre 1698.

J'arrivai avant-hier de Melun fort fatigué, mais content au dernier point de ma chère enfant. J'ai beaucoup d'impatience d'avoir l'honneur de vous voir, pour vous dire tout le bien que j'ai reconnu en elle. Je vous dirai cependant en peu de mots que je lui ai trouvé l'esprit et le jugement extrêmement formés, une piété très-sincère, et surtout une douceur et une tranquillité d'esprit merveilleuses. C'est une grande consolation pour moi, ma très-chère tante, qu'au moins quelqu'un de mes enfants vous ressemble par quelque petit endroit. Je ne puis m'empêcher de vous dire un trait qui vous marquera tout ensemble, et son courage, et son bon naturel. Elle avait fort évité de nous regarder, sa mère et moi, pendant la cérémonie, de peur d'être attendrie du trouble où nous étions. Comme ce vint le moment où il fallait qu'elle embrassât, selon la coutume, toutes les sœurs, après qu'elle eut embrassé la supérieure, une religieuse ancienne lui fit embrasser sa mère et sa sœur aînée, qui étaient là tout auprès fondant en larmes. Elle sentit tout son sang se troubler à cette vue : elle ne laissa pas d'achever la cérémonie avec le même air modeste et tranquille qu'elle avait eu depuis le commencement; mais dès que tout fut fini, elle se retira, au sortir du chœur, dans une petite chambre, où elle laissa aller le cours de ses larmes, dont elle versa un torrent au souvenir de celles de sa mère. Comme elle était dans cet état, on lui vint dire que M. l'archevêque de Sens l'attendait au parloir avec mes amis et moi. *Allons, allons,* dit-elle, *il n'est pas temps de pleurer.* Elle s'excita même à la gaieté, et se mit à rire de sa propre faiblesse, et arriva en effet en souriant au parloir, comme si rien ne lui fût arrivé. Je vous avoue, ma chère tante, que j'ai été touché de cette fermeté, qui me paraît assez au-dessus de son âge. M. Fontaine, qui, comme vous savez, est retiré à Melun, assista à toutes les cérémonies, et me parut très-édifié de ma fille.

Le sermon de M. l'abbé Boileau fut très-beau et très-plein de grandes vérités. Tout cela a fait un terrible effet sur l'esprit de ma fille aînée, et elle paraît dans une fort grande agitation, jusqu'à dire qu'elle ne sera jamais du monde; mais je n'ose guère compter sur ces sortes de mouvements, qui peuvent passer comme bien d'autres qu'elle a plusieurs fois ressentis. Elle ira demain voir M. Lenoir, que j'ai été voir cette après-dînée.

J'ai été trouver M. de Saint-Claude, à qui j'ai rendu compte de tout ce que M. l'abbé Boileau m'a dit sur votre affaire de Montigny. Ma femme enverra demain chez Jeannot une boîte où elle a mis les hardes les plus nécessaires pour Fanchon, dont nous vous supplions de nous mander des nouvelles. J'ai confié à Nanette que Fanchon était avec vous. Quoiqu'elle ait une grande impatience de l'avoir avec elle, elle m'en a témoigné une extrême joie. Elle a relu plus de vingt fois la lettre que vous lui avez fait l'honneur de lui écrire, et met sa principale confiance en vos prières.

J'oubliais de vous dire qu'elle aime extrêmement la lecture, et surtout des bons livres, et qu'elle a une mémoire surprenante. Excusez un peu ma tendresse pour une enfant dont je n'ai jamais eu le moindre sujet de plainte, et qui s'est donnée à Dieu de si bon cœur, quoiqu'elle fût assurément la plus jolie de tous nos enfants, et celle que le monde aurait le plus attirée par ses dangereuses caresses.

Ma femme et nos petits enfants vous assurent tous de leur respect, et font mille compliments à Fanchon. Ma fille aînée s'est donné l'honneur de vous écrire. Il m'est resté de ma maladie une dureté au côté droit, dont j'avais témoigné un peu d'inquiétude à M. de Saint-Claude; mais M. Morin, que je viens de voir, m'a assuré que ce ne serait rien, et qu'il la ferait passer peu à peu par de petits remèdes qui ne me feraient aucun embarras. Du reste, je suis assez bien, Dieu merci. Je suis bien plus en peine pour ma sœur Isabelle-Agnès, dont je suis bien fâché de n'apprendre aucune nouvelle certaine. Mme la comtesse de Gramont m'a dit que M. Dodart lui en avait parlé à Fontainebleau avec de grandes inquiétudes. Ne doutez pas qu'il n'ait consulté M. Félix, et qu'il ne l'aille voir dès qu'il sera de retour. On m'a dit qu'il n'arriverait ici que jeudi. Je n'ai point été surpris de la mort de M. du Fossé, mais j'en ai été très-touché. C'était pour ainsi dire le plus ancien ami que j'eusse au monde. Plût à Dieu que j'eusse mieux profité des grands exemples de piété qu'il m'a donnés! Je vous demande pardon d'une si longue lettre, et vous prie toujours de m'assister de vos prières.

LETTRE XIII.

PAS DE SUSCRIPTION.

A Paris, le 13 septembre.

Je n'ai reçu aucun papier de P. R. ; cela est cause, Monsieur, qu'il y a beaucoup de choses que je n'ai pas comprises dans le petit mémoire que vous m'avez envoyé. Vous me donnez un rendez-vous chez M. (*mot effacé*) ; mais votre porteur m'a assez embarrassé en me disant que vous étiez actuellement à Villeneuve. D'ailleurs, ou nous parlerions d'affaires en présence de M. V., et il serait fort surpris qu'ayant été longtemps avec moi, il y a quatre ou cinq jours, je ne lui aie parlé de rien ; ou nous nous cacherions de lui, et il s'offenserait peut-être de nos manières mystérieuses ; ainsi il faut remettre à nous entretenir une autre fois. J'aurais pu faire quelque usage de cette requête qu'on vous a envoyée et qu'on était convenu de m'envoyer ; mais il faut aller mon chemin, ou plutôt il faut tout remettre à la Providence, qui a jusqu'ici assez bien conduit toutes choses. Je suis entièrement à vous.

LETTRE XIV.

RACINE ET BOILEAU A MONSEIGNEUR LE MARÉCHAL DE LUXEMBOURG.

(FÉLICITATION SUR LA VICTOIRE DE FLEURUS.)

Au milieu des louanges et des compliments que vous recevez de tous côtés pour le grand service que vous venez de rendre à la France, trouvez bon, Monseigneur, qu'on vous remercie aussi du grand bien que vous avez fait à l'histoire, et du soin que vous prenez de l'enrichir. Personne jusqu'ici n'y a travaillé avec plus de succès que vous, et la bataille que vous venez de gagner fera sans doute un de ses plus magnifiques ornements. Jamais il n'y en eut de si propre à être racontée, et tout s'y rencontre à la fois, la grandeur de la querelle, l'animosité des deux partis, l'audace et la multitude des combattants, une résistance de plus de six heures, un carnage horrible, et enfin une déroute entière des ennemis. Jugez donc quel agrément c'est pour des historiens d'avoir de telles choses à écrire, surtout quand ces historiens peuvent espérer d'en apprendre de votre bouche même le détail. C'est de quoi nous osons nous flatter. Mais, laissant là l'histoire à part, sérieusement, Monseigneur, il n'y a point de gens qui soient si véritablement touchés que nous de l'heureuse victoire que vous avez remportée; car, sans compter l'intérêt général que nous y prenons avec tout le royaume, figurez-vous quelle est notre joie d'entendre publier partout que nos affaires sont rétablies, toutes les mesures des ennemis rompues, la France, pour ainsi dire, sauvée, et de songer que le héros qui a fait tous ces miracles est ce même homme d'un commerce si agréable, qui nous honore de son amitié, et qui nous donna à dîner le jour que le roi lui donna le commandement de ses armées. Nous sommes avec un profond respect, Monseigneur,

Vos très-humbles et très-obéissants serviteurs,

RACINE, DESPRÉAUX.

A Paris, 8 juillet 1690.

PIÈCES DIVERSES

ATTRIBUÉES A JEAN RACINE.

ÉPITRE DÉDICATOIRE

A MADAME DE MONTESPAN [1].

Madame,

Voici le plus jeune des auteurs qui vient vous demander votre protection pour ses ouvrages. Il aurait bien voulu attendre, pour les mettre au jour, qu'il eût huit ans accomplis; mais il a eu peur qu'on ne le soupçonnât d'ingratitude, s'il était plus de sept ans au monde sans vous donner des marques publiques de sa reconnaissance.

En effet, Madame, il vous doit une bonne partie de tout ce qu'il est. Quoiqu'il ait eu une naissance assez heureuse, et qu'il y ait peu d'auteurs que le ciel ait regardés aussi favorablement que lui, il avoue que votre conversation a beaucoup aidé à perfectionner en sa personne ce que la nature avait commencé. S'il pense avec quelque justesse, s'il s'exprime avec quelque grâce, et s'il sait déjà faire un assez juste discernement des hommes, ce sont autant de qualités qu'il a tâché de vous dérober. Pour moi, Madame,

---

[1] Cette épitre est placée à la tête des *OEuvres diverses d'un auteur de sept ans* (le duc du Maine). Elle fut d'abord attribuée à Mme de Maintenon, mais elle appartient évidemment à Racine.

qui connais ses plus secrètes pensées, je sais avec quelle admiration il vous écoute, et je puis vous assurer avec vérité qu'il vous étudie beaucoup plus volontiers que tous ses livres.

Vous trouverez, dans l'ouvrage que je vous présente, quelques traits assez beaux de l'histoire ancienne; mais il craint que, dans la foule d'événements merveilleux qui sont arrivés de nos jours, vous ne soyez guère touchée de tout ce qu'il pourra vous apprendre des siècles passés. Il craint cela avec d'autant plus de raison, qu'il a éprouvé la même chose en lisant les livres. Il trouve quelquefois étrange que les hommes se soient fait une nécessité d'apprendre par cœur des auteurs qui nous disent des choses si fort au-dessous de ce que nous voyons. Comment pourrait-il être frappé des victoires des Grecs et des Romains, et de tout ce que Florus et Justin lui racontent? Ses nourrices, dès le berceau, ont accoutumé ses oreilles à de plus grandes choses. On lui parle comme d'un prodige d'une ville que les Grecs prirent en dix ans. Il n'a que sept ans, et il a déjà vu chanter en France des *Te Deum* pour la prise de plus de cent villes.

Tout cela, Madame, le dégoûte un peu de l'antiquité. Il est fier naturellement; je vois bien qu'il se croit de bonne maison, et avec quelques éloges qu'on lui parle d'Alexandre et de César, je ne sais s'il voudrait faire aucune comparaison avec les enfants de ces grands hommes. Je m'assure que vous ne désapprouverez pas en lui cette petite fierté, et que vous trouverez qu'il ne se connaît pas mal en héros; mais vous m'avouerez aussi que je n'entends pas mal à faire des présents, et que, dans le dessein que j'avais de vous dédier un livre, je ne pouvais choisir un auteur qui vous fût plus agréable, ni à qui vous prissiez plus d'intérêt qu'à celui-ci.

Je suis,

   Madame,

    Votre très-humble et très-obéissante servante.

ÉPITRE DÉDICATOIRE

DU DICTIONNAIRE DE L'ACADÉMIE FRANÇAISE *.

AU ROI.

Sire,

Le *Dictionnaire de l'Académie française* paraît[1] enfin sous les auspices[2] de Votre Majesté, et nous avons[3] osé mettre à la tête de notre ouvrage le nom auguste du plus grand des rois. Quelques[4] soins que nous ayons pris d'y rassembler tous[5] les termes dont l'éloquence et la poésie peuvent former l'éloge des plus grands héros, nous[6] avouons, Sire, que vous nous en avez fait sentir plus d'une fois et le défaut et la faiblesse. Lorsque[7] notre zèle ou notre devoir nous ont engagés à parler[8] du secret impénétrable de vos desseins, que la seule exécution découvre aux yeux des hommes, et toujours dans les moments marqués par votre sagesse, les mots de *prévoyance*, de *prudence*, et de *sagesse* même ne répondaient[9] pas à nos idées; et nous aurions osé nous servir de celui de[10] *providence*, s'il pouvait jamais être permis de donner aux hommes ce qui n'appartient qu'à Dieu seul.

* Cette épître est de Charles Perrault.

Ce qui nous[11] console, Sire, c'est[12] que sur un pareil sujet les autres langues n'auraient aucun avantage sur la nôtre : celle des Grecs et celle des Romains seraient dans la même indigence; et tout ce que nous voyons[13] de brillant et de sublime dans leurs plus fameux panégyriques, n'aurait ni assez de force ni assez d'éclat pour soutenir le simple récit de vos victoires. Que l'on remonte de siècle en siècle jusqu'à l'antiquité la plus reculée, qu'y trouvera-t-on de comparable au spectacle qui fait aujourd'hui l'attention de l'univers? toute l'Europe armée contre vous, et toute l'Europe trop faible.

Qu'il nous soit permis, Sire, de détourner un moment les yeux[14] d'une gloire si éclatante, et d'oublier, s'il est possible, le vainqueur[15] des nations, le vengeur[16] des rois, le défenseur des autels, pour ne regarder que le protecteur de l'Académie française. Nous sentons combien nous honore[17] une protection si glorieuse; mais quel[18] bonheur pour nous de trouver en même temps le modèle le plus parfait de l'éloquence! Vous[19] êtes, Sire, naturellement et sans art, ce que nous tâchons de devenir par le travail et par l'étude: il règne dans tous[20] vos discours une souveraine[21] raison, toujours soutenue d'expressions fortes et précises, qui vous rendent[22] maître de toute l'âme de ceux qui vous écoutent, et ne leur laissent d'autre volonté que la vôtre. L'éloquence[23] où nous aspirons par nos veilles, et qui est en vous un don du ciel, que ne doit-elle point à vos actions héroïques! Les[24] grâces que vous versez sans cesse sur les gens de lettres peuvent bien faire fleurir les arts et les sciences; mais ce sont les grands événements qui font les poëtes et les orateurs : les merveilles de votre règne en auraient fait naître au milieu d'un pays barbare.

Tandis[25] que nous nous appliquons à l'embellissement de notre langue, vos armes victorieuses la font passer chez les étrangers : nous leur en facilitons l'intelligence par notre travail, et vous la leur rendez nécessaire par vos conquêtes;

et si elle va encore plus loin que vos conquêtes, si elle réduit toutes les langues des pays où elle est connue à ne servir presque plus qu'au commun du peuple, une si haute destinée vient moins de sa beauté naturelle et des[26] ornements que nous avons tâché d'y ajouter, que de l'avantage d'être la langue de la nation qui vous a pour monarque, et (nous ne craignons point de le dire) que vous avez rendue la nation dominante. Vous répandez[27] sur nous un éclat qui assujettit les étrangers à nos coutumes dans tout ce que leurs lois peuvent leur avoir laissé de libre : ils se font honneur de parler comme ce peuple à qui vous avez appris à surmonter tous les obstacles, à ne plus trouver de places imprenables, à forcer les retranchements les plus inaccessibles. Quel[28] empressement, Sire, la postérité n'aura-t-elle point à rechercher, à recueillir les Mémoires de votre vie, les chants de victoire qu'on aura mêlés à vos triomphes ! C'est[29] ce qui nous répond du succès de notre ouvrage; et s'il[30] arrive, comme nous osons l'espérer, qu'il ait le pouvoir de fixer la langue pour toujours, ce ne sera pas tant par nos soins que parce que les livres et les autres monuments qui parleront du règne de Votre Majeté feront les délices de tous les peuples, feront l'étude de tous les rois, et seront toujours regardés comme faits dans le temps de la pureté du langage et dans le beau siècle de la France. Nous[31] sommes avec une profonde vénération, etc.

CRITIQUE

DE L'ÉPITRE PRÉCÉDENTE [*].

¹ *Le Dictionnaire de l'Académie française paraît enfin.* Ce mot *enfin* ne peut ici être dit qu'en deux sens, ou comme par un aveu de la lenteur de l'Académie à travailler, ou comme par une espèce de vaine complaisance d'avoir pu venir à bout d'un si grand ouvrage. Or, dans l'un et dans l'autre sens, il est mal, parce qu'il n'est ici question ni de s'accuser ni de se vanter.

² *Sous les auspices de Votre Majesté.* On dit bien *agir sous les auspices, entreprendre, achever quelque chose sous les auspices d'un grand prince,* pour marquer que c'est par ses ordres que tout s'est fait; que c'est son génie, son bonheur, qui ont influé sur tout. Mais *paraît sous les auspices* ne se peut dire, à mon sens, que dans une occasion : ce serait si un auteur, n'ayant pas voulu, par modestie, mettre un ouvrage au jour, venait à y être excité, et comme forcé par les instances d'un grand prince. Car alors on pourrait dire avec fondement que cet ouvrage paraît au jour sous les auspices du prince. Mais ici il n'y a rien de semblable.

³ *Et nous avons osé mettre à la tête de notre ouvrage le*

[*] Cette critique est attribuée à Racine et à Regnier-Desmarais.

nom auguste. Cette phrase, *mettre le nom d'un prince à la tête d'un ouvrage,* pour dire, lui dédier un ouvrage, me semble impropre, en ce qu'elle ne signifie point, en effet, ce qu'on veut lui faire signifier. Le mot *oser* me semble aussi n'être pas à propos en cet endroit. Car, en général, bien loin que ce soit une hardiesse à qui que ce soit de dédier un livre à un grand prince, c'est au contraire une marque de respect, un acte d'hommage; et pour l'Académie, à l'égard du roi, qui en est le protecteur, c'est un devoir, c'est une obligation indispensable.

[4] *Quelques soins que nous ayons pris d'y rassembler tous les termes dont l'éloquence et la poésie peuvent former l'éloge des plus grands héros.* De la façon dont ceci est énoncé, on peut croire que l'Académie, en faisant son Dictionnaire, n'a eu autre chose en vue que de recueillir les mots dont on peut se servir dans un panégyrique, dans une ode, dans un poëme épique, ou que du moins, en rassemblant aussi tous les autres, elle ne l'a fait que par manière d'acquit; mais que pour ceux qui peuvent entrer dans l'éloge d'un grand prince, elle y a travaillé avec tout un autre soin. Car c'est là ce qui résulte naturellement de la phrase dont il s'agit.

Que si on la veut prendre dans un sens plus étendu, et comme faisant une figure qui, dans l'expression de la plus noble partie, comprend le tout, il y aura un autre inconvénient. C'est que tous les faiseurs de dictionnaires seront aussi bien fondés que nous à dire qu'ils ont *pris soin de rassembler tous les termes dont on peut former l'éloge des plus grands héros.*

Il y a, d'ailleurs, une autre observation à faire là-dessus, c'est que les mots de jurer, blasphémer, voler, tuer, assassin, traître, crime, poison, inceste, etc., ne sont pas moins dans le *Dictionnaire de l'Académie* que ceux de régner, vaincre, triompher, libéral, magnanime, conquérant, valeur, gloire, sagesse, etc.; qu'ainsi on peut dire avec le même fondement que nous avons *pris soin de rassembler* tous les termes dont on peut se servir pour faire les invectives les plus sanglantes et pour décrire les actions les plus abominables.

⁵ *Tous les termes dont l'éloquence*. Phrase louche par elle-même, et qui laisse en doute d'abord si on ne veut point dire *tous les termes, l'éloquence desquels*.

⁶ *Nous avouons, Sire, que vous nous en avez fait sentir plus d'une fois et le défaut et la faiblesse*. Ces mots-là, de la manière dont ils sont rangés, font tout un autre sens que celui qu'on a voulu leur donner. On a voulu dire que le roi nous faisait sentir la faiblesse et la pauvreté de la langue; et cette phrase, tout au contraire, signifie qu'il nous a fait sentir le défaut et la faiblesse des héros.

⁷ *Lorsque notre zèle*. Quand on a avancé une proposition, il faut que la preuve qu'on en donne ensuite y ait un parfait rapport. Ainsi, après avoir dit que le roi nous a fait sentir plus d'une fois *la faiblesse* de la langue, il faudrait, pour le bien prouver, faire une espèce d'énumération des diverses choses en quoi il nous l'a fait sentir. Mais ici on ne parle que d'une seule; et, outre qu'en cela on manque à prouver suffisamment ce qu'on avait avancé, puisqu'une proposition générale ne saurait être prouvée par un fait particulier, on donne de plus lieu de croire que ce n'est qu'à l'égard de ce fait particulier qu'on a trouvé la langue trop faible.

⁸ *Parler du secret impénétrable*. Parler d'un secret, c'est le révéler, le divulguer; de sorte qu'on pourrait dire que, bien loin que le zèle et le devoir engagent à parler du secret impénétrable des desseins d'un prince, ils obligent au contraire à n'en dire mot.

⁹ *Ne répondaient pas à nos idées*. Il faudrait, pour la justesse de la construction, *ont mal répondu*, puisque auparavant il y a *nous ont engagés*; ou bien, ce qui serait encore plus régulier : *Toutes les fois que notre zèle ou notre devoir nous ont engagés... nous avons trouvé que les mots... ne répondaient pas à nos idées*.

¹⁰ *Providence.* Reconnaître que le terme de providence n'appartient qu'à Dieu seul, et qu'il ne peut jamais être permis de donner aux hommes ce qui n'appartient qu'à Dieu, mais cependant dire en même temps qu'on le donnerait s'il était permis de le donner, il y a en cela une contradiction d'idées, et cela se détruit soi-même.

D'ailleurs, en disant : *Et nous aurions osé, etc.; s'il pouvait être permis, etc.*, on marque une grande disposition à faire la chose même que l'on reconnaît n'être pas permise. Je ne sais si je me trompe, mais cet endroit, à ce qu'il me paraît, blesse la bienséance.

¹¹ *Ce qui nous console.* Voilà encore un endroit où l'expression fait tort au sens : car, si l'Académie est vraiment touchée de ce qui regarde la gloire du roi, ce ne doit pas être un sujet de consolation pour elle de ce que les autres langues ne sont pas plus capables que la nôtre de donner une juste idée des actions d'un si grand prince. On ne peut avoir raison de s'exprimer de la sorte que quand on veut bien laisser voir qu'on n'agit que par émulation : mais, hors de là, il est mal de dire qu'on se console de ne pouvoir pas bien faire, parce que d'autres ne peuvent pas faire mieux.

¹² *C'est que sur un pareil sujet les autres langues n'auraient aucun avantage sur la nôtre.* De ces deux *sur*, le premier est peut-être impropre; car on ne dit pas *avoir avantage sur quelqu'un, sur quelque chose*, mais *en quelque chose*. De plus, l'exactitude et la pureté du style ne souffrent pas qu'on mette dans un petit membre de période deux *sur*, qui dépendent tous deux d'un même régime.

¹³ *De brillant et de sublime dans leurs plus fameux panégyriques.* A prendre le mot de *panégyrique* dans un sens étroit, cela n'irait pas loin. Ainsi je ne doute point que par les *plus fameux panégyriques*, on n'ait eu en vue tout ce que les anciens, Grecs et Romains, peuvent avoir fait de plus achevé, en matière de louanges, dans tous leurs ouvrages. Mais en même temps aussi je crois que c'est une

exagération, et trop forte en elle-même, et vicieuse outre cela quant au sens et quant à l'expression, que de dire que ce qu'il y a de plus brillant et de plus sublime dans l'éloquence ou grecque ou romaine, ne puisse pas avoir *assez de force et assez d'éclat pour soutenir le simple récit des victoires* du roi. Le brillant, le sublime et l'éclat ne sont point faits pour *soutenir*, et un *simple récit* ne doit point être *soutenu*. Cela implique contradiction.

[14] *Qu'il nous soit permis, Sire, de détourner les yeux d'une gloire si éclatante.* Je ne blâme point cette phrase ; mais pourtant *les yeux d'une gloire* peuvent trouver de mauvais plaisants.

[15] *Le vainqueur des nations.* Pour pouvoir dire qu'un prince est le *vainqueur des nations,* il ne suffit pas qu'il ait été toujours victorieux dans toutes les guerres qu'il a ou entreprises ou soutenues contre diverses nations ; il faut qu'il ait subjugué des nations entières. Or cela ne se peut pas dire du roi, quoique ses victoires et ses conquêtes soient plus grandes et plus glorieuses par elles-mêmes que celles des princes qui ont subjugué plusieurs nations.

[16] *Le vengeur des rois.* Cette épithète ne convient pas non plus. Il faudrait, pour la fonder, que le roi eût effectivement rétabli le roi d'Angleterre sur le trône. Tant qu'il ne l'y rétablit point, il est son protecteur, son appui; mais il n'est point son *vengeur,* le mot de *vengeur* supposant un homme qui non-seulement a pris quelqu'un sous sa protection, mais qui l'a effectivement vengé de ses ennemis et rétabli en son premier état.

[17] *Une protection si glorieuse.* La construction souffre ici : car il ne suffit pas que, sous le terme de *protecteur,* celui de *protection* soit renfermé, pour dire ensuite absolument *une protection si glorieuse;* mais il faut nécessairement que celui même de *protection* ait été exprimé; ces mots, *une si glorieuse,* étant ici de même nature que le pronom démonstratif *ce,* qu'on ne peut jamais employer sans que le terme

auquel il se rapporte ait été employé peu de temps auparavant, ou sans ajouter ensuite quelque chose qui marque précisément de quoi il s'agit. Ainsi, après avoir parlé de la protection dont le roi honore l'Académie, on peut bien dire : *Une si haute protection, Sire.* Que si on ne s'est point encore servi du mot de *protection,* il faudra dire : *Une si haute protection que celle dont vous nous honorez,* ou quelque autre chose de semblable ; car si l'on n'ajoute rien après *une si haute protection* dans un cas où le même mot n'a pas précédé, encore une fois, il n'y a point de construction.

Si glorieuse. En parlant des grandes actions du roi, c'est fort bien dit, *des actions si glorieuses,* parce que c'est à lui qu'elles apportent de la gloire : mais, en parlant de la protection que le roi nous donne, comme ce n'est pas à lui, mais à nous qu'elle fait honneur, il faut le remarquer et dire *une protection qui nous est si glorieuse.*

Ce qu'il y a encore de plus considérable à observer sur cette phrase, *combien nous honore une protection si glorieuse,* c'est qu'elle roule sur des termes qui ne disent à peu près que la même chose, et qu'ainsi elle tombe dans le vice où tomberait celui qui dirait : Je sens combien me fait de plaisir une chose si agréable, ou : Je sens combien m'est utile une chose si avantageuse ; car l'honneur et la gloire ne sont pas plus distincts entre eux que l'agrément et le plaisir, que l'avantage et l'utilité.

[18] *Quel bonheur pour nous de trouver en même temps le modèle le plus parfait de l'éloquence !* De la façon dont ceci est énoncé, on ne donne pas assez à entendre où l'on a trouvé ce modèle ; et, puisque c'est du roi qu'on veut parler, il me semble qu'il aurait fallu dire *de trouver en vous,* ou quelque chose d'équivalent. Mais, sans m'arrêter à ce qui regarde ici l'expression, je passe à ce qui regarde le sens.

Le roi parle sans doute très-purement ; il s'exprime avec une grande justesse, avec une grande précision, et il a l'esprit si excellent, il est si consommé dans les affaires de son État, que tout ce qu'il pense et ce qu'il dit dans ses conseils est toujours ce qu'il y a de mieux à dire et à penser. Tout cela fait un très-grand prince, un très-grand génie qu'on peut proposer aux rois pour modèle : mais fait-il un orateur éloquent, sur le modèle duquel ceux qui aspirent à l'éloquence doivent et puissent se former? De plus, quand le bon sens, la pureté et la précision, qui règnent dans tout ce que le roi dit dans ses conseils, feraient cette véritable éloquence que les académiciens doivent chercher, comment la pourraient-ils imiter, puisque pour cela il faudrait être admis dans ses conseils et pouvoir l'entendre parler sur les affaires de son État? Car, s'ils n'ont l'honneur de le voir et de l'entendre que comme la foule des courtisans, ils pourront bien apprendre de lui à se posséder toujours, à ne dire jamais rien de dur, rien d'inutile, rien que de précis et de sage; mais tout cela regarde bien plus les mœurs que l'éloquence. Ainsi, plus j'approfondis la louange qu'on a voulu donner en cela au roi, moins je la trouve convenable.

[19] *Vous êtes, Sire, naturellement et sans art, ce que nous tâchons de devenir par l'étude.* Pour juger si cette proposition renferme un sens juste, il faut examiner ce que le roi est naturellement, et ce que les académiciens doivent travailler à devenir par l'étude. Le roi est naturellement, c'est-à-dire par sa naissance, et sans y avoir rien contribué de lui-même, roi de France; il est naturellement très-bien fait; il est naturellement d'une bonne et heureuse complexion; et, si l'on veut étendre encore davantage le sens de *naturellement*, il a naturellement de l'esprit, de la pénétration, de la bonté, de la douceur, de la fermeté, de la grandeur d'âme. Voilà à peu près ce qu'on peut dire que le roi est naturellement, et qu'il a sans le secours de l'art. Mais est-ce là ce qu'un académicien doit se proposer de devenir et d'acquérir? Il me semble que, comme académicien, ce qu'il doit se proposer, c'est de devenir un excellent grammairien, un excellent critique en matière de littérature, un excellent historien, un

excellent orateur, un excellent poëte, enfin un excellent homme de lettres. Or, le roi n'est rien de tout cela naturellement.

[20] *Il règne dans tous vos discours.* La chose est vraie en soi, mais elle me paraît mal énoncée; car ces mots, *dans tous vos discours*, ne conviennent nullement au roi. Il faudrait dire : *Il règne dans tout ce que vous dites*, ou bien : *Vous ne dites rien où il ne règne.*

[21] *Une souveraine raison.* Cette souveraine raison dont il est ici question, et qui fait les sages princes et les habiles politiques, est-ce la même que celle qui fait les orateurs et les poëtes? Nullement : c'en est une d'une espèce toute différente, et qui n'a rien de commun avec l'éloquence, si ce n'est parce qu'il n'y a point de véritable éloquence que celle qui est fondée sur la raison.

[22] *Qui vous rendent maître de toute l'âme de ceux qui vous écoutent, et ne leur laissent d'autre volonté que la vôtre.* Tout cela se peut fort bien dire d'un grand prédicateur, d'un grand orateur, d'un éloquent général d'armée, accoutumé à haranguer ses soldats et à leur inspirer ce qu'il veut, mais non pas d'un roi qui donne ses ordres à ses ministres, et qui leur prescrit ce qu'ils doivent faire. Voilà quant au sens des paroles : je viens maintenant aux paroles mêmes.

C'est fort bien dit, en parlant d'un orateur, *ceux qui l'écoutent*. Mais, en parlant d'un roi qui agite, qui discute avec ses ministres les affaires de son État, il faut dire, *ceux qui l'entendent parler*. Et dire en cette occasion, *ceux qui l'écoutent*, c'est une phrase aussi impropre que si on disait *ses auditeurs*, pour dire *ses ministres*.

Il y a, ce me semble, une autre faute de justesse dans ces paroles, *qui vous rendent... et ne leur laissent;* car ce ne sont pas les expressions fortes et précises qui *rendent* un homme *maître*, etc. : c'est la souveraine raison, soutenue de ces expressions. Et par conséquent, au lieu que ces mots sont mis au pluriel et se rapportent à *expressions*, ils doivent être mis au singulier et se rapporter à *souveraine raison.*

Je crois aussi qu'en cet endroit *expressions fortes* n'est pas bien dit, parce que, dans la bouche du maître, des expressions fortes sont des expressions dures, et qui tiennent de l'empire et de la menace.

Quant à cette autre façon de parler, *maître de toute l'âme,* il me semble qu'elle a quelque chose de poétique, et qu'elle est ici mal appliquée; car s'agit-il que le roi, pour faire entrer ses ministres dans son sentiment, se rende maître de leur esprit par la force de ses raisons et de ses paroles?

²³ *L'éloquence où nous aspirons par nos veilles, et qui est en vous un don du ciel, que ne doit-elle point à vos actions héroïques?* Si on s'était contenté de dire que l'éloquence où l'Académie aspire doit beaucoup aux actions héroïques du roi, on aurait dit une chose qu'on pourrait trouver moyen de soutenir. Mais dire que l'éloquence, qui est en lui *un don du ciel*, doit beaucoup à ses actions héroïques, c'est une chose qui ne se peut pas défendre; car c'est dire précisément que le don du ciel qui est en lui, doit beaucoup à ses actions.

²⁴ *Les grâces que vous versez sans cesse sur les gens de lettres peuvent bien faire fleurir les arts et les sciences; mais ce sont les grands événements qui font les poëtes et les orateurs.* Si les grâces répandues sur les gens de lettres font fleurir les lettres, il s'ensuit nécessairement qu'elles font aussi des poëtes et des orateurs; car les lettres ne peuvent pas fleurir sans l'éloquence et la poésie. Ainsi le sens du second membre de cette période étant déjà enfermé dans le premier, il n'y a pas lieu de l'énoncer ensuite dans le second membre comme par une espèce d'opposition, et d'en former un axiome.

Mais, quand il n'y aurait nulle difficulté en cela, je ne vois pas sur quoi on fonde que ce sont les grands événements qui font les poëtes et les orateurs. Tout ce qu'ils font, c'est de leur fournir des sujets propres à les exciter et à les soutenir. Alexandre a été un des plus grands conquérants du monde, et il n'y a peut-être jamais eu de plus grand événement dans l'univers que le renversement de l'empire des Perses, suivi de l'établissement de celui des Grecs dans une partie considérable de l'Europe, dans l'Égypte, et dans l'Asie jusqu'au Gange. Cependant les grandes choses qu'il a faites lui ont-elles fait naître un excellent poëte grec? Et le poëte Chérilus, qui les a vues, et qu'il comblait même de bienfaits, en a-t-il été moins mauvais poëte? Les victoires d'Annibal, grandes et signalées en Espagne et en Italie, et celles même de Jules César, ont-elles fait naître des poëtes et des orateurs? En a-t-on vu de bien fameux du temps de Charlemagne, si célèbre par ses grandes actions, et par l'empire romain partagé avec les Grecs? Et, s'il était vrai que les merveilles du règne d'un prince en dussent faire naître *au milieu d'un pays barbare,* pourquoi les premiers Ottomans n'en ont-ils point eu dont le nom ait mérité de parvenir jusqu'à nous? Je sais bien que l'éloquence ne doit pas être renfermée dans les bornes d'une vérité rigoureuse; mais il ne faut pas aussi, dans une épître, s'emporter comme ferait un orateur dans la tribune, ou comme un poëte dans un ouvrage pindarique.

²⁵ *Tandis que nous nous appliquons.* Voici une période d'une extrême longueur, et qui n'a en cela nulle proportion avec les autres, qui sont presque toutes coupées.

Il me semble, au reste, qu'il y a quelque chose qui blesse la bienséance, de représenter dans un même tableau, d'un côté l'Académie travaillant à la composition ou à la révision du Dictionnaire, et de l'autre le roi à la tête de ses armées.

Mais laissant cela à part, puisque c'est du Dictionnaire qu'on parle, et du Dictionnaire achevé, il ne faut pas dire en le présentant : *Tandis que nous nous appliquons... Vos armées victorieuses la font passer;* mais *tandis que nous sommes appliqués... Vos armées victorieuses l'ont fait passer*, etc.

[26] *Des ornements que nous avons tâché d'y ajouter.* Travailler au dictionnaire d'une langue, est-ce y ajouter des *ornements*? Tous ceux qui font des dictionnaires ne sont que des compilateurs plus ou moins exacts. On orne, on embellit une langue par des ouvrages en prose et en vers, écrits avec un grand sens, un grand goût, une grande pureté, une grande exactitude, un grand choix de pensées et d'expressions. Mais on ne peut pas dire que ce soit y ajouter *des ornements*, que d'en recueillir, d'en définir les mots, et d'en fournir des exemples tirés du bon usage.

[27] *Vous répandez sur nous.* Ce *nous*, si on en juge par tous les autres qui sont dans l'épître, et même par ceux qui sont dans la période précédente, doit s'entendre des académiciens. De sorte qu'à prendre droit par les termes, cela signifie que les étrangers sont assujettis aux coutumes de l'Académie dans tout ce que leurs lois leur ont pu laisser de libre. Mais, quand on ôterait l'équivoque de *nous*, qui serait facile à ôter, il ne serait peut-être pas aisé de réduire cette pensée à un sens juste et raisonnable; car la langue d'un pays peut-elle raisonnablement se mettre au rang des choses que les lois laissent à la liberté des peuples de quitter comme il leur plaît?

[28] *Quel empressement.* Tout ceci, quant au sens, ne me paraît pas assez lié ni avec ce qui précède, ni avec ce qui suit.

[29] *C'est ce qui nous répond du succès.* Qu'est-ce que le succès d'un ouvrage? Est-ce simplement de durer longtemps, et de passer à la postérité? Si cela est, tous les mauvais ouvrages qui sont parvenus jusqu'à nous depuis deux mille ans, plus ou moins, ont eu un grand succès. Et que promet-on au Dictionnaire, quand on ne lui promet autre chose? Mais si, par le succès d'un ouvrage, on entend, comme on le doit, le jugement avantageux qu'en fait le

public après l'avoir examiné, comment peut-on dire que l'empressement que la postérité aura à recueillir les Mémoires de la vie du roi est ce qui répond du succès du Dictionnaire ?

³⁰ *S'il arrive... qu'il ait le pouvoir de fixer la langue pour toujours, ce ne sera pas tant par nos soins que parce que.* C'est dire : S'il arrive qu'il ait le pouvoir de fixer la langue, ce ne sera pas lui qui la fixera. La bonne logique aurait voulu qu'on eût dit : S'il arrive que la langue française, telle qu'elle est aujourd'hui, vienne à être fixée pour toujours, ce ne sera pas tant par nos soins que parce que, etc.

³¹ *Nous sommes.* Lorsqu'un particulier écrit à un autre particulier, il peut finir sa lettre partout où il veut. Il peut couper tout d'un coup, et dire, *je suis,* sans que cela ait aucune liaison de sens avec ce qui a précédé. Peut-être même que c'est mieux fait d'en user de la sorte que de s'amuser à prendre un tour pour finir une lettre comme en cadence. Mais il n'en est pas de même, à mon avis, quand une compagnie écrit au roi. Il faut que tout soit plus compassé, plus mesuré, plus étudié, et que du moins les dernières choses qu'on a dites aient quelque rapport de sens avec la protestation par laquelle on finit ; car une fin brusque, et qui n'est liée à rien, marque de la négligence ou de la lassitude ; et l'un et l'autre blessent le respect.

FIN DES NOTES DE L'ÉPITRE PRÉCÉDENTE.

LETTRES

ADRESSÉES A RACINE

OU ÉCRITES A SON SUJET.

LETTRES

ADRESSÉES A RACINE,

OU ÉCRITES A SON SUJET.

ANTOINE LEMAISTRE

A RACINE[1].

(De Bourgfontaine), ce 21 de mars 1656.

Mon fils, je vous prie de m'envoyer au plus tôt l'*Apologie des saints Pères*, qui est à moi, et qui est de la première impression; elle est reliée en veau marbré, in-4°. J'ai reçu les cinq volumes de mes *Conciles*, que vous aviez fort bien empaquetés; je vous en remercie. Mandez-moi si tous mes livres sont au château, bien arrangés sur des tablettes, et si tous mes onze volumes de saint Chrysostome y sont, et voyez-les de temps en temps pour les nettoyer. Il faudrait mettre de l'eau dans des écuelles de terre, où ils sont, afin que les souris ne les rongent pas. Faites mes recommandations à Mme Racine, et à votre bonne tante, et suivez leurs conseils en tout. La jeunesse doit toujours se laisser conduire, et tâcher de ne point s'émanciper. Peut-être que Dieu nous fera revenir où vous êtes. Cependant il faut tâcher de profiter

---

[1] Cette lettre a été donnée par L. Racine dans ses Mémoires sur son père, avec quelques changements sans importance.

de cette persécution, et de faire qu'elle nous serve à nous détacher du monde, qui nous paraît si ennemi de la piété. Bonjour, mon cher fils; aimez toujours votre papa comme il vous aime. Écrivez-moi de temps en temps. Envoyez-moi aussi mon *Tacite* in-folio.

Suscription : Pour le *petit Racine*, à Port-Royal.

LA MÈRE AGNÈS DE SAINTE-THÈCLE RACINE

A RACINE, SON NEVEU[1].

(1665 ou 1666.)

Gloire à Jésus-Christ et au Très-Saint Sacrement.

Ayant appris que vous aviez dessein de faire ici un voyage, j'avais demandé permission à notre mère de vous voir, parce que quelques personnes nous avaient assurées que vous étiez dans la pensée de songer sérieusement à vous; et j'aurais été bien aise de l'apprendre par vous-même, afin de vous témoigner la joie que j'aurais s'il plaisait à Dieu de vous toucher. Mais j'ai appris, depuis peu de jours, une nouvelle qui m'a touchée sensiblement. Je vous écris dans l'amertume de mon cœur, et en versant des larmes que je voudrais pouvoir répandre en assez grande abondance devant Dieu pour obtenir de lui votre salut, qui est la chose du monde que je souhaite avec le plus d'ardeur. J'ai donc appris avec douleur que vous fréquentiez plus que jamais des gens dont le nom est abominable à toutes les personnes qui ont tant soit peu de piété, et avec raison, puisqu'on leur interdit l'entrée de l'église et la communion des fidèles, même à la mort, à moins qu'ils ne se reconnaissent. Jugez donc, mon cher

[1] Cette lettre a été reproduite par L. Racine dans ses Mémoires.

neveu, dans quel état je puis être, puisque vous n'ignorez pas la tendresse que j'ai toujours eue pour vous, et que je n'ai jamais rien désiré, sinon que vous fussiez tout à Dieu dans quelque emploi honnête. Je vous conjure donc, mon cher neveu, d'avoir pitié de votre âme, et de rentrer dans votre cœur pour y considérer sérieusement dans quel abîme vous vous êtes jeté. Je souhaite que ce qu'on m'a dit ne soit pas vrai; mais si vous êtes assez malheureux pour n'avoir pas rompu un commerce qui vous déshonore devant Dieu et devant les hommes, vous ne devez pas penser à nous venir voir; car vous savez bien que je ne pourrais pas vous parler, vous sachant dans un état si déplorable et si contraire au christianisme. Cependant je ne cesserai point de prier Dieu qu'il vous fasse miséricorde, et à moi en vous la faisant, puisque votre salut m'est si cher.

M. DE GUILLERAGUES,

AMBASSADEUR DE FRANCE A CONSTANTINOPLE,

A RACINE.

Au palais de France, à Péra, le 9 de juin 1684.

J'ai été sensiblement attendri et flatté, Monsieur, de la lettre que vous m'avez fait l'honneur et le plaisir de m'écrire. Vos œuvres, plusieurs fois relues, ont justifié mon ancienne admiration. Éloigné de vous, Monsieur, et des représentations qui peuvent en imposer, dégoûté de ces pays fameux, vos tragédies m'ont paru encore plus belles et plus durables. La vraisemblance y est merveilleusement observée, avec une profonde connaissance du cœur humain dans les différentes crises des passions. Vous avez suivi, soutenu, et presque toujours enrichi les grandes idées que les anciens ont voulu nous donner, sans s'attacher à dire ce qui était. Dieu me préserve de traiter la respectable antiquité comme Saint-Amand a traité l'ancienne Rome! mais vous savez mieux que moi que, dans tout ce qu'ont écrit les poëtes et les historiens, ils se sont plutôt abandonnés au charme de leur brillante imagination qu'ils n'ont été exacts observateurs de la vérité. (Pour vous et M. Despréaux, historiens du plus grand roi du monde, la vérité vous fournit une matière tellement abondante, que, pouvant même vous accabler et vous rendre peu croyables à la postérité, elle me laisse en doute si vous êtes, à cet égard, ou plus heureux, ou plus malheureux que les anciens.)

Le Scamandre et le Simoïs sont à sec dix mois de l'année : leur lit n'est qu'un fossé. Cidaris et Barbisès portent très-peu d'eau dans le port de Constantinople. L'Hèbre est une rivière du quatrième ordre. Les vingt-deux royaumes de l'Anatolie, le royaume de Pont, la Nicomédie donnée aux Romains, l'Ithaque, présentement l'île de Céphalonie, la Macédoine, le terroir de Larisse et celui d'Athènes, ne peuvent jamais avoir fourni la quinzième partie des hommes dont les historiens font mention. Il est impossible que tous ces pays, cultivés avec tous les soins imaginables, aient été fort peuplés. Le terrain est presque partout pierreux, aride et sans rivières : on y voit des montagnes et des côtes pelées, plus anciennes assurément que les plus anciens écrivains. Le port d'Aulide, absolument gâté, peut avoir été très-bon; mais il n'a jamais pu contenir un nombre approchant de deux mille vaisseaux ou simples barques. Sdile ou Délos est un misérable rocher; Cerigue et Paphos, qui est dans l'île de Chypre, sont des lieux affreux. Cerigue est une petite île des Vénitiens, la plus désagréable et la plus infertile qui soit au monde. Il n'y a jamais eu d'air si corrompu que celui de Paphos, lieu absolument inhabité. Naxie ne vaut guère mieux.

Les divinités ont été mal placées : il en faut demeurer d'accord. Je croirais volontiers que les historiens se sont imaginé qu'il était plus beau de faire combattre trois cent mille hommes plutôt que vingt mille, et vingt rois plutôt que vingt petits seigneurs. Les poëtes avaient des maîtresses dans les lieux où ils ont fait demeurer Vénus; mais en vérité la beauté ravissante de leurs ouvrages justifie tout. Linières et tant d'autres ne pourraient pas aussi impunément consacrer Senlis ou la rue de la Huchette, quand même ils seraient amoureux. Dans le fond, les grands auteurs, par la seule beauté de leur génie, ont pu donner des charmes éternels, et même l'être, aux royaumes, la réputation aux nations, le nombre aux armées, et la force aux simples murailles. Ils ont laissé de grands exemples de vertu comme de style, fournissant ainsi leur postérité de tous ses besoins; et si elle n'en a pas toujours su profiter, ce n'est pas leur faute. Il n'importe guère de quels pays soient les héros; il n'importe guère aussi, ce me semble, si les historiens et les grands poëtes sont nés à Rome ou dans la cour du Palais, à Athènes ou à la Ferté-Milon. Je vous observerai, Monsieur, avant de finir cet article, qu'il y a deux mille évêchés en Grèce seulement, nommés dans l'histoire ecclésiastique, qui ne peuvent avoir eu deux paroisses chacun.

J'ai appris avec un sensible déplaisir la mort de M. de Puimorin. Je l'ai tendrement regretté; je remercie Dieu de tout mon cœur de lui avoir fait l'importante grâce de songer à son salut avant sa mort.

Les témoignages de votre souvenir, Monsieur, m'ont été et me seront toujours fort chers : j'eusse voulu que, vous souvenant aussi de l'attachement que j'ai pour tout ce qui vous touche, vous m'eussiez écrit quelque chose de votre famille et de vos affaires. Je crois le petit Racine bien vif, et il n'est pas impossible qu'à mon retour je ne l'interroge et ne le tourmente sur son latin : peut-être m'embarrassera-t-il sur le grec littéral; mais je saurai un peu mieux le grec vulgaire, langue aussi corrompue et aussi misérable que l'ancienne Grèce l'est devenue.

Adieu, mon cher monsieur. Je vous conjure de penser quelquefois à notre ancienne amitié, de m'écrire encore, quand même vous devriez continuer à m'appeler *monseigneur*, et d'être bien persuadé de l'extrême passion et de l'estime sincère et sérieuse avec laquelle je serai toujours votre très-humble et très-obéissant serviteur.

Je ne vous ai jamais rien appris, et vous m'avez appris mille choses ; cependant vous êtes obligé de demeurer d'accord (vous qui me donnez libéralement quelque part à vos tragédies, quoique je n'y en aie jamais eu d'autre que celle de la première admiration) que je vous ai découvert qu'un trésorier général de France prend le titre de chevalier, et qu'il a la satisfaction honorable d'être enterré avec des éperons dorés; qu'ainsi il ne doit pas légèrement prodiguer le titre de *monseigneur*.

Vous ne m'avez pas mandé si vous voyez souvent M. le marquis de Seignelay. Adieu, Monsieur.

Suscription : A M. Racine, trésorier général de France, à Paris.

LETTRES

D'ANTOINE ARNAULD.

I.

A RACINE.

De Bruxelles, ce 7 avril 1685.

J'ai à vous remercier, Monsieur, du *Discours* qu'on m'a envoyé de votre part. Rien n'est assurément plus éloquent, et le héros que vous y louez est d'autant plus digne de vos louanges que l'on dit qu'il y a trouvé de l'excès. Mais il est bien difficile qu'il n'y en ait toujours un peu : les plus grands hommes sont hommes, et se sentent toujours, par quelque endroit, de l'infirmité humaine. On aurait bien des choses à se dire sur cela si on se parlait, mais c'est ce qu'on ne voit pas lieu d'espérer de pouvoir faire : il faudrait pour cela avoir dissipé un nuage, que j'ose dire être une tache dans ce soleil. Ce ne serait pas une chose difficile si ceux qui le pourraient faire avaient assez de générosité pour l'entreprendre; mais j'avoue qu'il y en a peu qui aient tous les talents nécessaires pour cela, entre lesquels on doit compter celui que les Pères appellent *talentum familiaritatis*. Cependant je vous assure que les pensées que j'ai sur cela ne sont point intéressées; que ce qui peut me regarder me touche fort peu, et que ce que je considère principalement, c'est le bien infini que pourrait faire à l'Église un prince si accompli, si cet obstacle était levé.

Celui, Monsieur, qui vous remettra cette lettre est un ami qui demeure avec moi depuis quinze ans, et qui a pour moi tant d'affection, que je ne puis pas que je ne lui en sois très-obligé. Il a un frère qui est fort honnête homme, et capable de s'acquitter d'un emploi (comme serait d'avoir soin des affaires dans une grande maison) avec beaucoup d'application et de fidélité. Si vous pouviez, Monsieur, lui en procurer quelqu'un, je vous en aurais une grande obligation.

Je suis tout à vous et à votre incomparable ami.

II.

A M. VIEILLARD[1],

QUI LUI AVAIT ENVOYÉ LA TRAGÉDIE D'*ATHALIE*.

De Bruxelles, ce 10 avril 1691.

Ce ne sont pas les scrupules du P. Massillon qui ont été cause que j'ai tant différé à vous écrire de l'*Athalie*, pour remercier l'auteur du présent qu'il m'en a fait. Je l'ai reçue tard, et l'ai lue aussitôt deux ou trois fois avec grande satisfaction; mais j'ai depuis été si occupé, que n'ai pas cru me pouvoir détourner pour quoi que ce soit; à quoi ont succédé des empêchements d'écrire qui venaient d'autres causes. Si

---

[1] On a longtemps pensé que cette lettre avait été adressée à Boileau.

j'avais plus de loisir, je vous marquerais plus au long ce que j'ai trouvé dans cette pièce qui me la fait admirer. Le sujet y est traité avec un art merveilleux, les caractères bien soutenus, les vers nobles et naturels. Ce qu'on y fait dire aux gens de bien inspire du respect pour la religion et pour la vertu, et ce que l'on fait dire aux méchants n'empêche point qu'on n'ait de l'horreur de leur malice; en quoi je trouve que beaucoup de poëtes sont blâmables, mettant tout leur esprit à faire parler leurs personnages d'une manière qui peut rendre leur cause si bonne, qu'on est plus porté à approuver ou à excuser les plus méchantes actions qu'à en avoir de la haine. Mais comme il est bien difficile que deux enfants du même père soient si également parfaits qu'il n'ait pas plus d'inclination pour l'un que pour l'autre, je voudrais bien savoir laquelle de ces deux pièces votre voisin aime davantage. Mais, pour moi, je vous dirai franchement que les charmes de la cadette n'ont pu m'empêcher de donner la préférence à l'aînée[1]. J'en ai beaucoup de raisons, dont la principale est que j'y trouve beaucoup plus de choses très-édifiantes et très-capables d'inspirer de la piété. Je suis tout à vous.

III.

A RACINE.

De Bruxelles, ce 2 juin 1692.

A un aussi bon ami que vous, si généreux et si effectif, il ne faut point de préambule. J'ai des obligations extrêmes à un échevin de Liége, nommé M. de Cartier, parfaitement

[1] *Esther.*

honnête homme, et, ce que je considère plus, bon chrétien. Il craint, et avec raison, ce qui pourra arriver après la prise de Namur, que l'on doit regarder comme indubitable. On cherchait des recommandations pour lui auprès de M. le maréchal de Luxembourg; mais j'ai assuré ceux qui voulaient écrire à Paris qu'il n'y en avait point de meilleure que la vôtre. Employez donc, mon très-cher ami, tout ce que vous avez de crédit dans cette maison, afin qu'il connaisse que la prière que je vous ai faite pour lui n'a pas été inutile. Il voudrait bien aussi avoir des sauvegardes de Sa Majesté pour sa maison de Liége, qui est fort belle, et pour une terre qu'il a dans le pays de Limbourg, auprès de l'abbaye de Bois-le-Duc. Cette terre paie contribution, et ainsi on n'a peut-être pas besoin de sauvegarde. J'en ai écrit à M. de Pomponne, et l'ai prié instamment de me faire ce plaisir, s'il y a moyen. Mais vous êtes si bon, que vous ne trouverez pas mauvais que je vous conjure d'en être le solliciteur. Si le petit ami qui est depuis si longtemps auprès de moi peut passer jusqu'au camp, ce sera lui qui vous rendra ce billet, et qui vous entretiendra de beaucoup de choses qui se peuvent mieux dire de vive voix. Je suis tout à vous, mon très-cher ami.

Suscription de la main de Boileau : A M. Racine, gentilhomme ordinaire du roi.

IV.

AU MÊME.

De Bruxelles, ce 15 juillet 1693.

J'ai douté si je vous devais remercier de ce que vous avez fait de si bonne grâce pour obtenir le passeport que je vous avais demandé; car me flattant d'une part qu'il n'y a guère de personnes que vous aimiez plus que moi, et sachant de l'autre combien ce vous est un plaisir d'obliger vos amis, je me suis presque imaginé que c'est peut-être à vous à me remercier de ce que je vous avais fait avoir cette occasion de me donner une preuve de votre inclination bienfaisante. Le petit frère est charmé de la bonté que vous lui avez témoignée. Il m'a rendu compte de l'entretien que vous avez eu ensemble sur mon sujet. Dieu me fait la grâce d'être sur tout cela sans inquiétude, et si j'ai quelque peine, c'est d'être privé de la consolation de voir mes amis, et un tête-à-tête avec vous et avec votre compagnon[1] me ferait bien du plaisir; mais je n'achèterais pas ce plaisir par la moindre lâcheté ; vous savez bien ce que cela veut dire. Ainsi je demeure en paix, et j'attends en patience que Dieu fasse connaître à Sa Majesté qu'il n'a point, dans tout son royaume, de sujet plus fidèle, plus passionné pour sa véritable gloire, et, si je l'ose dire, qui l'aime d'un amour plus pur et plus dégagé de tout intérêt. Je pourrais ajouter que je suis naturellement si sincère, que, si je ne sentais dans mon cœur la vérité de ce que je dis, rien au monde ne serait capable de me le faire dire. C'est pourquoi aussi je ne pourrais me résoudre à faire un pas pour avoir la liberté de revoir mes amis, à moins que ce ne fût à mon prince seul que j'en fusse redevable.

Je suis tout à vous, mon cher ami.

---

[1] Boileau.

LETTRES

DE LA MÈRE AGNÈS DE SAINTE-THÈCLE RACINE

A MADAME RACINE.

I.

[Avril 1699.]

Gloire à Dieu, etc.

Je vous suis très-obligée, ma chère nièce, d'avoir pris la peine de nous mander vous-même des nouvelles de notre cher malade. Dans la douleur et les fatigues où vous êtes d'une si longue maladie, je crains beaucoup que vous ne tombiez malade aussi. Au nom de Dieu, conservez-vous pour vos enfants, car je vois bien, par l'état où vous me mandez qu'est mon neveu, qu'ils n'ont plus de père sur la terre. Il faut adorer les décrets de Dieu, et nous y soumettre. Que les pensées de la foi nous soutiennent; Dieu nous soutient lorsque nous espérons en lui. On ne peut être plus touchée que je le suis de votre perte et de la mienne. Prions Dieu l'une pour l'autre.

II.

Ce 17 mai 1699.

Gloire à Dieu, etc.

Je suis bien aise, ma très-chère nièce, du don que le roi vous a fait[1]. Il n'importe guère que ce soit à vous ou à vos enfants : une bonne et sage mère comme vous aura toujours bien soin d'eux. Tout ce que je vous demande, c'est de vous conserver ; car que serait-ce, si vous veniez à leur manquer ? Tâchez donc de vous consoler et de vous fortifier en regardant Dieu, qui est le protecteur des veuves et le père des orphelins. J'ai besoin, aussi bien que vous, de me tourner vers Dieu pour ne pas trop ressentir cette séparation.

---

[1] Louis XIV donna à la veuve de Racine une pension de 2,000 livres.

EXTRAIT D'UNE LETTRE DE JEAN-BAPTISTE RACINE

A LOUIS RACINE, SON FRÈRE.

Du 6 novembre 1742.

Il n'y a pas un mot de vrai dans ce que vous me mandez de l'exclamation de mon père sur la douleur[1]. Jamais homme ne l'a crainte davantage, ni même soufferte plus impatiemment; mais jamais homme ne l'a reçue de la main de Dieu avec plus de soumission, si bien que, quelques jours avant sa mort, sur ce que je lui disais que tous les médecins espéraient de le tirer d'affaire, il m'adressa ces belles paroles : « Ils diront ce qu'ils voudront; laissons-les dire : mais vous, mon fils, voulez-vous me tromper, et vous entendez-vous avec eux? Dieu est le maître; mais je puis vous assurer que, s'il me donnait le choix ou de la vie ou de la mort, je ne sais ce que je choisirais : les frais en sont faits. » Ce furent ses propres paroles. Jugez si c'est là le langage d'un homme qui succombe à la douleur. Aussi M. Despréaux ne pouvait se lasser d'admirer l'intrépidité chrétienne avec laquelle il était mort, et le dit lui-même au roi, qui lui dit : « Je le sais, et cela m'a étonné; car je me souviens qu'au siége de Gand, vous étiez le brave des deux. »

Je vous mande tout ceci pour vous faire voir que j'en sais là-dessus autant qu'un autre; mais je me garderai bien

---

[1] On avait prétendu que Racine, dans sa dernière maladie, n'avait pas su résister avec courage à la douleur physique qu'il éprouvait. Cette lettre fut écrite à cette occasion par son fils aîné à Louis Racine qui se préparait à donner une édition des œuvres de son père.

de rien donner que je ne puisse dire la vérité, et surtout bien instruire la postérité du respect, ou, pour mieux dire, de la passion qu'il avait pour M. Arnauld, dont j'ai plusieurs lettres où il le traite de *son cher ami*..... Voilà mes sentiments, et je n'aurais envie de parler de mon père que pour instruire le public de la piété dans laquelle il est mort et nous a tous élevés.

FIN DES LETTRES.

TABLE DES MATIÈRES.

	Pages
Fragments de traductions par Jean Racine........................	1
Extrait du traité de Lucien..	3
Traduction de la vie de Diogène le cynique......................	9
Des Esséniens...	33
Lettre de l'Église de Smyrne.....................................	59
La vie de saint Polycarpe...	71
Épître de saint Polycarpe...	75
Extrait d'une lettre de saint Irénée.............................	81
Vie de saint Denis..	83
Des saints martyrs d'Alexandrie.................................	87
Discours académiques...	99
Discours prononcé à l'Académie française, à la réception de M. l'abbé Colbert..	101
Discours prononcé à l'Académie française, à la réception de MM. Corneille et Bergeret.......................................	105
Lettres de Racine, écrites dans sa jeunesse.....................	115
Lettre I. A M. l'abbé le Vasseur, à Paris.......................	119
— II. Au même...	120
— III. Au même..	122
— IV. Au même..	125

	Pages
Lettre V. A M. l'abbé le Vasseur	128
— VI. Au même	131
— VII. Au même	135
— VIII. Au même	138
— IX. A M. Vitart	140
— X. A M. l'abbé le Vasseur	143
— XI. Au même	144
— XII. Au même	147
— XIII. A Mlle Vitart	151
— XIV. A M. Vitart	152
— XV. A Mlle Vitart	155
— XVI. A la même	156
— XVII. A M. l'abbé le Vasseur	158
— XVIII. Au même	162
— XIX. A Mlle Vitart	163
— XX. A M. l'abbé le Vasseur	164
— XXI. Au même	167
— XXII. A Mlle Vitart	170
— XXIII. A M. Vitart	172
— XXIV. A M. l'abbé le Vasseur	175
— XXV. A M. Vitart	178
— XXVI. Au même	181
— XXVII. Au même	182
— XXVIII. A M. l'abbé le Vasseur	186
— XXIX. A M. Vitart	189
— XXX. Au même	193
— XXXI. A M. l'abbé le Vasseur	193
— XXXII. Au même	195
— XXXIII. Au même	197

TABLE DES MATIÈRES.

	Pages
Lettre XXXIV. A M. l'abbé le Vasseur. Fragment	198
Correspondance entre Racine et la Fontaine	201
Lettre I. Racine à la Fontaine	203
— II. Racine à la Fontaine	207
— III. La Fontaine à Racine	211
Correspondance entre Racine et Boileau	215
Cinquante-deux lettres de Racine et de Boileau	217
Lettres de Racine à son fils	335
Cinquante-cinq lettres de Racine à son fils	337
Lettres de Racine à diverses personnes	439
Lettre I. A M. le Prince	441
— II. Au même	442
— III. A Mme Racine	444
— IV. A la même	446
— V. A M. de Bonrepaux	446
— VI. A Mlle Rivière	448
— VII. A la même	450
— VIII. A la même	452
— IX. A la même	453
— X. A Mme de Maintenon	454
— XI. A la même	455
— XII. A la mère Agnès de Sainte-Thècle Racine, sa tante, abbesse de Port-Royal des champs	458
— XIII. Sans suscription	461
— XIV. Racine et Boileau à Mgr le maréchal de Luxembourg	462
Pièces diverses attribuées à Jean Racine	465
Épître dédicatoire à Mme de Montespan	467
Épître dédicatoire du Dictionnaire de l'Académie française au roi	469
Critique de l'Épître précédente	473

	Pages
Lettres adressées à Jean Racine ou écrites à son sujet	485
Antoine Lemaistre à Racine	487
La mère Agnès de Sainte-Thècle Racine à Racine, son neveu	488
M. de Guilleragues, ambassadeur de France à Constantinople, à Racine	489
Lettres d'Antoine Arnauld	493
Lettre I. A Racine	493
— II. A M. Vieillard	494
— III. A Racine	495
— IV. Au même	496
Lettres de la mère Agnès de Sainte-Thècle Racine à Mme Racine	499
Lettre I	499
— II	500
Extrait d'une lettre de Jean-Baptiste Racine à Louis Racine, son frère	501

PARIS. — IMPRIMERIE ET LIBRAIRIE CENTRALES DE NAPOLÉON CHAIX ET Cie.

LA BIBLIOTHÈQUE UNIVERSELLE DES FAMILLES

SE COMPOSE DE 500 BEAUX VOLUMES

DES MEILLEURS OUVRAGES ANCIENS ET [MODERNES]

Prix, par série, 2 francs le volume. — Séparé, fr. 50

Voici les Ouvrages compris dans la première Série, par ordre de matières :

RELIGION.

LES ÉVANGILES	1
L'IMITATION DE JÉSUS-CHRIST	1
LA VIE DE JÉSUS-CHRIST	1
BOSSUET. — Traité de la Connaissance de Dieu et de soi-même. — Traité du libre arbitre. — Oraisons funèbres. — Élév. à Dieu sur les Myst. de la Relig.	3
BOURDALOUE. — Avent. — Carême	3
FÉNELON. — Traité de l'Existence de Dieu. — Lettres sur divers sujets de métaphysique et de religion	1
SAINT-FRANÇOIS DE SALES. — Introduction à la vie dévote	1
FLÉCHIER. — Oraisons funèbres. — Sermons. — Discours de piété	3
MASSILLON. — Avent. — Carême. — Petit Carême. — Oraisons funèbres	5

MORALE.

LA ROCHEFOUCAULD. — Maximes	1
LA BRUYÈRE. — Caractères	1
PASCAL. — Pensées	1
VAUVENARGUES. — Pensées	1

PHILOSOPHIE.

DESCARTES. — Discours sur la Méthode. — Les Méditations. — Les Objections. — Réponses aux Objections. — Passions de l'Ame	1
MALEBRANCHE. — Recherche de la vérité. — Entretiens métaphysiques. — Méditations. — Traité de l'amour de Dieu. Entretiens d'un philosophe chrétien et d'un philosophe chinois	2

HISTOIRE.

BOSSUET. — Discours sur l'Hist. univ.	1
FLÉCHIER. — Hist. de Théodose le Grand.	1
MONTESQUIEU. — Considérations sur les Causes de la grandeur et de la décadence des Romains	1
RETZ (CARDINAL DE). — Mémoires.	2
VOLTAIRE. — Siècle de Louis XIV. — Siècle de Louis XV. — Hist. de Charles XII	4

POÉSIE.

BOILEAU. — Œuvres complètes	3
CORNEILLE (PIERRE). — Œuvres complètes.	7
CORNEILLE (THOMAS). — Œuvres	4

POÉSIE.

CHÉNIER (ANDRÉ). — Poésies	1
DELILLE. — L'Imagination. — Les Géorgiques. — Malheur et Piété. — Les Jardins. — L'Homme des champs. — Pièces diverses	4
MALHERBE. — Œuvres	1
MOLIÈRE. — Œuvres complètes.	5
RACINE (JEAN). — Œuvres complètes	4
RACINE (LOUIS). — Poème de la Religion. — Poème de la Grâce. — Odes sacrées. — Pièces diverses	1
REGNARD. — Œuvres choisies.	1
VOLTAIRE. — Théâtre choisi. — La Henriade. — Choix de poésies	4

LITTÉRATURE.

BERNARDIN DE SAINT-PIERRE. — Études de la nature	2
FÉNELON. — Éducation des Filles. — Dialogues sur l'Éloquence. — Opuscules littéraires. — Poésies	1
FONTENELLE. — Entretiens sur la pluralité des mondes	1
Mme DE SÉVIGNÉ. — Œuvres complètes	8
Mme DE STAEL. — L'Allemagne. — De la Littérature	3
VOLTAIRE. — Choix de Correspondance.	2

ROMANS.

BERNARDIN DE SAINT-PIERRE. — Paul et Virginie. — La Chaumière indienne. — Le Café de Surate	1
FÉNELON. — Télémaque	1
Mme DE STAEL. — Corinne. — Delphine	3

FABLES.

LA FONTAINE. — Fables	1
FÉNELON. — Fables	1
FLORIAN. — Fables	1

VOYAGES.

BARTHÉLEMY. — Voyage d'Anacharsis	4
BERNARDIN DE SAINT-PIERRE. — Voyage à l'Ile de France	1

DROIT PUBLIC.

MONTESQUIEU. — Esprit des lois	2
D'AGUESSEAU. — Mercuriales	1

www.ingramcontent.com/pod-product-compliance
Lightning Source LLC
Chambersburg PA
CBHW071611230426
43669CB00012B/1902